Sky Trade Finance Series

天九湾贸易金融丛书

天九湾贸易金融圈研究团队 著

天九湾政策及汇市问答
2014年度汇编

厦门大学出版社
国家一级出版社
全国百佳图书出版单位
XIAMEN UNIVERSITY PRESS

序　言

如果说 2009 年启动的人民币国际化进程是中国货币输出的话，那么，2001 年"入世"则是中国货物输出，而 2014 年 APEC 会议上中国的亚太自贸区构想和"一带一路"战略则是中国产业输出和中国资本输出。无论是货物输出，还是货币、产业、资本输出，或许，更重要的是背后的规则输出。显然，中国的规则输出必须基于两个前提：

一是规则必须具有足够对外的公信力；

二是规则必须充分反映中国的价值观。

于是，当前这一时代背景下，对于中国国际国内贸易金融规则的研究，已经极其必要，也极为迫切。

天九湾贸易金融圈研究团队，立于中国，起于草根，肩负使命，秉持"人人参与、人人共享"的公益原则，致力于对中国国际国内贸易金融规则的前瞻性和系统性研究，在研究中汇聚和培养中国贸易金融专家人才，并通过自身的微信自媒体平台向海内外传播专业影响，打造中国贸易金融研究品牌。

北京银行分团队，在天九湾贸易金融圈研究团队联合创始人王栋涛先生的带领下，对贸易金融规则，特别是国际贸易金融政策方面开展的系统研究，已经让银行界和企业界的广大朋友持续地领略到了贸易金融规则的博大精深和天九湾国际贸易金融规则研究成果的实务价值。这不得不归功于分团队各成员的勤勉钻研，也不得不归功于北京银行的远见和支持，当然，这也离不开涛哥的无私奉献和统筹有方。

一分耕耘，一分收获。自从 2009 年在杭州的第一场公开课上与涛哥接触以来至今五年有余，我感觉得出，涛哥是一个对国际国内贸易金融研究和实践由衷热爱之人，也是一个极其努力极其上进之人。值得欣喜的是，今年

11月涛哥顺利当选中国国际商会信用证专家,同时,涛哥带领的天九湾贸易金融圈研究团队北京银行分团队和天九湾其他成员共同主笔的2014年度天九湾政策研究成果——《天九湾贸易金融丛书之三·天九湾政策及汇市问答2014年度汇编》也顺利结集出版了。

祝福涛哥!

祝福北京银行分团队!

祝福天九湾!

天九湾贸易金融圈研究团队/微信平台联合创始人

北京天九湾投资咨询有限公司董事长

国际商会国际结算裁决专家

中国国际商会信用证专家

《中国外汇》副刊《金融与贸易》特约撰稿专家

林建煌

2014年12月22日

引　言

　　天九湾贸易金融圈研究团队，起于草根，肩负使命。她创立于2014年2月14日，是一个跨行业、跨银行、跨领域的松散型研究团队，定位于"公益、开放、专业、研究"，专注于贸易金融研究，研究内容涵盖惯例、法律、政策、利率汇率、产品及产品组合、风险管理、创新型商业模式，以及宏观趋势等领域。

　　"天九湾贸易金融圈"微信公众号，是天九湾贸易金融圈研究团队的微信自媒体；本书收录了自其创立以来至2014年9月30日对外推送的以下三部分信息：一是100篇每日外汇管理政策问答，即对贸易金融实务中涉及跨境人民币和外汇管理政策的疑问，做出分析和解答；二是10篇政策案例点评，即对于涉及跨境人民币和外汇管理政策的重大案例，做出点评；三是15篇汇市问答，主要是对外汇资金交易，特别是外汇衍生交易产品运用中出现的问题，做出解答。此外，在本书附录中，还囊括了天九湾贸易金融圈研究团队成员撰写的贸易融资类论文共48篇。本书内容具有以下三个特点：

　　一是"原创性"。本书内容均为负责"天九湾贸易金融研究团队"中负责跨境人民币及外汇管理政策研究和资金交易研究的成员创作而成。

　　二是"实务性"。本书三部分内容均来自商业银行或企业贸易金融业务一线，根据"来自实务，指导实务"的原则，期冀能对贸易金融的实务起到借鉴作用。

　　三是"时效性"。本书案例问答和政策点评，涉及2014年5月全面正式实施《国际收支统计申报办法》（修订版）以及6月外汇局出台的跨境担保外汇管理新规等最新政策法规，具有极强的时效性。

　　需要说明的是，鉴于跨境人民币和外汇管理政策的时效性和属地管理原则，读者在处理与本书所载明的政策问答相同或相似的业务时，应以现时有效的监管政策以及当地相关政府机构的意见为准。

天九湾贸易金融圈研究团队
2014年12月17日

目 录

第一部分　政策问答汇编

1. 资本金结汇用于支付土地出让金 ·· 3
2. 关于对内直接投资人民币资本金的账户管理问题 ·························· 5
3. 外商投资企业资本金结汇支付跨境人民币信用证 ·························· 6
4. 外国投资者收回多年前的投资资本金，如何操作？ ························ 8
5. 关于资本金结汇对外支付后退回的问题 ···································· 10
6. 关于资本金意愿结汇中的"结汇待支付账户" ······························ 12
7. 关于试点的资本金意愿结汇制 ·· 14
8. 境内企业可以用外汇资本金质押办理人民币贷款吗？ ····················· 16
9. 外商投资企业以资本金结汇资金偿还银行贷款问题 ······················· 17
10. 资本金结汇材料之间信息不一致，是否可以结汇？ ······················· 19
11. 外商投资企业资本金结汇支付给不同主体的问题 ·························· 21
12. 国内外汇贷款用于归还他行贸易融资 ······································ 23
13. A 行国内外汇贷款归还 B 行贸易融资或外汇贷款（一） ·················· 24
14. A 行国内外汇贷款归还 B 行贸易融资或外汇贷款（二） ·················· 26
15. 无对外贸易经营权企业办理国内外汇贷款 ································· 27
16. 出口信用保险理赔收入是否需入待核查账户？ ····························· 29
17. 贸易付汇的退汇收入是否需入待核查账户？ ······························· 30
18. 出口贸易融资款及其回款资金是否需入待核查账户？ ···················· 31
19. NRA 客户能否申请办理信用证转让业务？ ································ 32
20. NRA 人民币账户资金收付的申报 ·· 33
21. 开立 NRA 外币账户是否需要在外汇账户信息管理系统登记基本信息？ ··· 34
22. NRA 账户作为受益人，境内银行收到出口来单时是否需要报送"银行跟单结算及表外融资业务信息"？ ·· 35
23. 人民币 NRA 账户资金收付资料审核的问题 ······························· 36
24. NRA 资金可以用作质押办理境内融资吗？ ································ 38
25. 关于"内保外贷"下相关主体资格准入条件的改革 ························ 40

26. 关于内保外贷项下资金用途的问题 …… 41
27. 外保内贷发生履约后,是否需占用企业的外债额度? …… 42
28. 外保内贷项下人民币贷款资金是否可以用于购汇? …… 43
29. 内保外贷资金是否可以进行境外股权债权投资? …… 44
30. 外保内贷履约后外债登记问题 …… 46
31. 内保外贷资金可否用于偿还境外债券利息? …… 48
32. 境内非金融机构进行人民币跨境担保是否需要进行登记备案? …… 50
33. 外债资金可以作为信用证保证金吗? …… 52
34. 外商投资性融资租赁公司外债资金结汇 …… 53
35. 人民币资本金/外债资金是否可以购汇对外支付? …… 54
36. 外债资金使用的相关管理规定(一) …… 56
37. 外债资金使用的相关管理规定(二) …… 58
38. 借入人民币外债是否需要占用外债额度? …… 59
39. 国内贸易项下远期信用证是否属于外债统计范畴? …… 61
40. 融资租赁公司回收的租赁款项购汇用于归还外债 …… 63
41. 融资租赁业务如何办理涉外收支申报? …… 64
42. 代理进口项下,委托方能否使用外债结汇人民币支付给代理方购汇对外支付付款? …… 65
43. 人民币与外汇衍生产品业务管理新规定(一) …… 67
44. 人民币与外汇衍生产品业务管理新规定(二) …… 69
45. 人民币与外汇衍生产品业务管理新规定(三) …… 71
46. 人民币与外汇衍生产品业务管理新规定(四) …… 73
47. 外汇土地保证金专户资金如何划转? …… 75
48. 提前购汇资金可否用于外币融资性保函保证金? …… 76
49. 外汇保证金是否可以购汇方式取得? …… 77
50. B类企业可否办理90天以上转口贸易外汇收支业务 …… 78
51. B类企业转口贸易收支是否需要进行电子数据核查? …… 80
52. "转口贸易"与"转口货物"的区别 …… 81
53. 关于转口贸易跨境人民币收付为同一家银行的问题 …… 82
54. 跨国公司外汇资金的集中运营主要体现在哪些方面? …… 84
55. 跨国公司国内与国际外汇资金主账户之间资金划转 …… 86
56. 出口贸易融资放款币种与收汇币种不一致的入账问题 …… 87
57. 企业(含保证人)以自有资金购汇归还出口押汇 …… 88
58. 以外币发放的出口订单融资是否可以结汇? …… 90
59. 出口押汇的融资款项,是否能用于远期结汇履约? …… 91
60. 进口贸易项下赔偿款收入如何办理入账? …… 93
61. 关于购汇偿还进口押汇款项的结售汇统计问题 …… 94

目 录

62. 关于支付外国投资者股权转让款项的问题 …………………… 95
63. 关于境外投资资金汇回境内的问题 …………………………… 97
64. 关于外商投资企业利润汇出 …………………………………… 99
65. 外商投资企业将清算所得资金支付给外国投资者 …………… 100
66. 一笔银票业务引起的思考 ……………………………………… 102
67. 掉期业务贸易背景的审核标准 ………………………………… 104
68. 无对外贸易经营权企业是否可以办理外汇收支 ……………… 106
69. 办理票据质押与票据贴现时银行必须审核发票吗？ ………… 108
70. 企业办理进口黄金项下付汇，银行应如何审核材料？ ……… 111
71. 企业可以不开立外汇账户，直接购汇支付货款吗？ ………… 113
72. 境外机构境内人民币结算账户如何进行购汇？ ……………… 115
73. 如何办理境内航业公司向境外支付油料款？ ………………… 116
74. 关于深加工结转 ………………………………………………… 118
75. 租赁公司可以收取外币租金吗？ ……………………………… 120
76. 跨境人民币开证与付款时企业名录分类不同如何操作 ……… 122
77. 金融机构应如何办理已承兑未付款项下的退汇业务？ ……… 124
78. 海关特殊监管区域企业的人民币结算业务 …………………… 126
79. 关于境外直接投资企业利润汇回的问题 ……………………… 128
80. 支付保函境外转开费用是否需要提交税务备案表？ ………… 129
81. 出口信保项下获理赔后，追回境外款项应如何处理？ ……… 131
82. 退款和赔偿款的界定问题 ……………………………………… 132
83. 如何办理对外支付赔偿款的业务？ …………………………… 134
84. 区内与境内区外企业之间贸易赔款的结算币种问题 ………… 136
85. 应如何处理涉及制裁名单内企业的外汇业务？ ……………… 138
86. 境内房地产开发企业能否收取外币购房款？ ………………… 140
87. 如何支付出口信保项下外汇保费？ …………………………… 142
88. 新版涉外收支交易分类和代码与旧版有何不同之处？ ……… 143
89. 深加工结转境内划转的数据报送及凭证使用 ………………… 144
90. 关于来料加工的申报问题 ……………………………………… 145
91. 转口货物贸易项下申报要点 …………………………………… 146
92. 关于进境前转卖货物交易申报的调整 ………………………… 147
93. 关于转卖类交易的申报 ………………………………………… 148
94. 货物出口方向的转卖业务应如何申报？ ……………………… 149
95. 转卖业务申报又一案例 ………………………………………… 151
96. 关于职工报酬的申报问题 ……………………………………… 153
97. 关于国际收支申报中的国别申报 ……………………………… 154
98. 外商投资企业资本金收入的申报问题 ………………………… 155

99.机票费用的申报问题 ·· 156
100.工程款的申报问题 ·· 157
101.关于福费廷申报的问题 ·· 158
102.关于出口代付下涉外收支申报的问答 ·· 159
103.如果单笔收汇存在两种以上交易性质,该如何申报? ··················· 160
104.办理国际收支申报时,如何判别是否为保税货物? ····················· 161
105.转让信用证如何办理国际收支申报? ·· 163
106.区内企业仓储转口贸易方式下如何进行收支申报? ····················· 164

第二部分　政策案例点评

1.服务贸易项下外汇收支的"合理审查"原则 ································ 169
2.NRA 账户不应沦为非法资金流通渠道 ·· 171
3.重复使用单据 ··· 174
4.违规办理资本金结汇案 ·· 176
5.虚构贸易背景案 ··· 178
6.货物贸易项下违规案例分析 ··· 180
7.外债签约登记不可忽略 ·· 183
8.B 类企业货物贸易"伪装案" ··· 185
9.伪造交易单据案 ··· 187
10.非现场核查中发现的违规行为 ··· 189

第三部分　天九湾市场问答汇编

1.当前市场行情下人民币外汇期权的应用价值 ································ 193
2.远期报价的形成及影响因素 ··· 195
3.再谈期权产品的应用 ··· 197
4.近期人民币汇率中间价大幅高开预示了什么? ····························· 199
5.浅谈离岸人民币市场汇率(一) ··· 202
6.浅谈离岸人民币市场汇率(二) ··· 204
7.简评银发〔2014〕188 号文的影响 ·· 207
8.简易期权介绍(一) ··· 208
9.简易期权介绍(二) ··· 210
10.简易期权介绍(三) ··· 212
11.简易期权介绍(四) ··· 214
12.简易期权介绍(五)——风险逆转期权组合 1 ··························· 216
13.简易期权介绍(六)——风险逆转期权组合 2 ··························· 218

14.简易期权介绍(六)——跨式期权组合 ················ 220
15.简易期权介绍(七)——勒式期权组合 ················ 222
16.外汇占款和外汇储备有何区别? ···················· 224
17.远期结售汇展期对客户有何影响? ·················· 225

附 录

1.祝福"天九湾贸易金融圈"微信平台的诞生 ············ 229
2.跨境人民币市场评论 ······························ 230
3.防范提货担保风险 ································ 233
4.从协议付款说开去 ································ 236
5.国内信用证周评 ·································· 239
6.出口押汇到底是什么? ···························· 288
7.从贸易融资视角看"制裁与合规"(译文) ············ 290
8.国内信用证2011年市场评论 ························ 295
9.直击国内证议付欺诈案 ···························· 300
10.国内信用证2012上半年评论 ······················· 306
11.进口押汇到底是什么 ····························· 309
12.为什么看好贸易融资? ··························· 312
13.贸易融资在创新 ································· 318
14.贸易融资2013年展望 ····························· 324
15.神奇的国内证代付 ······························· 328
16.假远期是买方融资吗? ··························· 333
17.人力资本产权边界优化与国有商业银行改制"上市"
　　——国有商业银行改革系列之一
　　　　　　　　　　　　　　　　　　　　　　　　　 335
18.国有商业银行改革中的利益集团
　　——国有商业银行改革系列之二
　　　　　　　　　　　　　　　　　　　　　　　　　 341
19.上市公司股权"分裂"问题的产权本质
　　——国有商业银行改革系列之三
　　　　　　　　　　　　　　　　　　　　　　　　　 346
20.人力产权与银行业操作风险管理
　　——银行发展与改革系列之四
　　　　　　　　　　　　　　　　　　　　　　　　　 351
21.为什么看好贸易融资? ··························· 358
22.贸易融资2013—2014年回顾与展望(全文点评版) ···· 372
23.转口贸易融资热点是如何形成的? ················· 404
24.贸易金融视角下人民币国际化的银行机遇 ··········· 413
25.贸易融资视角下的127号文同业新规 ················ 416
26.闲话贸易融资的创新 ····························· 421

27. 品评青岛港事件 …………………………………………………………………… 423
28. 贸易融资中的制裁与合规：美酒还是毒药？ ………………………………… 425
29. 贸易制裁：治病还是致病？ …………………………………………………… 428
30. 再评青岛港事件 …………………………………………………………………… 430
31. 三评青岛港事件 …………………………………………………………………… 432
32. 青岛港：2014 的夏季
   ——大宗商品贸易融资的终结抑或契机？ ………………………………… 434
33. 四评青岛港事件 …………………………………………………………………… 436
34. 五评青岛港事件
   ——从深发展被并购说起 ……………………………………………………… 438
35. 六评青岛港事件
   ——信用证欺诈下可以申请止付令吗？ ……………………………………… 440
36. 七评青岛港事件
   ——议付行声称善意议付下还可以申请止付令吗？ ………………………… 442
37. 八评青岛港事件
   ——止付令颁发后议付行可以强行扣款吗？ ………………………………… 444
38. 谈贸易融资的自偿性 ……………………………………………………………… 446
39. "证易证"创新探究 ……………………………………………………………… 448
40. 订单融资：从"价值链"到"大数据" …………………………………………… 455
41. 审视"期限错配" ………………………………………………………………… 462
42. 逃离"无追索权"黑洞 …………………………………………………………… 467
43. 项目供应链融资创新 ……………………………………………………………… 472
44. 信保融资创新探路 ………………………………………………………………… 476
45. 直击保函保证金扣划案 …………………………………………………………… 480
46. 制裁免责条款的是与非 …………………………………………………………… 486
47. 贸易金融合规管理模式：转型进行时 …………………………………………… 491

天九湾政策及汇市问答2014年度汇编

第一部分
政策问答汇编

1. 资本金结汇用于支付土地出让金

作者：北京银行杭州分行　李智娟
审核：北京银行杭州分行　王栋涛

问题：

外商投资企业资本金结汇，用于支付土地出让金，企业提供了一份"非税缴款通知单"，这个可以替代发票使用吗？还需审核什么材料？

解答：

一、名词解释

土地出让金是指各级政府土地管理部门将土地使用权出让给土地使用者（受让人）时，按规定向受让人收取的土地出让的全部价款（指土地出让的交易总额）。

二、交易流程简介

企业在竞标土地成功后，先与规划局和国土资源局（或相关部门）签订《挂牌交易成交确认书》。土地出让成交后，须在10个工作日内签订《国有建设用地使用权出让合同》，合同签订后1个月内必须缴纳出让价款50%的首付款，余额要按合同约定及时缴纳，最迟付款时间不得超过一年。土地出让金征收部门根据土地出让合同和划拨用地批准文件，开具缴款通知书，并按照财政部统一规定的政府收支分类科目填写"非税收入一般缴款书"，由企业依法缴纳土地出让金。

三、结汇审核材料

根据汇综发〔2008〕142号文、汇综发〔2011〕88号文，以及汇发〔2013〕21号文规定，外商投资企业资本金结汇用于支付土地出让金需审核以下材料：

（1）资本金结汇所得人民币的支付命令函。支付命令函是指由申请结汇的企业签发，银行据以将结汇所得人民币资金进行对外支付的书面指令。

（2）资本金结汇后的人民币资金用途证明文件。此处资本金结汇支付土地出让金则应该审核国有建设用地使用权出让合同，以及相应的非税缴款通知书等材料。

（3）前一笔资本金结汇所得人民币资金按照支付命令函对外支付的相关凭证及其使用情况明细清单和加盖企业公章或财务印章的发票等有关凭证的原件。银行应认真履行发票的核查手续，并应在发票等相关凭证原件上加盖银行业务章，同时还需批注已办理资本金结汇的金额和日期，留存批注后的发票等相关凭证复印件，原件返还企业。

（4）开户主体提交的该笔结汇对应的出资确认登记表。对于按规定需办理验资的企业,外汇局验资询证函即为出资确认办理证明;对于无须办理验资的,企业直接提交外汇局打印的出资确认登记表(银行可通过外汇局资本项目信息系统核对相关信息,无须外汇局盖章)。

(5)银行认为需要补充的其他材料。

四、审核要点

(1)结汇银行应要求企业提交国有建设用地土地出让合同以及相应的缴款通知书,并严格审核土地出让合同、缴款通知书以及结汇支付财政专户之间的一致性。

(2)为进一步证实结汇用途的真实性,结汇银行可以要求企业在结汇支付后向其补交财政部门出具的相应非税缴款收据正本(明确标注最终缴款主体),由银行留存复印件备查。

(3)结汇所得人民币资金应划入财政部门专户。

(4)非房地产类外商投资企业的资本金结汇所得人民币资金不得支付购买非自用房地产的相关费用。

五、产品联动

外汇资本金数额较大,一般可满足"对于300万美元(含)以上存款,银行可自由议价"的条件,因此,银行可为外商投资企业存入的外汇资本金提供高息的大额美元理财或美元定期存款。

由于汇发〔2011〕46号文规定"境内金融机构在向中资企业和外商投资企业发放人民币贷款时,可以接受债务人提供的外汇质押,质押来源仅限于经常项目外汇账户(出口收汇待核查账户除外)内的资金",对于外汇资本金质押办理人民币贷款业务,目前尚不能得到政策支持;但对于外汇资本金质押发放国内外汇贷款或开立外币信用证,则不违背现行外汇监管政策。

2.关于对内直接投资人民币资本金的账户管理问题

作者:北京银行杭州分行　郭　茹
审核:北京银行杭州分行　王栋涛

问题:

某外商投资企业已在境内银行开立基本户,现需要增资,增资手续都已办理完备。请问:能否将境外汇入的人民币增资款直接汇入该基本户内,不再另外开立资本金账户?

解答:

不能将境外汇入的人民币增资款直接汇入该基本户内,而应另外开立人民币资本金专户,理由有以下两点:

1.人民币资本金实行专户管理

《外商直接投资人民币结算业务管理办法》(中国人民银行公告〔2011〕第23号)第8条规定,"境外投资者汇入的人民币注册资本或缴付人民币出资应当按照专户专用原则,开立人民币资本金专用存款账户存放,该账户不得办理现金收付业务"。

2.人民币资本金账户需注明"资本金"字样

《关于明确外商直接投资人民币结算业务操作细则的通知》(银发〔2012〕165号)第6点规定,"新设立外商投资企业凭商务主管部门颁发的企业设立批准文件在其注册地的银行开立人民币资本金专用存款账户。同一批准文件只能开立一个人民币资本金专用存款账户,账户名称为存款人名称加'资本金'字样"。

同时还要注意,人民币资本金账户需报送相关数据。根据《外商直接投资人民币结算业务管理办法》(中国人民银行公告〔2011〕第23号)第21条规定,银行需在人民币跨境收付信息管理系统报送人民币资本金账户相关信息,包括:

①外商直接投资合规性信息;
②对内直接投资人民币账户信息;
③对内直接投资人民币账户余额信息;
④跨境人民币收入信息;
⑤对内直接投资境内人民币资金支付信息。

3. 外商投资企业资本金结汇支付跨境人民币信用证

作者：北京银行杭州分行　冯　晓
审核：北京银行杭州分行　李智娟

问题：

外商投资企业是否可以用资本金结汇资金来进行跨境人民币信用证项下的付款？

解答：

政策依据：

一、《国家外汇管理局综合司关于完善外商投资企业外汇资本金支付结汇管理有关业务操作问题的补充通知》（汇综发〔2011〕88号）文件规定：

（一）企业向外汇指定银行申请资本金结汇，除严格按照汇综发〔2008〕142号文件第4条规定提交相应材料外，还应向银行提交以下补充材料：

1.前一笔资本金结汇所得人民币资金按照支付命令函对外支付的发票等相关凭证原件。

2.加盖结汇企业公章或财务印章的税务部门网络发票真伪查询结果打印件。对于网上无法核验的，结汇企业应提交税务机关出具的发票真伪鉴别证明材料，并加盖企业公章或财务印章。

（二）企业存在不完全符合现行资本金结汇管理规定，但确有真实结汇需求的，银行审查后如拟办理结汇的，应将相应审核意见及企业申请资料（含结汇真实性承诺函）复印件汇总向所在地外汇局进行事前备案，取得所在地外汇局的备案回执后即可办理相关结汇业务。

二、《国家外汇管理局关于进一步改进和调整直接投资外汇管理政策的通知》（汇发〔2012〕59号）文件规定：

取消特殊结汇事项的外汇局事前备案手续。外商投资企业在现行法规未明确规定但符合经营范围内真实、自用原则的支付需求，银行审查后可以为其办理结汇及支付手续，并通过外汇局相关业务系统逐笔专项备案。

三、《关于答复上海市银行同业公会会员单位所提建议的函》（上海汇函〔2011〕5号）文件规定：

3. 外商投资企业资本金结汇支付跨境人民币信用证

问：外币资本金结汇所得人民币是否可以用于经常项下的跨境人民币支出？是否由银行审核真实性即可结汇？

答：经请示总局，明确银行不能核准企业以用于跨境人民币支付的名义申请的资本金结汇。

分析：

观点一：由于跨境人民币信用证项下所提交的发票是出口企业向进口企业提交的商业发票而非国内交易下的税控发票，因此，银行无法上网查询发票的真伪；同时，在该跨境交易背景下，出口企业无法提交税务机关出具的发票真伪鉴别证明材料。因此，按照现行资本金结汇管理文件（汇综发〔2011〕88号）及《关于答复上海市银行同业公会会员单位所提建议的函》（上海汇函〔2011〕5号）规定，外商投资企业不能以资本金结汇资金支付跨境人民币信用证项下的款项。

观点二：应遵循"后法优于前法"的法律基本原则。汇发〔2012〕59号文对于不完全符合现行资本金结汇管理规定，但确有真实结汇需求的情况有其特殊的规定。对于跨境人民币信用证项下的付款，银行应当按照"了解你的客户"、"了解你的业务"的原则，履行合理尽职审查职责，在审核贸易背景的真实性，确认支付用途符合其经营范围之后，可以办理资本金结汇支付，并通过外汇局相关业务系统逐笔专项备案。

结论：

上述两种观点各有其合理性，建议咨询当地外汇管理机构，以当地解释为准。

4. 外国投资者收回多年前的投资资本金，如何操作？

作者：北京银行杭州分行　郭　茹
审核：北京银行杭州分行　王栋涛

问题：

2006年左右，某外商投资企业注资100万美元（假设），已全部结汇成人民币。现在该外商投资企业的外国投资者要求收回全部的投资款。请问可以通过人民币购汇汇出吗？需审核什么材料？

解答：

政策依据：

一、《国家外汇管理局关于进一步改进和调整直接投资外汇管理政策的通知》（汇发〔2012〕59号）：

取消外商投资企业减资、清算、先行回收投资所得支付给外国投资者的购汇及对外支付核准，银行根据外汇局相关业务系统中的登记信息为外商投资企业办理购汇及对外支付手续。

二、《外国投资者境内直接投资外汇管理规定》（汇发〔2013〕21号）第10条：

因减资、清算、先行回收投资、利润分配等需向境外汇出资金的，外商投资企业在办理相关登记后，可在银行办理购汇及对外支付。

三、《资本项目外汇业务操作指引（2013年版）》（汇综发〔2013〕80号）：

1. 外国投资者清算、减资所得资金汇出

（1）审核材料

a. 协议办理凭证。

b. 外汇局资本项目信息系统银行端中打印的外商投资企业减资或清算流出控制信息表。

c. 与本次汇出金额相关的税务证明。

（2）办理原则

a. 银行应根据外商投资企业减资或清算流出控制信息表为申请主体办理资金汇出。外汇局在备注栏中进行备注的，银行应以备注内容为准。

4.外国投资者收回多年前的投资资本金,如何操作?

　　b.分次汇出的,可于本次汇出时将加注已汇出金额的税务证明加盖业务印章复印留存,原件退企业用于下次汇出;最后一笔资金汇出银行留存原件。
　　c.银行应在业务办理后及时完成国际收支申报。
　　2.外国投资者先行回收投资资金汇出
　　(1)审核材料
　　a.协议办理凭证
　　b.外汇局相关业务系统银行端打印的先行回收投资流出控制信息表
　　(2)办理原则
　　a.银行应根据先行回收投资流出控制信息表为申请主体办理资金汇出。外汇局在备注栏中进行备注的,银行应以备注内容为准。
　　b.银行应在业务办理后及时完成国际收支申报。

分析结论:
　　一、银行在为外商投资企业办理向境外投资者办理上述资金汇出业务时,可以原币或人民币购汇汇出,无须外汇局核准。
　　二、银行在为外商投资企业办理向境外投资者办理上述资金汇出业务时,主要根据资本项目信息系统查询的控制信息表办理资金汇出业务。其中对于清算或减资形式的资金汇出,还需审核税务备案表。
　　三、银行在完成资金汇出业务后,应及时进行国际收支统计申报,并准确填写业务编号。

5.关于资本金结汇对外支付后退回的问题

作者：北京银行杭州分行　郭　茹
审核：北京银行杭州分行　王栋涛

问题：

某外商投资企业以资本金结汇所得人民币资金对外支付货款。后因交易取消，对方将该人民币资金原路退回。请问：可以直接划入该企业的人民币账户吗？该如何处理？

解答：

政策依据：

一、《国家外汇管理局综合司关于印发〈资本项目外汇业务操作指引（2013年版）〉的通知》（汇综发〔2013〕80号）：

1.外商投资企业资本金结汇所得人民币资金，应当在审批部门批准、登记或备案的经营范围内使用。

2.银行应审核企业资本金结汇所得人民币资金用途的真实性与合规性，如发现各项材料之间不能互相印证或者存在矛盾的，不得为该企业办理相关业务。

3.银行针对企业资本金结汇支付后发生退货、撤销交易和发票作废等情况的应在外汇局资本项目信息系统的结汇用途栏注明"撤销"并留存专项档案以备外汇局非现场和现场核查。

二、《关于答复上海市银行同业公会会员单位所提建议的函》（上海汇函〔2011〕5号）：

对于因退货、撤销交易和发票作废等情况而退回的人民币资金，银行应按照支付结汇的管理要求，办理人民币资金的支付。

分析：

参照汇综发〔2013〕80号和上海汇函〔2011〕5号的规定，资本金遵循支付结汇制的管理原则。

但在实务操作中，不乏有些企业与关联公司签订虚假合同办理资本金结汇，然后编造理由撤销合同，或将发票退回购货单位进行作废，使得结汇资金在关联企业之间划转,达到变相结汇的目的。

若结汇所得人民币资金退回后直接转入企业的人民币账户,企业完全可以通过网银等方式自由支配该笔结汇资金,银行难以有效监管该笔资金的使用情况,从而违反资本金支付结汇制的管理原则。

结论:

1.因退货、撤销交易和发票作废等情况导致资本金结汇所得人民币资金退回时,建议将该笔人民币资金转入银行的内部账户。

2.同时,对该笔资本金结汇时报送的账户内结售汇数据进行修改,在用途栏增加"撤销"字样,以便资本项目信息系统抓取相关数据。

3.在办理该人民币资金的对外支付时,应按照汇综发〔2013〕80号规定审核相关材料,确保人民币资金用途的真实性与合规性。

6.关于资本金意愿结汇中的"结汇待支付账户"

作者:北京银行杭州分行 李智娟
审核:北京银行杭州分行 王栋涛

问题:
结汇待支付账户是一个什么账户,有哪些特殊的用途,银行应如何管理?

解答:
政策依据:
《国家外汇管理局关于在部分地区开展外商投资企业外汇资本金结汇管理方式改革试点有关问题的通知》(汇发〔2014〕36号)文件规定:

1. 外商投资企业外汇资本金意愿结汇所得人民币资金纳入结汇待支付账户管理。外商投资企业应在其资本金账户开户银行开立一一对应的资本项目—结汇待支付账户(以下简称结汇待支付账户),用于存放意愿结汇所得人民币资金,并通过该账户办理各类支付手续。外商投资企业按支付结汇原则结汇所得人民币资金不得通过结汇待支付账户进行支付。

2. 结汇待支付账户的收入范围包括:由对应的资本金账户、境内资产变现账户、境内再投资账户结汇划入的资金,由本账户合规划出后划回的资金,因交易撤销退回的资金,人民币利息收入及经外汇局登记或核准的其他收入。

3. 结汇待支付账户的支出范围包括:经营范围内的支出,支付人民币保证金,划往资金集中管理专户,偿还已使用完毕的人民币贷款,购付汇或直接对外偿还外债,外国投资者减资、撤资资金购付汇或直接对外支付,购付汇或直接对外支付经常项目支出及经外汇局登记或核准的其他资本项目支出。

4. 结汇待支付账户内的人民币资金未经外汇局批准不得购汇划回资本金账户。外商投资企业同名结汇待支付账户间的资金不得相互划转。由结汇待支付账户划出用于担保或支付其他保证金的人民币资金,除发生担保履约或违约扣款的,均需原路划回结汇待支付账户。

分析结论:
汇发〔2014〕36号文件首次提出了结汇待支付账户的概念,通过这个账户可以将资

6.关于资本金意愿结汇中的"结汇待支付账户"

本金结汇和人民币对外支付分成两个相对独立的操作,为外商投资企业资本金意愿结汇,及结汇所得人民币资金的管理提供了途径。

文件明确了结汇待支付账户的用途、收入支出范围,以及相关管理规定:资本金账户与结汇待支付账户应在同一开户银行且一一对应;意愿结汇所得人民币资金应通过该账户办理各类支付手续;账户内的人民币资金未经外汇局批准不得购汇划回资本金账户;同名结汇待支付账户间的资金不得相互划转等等,为银行对该账户的管理提供了政策依据。

同时,关注到结汇待支付账户的支出范围中有关于"购付汇或直接对外支付"的规定,再结合资本金意愿结汇的规定,银行可以设计相关产品为外商投资企业实现资本金的保值甚至增值。

7. 关于试点的资本金意愿结汇制

作者：北京银行杭州分行　李智娟
审核：北京银行杭州分行　王栋涛

问题：

外商投资企业资本金意愿结汇制与现行的支付结汇制有什么区别？银行应如何把握外汇资本金或结汇所得人民币资金支付的审核尺度？

解答：
政策依据：

《国家外汇管理局关于在部分地区开展外商投资企业外汇资本金结汇管理方式改革试点有关问题的通知》（汇发〔2014〕36号）文件规定：

1. 为进一步深化外汇管理体制改革，更好地满足和便利外商投资企业经营与资金运作需要，国家外汇管理局决定在部分地区开展外商投资企业资本金结汇管理方式改革试点。

2. 外商投资企业外汇资本金实行意愿结汇。外商投资企业外汇资本金意愿结汇是指外商投资企业资本金账户中经所在地外汇局办理出资权益确认的外汇资本金可根据企业的实际经营需要在银行办理结汇。试点区域内注册成立的外商投资企业外汇资本金意愿结汇比例暂定为100%。

3. 外商投资企业外汇资本金意愿结汇所得人民币资金纳入结汇待支付账户管理。外商投资企业应在其资本金账户开户银行开立一一对应的资本项目－结汇待支付账户，用于存放意愿结汇所得人民币资金，并通过该账户办理各类支付手续。

分析结论：

根据文件，意愿结汇制下，外商投资企业的外汇资本金在办理出资权益确认后，可根据企业意愿在实际经营范围内申请办理结汇，结汇所得人民币资金纳入结汇待支付账户管理，与"确有支付需求时才可以申请办理资本金结汇"的支付结汇制最大的区别在于：支付结汇制下银行在资本金结汇时就需要审核结汇所得人民币资金的用途证明材料，而意愿结汇制将结汇与人民币支付分开来管理。在意愿结汇制下，外汇管理局和银行更加关注的是企业在将结汇所得人民币资金对外进行支付时，审核资金用途证明材料，而并不关注资本金结汇这一动作发生的时点，通俗一点说，资本金意愿结汇制下，企业想结就可以结，但想要对外支付，需要提供证明材料。

汇发〔2014〕36号文件还规定：银行应履行"了解客户"、"了解业务"、"尽职审查"等原则，在为外商投资企业办理资本金对外支付及结汇所得人民币资金支付时承担真实性审核责任。在办理每一笔资金支付时，均应审核前一笔支付证明材料的真实性与合规性。

同时，试点地区外商投资企业外汇资本金结汇暂不适用《国家外汇管理局综合司关于完善外商投资企业外汇资本金支付结汇管理有关业务操作问题的通知》（汇综发〔2008〕142号）和《国家外汇管理局综合司关于完善外商投资企业外汇资本金支付结汇管理有关业务操作问题的补充通知》（汇综发〔2011〕88号）的有关要求。也就是说，在意愿结汇试点地区，银行在办理外商投资企业资本金结汇所得人民币资金对外支付业务时，可以不按照汇综发〔2008〕142号和汇综发〔2011〕88号文件要求审核税务发票并进行联网核查，但银行应在履行"了解客户"、"了解业务"、"尽职审查"等原则的前提下，审核相关证明材料，具体哪些证明材料文件没有明确规定，银行可以自行把握。

8. 境内企业可以用外汇资本金质押办理人民币贷款吗？

作者：北京银行杭州分行　郭　茹
审核：北京银行杭州分行　王栋涛

问题：

境内企业可以用外汇资本金质押向境内金融机构申请人民币贷款吗？

解答：

政策依据：

一、《国家外汇管理局关于进一步明确和规范部分资本项目外汇业务管理有关问题的通知》（汇发〔2011〕45号）：

外商投资企业以外汇资本金结汇所得人民币资金偿还已使用完毕的银行贷款（含委托贷款），银行应要求结汇企业提交原贷款合同（或委托贷款合同）、与贷款合同所列用途一致的人民币贷款资金使用发票、原贷款行出具的贷款发放对账单等贷款资金使用完毕的证明材料，并留存复印件备查。

二、《国家外汇管理局关于境内企业外汇质押人民币贷款政策有关问题的通知》（汇发〔2011〕46号）：

境内金融机构在向中资企业和外商投资企业（以下简称境内企业）发放人民币贷款时，可以接受债务人提供的外汇质押，质押外汇来源仅限于经常项目外汇账户（出口收汇待核查账户除外）内的资金。

分析结论：

在办理外汇资本金结汇业务时，银行应对外商投资企业资本金及资本金结汇所得人民币资金流向和使用情况进行延伸检查。根据汇发〔2013〕21号文规定，以外汇资本金结汇偿还银行贷款，必须跟踪该贷款的资金使用情况，并审核对应的发票等凭证。

若以外汇资本金质押办理人民币贷款业务，一旦到期债务人无力偿还人民币贷款而发生违约，此时无论该笔人民币贷款资金的使用情况及资金流向是否正常，只能通过该笔外汇资本金结汇所得人民币来偿还贷款，难以避免变相结汇的嫌疑。

因此，汇发〔2011〕46号文规定，外汇资本金不可以用作质押以向境内银行申请人民币贷款，质押的外汇仅限于经常项目外汇资金（出口收汇待核查账户除外）。

9.外商投资企业以资本金结汇资金偿还银行贷款问题

作者：北京银行杭州分行　冯　晓
审核：北京银行杭州分行　李智娟

问题：

某外商投资企业 A 之前向境外关联公司借入了一笔人民币外债，用于公司的流动资金周转。现该笔外债将到期，客户打算向境内银行申请一笔人民币贷款，用于偿还该笔外债，之后，再申请资本金结汇，以结汇所得人民币资金归还境内银行的贷款。

请问：该客户的操作是否可行？是否可以资本金结汇资金来偿还银行贷款？

解答：

政策依据：

一、根据《国家外汇管理局关于〈完善外商投资企业外汇资本金支付结汇管理有关业务操作问题〉的通知》(汇综发〔2008〕142 号)的规定：

外商投资企业向银行申请资本金结汇，应当提交资本金结汇后的人民币资金用途证明文件。包括商业合同或收款人出具的支付通知，支付通知应含商业合同主要条款内容、金额、收款人名称及银行账户号码、资金用途等。企业以资本金结汇所得人民币资金偿还人民币贷款，须提交该笔贷款资金已按合同约定在批准的经营范围内使用的说明。

二、根据《国家外汇管理局关于印发〈外国投资者境内直接投资外汇管理规定〉及配套文件的通知》(汇发〔2013〕21 号)文件的规定：

外商投资企业资本金结汇所得人民币资金不得发放委托贷款、偿还企业间借贷（含第三方垫款）以及偿还转贷予第三方的银行借款。外商投资企业以外汇资本金结汇所得人民币资金偿还已使用完毕的银行贷款（含委托贷款），银行应要求结汇企业提供原贷款合同（或委托贷款合同）、与贷款合同所列用途一致的人民币贷款资金使用发票、原贷款行出具的贷款发放对账单等贷款资金使用完毕的证明材料，并留存复印件备查。

分析结论：

根据文件规定：外商投资企业可以外汇资本金结汇所得人民币资金偿还已使用完毕的银行贷款（含委托贷款）。此时，银行需要审核结汇企业提供原贷款合同（或委托贷款合同)、与贷款合同所列用途一致的人民币贷款资金使用发票、原贷款行出具的贷款发放对账单等贷款资金使用完毕的证明材料。同时,文件还规定了:外商投资企业资本金结汇所得人民币不得用于偿还企业间借贷(含第三方垫款)以及偿还转贷予第三方的银行借款。

  就本案例,A 公司欲以资本金结汇资金来偿还境内银行的贷款,乍一看是符合文件规定的,但在审核该笔境内银行贷款资金使用完毕的证明材料时可以发现:银行贷款实际用于偿还企业间借款。这与"外商投资企业资本金结汇所得人民币不得用于偿还企业间借贷"相违背,且 A 公司以"偿还境外关联公司的借款"用途向境内银行申请贷款也有"借新还旧"、"以贷还贷"的嫌疑,实在不妥。

  若 A 公司借入的人民币外债确实都用于自身的流动资金周转,建议其可以凭相关支付证明材料如发票、国家机关专用收据、缴款通知书和完税凭证等,直接向银行申请资本金结汇。

10. 资本金结汇材料之间信息不一致，是否可以结汇？

作者：北京银行杭州分行　冯紫琳
审核：北京银行杭州分行　李智娟

问题：

外商投资企业 A 公司以母公司身份签订商业合同，实际业务由子公司 B 公司完成，发票上的付款方名称为 B 公司，母公司是否可以资本金结汇所得人民币资金支付该笔货款？

解答：

政策依据：

根据《国家外汇管理局关于印发〈外国投资者境内直接投资外汇管理规定〉及配套文件的通知》（汇发〔2013〕21 号）文件关于境内直接投资所涉外汇账户内资金结汇相关规定：

一、外汇资本金账户内资金结汇

1. 资本金结汇所得人民币资金的支付命令函（支付命令函是指由企业或个人签发，银行据以将结汇所得人民币资金进行对外支付的书面指令）。

2. 资本金结汇后的人民币资金用途证明文件（包括商业合同或收款人出具的支付通知，支付通知应含商业合同主要条款内容、金额、收款人名称及银行账户号码、资金用途等）。本项材料验原件，留存加盖企业公章或财务印章的复印件。

3. 前一笔资本金结汇所得人民币资金按照支付命令函对外支付的发票等相关凭证（验原件，留存加盖企业公章或财务印章及有结汇银行批注结汇金额、日期等字样的复印件）、加盖企业公章或财务印章的税务部门网络发票真伪查询结果打印件及其使用情况明细清单（若该笔结汇为一次性或分次结汇中的最后一笔，企业应当于结汇后的 5 个工作日内向银行提交前述材料）。

4. 结汇所得人民币资金支付国家机关、事业单位等机构税费的，提交专用收据、缴款通知书和完税凭证（验原件，留存加盖企业公章或财务印章的复印件）。

5. 银行应审核开户主体提交的该笔结汇对应的出资确认登记表。对于按规定需办理验资的企业，外汇局验资询证回函即为出资确认办理证明；对于无须办理验资的，企业直接提交外汇局打印的出资确认登记表(银行可通过外汇局相关业务系统核对相关信息,无须外汇局盖章)。

二、银行应审核企业资本金结汇所得人民币资金用途的真实性与合规性,如发现各项材料之间不能互相印证或者存在矛盾,不得为该企业办理相关业务。

分析结论：

根据文件关于外商投资企业资本金支付结汇制的管理规定：银行应当根据上述材料认真审核外商投资企业资本金结汇所得人民币资金用途的真实性与合规性,如发现各项材料之间不能互相印证或者存在矛盾,不得为该企业办理相关业务。本案例中,虽然发票的付款方和签订商业合同的买方为母子公司关系,但是他们属于不同的纳税主体,银行不得凭付款方为B公司的发票,为A公司办理资本金结汇业务。

11. 外商投资企业资本金结汇支付给不同主体的问题

作者：北京银行杭州分行　冯　晓
审核：北京银行杭州分行　李智娟

问题：

某外商投资企业向银行申请办理 80 万美元的资本金结汇业务，用途为支付境内货款，收款人为该外商投资企业的两个客户：一笔等值 30 万美元的结汇所得人民币资金支付给 A 企业，另一笔等值 50 万美元的结汇所得人民币资金支付给 B 企业。该银行通过一笔操作将 80 万美元结汇，并将所得人民币资金入外商投资企业的人民币账户，然后再分别将相应资金通过电汇方式分别汇至 A 企业和 B 企业的账户内。

请问：该银行的做法正确吗？是否需要根据收款人不同分成两笔操作进行结汇？

解答：

政策依据：

根据《国家外汇管理局关于〈外国投资者境内直接投资外汇管理规定〉及配套文件的通知》（汇发〔2013〕21 号文）规定：

一、外汇资本金账户内资金结汇

1. 资本金结汇所得人民币资金的支付命令函（支付命令函是指由企业或个人签发，银行据以将结汇所得人民币资金进行对外支付的书面指令）。

2. 资本金结汇后的人民币资金用途证明文件（包括商业合同或收款人出具的支付通知，支付通知应含商业合同主要条款内容、金额、收款人名称及银行账户号码、资金用途等）。本项材料验原件，留存加盖企业公章或财务印章的复印件。

3. 前一笔资本金结汇所得人民币资金按照支付命令函对外支付的发票等相关凭证（验原件，留存加盖企业公章或财务印章及有结汇银行批注结汇金额、日期等字样的复印件）、加盖企业公章或财务印章的税务部门网络发票真伪查询结果打印件及其使用情况明细清单（若该笔结汇为一次性或分次结汇中的最后一笔，企业应当于结汇后的 5 个工作日内向银行提交前述材料）。

二、外商投资企业资本金账户与人民币账户开立在同一家银行的，结汇银行须在当日办理完毕结汇、人民币资金入账及对外支付划出手续；不在同一家银行的，结汇银行在办理结汇所得人民币资金划出时,应当在划款凭证上注明"资本金结汇"字样,人民币资金划入银行应当在 2 个工作日内(含划入当日)根据支付命令函办理该笔资金的对外支付划转手续。

分析结论:

本案例中,客户只要提供了文件所规定的这 80 万美元资本金结汇所对应的用途证明材料之后,银行就可以将 80 万美元资本金结汇至该外商投资企业的人民币账户,然后再根据用途证明材料,将相应人民币资金分别划至对应的 A 企业和 B 企业的账户内,无须分成两笔操作进行结汇。

需要注意的是,如该外商投资企业的资本金账户与人民币账户开立在同一银行,结汇所得人民币需当日对外支付;如资本金账户与人民币账户开立在不同银行,结汇所得人民币资金需在两个工作日内(含划入当日)对外支付。

12.国内外汇贷款用于归还他行贸易融资

作者：北京银行杭州分行　李智娟
审核：北京银行杭州分行　王栋涛

问题：

境内企业在 A 银行申请办理国内外汇贷款，想用该笔外汇贷款资金归还 B 银行的贸易融资。

请问：国内外汇贷款能用于归还他行的贸易融资吗？

解答：

国内外汇贷款可以用于信用证项下对外支付，也可以用于归还进口押汇、进口代付等进口类贸易融资，不能用于归还出口押汇等贸易融资。理由如下：

进口押汇或进口代付等融资款项属于受托支付类资金，银行不得将进口押汇或代付的资金划入客户账户，应该直接办理对外支付。出口押汇的融资款项属于自主支付类资金，银行将出口押汇资金直接划入客户的经常项目账户，并由客户自主决定结汇或对外支付，也就是说，根据客户要求，出口押汇的融资款项是可以办理结汇的，这与国内外汇贷款资金严禁办理结汇相违背。因此，银行在审核客户提供的他行进口类贸易融资放款通知书或还款通知书后，可为其办理国内外汇贷款资金的汇划，用于归还他行的进口类贸易融资，且需在资金划转时注明"国内外汇贷款"字样，但不得将国内外汇贷款资金用于归还他行的出口押汇等贸易融资。

13. A行国内外汇贷款归还B行贸易融资或外汇贷款(一)

作者:北京银行杭州分行 李智娟
审核:北京银行杭州分行 王栋涛

问题:

A行和B行均为境内外汇指定银行。A行发放的国内外汇贷款是否可以用于归还B行的进口押汇、同业代付等进口类贸易融资？是否可以用于归还B行的国内外汇贷款？

解答:

政策依据:

根据《国家外汇管理局关于实施国内外汇贷款外汇管理方式改革的通知》（汇发〔2002〕125号）文件规定:国内外汇贷款专用账户的支出范围为债务人偿还贷款、经常项下支出及经批准的资本项目支出。

分析:

首先,没有文件明确禁止用贷款资金归还贸易融资;其次,偿还进口押汇、同业代付等属于经常项下支出,因此我们认为国内外汇贷款可以用于归还进口押汇、同业代付等进口类贸易融资,用A行的国内外汇贷款归还B行的进口类贸易融资也是可行的。A行在审核B行的贸易融资还本付息通知书后即可办理资金划转手续,同时应注意在划款附言中注明"国内外汇贷款资金"的字样,而B行在收到该笔款项时应切实用于进口贸易融资的还款,严禁办理结汇。

关于国内外汇贷款专户的支出范围:偿还贷款,我们认为是指偿还本笔国内外汇贷款,而不是另一笔国内外汇贷款,且偿还国内外汇贷款应属于资本项下的支出,先不论以借新还旧的方式进行贷款置换是否符合银监会的管理规定,仅从贷款专户的支出范围来看,不能直接以国内外汇贷款归还国内外汇贷款,除非已经外汇管理局批准。

结论:

这两个问题都是在外汇管理政策中没有明确规定的,以上分析仅代表我们对现行外汇管理政策的理解,可能存在争议,故业务经办行应以当地外汇管理机构的解释为准。

2010年在昆明召开的全国外汇管理工作会议上,有关于"转变外汇管理方式"中提

13. A 行国内外汇贷款归还 B 行贸易融资或外汇贷款（一）

到：从重行为管理转变为更加强调主体管理；逐步从按交易性质和业务性质监管转变为以经济主体为单位进行集中管理；从"有罪推定"到"无罪推定（假设）"；逐步从"法无明文授权不可为"转变为"法无明文禁止即可为"。需要注意的是，总局会议使用的措辞是"逐步"，也就是说，这是一个过程，而不是一蹴而就。

此外，我们还要强调的是，对于国内外汇贷款的使用范围，不仅要遵守外汇管理相关规定，也需要满足银监会的管理要求。

14. A 行国内外汇贷款归还 B 行贸易融资或外汇贷款（二）

作者：北京银行杭州分行　李智娟
审核：北京银行杭州分行　王栋涛

问题：

A 行的国内外汇贷款划至 B 行，用于归还 B 行发放的进口类贸易融资，请问该贷款资金应放入什么账户？是否需要办理申报？

解答：

一、是否可以划入经常项目外汇账户

境内机构经常项目外汇账户的收入范围为经常项目外汇收入，国内外汇贷款资金属于资本项目资金，因此不能将该贷款资金划入经常项目外汇账户内。

二、是否可以划入新开立的国内外汇贷款专户或原有的国内外汇贷款专户

《国家外汇管理局综合司关于中核财务有限责任公司购汇还贷等外汇业务的批复》（汇综复〔2012〕61号）文件规定："一笔外汇贷款不能开立多个外汇贷款专用账户，但多笔外汇贷款可共用一个国内外汇贷款专用账户。"因此，我们认为，针对划入的该笔贷款资金新开立一个国内外汇贷款专户似乎是不合规的，但划入收款企业在 B 行原有的国内外汇贷款专户则是允许的。

将国内外汇贷款资金划入原有的贷款专用账户，属于资本项目项下的同户名划转，A 行需要办理境内汇款申报，B 行需要办理境内收入申报。

三、划入保证金账户或暂存户

保证金账户或暂存户可以确保国内外汇贷款资金的专款专用，因此可以将用于归还 B 行贸易融资的贷款资金划入该账户，资金划入保证金账户或暂存户 B 行无须办理境内汇款或收入申报。

15.无对外贸易经营权企业办理国内外汇贷款

作者:北京银行杭州分行　冯　晓
审核:北京银行杭州分行　李智娟

问题:

无对外贸易经营权的企业委托代理方进口原材料,到期付汇时,委托人是否可以向银行申请国内外汇贷款,划转给代理方用于对外支付?如果可以,贷款到期时委托人是否可以购汇来偿还贷款本息?

解答:
政策依据:

一、《国家外汇管理局关于实施国内外汇贷款外汇管理方式改革的通知》(汇发〔2002〕125号)文件规定:

1.实行国内外汇贷款外汇管理方式改革的范围,仅限于各中资金融机构(以下简称"债权人")向非金融性质的境内机构(以下简称"债务人")发放的自营外汇贷款。

2.国内外汇贷款专用账户的收入范围为债务人该笔贷款收入及其划入的还款资金;支出范围为债务人偿还贷款、经常项下支出及经批准的资本项下支出。

3.债务人以自有外汇或以人民币购汇偿还国内外汇贷款本息时,应向债权人提供外汇账户对账单和《企业自有外汇确认书》等文件,由债权人进行真实性和合规性审核。债务人偿还贷款本息时,应先使用自有外汇,不足部分方可购汇。

二、《国家外汇管理局关于印发货物贸易外汇管理法规有关问题的通知》(汇发〔2012〕38号)文件规定:

代理进口业务应当由代理方付汇。代理进口业务项下,委托方可以凭委托代理协议将外汇划转给代理方,也可以由代理方购汇。

三、《国家外汇管理局综合司关于中核财务有限责任公司购汇还贷等外汇业务的批复》(汇综复〔2012〕61号)文件规定:

《国家外汇管理局关于实施国内外汇贷款外汇管理方式改革的通知》(汇发〔2002〕125号)第5条第1款:"债务人偿还贷款本息时,应先使用自有外汇,不足部分方可购汇"的规定不再执行。

分析结论：

1.上述文件中"债务人"的范围为非金融性质的境内机构，至于有无对外贸易经营权则并未限定，且委托人申请国内外汇贷款，并将此贷款划转给代理人支付代理进口项下货款，属于经常项下支出，符合国内外汇贷款的支出范围，同时也符合货物贸易外汇管理相关规定。为了确保国内外汇贷款资金的用途，在为委托人办理外汇贷款放款时建议审核：委托代理协议、代理人与境外签订的进口合同、进口项下的商业单据、付款通知书等材料，并在办理资金划转时，特别注明资金性质及确定的资金用途。

2.根据文件，国内外汇贷款到期时，债务人可以购汇偿还本息。无对外贸易经营权的委托人作为债务人，在贷款到期时可以人民币购汇来偿还国内外汇贷款本息。

16.出口信用保险理赔收入是否需入待核查账户？

作者：北京银行杭州分行　郭　茹
审核：北京银行杭州分行　王栋涛

问题：

国内某出口公司为防范出口信用方面的风险，向中国出口信用保险公司（下称"中国信保"）投保，获得批准。随后该公司出口货物货款无法收回，由中国信保进行赔付。

请问：该公司出口货物出险后的保险理赔收入是否需进入待核查账户？

解答：

从出口信用保险的性质来看。出口信用保险是指信用机构对企业投保的出口货物、服务、技术和资本的出口应收账款提供安全保障机制。一旦发生因买方拖欠货款、买方因自身原因而拒绝收货及付款等情况时，出口商可依据保单由中国信保先行赔付货款。所以，从根本上来看，出口企业获得的出口信用保险理赔收入，可以理解为企业的出口货款。

根据《货物贸易外汇管理指引实施细则》规定："企业贸易外汇收入应当先进入出口收入待核查账户"，故出口信用保险理赔收入应进入待核查账户，需填报《境内收入申报单》，同时标注"出口信用保险理赔款"。

操作提示：

在办理划入待核查账户手续时，应审核中国信保出具的保单等相关真实性证明材料及其他贸易真实性证明材料。

在办理待核查账户资金结汇或原币划转业务时，如为A类企业，可直接办理；如为B类企业，应按照实际结汇或划出金额进行电子数据核查，并扣减相应可收汇额度；如为C类企业，需根据外汇局出具的《货物贸易外汇业务登记表》进行办理。

17. 贸易付汇的退汇收入是否需入待核查账户？

作者：北京银行杭州分行　李智娟
审核：北京银行杭州分行　王栋涛

问题：

贸易付汇的退汇收入是否需要入企业的待核查账户？

解答：

政策依据：

一、根据《货物贸易外汇管理指引实施细则》(汇发〔2012〕38号)文件第13条规定：

企业贸易外汇收入应当先进入出口收入待核查账户(以下简称待核查账户)。待核查账户的收入范围限于贸易外汇收入(含转口贸易外汇收入,不含出口贸易融资项下境内金融机构放款及境外回款);支出范围包括结汇或划入企业经常项目外汇账户,以及经外汇局登记的其他外汇支出。

二、根据《货物贸易外汇管理制度改革试点问题解答(第一期)》：

问题：贸易付汇的退汇收入是否进入待核查账户？

答：须进入待核查账户。《货物贸易外汇管理试点指引实施细则》(简称实施细则)第13条规定,待核查账户的收入范围限于贸易外汇收入,但不含出口贸易融资项下境内金融机构放款及境内回款。贸易付汇的退汇收入属于贸易外汇收入。

结论：

由于贸易付汇的退汇收入也属于贸易外汇收入,所以必须入企业的待核查账户。

18. 出口贸易融资款及其回款资金是否需入待核查账户？

作者：北京银行杭州分行　郭　茹
审核：北京银行杭州分行　王栋涛

问题：

出口贸易融资项下融资款及回款资金是否可直接进入企业的经常项目外汇账户，而无须入待核查账户？

解答：

这里的出口贸易融资指银行对出口商提供的与出口贸易结算相关的表内短期融资，包含打包放款、出口押汇、出口信用保险融资、出口贴现、出口发票融资、福费廷等形式，既可由境内银行提供融资，也可由境外银行提供融资。

首先，对于境内银行发放的出口贸易融资款项，在《货物贸易外汇管理指引实施细则》中对此做出了明确规定，即"待核查账户的收入范围限于贸易外汇收入（含转口贸易外汇收入，不含出口贸易融资项下境内金融机构放款及境外回款）"；因此，如果出口贸易融资款项为境内银行发放，则融资款项及其回款资金无须通过待核查账户。

其次，对于由境外银行提供的出口贸易融资款项及其境外回款的入账问题，《货物贸易外汇管理制度改革相关问题解答（第一期）》中对此也做出了解释：

"对于符合规定的由境外银行提供的出口贸易融资业务，属于买断型的，融资款应当进入企业的出口收入待核查账户；属于非买断型的，融资款不必进入待核查账户，境外回款应当进入待核查账户"。

19. NRA 客户能否申请办理信用证转让业务？

作者：北京银行杭州分行　王栋涛

问题：

境内某银行收到境外开证行开立的以其为被指定银行的可转让信用证，该信用证以 NRA（即境外机构境内外汇账户，下同）客户为受益人。

请问：根据现行外汇管理政策，该 NRA 客户可以向这家国内银行申请办理信用证转让业务吗？

解答：

涉及 NRA 的外汇管理政策，主要是《国家外汇管理局关于境外机构境内外汇账户管理有关问题的通知》（汇综发〔2009〕29 号，以下简称"该文件"）。

在本案下，如办理信用证转让业务，作为第一受益人的 NRA 客户将可能涉及以下两项跨境收支：

1. 从境外开证行收款；
2a. 向境外第二受益人付款；或
2b. 向境内第二受益人付款。

对于 1 和 2a，适用该文件第 6 条，即"境外机构境内外汇账户从境内外收汇、相互之间划转、与离岸账户之间划转或者向境外支付，境内银行可以根据客户指令等直接办理，但国家外汇管理局另有规定除外"。因此，在该案下，对于境内转让行，无须审核任何单据或凭证即可为该 NRA 客户办理从境外开证行收入货款或者向境外支付货款。

对于 2b，则适用该文件第 5 条，即"境内机构和境内个人与境外机构境内外汇账户之间的外汇收支，按照跨境交易进行管理。境内银行应当按照跨境交易外汇管理规定，审核境内机构和境内个人有效商业单据和凭证后办理"。因此，在该案下，对于向境内第二受益人付款这项业务，应由收款银行即第二受益人银行审核相关商业单据和凭证，以执行外汇管理政策的要求。

结论：

作为可转让信用证下受益人的 NRA 客户，可以向开证行指定的境内银行申请办理信用证转让业务。

20. NRA 人民币账户资金收付的申报

作者：北京银行杭州分行　郭　茹
审核：北京银行杭州分行　王栋涛

问题：

目前不少贸易融资产品，例如 NRA 人民币账户福费廷，会涉及 NRA 人民币账户的资金收付，此类业务在何种情况下需要申报？应做什么申报？

解答：

根据《国家外汇管理局关于明确和调整国际收支统计申报有关事项的通知》（汇发〔2011〕34 号）规定，涉及 NRA 人民币账户收支的具体申报问题可归纳如下：

1. NRA 人民币账户之间发生资金往来

NRA 人民币账户之间的资金收付视同境外资金往来，不纳入国际收支统计申报的范围；但应由付款方银行报送"人民币境外主体之间资金划转业务信息"。

2. NRA 人民币账户与境外发生资金往来

NRA 人民币账户与境外发生资金往来，资金发生了实际跨境，应由经办银行办理国际收支申报，交易性质统一申报在"境外存入款项/调出"项下，交易编码为"822030"，交易附言注明"境内非居民 NRA 账户从境外收款"或"境内非居民 NRA 账户向境外付款"；同时由经办银行报送"人民币境外主体之间资金划转业务信息"。

3. NRA 人民币账户与境内发生资金往来

（1）NRA 人民币账户收到境内机构汇入人民币，应由境内机构作为申报主体，报送汇出汇款/对外付款承兑申报信息；并由境内机构所在行报送"人民币跨境支出信息"。

（2）NRA 人民币账户向境内机构汇出人民币，应由境内机构作为申报主体，报送涉外收入申报信息，并由境内机构所在行报送"人民币跨境收入信息"。

21. 开立 NRA 外币账户是否需要在外汇账户信息管理系统登记基本信息？

作者：北京银行杭州分行　郭　茹
审核：北京银行杭州分行　李智娟

问题：

开立 NRA 外币账户是否需要在外汇账户管理信息系统登记基本信息？

解答：

根据《国家外汇管理局综合司关于开展外汇账户管理信息系统应用门户整合推广工作的通知》（汇综发〔2013〕87号）规定，"账户开关户和每日收支余汇总信息是按照《国家外汇管理局关于规范境内银行资本项目数据报送的通知》（汇发〔2012〕36号）要求，借助资本项目信息系统项目建设实现了统一采集、共享使用……，账户逐笔收支明细数据由涉外收付款、境内收付款和账户内结售汇数据转换而来"。

由此可见，外汇账户的逐笔收支明细数据是由国际收支申报数据转换而来，而在做国际收支申报前需在外汇账户管理信息系统中登记单位基本情况，否则外汇账户国际收支数据无法与外汇账户数据进行匹配，从而导致账户管理信息系统无法从国际收支申报系统中抓取账户逐笔收支明细数据。

2013年12月1日起，外汇局将单位基本信息登记及变更权限下放给银行，银行可通过应用门户整合后的账户系统（银行版）直接办理基本信息登记或变更手续。因此，开立 NRA 外币账户时，开户银行需在外汇账户管理信息系统中查询境外机构基本信息，如无基本信息或基本信息与实际不一致，则需进行基本信息登记或变更。

22.NRA账户作为受益人，境内银行收到出口来单时是否需要报送"银行跟单结算及表外融资业务信息"？

作者：北京银行杭州分行　郭　茹
审核：北京银行杭州分行　王栋涛

问题：

在跨境人民币结算项下，如发生信用证、托收及其他表外融资业务时，境内结算银行作为报送主体，需报送"银行跟单结算及表外融资业务信息"。请问：境内银行收到出口来单，若受益人是NRA，那么该境内银行是否需报送"银行跟单结算及表外融资业务信息"？

解答：

境内银行收到出口来单，若受益人是NRA，则该境内银行无须报送"银行跟单结算及表外融资业务信息"，仅在发生实际的跨境人民币收款时，报送"境外主体之间资金划转信息"即可。原因如下：

首先，我们认为"银行跟单结算及表外融资业务信息"属于货物贸易项下的业务信息，是与跨境结算信息，即"人民币跨境收入/支出信息"相匹配的，纳入交易结算类的范畴；而NRA账户与境外发生实际的人民币资金往来，属于金融服务类，而非交易结算类。

其次，从跨境人民币信息报送的原则来看，跨境收支指居民和非居民之间发生交易，是从境内主体的角度来报送；而NRA与境外发生人民币资金往来，是境外主体之间的资金划转，因此需报送"境外主体之间资金划转信息"，而非"人民币跨境收入信息"。

因此，我们认为，境内银行收到出口来单，若受益人是NRA，则该境内银行无须报送"银行跟单结算及表外融资业务信息"，仅需在发生实际的跨境人民币收款时，报送"境外主体之间资金划转信息"。

23.人民币NRA账户资金收付资料审核的问题

作者：北京银行杭州分行　陈凌峰
审核：北京银行杭州分行　李智娟

问题：

随着人民币国际化进程的加快,越来越多的境外机构开立人民币NRA账户。作为NRA账户的开户银行,该如何对该账户的资金收付进行审核,能否仅凭开户主体的指令直接办理？

解答：
政策依据：

根据《关于境外机构人民币银行结算账户开立和使用有关问题的通知》银发〔2012〕183号文的规定：

四、关于境外机构人民币银行结算账户的使用

(一)境内银行应当根据有关人民币跨境业务管理相关规定对境外机构人民币银行结算账户资金收付的真实性和合法性进行严格审查。

(二)境外机构人民币银行结算账户收入及支出范围。

1.收入范围：

(1)跨境货物贸易、服务贸易、收益及经常转移等经常项目人民币结算收入；

(2)政策明确允许或经批准的资本项目人民币收入；

(3)跨境贸易人民币融资款项；

(4)账户孳生的利息；

(5)从同名或其他境外机构境内人民币银行结算账户获得的收入；

(6)中国人民银行规定的其他收入。

2.支出范围：

(1)跨境货物贸易、服务贸易、收益及经常转移等经常项目的境内人民币结算支出；

(2)政策明确允许或经批准的资本项目人民币支出；

(3)跨境贸易人民币融资利息及融资款项的归还；

(4)银行费用支出；

23.人民币 NRA 账户资金收付资料审核的问题

(5)中国人民银行规定的其他支出项目。

(三)境外机构人民币银行结算账户向境外的划转,以及境外机构人民币银行结算账户之间的划转,银行可以根据境外机构的指令直接办理,另有规定的除外。

(五)境内机构与境外机构人民币银行结算账户之间的资金收支,按照跨境交易进行管理,境内收付款银行应当按照人民币跨境交易管理的有关规定办理。

分析结论:

根据上述文件第(三)和第(五)条规定:人民币 NRA 账户向境外的划转以及人民币 NRA 账户之间的划转,境内银行可以凭境外机构的指令直接办理;境内机构与人民币 NRA 账户发生资金收支,境内收付款银行按照人民币跨境交易管理的有关规定办理。我们理解为:NRA 账户向境外进行资金划转时,或者 NRA 之间进行资金划转时,NRA 账户的开户银行无须审核其他资料,仅凭境外机构的划转指令即可直接办理;而境内机构与 NRA 账户进行资金划转时,由境内机构的开户银行按照跨境人民币交易进行资料审核,NRA 账户开户银行无须审核资料。

但是同时我们又看到,文件第(一)条规定:境内银行应当根据有关人民币跨境业务管理相关规定对境外机构人民币银行结算账户资金收付的真实性和合法性进行严格审查;且文件第(二)条对 NRA 账户的收支范围也进行了明确。那开户银行应如何对 NRA 账户资金收付的真实性和合法性进行严格审查呢?又如何判断某一笔资金是否确属于 NRA 账户的收支范围内呢?文件没有明确规定。

我们认为,为了履行对"NRA 账户资金收付的真实性和合法性进行严格审查"的职责,开户银行应当对 NRA 账户资金收付的交易资料进行合理的审核,以确定资金的性质以及交易背景的表面真实性,不能仅凭开户主体的指令直接办理。

24. NRA 资金可以用作质押办理境内融资吗？

作者：北京银行杭州分行　郭　茹
审核：北京银行杭州分行　王栋涛

问题：

NRA 资金可以用作质押办理境内融资吗？

解答：

政策依据：

一、根据《关于境外机构人民币银行结算账户开立和使用有关问题的通知》（银发〔2012〕183号）文件规定：

境外机构人民币银行结算账户为活期存款账户。境外机构可将人民币结算账户资金用作境内质押境内融资。

二、根据《国家外汇管理局关于境外机构境内外汇账户管理有关问题的通知》（汇发〔2009〕29号）文件规定：

境外机构境内外汇账户资金余额，除国家外汇管理局另有规定外，应当纳入银行短期外债指标管理，以其作为境内机构从境内银行获得贷款的质押物的，按照境内贷款项下境外担保外汇管理规定办理。

未经注册所在地国家外汇管理局分局、管理部批准，……，不得直接或变相将该外汇账户内资金结汇。

三、根据《国家外汇管理局关于发布〈跨境担保外汇管理规定〉的通知》（汇发〔2014〕29号）文件规定：

金融机构办理外保内贷履约，如担保履约资金与担保项下债务提款币种不一致而需要办理结汇或购汇的，应当向外汇局提出申请。

分析与结论：

一、对于人民币 NRA 账户，根据银发〔2012〕183号文的规定，其人民币结算账户资金可以用作境内质押办理境内融资，并可以通过该人民币 NRA 账户归还跨境贸易人民币融资利息及融资款项。

二、对于外币 NRA 账户，根据汇发〔2009〕29号文，外币 NRA 账户内的资金可以

24.NRA 资金可以用作质押办理境内融资吗？

用作境内机构从境内银行获得贷款的质押物，前提条件是该外币 NRA 账户的资金需占用银行的短债指标，这个需视各家银行对外币 NRA 账户的管理规定方可操作。

另外，汇发〔2009〕29 号文规定外币 NRA 账户资金不得擅自直接或变相进行结汇。那么当 NRA 账户的担保履约资金与担保项下债务提款币种不一致时，根据汇发〔2014〕29 号文，作为债权人的银行可以向外汇局提出申请，获得外汇局批准后方可将该 NRA 账户的资金办理结汇进行履约。

因此，我们认为，办理外保内贷业务时，若外币 NRA 账户担保履约资金与担保项下债务提款币种不一致，应事先向外汇局进行申请或报备以获得批准，以免发生担保履约时，因为未获得外汇局批准而无法进行结汇履约的操作。

25. 关于"内保外贷"下相关主体资格准入条件的改革

作者：北京银行杭州分行　郭　茹
审核：北京银行杭州分行　王栋涛

问题：

《跨境担保外汇管理规定》（汇发〔2014〕29号）（以下简称《规定》）出台以后，"内保外贷"下相关主体资格准入条件有何变化？

解答：

一、内保外贷定义

内保外贷是指，境内机构向境外机构（即担保受益人，通常为境外贷款行）承诺，按照担保合同履行相关付款义务的担保行为。

二、《规定》出台以前，内保外贷项下相关主体准入资格受限

1. 银行提供融资性对外担保的，被担保人不受与境内机构的股权关系、净资产比例和盈利情况等限制；

银行提供非融资性担保的，其被担保人或受益人至少有一方应为在境内依法注册成立的法人，或至少有一方应为由境内机构按照规定在境外设立、持股或间接持股的机构。

2. 非银行金融机构提供对外担保的，则被担保人应当符合以下条件：

（1）非银行金融机构担保人为非银行金融机构的，被担保人须为境内依法注册成立的法人或境内机构按照规定在境外设立、持股或间接持股的企业。

（2）担保人为企业的，被担保人须为担保人境外设立、持股或间接持股的企业。

三、《规定》出台以后，取消内保外贷项下相关主体资格准入条件

《规定》出台以后，取消了针对相关主体，如担保人、被担保人资产负债比例或关联关系要求的资格条件限制，只要在同时满足以下条件的前提下，可自行签订内保外贷合同：

1. 担保人为注册地在境内的银行、非金融机构或企业；
2. 被担保人和受益人注册地均在境外。

26. 关于内保外贷项下资金用途的问题

作者：北京银行杭州分行　郭　茹
审核：北京银行杭州分行　王栋涛

问题：

2014年6月1日起实施的《跨境担保外汇管理规定》及其操作指引（以下简称《规定》），在内保外贷外汇管理方面取消了针对特定主体或特定交易的诸多资格条件限制，但对内保外贷项下资金用途却制定了一些限制性条款。

请问：内保外贷下境外借款所取得的资金的用途应符合什么规定？

解答：

《规定》中第一部分第四点对内保外贷项下资金的用途做了明确规定：

首先，内保外贷项下资金仅用于债务人正常经营范围内的相关支出。

其次，未经外汇局批准，债务人不得通过向境内进行借贷、股权投资或证券投资等方式将担保项下资金直接或间接调回境内使用。

最后，内保外贷项下资金可以用于以下特殊交易，但应符合相关部门的管理规定，包括：

1. 境外债务人债券发行项下的还款义务；
2. 用于直接或间接获得对境外其他机构的股权（包括新建境外企业、收购境外企业股权和向境外企业增资）或债权；
3. 境外机构衍生交易项下支付义务。

上述对内保外贷资金用途的限制条件适度体现了当前外汇管理局"限流入"的管理思路，同时明确要求作为担保人的银行应以适当方式监督债务人按照其申明的用途使用担保项下资金，严格控制虚构贸易等套利或违规调入境内的行为。

27. 外保内贷发生履约后，是否需占用企业的外债额度？

作者：北京银行杭州分行　郭　茹
审核：北京银行杭州分行　王栋涛

问题：

外保内贷发生履约后，需占用企业的外债额度吗？

解答：

在《跨境担保外汇管理规定》（汇发〔2014〕29号）出台以后，对于外保内贷发生履约后是否需占用外债额度的管理规定进行了调整。

原《外债登记管理办法》（汇发〔2013〕19号）对于外保内贷业务按照外商投资企业和中资企业进行分类管理，其中"外商投资企业发生境外担保履约的，其担保履约额应纳入外商投资企业外债规模管理"。

"中资企业因外保内贷履约而实际发生的对境外担保人的外债本金余额不占用分局地区短期外债余额指标。"

而《跨境担保外汇管理规定》（汇发〔2014〕29号）中对于外保内贷业务不再区分中、外资企业，并明确规定"境内债务人因外保内贷项下担保履约形成的对外负债，其未偿本金余额不得超过其上年度末经审计的净资产数额。超出上述限额的，须占用其自身的外债额度；外债额度仍然不够的，按未经批准擅自对外借款进行处理。"

由此可见，自2014年6月1日起《跨境担保外汇管理规定》实施以后，境内债务人（包括中资企业和外商投资业务）因外保内贷履约形成的对外负债，其未偿本金余额如未超出上年度末经审计的净资产数额的，均无需占用外债额度；但若超出上述限额的，须占用其自身的外债额度。

28. 外保内贷项下人民币贷款资金是否可以用于购汇？

作者：北京银行杭州分行　郭　茹
审核：北京银行杭州分行　王栋涛

问题：
外保内贷项下人民币贷款资金是否可以用于购汇？

解答：
关于外保内贷项下贷款资金用途，虽在文件中并未做出明确规定，但我们认为，正如国内外汇贷款可用于经常项下支出及经批准的资本项下支出，而不得结汇一样，外保内贷项下贷款资金应用于满足企业正常的业务需求，而用于购汇支付货款，则恐有违规之嫌。

参考《中国人民银行关于改进外汇担保项下人民币贷款管理的通知》(银发〔1999〕223号)(以下简称《通知》)中第3条规定，"外汇担保人民币贷款可用于满足固定资产投资和流动资金需求，但不得用于购汇"。

同时，《通知》中第1条对"外汇担保项下人民币贷款"的含义进行了描述，即"本通知所称'外汇担保项下人民币贷款'，指由境外金融机构或境内外资金融机构(以下简称'外资银行')提供信用保证(含备用信用证)或由境内外商投资企业(包括中外合资、中外合作、外商独资经营企业)提供外汇质押，由境内中资外汇指定银行(以下称'人民币贷款行')向境内外商投资企业(以下称'借款人')发放的人民币贷款"。由此，境外金融机构提供信用保证的形式，由境内金融机构向境内外商投资企业发放人民币贷款属于外保内贷的范畴，《通知》中明确规定此类人民币贷款资金不得用于购汇。

此外，外保内贷项下担保标的为本外币贷款(不包括委托贷款)或有约束力的授信额度，也就是说债务人根据实际业务需要可以向境内金融机构申请人民币贷款或外币贷款，没有必要用人民币贷款资金购汇获得外币。

因此，我们认为外保内贷项下人民币贷款资金不宜用于购汇。

29. 内保外贷资金是否可以进行境外股权债权投资？

作者：北京银行杭州分行　冯　晓
审核：北京银行杭州分行　李智娟

问题：

内保外贷资金是否可以进行境外股权债权投资？

解答：

政策依据：

一、根据国家外汇管理局发布关于《跨境担保外汇管理》（汇发〔2014〕29号）的规定：

内保外贷项下资金用途应该符合以下规定：

（一）未经外汇局批准，债务人不得通过向境内进行借贷、股权投资或证券投资等方式将担保项下资金直接或间接调回境内使用。

担保项下资金不得用于境外机构或个人向境内机构或个人进行直接或间接的股权、债权投资，包括但不限于以下行为：

1. 债务人使用担保项下资金直接或间接向在境内注册的机构进行股权或债权投资。

2. 担保项下资金直接或间接用于获得境外标的公司的股权，且标的公司50%以上资产在境内的。

（二）内保外贷合同项下发生以下类型特殊交易时，应符合以下规定：

1. 内保外贷合同项下融资资金用于直接或间接获得对境外其他机构的股权（包括新建境外企业、收购境外企业股权和向境外企业增资）或债权时，该投资行为应当符合国内相关部门有关境外投资的规定。

分析结论：

根据汇发〔2014〕29号文，外汇局明确规定内保外贷资金不得进行境内投资。而对于境外投资，则需要根据情况不同进行区分：如该境外被投资主体50%以上的资产在境内，或者境外被投资主体再向境内进行股权投资的，则内保外贷资金不得用于该类境外投资；如内保外贷合同项下融资资金用于直接或间接获得对境外其他机构的股权或

29.内保外贷资金是否可以进行境外股权债权投资？

债权时,该投资行为应当符合国内相关部门有关境外投资的规定。

总结来说,我们认为内保外贷项下的资金可以在符合国内相关部门关于境外投资的规定前提下进行境外股权债权投资,但不得以任何直接或间接的方式流入境内。

30. 外保内贷履约后外债登记问题

作者：北京银行杭州分行　徐　昊
审核：北京银行杭州分行　李智娟

问题：

外保内贷项下发生了境外担保履约，境内债务人是否需要办理外债签约登记？是否需要占用外债额度？

解答：

政策依据：

根据《国家外汇管理局关于发布〈跨境担保外汇管理规定〉的通知》（汇发〔2014〕29号）相关规定：

一、《跨境担保外汇管理规定》

第六条　外汇局对内保外贷和外保内贷实行登记管理。

境内机构办理内保外贷业务，应按本规定要求办理内保外贷登记；经外汇局登记的内保外贷，发生担保履约的，担保人可自行办理；担保履约后应按本规定要求办理对外债权登记。

境内机构办理外保内贷业务，应符合本规定明确的相关条件；经外汇局登记的外保内贷，债权人可自行办理与担保履约相关的收款；担保履约后境内债务人应按本规定要求办理外债登记手续。

第二十条　外保内贷业务发生境外担保履约的，境内债务人应到所在地外汇局办理短期外债签约登记及相关信息备案手续。外汇局在外债签约登记环节对债务人外保内贷业务的合规性进行事后核查。

二、《跨境担保外汇管理操作指引》

外保内贷业务发生境外担保履约的，境内债务人应在担保履约后15个工作日内到所在地外汇局办理短期外债签约登记及相关信息备案。外汇局在外债签约登记环节对债务人外保内贷业务的合规性进行事后核查。发现违规的，在将违规行为移交外汇检查部门后，外汇局可为其办理外债登记手续。

境内债务人因外保内贷项下担保履约形成的对外负债，其未偿本金余额不得超过其上年度末经审计的净资产数额。超出上述限额的，须占用其自身的外债额度；外债额度仍然不够的，按未经批准擅自对外借款进行处理。

分析结论：

根据上述文件，外保内贷发生境外担保履约后，因境内金融机构的债权转移给境外担保机构了，原来的境内债权债务关系也转变成了跨境的债权债务关系，所以境内债务人需要在境外担保履约发生后 15 个工作日内到所在地外汇局办理短期外债签约登记及相关信息备案。

境外担保履约形成的对外负债未超过境内债务人上年度末经审计的净资产数额的，无须占用外债额度，超过上年度末经审计的净资产数额的，则需要占用外债额度，如果外债额度不够的，则外汇管理局将对境内债务人按擅自对外借款进行处理。

31. 内保外贷资金可否用于偿还境外债券利息?

作者:北京银行杭州分行　郭　茹
审核:北京银行杭州分行　王栋涛

问题:

境内公司 A 向境内银行 X 申请开立保函给境外银行 Y,由 Y 向 A 的境外关联公司 B 发放贷款,用于归还 B 之前发行债券所产生的利息。

请问:这类用途是否符合相关政策要求?

解答:

政策依据:

《国家外汇管理局关于发布〈跨境担保外汇管理规定〉的通知》(汇发〔2014〕29号):

(一)内保外贷项下资金仅用于债务人正常经营范围内的相关支出,不得用于支持债务人从事正常业务范围以外的相关交易,不得虚构贸易背景进行套利,或进行其他形式的投机性交易。

(二)未经外汇局批准,债务人不得通过向境内进行借贷、股权投资或证券投资等方式将担保项下资金直接或间接调回境内使用。

(三)内保外贷项下担保责任为境外债务人债券发行项下还款义务时,境外债务人应由境内机构直接或间接持股,且境外债券发行收入应用于与境内机构存在股权关联的境外投资项目,且相关境外机构或项目已经按照规定获得国内境外投资主管部门的核准、登记、备案或确认。

分析结论:

首先,根据题中所述,该类问题应纳入内保外贷的管理范畴。

其次,根据汇发〔2014〕29号文的管理规定,内保外贷的资金只能在境外使用,不得直接或变相调入境内使用。

再次,内保外贷项下资金可以用于偿还境外债务人债券发行项下的债务时,但应满足如下条件:

1.境外债务人应由境内机构直接或间接持股;

31.内保外贷资金可否用于偿还境外债券利息？

2.境外债券发行收入应用于与境内机构存在股权关联的境外投资项目；

3.相关境外机构或项目已经按照规定获得国内境外投资主管部门的核准、登记、备案或确认。

综上所述，针对题中问题，境内银行 X 在开立此类保函前，应充分了解 B 公司与境内机构的关系、债券发行的用途以及相关批准文件，在满足上述第三点中的条件后，可通过内保外贷资金偿还境外发债项下的债务，包括债券利息；否则，不得办理。

32. 境内非金融机构进行人民币跨境担保是否需要进行登记备案？

作者：北京银行杭州分行　冯　晓
审核：北京银行杭州分行　王栋涛

问题：

境内非金融机构进行人民币跨境担保是否需要进行登记备案？

解答：

政策依据：

一、根据国家外汇管理局发布关于《跨境担保外汇管理》（汇发〔2014〕29号）的规定：

（一）担保人为非银行金融机构或企业（以下简称为非银行机构）的，应在签订担保合同后15个工作日内到所在地外汇局办理内保外贷签约登记手续。担保合同或担保项下债务合同主要条款发生变更的（包括债务合同展期以及债务或担保金额、债务或担保期限、债权人等发生变更），应当在15个工作日内办理内保外贷变更登记手续。

（二）外汇局按照真实、合规原则对非银行机构担保人的登记申请进行程序性审核，并为其办理登记手续。外汇局对担保合同的真实性、商业合理性、合规性及履约倾向存在疑问的，有权要求担保人作出书面解释。外汇局按照合理商业标准和相关法规，认为担保人解释明显不成立的，可以决定不受理登记申请，并向申请人书面说明原因。

二、根据《中国人民银行关于简化跨境人民币业务流程和完善有关政策的通知》银发〔2013〕168号文的规定：

境内非金融机构可以按照《中华人民共和国物权法》、《中华人民共和国担保法》等法律规定，对外提供人民币担保。境内非金融机构对外担保使用人民币履约时，境内银行进行真实性审核后，为其办理人民币结算，并向人民币跨境收付信息管理系统报送相关信息。履约款项也可由境内非金融机构使用其境外留存的人民币资金直接支付。

分析结论：

一、根据汇发〔2014〕29号文，境内非金融机构进行跨境担保需要到所在地外汇局办理签约登记手续，需提交书面申请书、担保合同和担保项下的主债务合同、外汇局认定的其他相关证明材料。外汇局根据所提交的材料进行审核，如果认为担保人的解释

32.境内非金融机构进行人民币跨境担保是否需要进行登记备案?

不合理,可以不予登记。

二、根据银发〔2013〕68号文,境内非金融机构进行人民币跨境担保,并不需要去人民银行进行登记。但是在对外担保人民币履约时,境内银行需进行真实性审核,办理人民币结算,并向人民币跨境收付信息管理系统报送相关信息。

三、综上所述,境内非金融机构进行跨境担保不需要去人民银行备案登记,但需要去所在地外汇局进行签约登记。

33. 外债资金可以作为信用证保证金吗？

作者：北京银行杭州分行　李智娟
审核：北京银行杭州分行　王栋涛

问题：

外债资金可以作为信用证保证金吗？

解答：

政策依据：

《国家外汇管理局关于发布〈外债登记管理办法〉的通知》（汇发〔2013〕19号）文件规定：

一、外债专用账户的收入范围是：按规定已办理签约登记的外债收入及存款利息、在偿还外债前5个工作日内划入的用于还款的资金；支出范围是：经常项目对外支付、按规定办理结汇及按规定办理资本项目支付。

二、境内企业借用的外债资金，可用于自身经营范围内的货物与服务贸易支出，以及规定范围内的金融资产交易。用于金融资产交易应当符合以下规定：

1. 允许通过借新还旧等方式进行债务重组，但外债资金不得办理结汇；
2. 允许通过新建企业、购买境内外企业股份等方式进行股权投资，可原币划转但不得办理结汇，且债务人的股权投资符合其经营范围；
3. 除外商投资租赁公司、外商投资小额贷款公司外，不得用于放款；
4. 除担保公司外，不得用于抵押或质押；
5. 不得用于证券投资；
6. 外债账户内资金需要转存定期存款的，在不发生资金汇兑的前提下，债务人可在同一分局辖区内、同一银行自行办理。

分析结论：

根据文件规定，境内企业借入的外债资金可用于自身经营范围内的货物与服务贸易支出，但金融资产交易项下，除担保公司外不得用于抵押或质押。

信用证项下对外支付属于经常项目下货物贸易支出，在一般情况下，信用证保证金将用于信用证项下对外支付，属于经常项目下支出。因此，我们认为在不发生外汇与人民币兑换的前提下，外债资金可以作为信用证保证金。

34.外商投资性融资租赁公司外债资金结汇

作者：北京银行杭州分行　李智娟
审核：北京银行杭州分行　王栋涛

问题：

外商投资性融资租赁公司外债资金结汇用于办理售后回租业务，对于此业务无法提供相关增值税和营业税发票的情况应如何处理？

解答：

建议可参考国家外汇管理局北京外汇管理部在2012年发布的《关于外资融资租赁公司资本金结汇办理售后回租业务无法提供发票问题的通知》进行处理。该通知明确了外资融资租赁公司资本金结汇办理售后回租业务时，无法提供相关增值税和营业税发票的办理原则：

1.外商投资融资租赁公司从事融资性售后回租业务时，若以外汇资本金结汇购买承租人的设备，可免予向银行提供相关发票，但应在合同规定的收取租金期限内定期向银行提交每期租金所涉营业税发票，作为外汇资本金结汇真实性的证明材料之一，银行查验该发票并留存复印件。

2.银行在审核上述外汇资本金结汇手续时，应登陆中国人民银行征信中心融资租赁登记公示系统，查验租赁的合规性和信息的准确性，并打印留存。

35.人民币资本金/外债资金是否可以购汇对外支付？

作者：北京银行杭州分行　李智娟
审核：北京银行杭州分行　王栋涛

问题：

外商投资企业人民币资本金或者外债资金是否可以购汇后对外支付？

解答：

政策依据：

一、《外商直接投资人民币结算业务管理办法》(中国人民银行公告〔2011〕第23号)文件第11、19条规定：

1.银行应当依据相关外商直接投资业务管理规定,监督外商投资企业依法使用人民币资本金,审查通过人民币资本金专用存款账户办理的资金支付业务。银行不得为未完成验资手续的人民币资本金专用存款账户办理人民币资金对外支付业务。

2.银行应当对外商投资企业人民币注册资本金和人民币借款资金使用的真实性和合规性进行审查,监督外商投资企业依法使用人民币资金。在办理结算业务过程中,银行应当根据有关审慎监管规定,要求企业提供支付命令函、资金用途证明等材料,并进行认真审核。

二、《中国人民银行关于明确外商直接投资人民币结算业务操作细则的通知》(银发〔2012〕165号)文件第16、17条规定：

1.外商投资企业的人民币资本金专用存款账户、人民币境外借款一般存款账户存放的人民币资金应当在符合国家有关部门批准的经营范围内使用,不得用于投资有价证券和金融衍生品,不得用于委托贷款,不得购买理财产品、非自用房产；对于非投资类外商投资企业,不得用于境内再投资。外商投资企业资本金专用存款账户的人民币资金可以转存为一年期以内(含一年)的存款,外商投资企业的人民币境外借款一般存款账户存放的人民币资金不得转存。

2.外商投资企业人民币资本金专用存款账户和人民币境外借款一般存款账户的人民币资金可以偿还国内外贷款。

35.人民币资本金/外债资金是否可以购汇对外支付?

分析结论:

根据上述文件规定,我们认为企业可以在其经营范围内,以人民币资本金或人民币外债资金购汇后对外支付,银行审核支付命令函、资金用途证明等材料后即可办理。前提是已完成验资手续,且不得用于投资有价证券和金融衍生品,不得用于委托贷款,不得购买理财产品、非自用房产;对于非投资类外商投资企业,不得用于境内再投资。

36. 外债资金使用的相关管理规定（一）

作者：北京银行杭州分行　李智娟
审核：北京银行杭州分行　王栋涛

问题：

外债资金的结汇应当如何审核？银行能否为企业办理外债资金结汇后支付跨境人民币信用证？

解答：

政策依据：

《国家外汇管理局关于发布〈外债登记管理办法〉的通知》（汇发〔2013〕19号）文件规定银行为非银行债务人办理外债结汇应按以下规定办理：

一、审核材料

1.申请书（包括结汇资金来源、金额及用途等，同时明确"本公司承诺该笔外债资金结汇所得人民币资金实际用途与申请用途保持一致；若不一致，本公司愿承担相应法律后果"）；

2.《境内机构外债签约情况表》（验原件后返还。该表与外债开户时留存件不一致的，非银行债务人应提交盖章的最新表格的复印件）；

3.与结汇资金用途相关的合同、协议、发票、收款通知（收款人）、付款指令（付款人）、清单或凭证等证明文件；

4.银行认为必要的其他补充材料。

二、审核原则

1.债务人办理外债资金结汇，除另有规定外，应当遵循实需原则，即债务人应当在实际需要办理符合规定的人民币支付时，方能申请办理结汇；

2.申请结汇的金额必须小于外债专用账户中尚未使用的余额；

3.结汇后人民币资金不能用于偿还境内金融机构发放的人民币贷款；

4.除备用金等特殊用途外，结汇所得人民币资金应于结汇之日起五个工作日内划转给收款人。

三、审核要素

1.审核材料的规范性、齐备性及材料之间的一致性；

2.外债用途与非银行债务人经营范围、外汇管理规定、合同约定及《境内机构外债签约情况表》记载的内容是否一致,并留存相关审核材料备查。

四、注意事项

1.未经外汇局批准,境内中资企业和中、外资银行借用的外债资金不得结汇。

2.非银行债务人外债专用账户中的利息收入可参照经常项目管理规定办理结汇。

3.银行应根据自身对客户的了解情况、非银行债务人申明的资金用途类型以及结汇金额的大小,合理确定非银行债务人应当提供的资金用途证明文件范围和数量。银行应对非银行债务人申明的结汇资金用途进行尽职审查,并对非银行债务人进行必要的合规提示。非银行债务人提供的资金用途证明文件事后发现存在明显瑕疵的,银行应当承担相应责任。

分析及结论:

1.银行为外商投资企业办理外债资金结汇需审核申请书、《境内机构外债签约情况表》,以及与结汇资金用途相关的合同、协议、发票、收款通知(收款人)、付款指令(付款人)、清单或凭证等证明文件。但与结汇资金用途相关的发票应如何审核呢?文件没有明确指出,有一种观点认为应参考资本金结汇的发票审核标准,即审核企业提交的税务部门网络发票真伪查询结果打印件,并登录各地国、地税网站予以核对并留存;另一种观点认为只要审核客户提交的发票表面真实性即可,甚至不一定要提交税务发票,如国际贸易中出口商出具的商业发票也符合文件规定。

2.关于外债资金结汇支付跨境人民币信用证的问题,也存在两种不同的意见:如若根据上述第一种观点,对外债结汇资金用途相关的发票参考资本金结汇的发票审核标准,结论显而易见是不可以;但根据第二种观点,结论则是可以。

37. 外债资金使用的相关管理规定（二）

作者：北京银行杭州分行　郭　茹
审核：北京银行杭州分行　王栋涛

问题：

外债资金的使用范围有哪些？银行能否为企业办理外债资金偿还国内外汇贷款业务，应当如何审核？

解答：

一、关于外债资金的使用范围，在《国家外汇管理局关于发布〈外债登记管理办法〉的通知》（汇发〔2013〕19号）文件中进行了明确，即：

1. 境内企业借入的外债资金，可用于自身经营范围内的货物与服务贸易支出，以及规定范围内的金融资产交易。用于金融资产交易的，应当符合以下规定：

（1）允许通过借新还旧等方式进行债务重组，但外债资金不得结汇；

（2）允许通过新建企业、购买境内外企业股份等方式进行股权投资，可原币划转但不得办理结汇，且债务人的股权投资符合其经营范围；

（3）除外商投资租赁公司、外商投资小额贷款公司外，不得用于放款；

（4）除担保公司外，不得用于抵押或质押；

（5）不得用于证券投资；

（6）外债账户内资金需要转存定期存款的，在不发生资金汇兑的前提下，债务人可在同一分局辖区内、同一银行自行办理。

2. 债务人借款合同中约定的外债资金用途应当符合外汇管理规定。短期外债原则上只能用于流动资金，不得用于固定资产投资等中长期用途。

二、关于外债资金偿还国内外汇贷款的问题。根据上述文件规定，外债资金可通过借新还旧等方式进行债务重组，但外债资金不得结汇。因此，我们认为在符合外债合同中约定的资金用途的前提下，外债资金可以用于偿还国内外汇贷款，但不得结汇归还人民币贷款。

三、在办理外债资金偿还国内外汇贷款时，需审核相关材料的规范性、齐备性及一致性，包括但不限于以下材料：申请书、外债合同、《境内机构外债签约情况表》及《国内外汇贷款还本付息通知书》，但应注意审核外债合同约定的资金用途中应包含偿还贷款。

38. 借入人民币外债是否需要占用外债额度？

作者：北京银行杭州分行　冯紫琳
审核：北京银行杭州分行　李智娟

问题：

外商投资企业向境外机构借入人民币外债，是否需要占用企业的外债额度？如果需要，是按照发生额还是按照余额来计算其占用的外债总规模？

解答：

政策依据：

根据《中国人民银行关于明确外商直接投资人民币结算业务操作细则的通知》（银发〔2012〕165号）文件规定：

第十二条　外商投资企业向其境外股东、集团内关联企业和境外金融机构的人民币借款和外汇借款合并计算总规模。国家有关部门的批准或备案文件以外币计价的，人民币与外币的折算汇率为借款合同生效日当日中国人民银行授权公布的人民币汇率中间价。

外商投资企业境外人民币借款按照发生额计算总规模。外商投资企业境外人民币借款如有展期的，首次展期不计入外商投资企业境外借款总规模，此后的展期计入境外借款总规模。对于以外商投资企业为受益人的境外机构和个人对境内银行提供担保，已实际履约的人民币金额计入境外借款总规模。外商投资企业境外人民币借款转增资本的，相应的借款不再计入外商投资企业境外借款总规模。

第十三条　除外商投资性公司和外商投资融资租赁公司等特殊类型外商投资企业外，外商投资企业本外币借款总规模不得超过国家有关部门批准的投资总额与注册资本的差额。

分析结论：

根据文件关于外商投资企业境外人民币借款的管理规定：外商投资企业向其境外股东、集团内关联企业和境外金融机构的人民币借款和外汇借款合并计算总规模；外商投资企业境外人民币借款按照发生额计算总规模，可以得出：外商投资企业向境外机构借入人民币外债，是需要占用企业的外债额度的，且是按照发生额来计算其占用的外债总规模的。

结合外币项下外债的管理规定,我们可以做以下总结:除外商投资性公司和外商投资融资租赁公司等特殊类型外商投资企业外,外商投资企业本外币借款总规模不得超过国家有关部门批准的投资总额与注册资本的差额,即不得超过"投注差"。其中,短期外币借款规模在"投注差"以内实行余额管理,即可以循环使用;人民币借款规模和中长期外币借款规模在"投注差"以内实行发生额管理,即一经使用便永久占用,不可以循环使用。

39.国内贸易项下远期信用证是否属于外债统计范畴？

作者：北京银行杭州分行　陈凌峰
审核：北京银行杭州分行　李智娟

问题：

境内区外 A 企业欲通过境内 B 银行向保税区 C 企业开立信用证，信用证币种为美元，付款期限为 180 days after L/C issuing date。

请问：该笔信用证是否属于外债统计范畴？如果该笔信用证经银行承兑后，是否需要占用短债额度？

解答：

政策依据：

一、根据《外债登记管理办法》及《外债登记管理操作指引》(汇发〔2013〕19号)文件规定：

外债的统计范围包括居民对非居民承担的具有契约性偿还义务的全部债务；

二、根据《国家外汇管理局关于核定2011年度境内机构短期外债余额指标有关问题的通知》(汇发〔2011〕14号)第3条规定：

除下列情况外，金融机构各种形式的短期对外负债均应纳入指标管理。

（一）期限在90天（含）以下已承兑未付款远期信用证和90天（含）以下海外代付。开证行开立信用证后续做海外代付的，两者期限合计不超过90天。在期限、金额、时间等方面，海外代付与进口合同、进口贸易融资存在合理对应关系。

（二）在同一法人银行的50万美元（含）以下非居民个人存款。

（三）经外汇局核准以非居民名义开立的各类外国投资者专用账户余额。

（四）外汇局明确的其他不需要纳入指标管理的情形。

分析结论：

根据上述文件，外债的统计范围包括居民对非居民承担的具有契约性偿还义务的全部债务。本案例中，境内区外 A 企业与保税区 C 企业间的国内贸易以美元计价、以远期信用证结算，但是因为 A 企业和 C 企业均为境内机构，同属于居民性质，A 企业申请开立了以 C 企业为受益人的信用证，A 企业所负有的或有负债不属于对"外"债务，而是属于居民之间的债权债务,因此不属于外债的统计范畴。

虽然该笔信用证的付款期限为 180 天,超过了 90 天,但其项下的债务关系不属于对外债务,所以经开证银行承兑后也无须占用银行的短债额度。

40. 融资租赁公司回收的租赁款项购汇用于归还外债

作者：北京银行杭州分行　李智娟
审核：北京银行杭州分行　王栋涛

问题：

融资租赁公司回收的租赁款项购汇用于归还外债时，是否需要重新开立外债还本付息专户并通过该专户办理还款资金的汇划？

解答：

政策依据：

《国家外汇管理局关于发布〈外债登记管理办法〉的通知》（汇发〔2013〕19号）文件规定：

1.外债专用账户的收入范围是：按规定已办理签约登记的外债收入及存款利息、在偿还外债前5个工作日内划入的用于还款的资金；支出范围是：经常项目对外支付、按规定办理结汇及按规定办理资本项目支付。

2.还本付息专用账户的收入范围是：根据债权人要求在规定范围和金额内划入用于还款的自有外汇资金或其他来源外汇资金；支出范围是：偿还外债。

3.债务人可根据合同约定自行将自有或购汇外汇资金在偿还外债前划入还本付息专用账户，账户余额最多不能超过未来两期该笔外债项下应付债务本息及相关费用之和（划入日前应还未还的债务积欠除外）。未经外汇局核准，已办理购汇并按规定划入还本付息专用账户的外汇资金不得再次办理结汇。

分析和建议：

根据上述文件规定，外债还款可以通过外债专户或外债还本付息专户办理，但对于外债专户而言，仅能提前5个工作日划入用于还款的资金，没有金额限制；对于外债还本付息专户而言，可以划入未来两期应付债务本息和费用之后，没有时间限制。因此，若融资租赁公司是定期回收租赁款项并购汇用于归还外债的，建议通过外债还本付息专户进行操作，可以规避外债专户仅能提前5个工作日划款的时间限制。

41. 融资租赁业务如何办理涉外收支申报？

作者：北京银行杭州分行　郭　茹
审核：北京银行杭州分行　王栋涛

问题：

一家商务部批准的外商融资租赁公司 A 拟对外付汇，用于向境外供货商 B 采购设备，出租给境外公司 C 使用，由 C 公司根据融资租赁协议按期向 A 公司支付租金。

请问：A 公司向 B 公司支付设备款项，以及 C 公司向 A 公司支付租金分别应如何申报？

解答：

在本案例中，由于出租人和承租人的营业地处于不同国家，可以纳入《国际融资租赁公约》的管理范畴：

一方面，出租人根据承租人提供的规格，与供应商订立供应协议。根据此协议，出租人按照承租人在与其利益有关的范围内所同意的条款取得相应的设备；

另一方面，出租人与承租人订立租赁协议，以承租人支付租金为条件授予承租人使用设备的权利。

根据上述管理规定，本案例中两笔款项的申报可做如下理解：

(1) 对于 A 公司向 B 公司支付设备款，应视为供货协议下的货款支付，纳入货物贸易统计的范畴，因该设备在境外使用，未实际进入关境，纳入"其他未纳入海关统计的货物贸易"的统计范畴，交易编码为"122990"，交易附言注明"向境外支付设备款（设备不进境）"。

(2) 对于 C 公司向 A 公司支付租金，应纳入"向境外提供贷款——向境外提供国际金融租赁"项下，交易编码为"821020"，交易附言注明"国际融资租赁租金收入"。

42. 代理进口项下，委托方能否使用外债结汇人民币支付给代理方购汇对外支付付款？

作者：北京银行杭州分行　郭　茹
审核：北京银行杭州分行　王栋涛

问题：

委托方 A（暂无进出口权）和代理方 B 签订了代理进出口协议，B 现在要支付一笔货款给国外客户，需要 A 先支付人民币给 B，B 再购汇对外支付。A 现在准备使用外债结汇人民币资金支付给 B。请问：代理进口项下，委托方能否使用外债结汇人民币支付给代理方购汇对外支付货款？

解答：

根据《外债登记管理办法》及其操作指引（汇发〔2013〕19 号）（以下简称 19 号文）的相关规定，我们认为代理进口项下，委托方使用外债结汇人民币支付给代理方购汇对外支付货款的做法不妥，原因如下：

首先，19 号文第 14 条规定，"外商投资企业借用的外债资金可以结汇使用。除另有规定外，境内金融机构和中资企业借用的外债资金不得结汇使用。"因此，若委托方是境内中资企业，则其外债资金不得结汇。

其次，19 号文规定，"债务人办理外债资金结汇，除另有规定外，应当遵循实需原则，即债务人应当在实际需要办理符合规定的人民币支付时，方能申请办理结汇。"

因此，我们认为，货物贸易项下，当实际的收、付款人之间发生直接的货物与资金的等价交换时，可通过外债资金结汇并对外支付。

如题中所述，人民币的支付发生在委托方，即付款人与代理人之间，无等价的货物流与之匹配。

再次，代理进口业务项下，委托方可凭委托代理协议将外汇划转给代理方，也可由代理方购汇。

在委托方自身有外汇资金的情况下，将外汇结汇所得人民币资金划至代理方再购汇的做法会发生汇兑损失，有违商业逻辑。

综上所述，我们认为代理进出口项下，委托方使用外债结汇人民币支付给代理方购汇对外支付货款的做法并不妥当。

建议：

若外债币种与付汇币种一致，委托方可凭《委托代理协议》直接将外债资金划至代理方，并对外支付；若外债币种与付汇币种不一致，委托方可通过外汇买卖，将外债资金置换成与付汇币种一致的资金，划至代理方，并对外支付。

43.人民币与外汇衍生产品业务管理新规定(一)

作者:北京银行杭州分行 李智娟
审核:北京银行杭州分行 王栋涛

问题:

2014年8月1日起实施的《国家外汇管理局关于印发〈银行对客户办理人民币与外汇衍生产品业务管理规定〉的通知》(汇发〔2014〕34号)对银行为客户办理远期结售汇业务或人民币与外汇掉期业务的审核标准有何指导意义?

解答:

政策依据:

《国家外汇管理局关于印发〈银行对客户办理人民币与外汇衍生产品业务管理规定〉的通知》(汇发〔2014〕34号)于2014年8月1日起实施,文件规定:

1.银行对客户办理衍生产品业务,应当坚持实需交易原则。银行应当提高自主创新能力和交易管理能力,建立完善的风险管理制度和内部控制制度,审慎开展与自身风险管理水平相适应的衍生产品交易。

2.本规定所称实需交易,是指客户办理衍生产品业务具有对冲外汇风险敞口的真实需求背景,并且作为交易基础所持有的外汇资产负债、预期未来的外汇收支按照外汇管理规定可以办理即期结售汇业务。

分析结论:

文件中强调了衍生产品业务的实需交易原则。何为实需交易原则?这与《国家外汇管理局关于外汇指定银行对客户远期结售汇业务和人民币与外币掉期业务有关外汇管理问题的通知》(汇发〔2006〕52号)的远端履约审核有什么区别呢?

根据汇发〔2014〕34号文件,实需交易是指客户办理衍生产品业务具有对冲外汇风险敞口的真实需求背景,并且作为交易基础所持有的外汇资产负债、预期未来的外汇收支按照外汇管理规定可以办理即期结售汇业务。

根据汇发〔2006〕52号文件及当地外汇管理局的解释,办理远期结售汇业务或者外汇与人民币掉期业务遵循远端履约的审核标准,即远端履约时需要有基础交易背景,如进口对外支付交易或出口收汇交易等;而根据汇发〔2014〕34号的真实需求背景原则,只要客户具有对冲外汇风险敞口的"真实需求"即资金避险需求,且办理衍生交易的资金按照外汇管理规定"可以办理即期结售汇",即可办理远期结售汇业务或者人民币与外汇掉期业务。

44.人民币与外汇衍生产品业务管理新规定(二)

作者:北京银行杭州分行 李智娟
审核:北京银行杭州分行 王栋涛

问题:
2014年8月1日起实施的《国家外汇管理局关于印发〈银行对客户办理人民币与外汇衍生产品业务管理规定〉的通知》(汇发〔2014〕34号)对远期结售汇业务的管理规定,与《国家外汇管理局关于外汇指定银行对客户远期结售汇业务和人民币与外币掉期业务有关外汇管理问题的通知》(汇发〔2006〕52号)有什么异同?

解答:
政策依据:
一、《国家外汇管理局关于外汇指定银行对客户远期结售汇业务和人民币与外币掉期业务有关外汇管理问题的通知》(汇发〔2006〕52号)文件关于远期结售汇业务的管理规定:
1.按照外汇管理规定可办理即期结售汇的外汇收支,均可办理远期结售汇业务。
2.远期结售汇业务实行履约审核,银行可根据自身经营和风险管理需要决定与客户办理远期签约。远期合约到期时,银行凭客户提供的相应有效凭证为其办理结售汇。
3.远期结售汇履约应以约定远期交易价格的合约本金全额交割,不得进行差额交割。
4.远期合约到期时客户如违约,按照商业原则处理。
二、《国家外汇管理局关于印发〈银行对客户办理人民币与外汇衍生产品业务管理规定〉的通知》(汇发〔2014〕34号)文件关于远期结售汇业务的管理规定:
1.远期合约到期时,银行应比照即期结售汇管理规定为客户办理交割,交割方式为全额结算,不允许办理差额结算。
2.远期合约到期前或到期时,如果客户因真实需求背景发生变更而无法履约,银行在获取由客户提供的声明、确认函等能够予以证明的书面材料后,可以为客户办理对应金额的平仓或按照客户实际需要进行展期,产生的损益按照商业原则处理,并以人民币结算。

分析结论：

一、相同点

1. 参照即期结售汇的相关外汇管理规定办理远期交割，即可办理即期结售汇的外汇收支，均可办理远期结售汇业务；
2. 履约交割的方式为全额结算，不允许办理差额结算；
3. 远期合约到期发生违约，按照商业原则处理。

二、不同点

1. 汇发〔2006〕52号文件强调的是远端履约审核基础交易背景，即远期合约到期时，银行凭客户提供的相应有效凭证为其办理履约手续，而新规汇发〔2014〕34号文件则更强调与客户达成衍生产品交易前，确认客户办理衍生产品业务符合"实需交易"原则，对远端履约的交易背景审核却没有明确规定。
2. 汇发〔2006〕52号文件对客户违约产生的损益应如何结算没有明确说明，但新规汇发〔2014〕34号文件则明文规定了损益应以人民币结算。
3. 同时，新规汇发〔2014〕34号文件对银行分支机构开办衍生产品业务的准入也有了调整。根据《中国人民银行关于扩大外汇指定银行对客户远期结售汇业务和开办人民币与外币掉期业务有关问题的通知》（银发〔2005〕201号）文件规定，银行分支机构办理远期结售汇业务，可在其法人取得该业务资格后，持备案报告和法人书面授权文件向所在地外汇局办理备案手续。新规汇发〔2014〕34号文件则调整为：银行分支机构开办代客衍生产品业务，经上级有权机构书面授权后，持授权文件和本级机构业务筹办情况说明（包括但不限于人员配备、业务培训、内部管理），于开办业务前至少20个工作日向所在地外汇局分支局书面报告后即可开办业务。

45.人民币与外汇衍生产品业务管理新规定(三)

作者:北京银行杭州分行　李智娟
审核:北京银行杭州分行　王栋涛

问题:

2014年8月1日起实施的《国家外汇管理局关于印发〈银行对客户办理人民币与外汇衍生产品业务管理规定〉的通知》(汇发〔2014〕34号)对人民币与外汇掉期业务的管理,与《国家外汇管理局关于外汇指定银行对客户远期结售汇业务和人民币与外币掉期业务有关外汇管理问题的通知》(汇发〔2006〕52号)有什么异同?

解答:
政策依据:

一、《国家外汇管理局关于外汇指定银行对客户远期结售汇业务和人民币与外币掉期业务有关外汇管理问题的通知》(汇发〔2006〕52号)文件关于掉期业务的管理规定:

1.客户掉期近端(指掉期中的前一次资金交换)换出的外汇资金,限于按照外汇管理规定可以办理即期结汇的外汇资金;掉期远端(指掉期中的后一次资金交换)换出的外汇资金,限于近端换入的外汇资金;银行应参照远期结售汇业务的履约审核管理,在客户掉期履约换出外汇资金时,按照即期结汇的管理规定审核客户交付的资金和凭证。

2.客户可以通过掉期业务直接以人民币换入外汇,换入外汇的支付使用应符合外汇管理规定。

3.客户掉期远端换入的外汇资金原则上应进入原换出外汇资金账户;对于近端来自外商投资企业资本金账户、外债专户、外债转贷款专户的外汇资金,远端换入时可以进入经常项目外汇账户,不得再进入上述三类资本项目外汇账户。

二、《国家外汇管理局关于印发〈银行对客户办理人民币与外汇衍生产品业务管理规定〉的通知》(汇发〔2014〕34号)文件关于掉期业务的管理规定:

1.对于近端结汇/远端购汇的外汇掉期业务,客户近端结汇的外汇资金应为按照外汇管理规定可以办理即期结汇的外汇资金。

2.对于近端购汇/远端结汇的外汇掉期业务,客户近端可以直接以人民币购入外汇,并进入经常项目外汇账户留存或按照规定对外支付;远端结汇的外汇资金应为按照外汇管理规定可以办理即期结汇的外汇资金。因经常项目外汇账户留存的外汇资金所产生的利息,银行可以为客户办理结汇。

分析结论:

一、我们认为汇发〔2014〕34号文与汇发〔2006〕52号文相比,除了业务管理原则由原来强调远端履约审核变成了现在更强调实需交易的原则,其他对掉期业务的管理没有太多实质性的变化,主要把握两个关键点:

1.掉期业务中客户换出的外汇资金应为按照外汇管理规定可以办理即期结汇的外汇资金;

2.客户可以通过掉期业务直接以人民币换入外汇并进入经常项目外汇账户留存,换入外汇的支付使用应符合外汇管理规定。

二、根据《国家外汇管理局关于调整人民币外汇衍生产品业务管理的通知》(汇发〔2013〕46号),按照规定取得对客户远期结售汇业务资格的银行及其分支机构,可自动取得外汇掉期、货币掉期业务资格,无须再次申请备案。而汇发〔2014〕34号文件规定:银行分支机构开办代客衍生产品业务,需经上级有权机构书面授权后,持授权文件和本级机构业务筹办情况说明(包括但不限于人员配备、业务培训、内部管理),于开办业务前至少20个工作日向所在地外汇局分支局书面报告后即可开办业务。也就是说,银行分支机构在开办掉期业务之前需向外汇局分支局进行书面报告,并不是有远期结售汇业务资格就自动取得了掉期业务的资格。

46.人民币与外汇衍生产品业务管理新规定(四)

作者:北京银行杭州分行　郭　茹
审核:北京银行杭州分行　王栋涛
　　　浙江工行营业部　　范一鸣

问题:

2014年8月1日起实施的《国家外汇管理局关于印发〈银行对客户办理人民币与外汇衍生产品业务管理规定〉的通知》(汇发〔2014〕34号)对人民币与外汇期权业务的管理,与《国家外汇管理局关于人民币对外汇期权交易有关问题的通知》(汇发〔2011〕8号)有什么异同?

解答:
政策依据:
一、《国家外汇管理局关于人民币对外汇期权交易有关问题的通知》(汇发〔2011〕8号)文件要求人民币与外汇期权业务应坚持实需原则,并遵守以下管理规定:

1.外汇局对银行开办客户期权实行备案管理,且须取得外汇局备案核准的远期结售汇经营资格3年以上。

2.银行只能办理客户买入外汇看涨或看跌期权业务,除对已买入的期权进行反向平仓外,不得办理客户卖出期权业务。

3.期权签约前,银行应要求客户提供基础商业合同并进行必要的审核,确保客户叙做期权业务符合套期保值原则。

4.期权到期时,客户如果行权,银行必须对客户交割的外汇收支进行真实性和合规性审核。客户期权交易的外汇收支范围与远期结售汇相同,限于按照外汇管理规定可办理即期结售汇的外汇收支。

客户行权应以约定的执行价格对期权组合本金全额交割,原则上不得进行差额交割。客户以其经常项目外汇账户存款在开户银行叙做买入外汇看跌期权,可以进行全额或差额交割,但期权到期前,客户若支取该存款,须将对应金额的期权合约进行反向平仓。

二、《国家外汇管理局关于印发〈银行对客户办理人民币与外汇衍生产品业务管理规定〉的通知》(汇发〔2014〕34号)文件要求人民币对外汇期权业务应当遵循实需原则,并遵守以下管理规定:

1.外汇局对银行开办代客衍生产品业务实行总行(部)统一备案管理。银行分支机构开办代客衍生产品,经上级行机构书面授权后,向所在地外汇局分支局书面报告即可开办。

2.银行可以基于普通欧式期权基础,为客户办理买入或卖出期权业务,以及包含两或多个期权的期权组合业务,期权费币种为人民币。银行可以为客户的期权合约办理反向平仓、全额或差额结算,反向平仓和差额结算的货币为人民币。

分析结论:

一、汇发〔2014〕34号文与汇发〔2011〕8号文相比,关于人民币对外汇期权业务的管理规定,最大的共同点是坚持"实需原则"。虽然两个文中关于"实需原则"的表述略有不同,但我们认为其根本宗旨是一致的,即:

1.在达成期权交易之前,银行须对客户办理该期权业务的真实需求背景进行审查,审查的依据包括但不限于客户提供的商业合同等证明材料。

2.在期权到期时,客户如果行权,那么交割的外汇收支限于按照外汇管理规定可办理即期结售汇的外汇收支。

二、汇发〔2014〕34号文与汇发〔2011〕8号文相比,关于人民币对外汇期权业务的管理规定,不同点表现在:

1.市场准入方面

(1)汇发〔2011〕8号文规定银行申请期权业务备案时须取得外汇局备案核准的远期结售汇经营资格3年以上;而汇发〔2014〕34号文要求银行申请衍生产品备案时取得即期结售汇业务资格。

(2)汇发〔2011〕8号文对银行分支机构开展期权业务实行备案管理;而汇发〔2014〕34号文对于银行分支机构开办代客衍生产品业务实行书面报告管理。

2.业务范围方面

首先,汇发〔2011〕8号文规定银行只能办理客户买入期权业务,除了反向平仓外,不得办理客户卖出期权业务;而汇发〔2014〕34号文允许银行为客户办理卖出期权业务,完善了客户对冲风险的工具。其次,汇发〔2011〕8号文规定客户行权应以约定的执行价格对期权组合本金全额交割,原则上不得进行差额交割;而汇发〔2014〕34号文规定银行可以为客户的期权合约办理反向平仓、全额或差额结算(即差额交割),并同时强调期权业务采用差额结算时,用于确定轧差金额使用的参考价应是境内真实、有效的市场汇率。

47. 外汇土地保证金专户资金如何划转?

作者:北京银行杭州分行　郭　茹
审核:北京银行杭州分行　王栋涛

问题:

我国政府规定商用土地的买卖交易都必须经过公开拍卖,出价最高的买主获得土地使用权,境外投资者亦可通过竞拍的方式获得土地使用权。当地土地管理部门需向外汇管理部门申请开立外国投资者竞标土地使用权的保证类专用外汇账户,用以存放竞标所需缴纳的外汇保证金。

请问:在土地竞标结束后,该外汇土地保证金专户资金如何划转?

解答:

根据汇发〔2013〕21号文规定,外汇土地保证金专户分为境外汇入保证金专户和境内汇入保证金专户,均以土地管理部门的名义开立,由土地管理部门到所在地外汇局进行外汇登记。每个开户主体只能开立一个境外汇入保证金专户,可开立多个境内汇入保证金专户,专户内资金仅作为土地竞标保证金用途,不得结汇。

土地竞标结束后,由土地管理部门向所在地外汇局进行外汇登记,外汇局划定外汇土地保证金专户境内外汇划转额度或跨境流出额度。

对于境外汇入保证金专户,若竞标成功,则专户内资金需作为境内投资的出资划入境外投资者外汇资本金账户或境内资产变现账户;若竞标未成功,专户内资金应原路退回,需提供竞标未成交确认文件。

对于境内汇入保证金专户,无论是否竞标成功,专户内资金均应划回原划入账户。

48. 提前购汇资金可否用于外币融资性保函保证金？

作者：北京银行杭州分行　郭　茹
审核：北京银行杭州分行　王栋涛

问题：

境内 A 公司因需向境外关联公司 B 公司支付进口货款，而提前购汇 USD500 万存入其经常项目账户。此时，B 公司向境外银行申请融资 USD500 万，由 A 公司向其境内银行申请开具融资性保函，为 B 公司的境外借款提供担保。

请问：A 公司可否将提前购汇的 USD500 万用于质押作为该融资性保函的反担保？

解答：

A 公司提前购汇的 USD500 万不可用于质押作为该融资性保函的反担保措施，原因有二：

一方面，"提前购汇"的前提条件是针对货物贸易项下有实际对外支付需求时方可办理；"提前购汇"资金仅用于对应单据项下的对外付汇，在需对外支付货款时，由于提前购买的外汇暂不能用于支付的，不可再次购汇对外支付。

若如题中所述，以"提前购汇"资金作为融资性保函的保证金，一旦发生担保履约，导致该提前购汇的资金用于对外支付该笔融资款项，违背了"提前购汇"的货物贸易背景及其真实用途的原则。

政策依据可参考《货物贸易外汇管理指引实施细则》（汇发〔2012〕38 号）第 14 条，"企业可以根据其真实合法的进口付汇需求提前购汇存入其经常项目外汇账户。"

《货物贸易改革问题解答第三期》问题 13，"提前购汇资金用于符合规定的理财等业务的，应充分考虑支付货款的时间周期，实际对外支付时不得再次购汇。"

另一方面，《中国人民银行关于商业银行办理信用证和保函业务有关问题的通知》（银发〔2002〕124 号）中第一点对保函保证金做出了明确规定，即"申请人向银行支付保函、备用信用证项下保证金，应当从其人民币账户或者外汇账户中支付，不得购汇支付。"

结论：

问题中 A 公司因向境外关联公司 B 公司支付进口货款而提前购汇的 USD500 万，仅用于向 B 公司支付对应单据项下的进口货款，而不可用于质押向境内银行申请开具融资性保函。

49. 外汇保证金是否可以购汇方式取得？

作者：北京银行杭州分行　李智娟
审核：北京银行杭州分行　王栋涛

问题：

保函或信用证申请人是否可以购汇的方式，向保函或信用证的开立行支付保函、备用证或进口信用证项下的保证金？

解答：

政策依据：

《中国人民银行关于商业银行办理信用证和保函业务有关问题的通知》（银发〔2002〕124号）规定：

"一、申请人向银行支付保函、备用信用证项下的保证金时，应当从其人民币账户或外汇账户支付，不得购汇支付。

二、在信用证贸易进口结算项下，开证申请人可以在开证时购汇，作为开证保证金，但应按外汇管理规定向银行出示开证申请书及有效凭证或者商业单据。如因信用证撤销、单证不符拒付或法院下达止付令等原因而使信用证付款义务消失，则所购外汇应当立即结汇。"

分析结论：

进口信用证作为一种常规的国际贸易结算方式，在相符交单的前提下必然会发生对外支付，即使出现不符点，绝大多数信用证仍将兑付，因此在进口信用证贸易结算项下，开证申请人可以在开证时购汇，作为开证保证金。

而保函和备用证作为一种担保手段，其项下发生履约是一种或有事项，正常情况下都不会有保函或备用证项下的对外支付，只有当主合同发生违约时才会发生，因此申请人向银行支付保函、备用证项下的保证金时，只能从其外汇账户支付，不得购汇支付。

50. B类企业可否办理90天以上转口贸易外汇收支业务

作者：北京银行杭州分行　李智娟
审核：北京银行杭州分行　王栋涛

问题：
B类企业是否可以办理收支日期间隔超过90天（不含）的转口贸易外汇收支业务？

解答：
政策依据：
《国家外汇管理局关于印发货物贸易外汇管理法规有关问题的通知》（汇综发〔2012〕38号）文件规定：
一、第60条：B类企业在分类监管有效期内的贸易外汇收支业务应当按照以下规定办理：
（一）对于以汇款方式结算的（预付货款、预收货款除外），金融机构应当审核相应的进、出口货物报关单和进、出口合同；对于以信用证、托收方式结算的，除按国际结算惯例审核有关商业单据外，还应当审核相应的进、出口合同；对于以预付货款、预收货款结算的，应当审核进、出口合同和发票。
（二）金融机构应当对其贸易外汇收支进行电子数据核查；超过可收、付汇额度的贸易外汇收支业务，金融机构应当凭《登记表》办理。
（三）对于转口贸易外汇收支，金融机构应当审核买卖合同、支出申报凭证及相关货权凭证；同一合同项下转口贸易收入金额超过相应支出金额20%（不含）的贸易外汇收支业务，金融机构应当凭《登记表》办理。
（四）对于预收货款、预付货款以及30天以上（不含）的延期收款、延期付款，企业须按照本细则规定向所在地外汇局报送信息。
（五）企业不得办理90天以上（不含）的延期付款业务、不得签订包含90天以上（不含）收汇条款的出口合同。
（六）企业不得办理收支日期间隔超过90天（不含）的转口贸易外汇收支业务。
二、第59条：在分类监管有效期内指标情况好转且没有发生违规行为的B类企业，自列入B类之日起6个月后，可经外汇局登记办理本细则第60条第（五）、（六）项所

50.B 类企业可否办理 90 天以上转口贸易外汇收支业务

限制的业务。

分析结论：

根据上述文件规定，企业在列入 B 类之日起 6 个月内不可以办理 90 天以上的转口贸易外汇收支，但若企业在监管有效期内指标情况好转且没有发生违规行为，6 个月之后经外汇局登记后可以办理 90 天以上（不含）的延期付款业务、签订包含 90 天以上（不含）收汇条款的出口合同，以及办理收支日期间隔超过 90 天（不含）的转口贸易外汇收支业务。

51. B 类企业转口贸易收支是否需要进行电子数据核查?

作者:北京银行杭州分行　郭　茹
审核:北京银行杭州分行　王栋涛

问题:

2012 年 8 月 1 日起,外汇局建立贸易外汇收支电子数据核查机制,对 B 类企业贸易外汇收支实施电子数据核查管理。请问:B 类企业转口贸易收支业务是否也需要进行电子数据核查?

解答:

根据《货物贸易外汇管理指引实施细则》(汇发〔2012〕38 号)规定:B 类企业的可收付汇额度由企业贸易进出口可收/付汇额度和预收/付汇额度组成。其中企业贸易进出口可收、付汇额度,按对应收付汇日期在分类监管有效期内的进出口货物报关单成交总价与相应收付汇比率的乘积累加之和确定;预收货款可收汇额度和预付货款可付汇额度,由外汇局根据非现场核查和现场核查情况,结合企业的业务特点确定。

转口贸易收支业务虽纳入货物贸易管理范畴,但无实际的进出口货物报关,无法确定对应的可收付汇额度。因此,从这个意义上来说,无法对 B 类企业的转口贸易收支业务实施电子数据核查。

另外,《货物贸易外汇管理制度改革相关问题解答》第一期中规定:B 类企业办理转口贸易项下付汇、开证或待核查账户结汇或划出手续时,银行无须实施电子数据核查。

由此可见,B 类企业转口贸易收支业务无须进行电子数据核查。

52. "转口贸易"与"转口货物"的区别

作者：北京银行杭州分行　李智娟
审核：北京银行杭州分行　王栋涛

问题：

国际收支统计口径的"转口贸易"与海关统计口径的"转口货物"有什么区别？

解答：

国际收支统计口径的转口贸易（即离岸转手买卖）和海关统计口径的转口货物名称非常接近，但其实内涵完全不同。

根据国际收支统计口径，离岸转手买卖系指我国居民向非居民购买货物，然后将该货物销售给其他非居民，但货物并没有经过我国。

海关货物贸易统计中"保税区（保税监管场所）转口货物"指从境外存入我国保税区（保税监管场所）的转口货物和从保税区（保税监管场所）运出境的转口货物。

两者主要区别在于，国际收支统计中"离岸转手买卖"统计货物所有权发生转移，但货物不实际进出我国国境，也不进出保税区等场所；而海关"转口货物"统计货物已实际进出我国国境而无论货物所有权是否发生转移。

53. 关于转口贸易跨境人民币收付为同一家银行的问题

作者：北京银行杭州分行　陈　滟
审核：北京银行杭州分行　李智娟

问题：

浙江省内某客户 A 向省内某银行杭州分行 B 提出申请，由 B 委托代开行某银行浙江省分行 C 为其开立先收后支转口贸易项下的跨境人民币远期信用证。

请问：

1. 若 A 同为 C 的客户，A 是否可以在 C 银行办理该笔转口贸易项下的收汇？
2. A 是否可以在 B 银行所属的不同分支机构办理该笔转口贸易项下的收汇？

解答：

政策依据：

一、中国人民银行杭州中心支行跨境办 2013 年 6 月 27 日下发的《关于进一步规范 RCPMIS 系统信息报送的通知》：

银行为同业代开的跨境人民币信用证，对应的"银行跟单信用证及表外融资信息"应由委托行报送。如该信用证为转口贸易项下，则企业转口贸易收、付款行应与代理开证的委托行保持一致，同时所有收、付款信息应由委托行进行报送。

二、《中国人民银行杭州中心支行关于规范浙江省转口贸易跨境人民币结算业务管理的通知》（杭银发〔2013〕103 号）：

结算银行在为企业办理转口贸易跨境人民币结算时，同一笔货物的转口贸易收付款均应使用人民币，且收付应在同一家银行的分支机构进行结算。

分析结论：

针对第一个问题，虽然 C 为开证行及实际对外支付的银行，但 A 并没有与 C 发生直接信贷关系，而是通过委托行 B，向 B 申请代开信用证及将付款款项通过 B 划至 C，C 银行只承担开立信用证、对外承兑以及对外付款的义务，而相关的 KYC、国际收支申报以及 RCPMIS 信息报送均需由委托行 B 受理。人行杭州中心支行跨境办下发的《关于进一步规范 RCPMIS 系统信息报送的通知》中也有明确：如信用证为转口贸易项下，则企业转口贸易收、付款行应与代理开证的委托行保持一致。即他行代开项下的转口贸

53.关于转口贸易跨境人民币收付为同一家银行的问题

易收付均在委托行发生,因此,虽然 A 同为 C 的客户,C 为开证行及实际对外付款行,但 A 不可以在 C 银行办理该笔转口贸易项下的收汇。

　　针对第二个问题,根据杭银发〔2013〕103 号文,转口贸易跨境人民币的收付应在同一家银行的分支机构进行结算。这里存在两种理解:第一种为必须在同一家银行的同一分支机构收付;第二种为可以在同一家银行的不同分支机构分别进行收付。从银行监管力度上来说,在同一家银行的同一分支机构办理收付业务能够更加切实地履行贸易背景真实性、合规性审查职责,防止客户重复开证、重复融资或虚构贸易背景利用银行信用办理跨境收支业务。因此,建议 A 直接在 B 银行办理该笔转口贸易项下的收汇,而不是通过 B 所属的不同分支机构办理。

54. 跨国公司外汇资金的集中运营主要体现在哪些方面？

作者：北京银行杭州分行　郭　茹
审核：北京银行杭州分行　王栋涛

问题：

《跨国公司外汇资金集中运营管理规定（试行）》（汇发〔2014〕23号）（以下简称《规定》）施行以后，跨国公司可以通过国内、国际外汇资金主账户实现外汇资金的集中运营和清算。

请问：在跨国公司管理框架下，外汇资金的集中运营主要体现在哪些方面？

解答：

根据《规定》，跨国公司因经营需要，可同时或单独开立国内、国际外汇资金主账户，其中国内外汇资金主账户集中运营管理境内成员企业外汇资金；国际外汇资金主账户集中运营管理境外成员企业资金及其从其他境外机构借入的外债资金。

跨国公司通过国内、国际外汇资金主账户的资金清算，实现对境内外成员企业外汇资金的集中运营和清算，主要体现以下几个方面：

1. 国内、国际外汇资金主账户之间在规定额度内可进行资金划转。

国内、国际外汇资金主账户之间可在境内成员企业集中的外债或对外放款额度内进行资金划转，为境内外成员企业融通资金提供便利。

2. 统筹使用外债和对外放款额度。

跨国公司可申请集中成员企业的全部或部分外债和对外放款额度，统筹使用，实现成员企业之间的额度调剂。

3. 集中办理经常项目、资本项目结售汇。

成员企业归集至国内外汇资金主账户的经常项目、资本金及外债资金，可按照意愿办理结汇，划入人民币专用存款账户，并可在成员企业经营范围内审核真实性后直接支付。

4. 开展集中收付汇和轧差净额结算业务。

成员企业经常项目外汇收支既可由国内外汇资金主账户集中代为办理；也可通过国内外汇资金主账户集中核算，合并一定时期内外汇收付交易为单笔外汇交易，实现净

54.跨国公司外汇资金的集中运营主要体现在哪些方面?

额轧差结算。

综述,跨国公司通过国内、国际外汇资金主账户管理方式,降低了整体结算成本,创造了更大的资金运作空间,有效实现了外汇资金的集中运营。

55. 跨国公司国内与国际外汇资金主账户之间资金划转

作者：北京银行杭州分行　郭　茹
审核：北京银行杭州分行　王栋涛

问题：

自 2014 年 6 月 1 日起，根据《跨国公司外汇资金集中运营管理规定（试行）》（汇发〔2014〕23 号），跨国公司可在规定额度内通过国内外汇资金主账户（以下简称国内主）与国际外汇资金主账户（以下简称国际主）之间资金的自由划转，为境内外成员企业融通资金提供便利。请问：如何理解国内主账户与国际主账户之间在规定额度内自由划转资金？

解答：

《跨国公司外汇资金集中运营管理规定（试行）》（汇发〔2014〕23 号）第 4 条规定，"国内外汇资金主账户与国际外汇资金主账户之间净融入额不得超过境内成员企业集中的外债额度，净融出额不得超过境内成员企业集中的对外放款额度。"

我们认为，上述规定中"净融入额"或"净融出额"是一个净值轧差的概念，而问题中的"额度"则可以理解为国内主与国际主之间净融入或净融出的资金规模，是由外汇局为跨国公司核定的境内成员企业全部或部分外债和对外放款额度。

比方说，某跨国公司的集中外债额度为 USD1 000 万，国内主账户通过国际主账户融入外债资金 USD500 万，随后国内主账户向国际主账户划入 USD300 万用于归还部分外债，则此时该跨国公司尚未使用的外债额度为 USD800 万，因此，国内主账户向国际主账户尚可融入的资金规模为 USD800 万。

综上所述，我们认为，国内主账户与国际主账户之间在规定额度内自由划转资金即是指，在跨国公司尚未使用的外债额度或对外放款额度内，国内主账户和国际主账户之间可自由划转资金，只要确保该时点该跨国公司的外债及对外放款融出入资金不超过其尚未使用的外债或外放款额度即可。

56. 出口贸易融资放款币种与收汇币种不一致的入账问题

作者：北京银行杭州分行　李智娟
审核：北京银行杭州分行　王栋涛

问题：

客户在我行办理了出口贸易融资，出口发票币种是美元，发放的融资币种是人民币，现该发票项下已正常回款。

请问：收汇款项应入哪个账户？如何办理融资款项归还？

解答：

政策依据：

《国家外汇管理局关于印发货物贸易外汇管理法规有关问题的通知》(汇发〔2012〕38号)文件规定：

1. 待核查账户的收入范围限于贸易外汇收入(含转口贸易外汇收入，不含出口贸易融资项下境内金融机构放款及境外回款)；

2. 出口贸易融资业务项下资金，在金融机构放款及企业实际收回出口货款时，均无须进入企业待核查账户，可直接划入企业经常项目外汇账户。

分析结论：

根据文件，出口贸易融资业务项下资金，在金融机构放款及企业实际收回出口货款时，均无须进入企业待核查账户，可直接划入企业经常项目外汇账户。该条款对于贸易融资的放款币种并没有限定，因此对于融资币种是人民币，而收汇币种是美元的情况，可以参考以下操作：

1. 境外美元回款不落地，直接结汇归还银行的人民币贸易融资，美元余款划入美元经常项目结算账户；

2. 境外美元回款先全部划入美元结算账户，再由企业申请结汇后归还银行的人民币贸易融资。

57. 企业（含保证人）以自有资金购汇归还出口押汇

作者：北京银行杭州分行　冯　晓
审核：北京银行杭州分行　李智娟

问题：

银行向客户提供了出口押汇融资，到期后客户无法正常从进口商处收到相应的出口货物款项。

请问：客户是否可以自有资金购汇归还该笔出口押汇款项及利息？如果该出口商客户已破产，其担保人是否可以购汇来归还该笔出口押汇款项及利息？

解答：

政策依据：

一、根据《国家外汇管理局关于实施国内外汇贷款外汇管理方式改革的通知》（汇发〔2002〕125号）的规定：

1.债务人以自有外汇或以人民币购汇偿还国内外汇贷款本息时，应向债权人提供外汇账户对账单和《企业自有外汇确认书》；

2.出口押汇的结汇，可由债权人直接核准办理，除此之外的国内外汇贷款不得结汇。

二、根据《关于对外汇指定银行反映的外汇管理有关政策及业务操作问题的复函》（闽汇〔2008〕103号）的规定：

根据外汇管理局关于银行自营外汇贷款的相关规定，企业在购汇偿还银行自营外汇贷款时需确认其外汇账户余额。若用于归还出口议付款项，可否在确认该客户在银行账户余额不足时直接购汇？

答：企业在外汇账户余额不足，偿还银行外汇贷款时，可直接购汇。

三、《国家外汇管理局综合司关于中核财务有限责任公司购汇还贷等外汇业务的批复》（汇综复〔2012〕61号）文件规定：

《国家外汇管理局关于实施国内外汇贷款外汇管理方式改革的通知》（汇发〔2002〕125号）第5条第1款："债务人偿还贷款本息时，应先使用自有外汇，不足部分方可购汇"的规定不再执行。

四、根据《国家外汇管理局关于完善银行自身结售汇业务管理有关问题的通知》(汇发〔2011〕23号)的规定：

(一)银行经营业务过程中收回资金(含利息)与原始发放资金本外币不匹配，且需要代债务人结售汇的，应按照下列规定办理：

1.债务人破产、倒闭、停业整顿、经营不善或与银行法律纠纷而不能自行办理结售汇交易；

2.银行获得的债务人或其担保人等资金合法来源，包括但不限于：法院判决、仲裁机构裁决；抵押或质押非货币资产变现；扣收保证金等。

(二)银行向外汇局申请代债务人结售汇时应提交以下材料：

1.证明与债务人债权关系的书面材料，如合同、凭证、法院判决书等；

2.证明结售汇资金来源的书面材料，如资金到账证明等；

3.外汇管理规定要求登记备案的，应提供相应手续；

4.外汇局要求的其他材料。

(三)银行办理代债务人结售汇业务，应报银行所在地外汇分局审批。外汇分局可以根据业务实际情况授权所辖中心支局和支局直接审批。

分析结论：

1.根据上述文件，出口押汇属于广义范围的国内外汇贷款，可以参考外汇管理局对国内外汇贷款的相关规定来执行。对于国内外汇贷款，债务人贷款到期时，可以用人民币购汇来归还贷款本息。因此，如果出口押汇到期后客户无法正常从进口商处收回相应的出口货款，出口商客户可以自有资金购汇归还押汇本息。

2.出口商客户破产后需要保证人承担出口押汇项下的还款责任。当保证人的还款资金币种与押汇币种不一致时，可以根据汇发〔2011〕23号文件规定，由债权人银行代债务人办理结售汇。

至于保证人是否可以直接购汇归还押汇，文件没有明确，但我们认为，根据"购汇看用途"的原则，银行在审核担保人提交的法院判决或仲裁机构裁决、担保合同、还款通知书等证明材料，确定购汇资金的合理用途后，可以为担保人办理购汇归还出口押汇本息手续。

58. 以外币发放的出口订单融资是否可以结汇?

作者:工商银行广东省分行营业部国际业务部　黄茜

问题:

以外币发放的出口订单融资是否可以结汇?

解答:

商业银行国际贸易融资项下的出口订单融资产品,一般是指在非信用证结算的国际贸易中,银行凭出口商提供的有效贸易订单,并以该订单项下的预期应收账款作为还款来源,向出口商提供的贸易融资业务。该融资款的发放时机通常在货物装运(获得运输单据)前,用于满足出口商品在组织生产、加工、制造、运输阶段的资金需求,属装运前(pre-shipment)融资。

由于融资款用于出口商品的国内组织生产、加工阶段,通常以人民币发放。如以外币发放,可用于支付境外的原料及料件采购款,一般要求客户提供该笔融资款用于对外支付的证明。

根据国家外汇管理局关于实施境内外资银行外债管理办法有关问题的通知(汇发〔2004〕59号),从外币订单融资的性质上看,在现行的外汇管理政策下,外币订单融资款不能结汇。

59.出口押汇的融资款项，是否能用于远期结汇履约？

作者：北京银行杭州分行　谢莉莉
审核：北京银行杭州分行　李智娟

问题：

境内企业 A 出口货物后形成一笔远期应收账款，为了降低汇率风险，企业 A 向银行申请办理了远期结汇业务，临近交割日 A 企业还未收到境外汇入的货款。此时，企业 A 欲向银行申请出口押汇，并以押汇融资款项用于远期结汇业务的履约。

请问：企业 A 的操作是否可行？

解答：

政策依据：

一、根据《国家外汇管理局关于外汇指定银行对客户远期结售汇业务和人民币与外币掉期业务有关外汇管理问题的通知》（汇发〔2006〕52 号）文件中关于远期结售汇业务的管理规定：

按照外汇管理规定可办理即期结售汇的外汇收支，均可办理远期结售汇业务。

二、根据《银行对客户办理人民币与外汇衍生产品业务管理规定》（汇发〔2014〕34 号）文件中关于远期结售汇业务的管理规定：

远期合约到期时，银行应比照即期结售汇管理规定为客户办理交割，交割方式为全额结算，不允许办理差额结算。

三、根据《国家外汇管理局关于实施国内外汇贷款外汇管理方式改革的通知》（汇发〔2002〕125 号）文件第 6 条规定：

出口押汇结汇，可由债权人直接核准办理，除此以外的国内外汇贷款不得结汇。

分析：

根据汇发〔2006〕52 号和汇发〔2014〕34 号文件中关于远期结售汇业务的管理规定，我们可以得出：按照外汇管理规定可以办理即期结汇的外汇资金都可以办理远期结汇。因此，出口押汇融资款项是否可用于远期结汇履约，取决于该款项是否能办理即期结汇。

根据汇发〔2002〕125 号文件规定，出口押汇融资款项的结汇可由债权人直接核准办理,即出口押汇款项可办理即期结汇。

结论:

A 企业可以出口押汇资金办理远期结汇业务的履约交割手续。

60. 进口贸易项下赔偿款收入如何办理入账？

作者：北京银行杭州分行　郭　茹
审核：北京银行杭州分行　王栋涛

问题：

进口贸易项下赔偿款收入如何办理入账？需审核什么材料？

解答：

首先，我们认为进口贸易项下赔偿款，是指在进口贸易中，因境外出口商违反合同规定，直接或间接造成进口商损失，因而由境外出口商向进口商支付一定的金钱作为赔偿，以弥补进口商的损失，在此过程中并未发生货物的退回。

这种在居民与非居民之间发生的无等值交换物的实际资金所有权的转移，我们将其理解为经常转移类收支，属于经常项目外汇收支的范畴。因此，对于进口贸易项下的赔偿款收入，应进入企业的经常项目外汇账户。

其次，由于进口贸易项下赔偿款收入属于经常转移类的外汇收入，因此遵循《服务贸易外汇管理指引》及其实施细则的管理原则，即：

1.对于等值5万美元（含）的进口贸易项下赔偿款收入，原则上可不审核交易单证，直接办理入账手续。

2.对于等值5万美元以上的进口贸易项下赔偿款收入，在办理入账手续时，应审核原始交易合同、赔偿协议（赔偿条款）和整个赔偿过程的相关说明或证明材料；或者仅审核法院判决书或仲裁机构出具的仲裁书或有权调解机构出具的调解书等。

61. 关于购汇偿还进口押汇款项的结售汇统计问题

作者：北京银行杭州分行　陈　滟
审核：北京银行杭州分行　李智娟

问题：

某境内企业向银行申请人民币购汇偿还进口押汇款项，该银行认为该企业的购汇用途为归还贸易融资款项，因此，在填报银行结售汇统计报表时将该购汇交易计入"450 国内外汇贷款"项目。

请问：该银行的统计是否正确？

解答：

政策依据：

一、《国家外汇管理局关于印发〈银行结售汇统计制度〉的通知》（汇发〔2006〕42号）附2：银行结售汇统计报表指标解释指出，因进出口押汇、福费廷等与进出口贸易融资相关的国内外汇贷款结售汇交易计入"110、310 货物贸易"项目；相应的利息购汇计入"332 投资收益"。

二、《国家外汇管理局综合司关于调整银行结售汇统计报表相关指标的通知》（汇综发〔2014〕65号）附件：结售汇统计项目与新版国际收支交易分类对应参照表指出，新版国际收支交易代码"921020"对应新版国际收支交易项目名称"转入/偿还进口押汇"，对应结售汇统计项目名称及代码为"110、310 货物贸易"；新版国际收支交易代码"322041"对应新版国际收支交易项目名称"存贷款利息"，对应结售汇统计项目名称及代码为"132、332 投资收益"。

分析结论：

根据上述文件规定，特别是最新的汇综发〔2014〕65号文已经明确，企业在向银行申请人民币购汇偿还进口押汇款项时，押汇本金部分应统计入"310 货物贸易"项目，押汇利息部分应统计入"332 投资收益"项目。

其他进口贸易融资项下（如海外代付、境内代付等）的购汇业务，也应参照进口押汇进行统计。

62. 关于支付外国投资者股权转让款项的问题

作者：北京银行杭州分行　郭　茹
审核：北京银行杭州分行　王栋涛

问题：

境内 X 省的 A 公司欲收购境内 Y 省的外商投资企业 B 的外方股权，并需向 B 企业的外方股东支付股权转让款。请问：股权转让变更登记及款项支付手续该如何办理？

解答：

政策依据：

一、《国家外汇管理局关于印发〈外国投资者境内直接投资外汇管理规定〉及配套文件的通知》(汇发〔2013〕21号)：

（一）增资、减资、股权转让等资本变动事项的登记变更

外商投资企业发生基础信息变更(包括但不限于企业名称、经营范围、法人代表、地址等)、投资信息变更(包括但不限于注册资本、投资总额、出资方式、注册币种、投资者及投资者认缴的出资额等)、企业合并、分立、迁移、币种变更等，应在主管部门批准或备案后到注册地外汇局办理基本信息登记变更手续。

（二）境内机构及个人收购外商投资企业外国投资者股权资金汇出，审核材料：

1. 协议办理凭证；
2. 外汇局资本项目信息系统银行端打印的股权转让流出控制信息表；
3. 与本次交易汇出金额相关的税务证明。

二、《国家税务总局 国家外汇管理局关于服务贸易等项目对外支付税务备案有关问题的公告》(国家税务总局 国家外汇管理局公告2013年第40号)：

境内机构和个人向境外单笔支付等值5万美元以上(不含等值5万美元，下同)下列外汇资金，除本公告第3条规定的情形外，均应向所在地主管国税机关进行税务备案，主管税务机关仅为地税机关的，应向所在地同级国税机关备案：

（一）……

（二）……

（三）境外机构或个人从境内获得的融资租赁租金、不动产的转让收入、股权转让所

得以及外国投资者其他合法所得。

分析结论：

根据上述文件规定，具体操作流程可归纳如下：

首先，该外商投资企业 B 持有关主管部门批准文件到其注册地外汇局办理股权转让变更登记手续，由该外汇局出具协议办理凭证。

其次，A 公司持相关材料向所在地税务机关办理本次股权转让款项汇出的备案手续，然后持上述协议办理凭证及税务备案表到所在地银行办理股权转让款项的对外支付手续。

最后，银行根据股权转让流出控制信息表以及与本次汇出金额相关的税务备案表为 A 公司办理资金汇出。

63.关于境外投资资金汇回境内的问题

作者：北京银行杭州分行　郭　茹
审核：北京银行杭州分行　王栋涛

问题：

境内 A 公司在境外投资成立了一家境外投资企业 B，注册资本 1 万美元、投资总额 100 万美元。后来 A 将其拥有的 B 公司转让给境内 C 公司。C 公司打算到外汇局办理境外投资变更登记，将注册资本以外、投资总额以内部分即 99 万美元登记为境外放款，之后再将该笔资金收回境内。

请问：C 公司的这种处理方法是否可行？

解答：

政策依据：

一、《国家外汇管理局关于境内企业境外放款外汇管理有关问题的通知》（汇发〔2009〕24 号）：

所有境外放款资金必须经过境外放款专用账户汇出境外，还本付息资金必须汇回其境外放款专户。

境外放款期满或境外借款人要求分期还款、提前还款的，还本付息资金应经所在地外汇局核准汇入境外放款专用账户后，首先按原划出资本金外汇账户的金额将还款资金划回原划出资金的资本金外汇账户，直至补足从资本金外汇账户中划出的金额，剩余部分可划入经常项目外汇账户。对于原购汇的部分，可凭原境外放款的和转文件及购汇凭证直接到外汇指定银行办理结汇手续。

二、《国家外汇管理局关于发布〈境内机构境外直接投资外汇管理规定〉的通知》（汇发〔2009〕30 号）：

境内机构可以使用自有外汇资金、符合规定的国内外汇贷款、人民币购汇或实物、无形资产及经外汇局核准的其他外汇资产来源等进行境外直接投资。

上款所称自有外汇资金包括：经常项目外汇账户、外商投资企业资本金账户等账户内的外汇资金。

境内机构因所设境外企业减资、转股、清算等所得资本项下外汇收入，通过资产变现账户办理入账……账户内资金的结汇,按照有关规定直接向外汇指定银行申请办理。

三、《国家外汇管理局关于鼓励和引导民间投资健康发展有关外汇管理问题的通知》(汇发〔2012〕33号):

境内企业已汇出投资总额与注册资本差额部分的对外直接投资,经所在地外汇局登记后,可直接汇回境内,无须办理减资、撤资登记手续。

分析结论:

根据汇发〔2009〕24号文和汇发〔2012〕33号文,收回境外放款资金汇入境外放款专户后划转,需区分该笔资金来源,如资本金、国内外汇贷款等不能直接划入经常项目外汇账户。

本例中,C公司办理境外投资变更登记,并进行境外放款登记后,境外投资资金转变为境外放款资金。由于C公司是股权受让方,银行在办理境外放款专户资金汇入时,对于该笔境外放款资金,也即原A公司境外投资资金的来源以及比例无法区分,从而在将境外放款专户内的资金划转时无法操作。

因此我们认为,本例中C公司通过办理境外放款登记,并以收回境外放款的方式将境外投资资金汇回的做法不妥。

建议:

根据汇发〔2012〕33号文,本例中C企业欲将投资总额与注册资本差额部分的99万美元汇回境内,可在向外汇局进行登记后直接到银行通过资产变现账户办理。

银行应依据外汇局资本项目信息系统中查询的控制信息表办理资产变现账户的开立及资金入账手续。其中关于资产变现账户内资金的结汇遵循支付结汇制的原则来办理,需审核合同、发票等资金用途证明材料。

64.关于外商投资企业利润汇出

作者:北京银行杭州分行　郭　茹
审核:北京银行杭州分行　王栋涛

问题:

外商投资企业申请将外方获得的利润汇出境外时,是否需提供交易单证?需提供哪些交易单证?

解答:

利润汇出业务属于收益项下,按照《服务贸易外汇管理指引》及其实施细则(汇发〔2013〕30号)管理规定,对于单笔等值5万美元(含)以下的,原则上可不审核交易单证;对于单笔等值5万美元以上的,需按规定审核并留存相关单证。

同时,《国家外汇管理局关于进一步改进和调整资本项目外汇管理政策的通知》(汇发〔2014〕2号)对境内机构利润汇出的管理做了进一步简化,即原则上可不再审核财务审计报告和验资报告,同时取消了对企业本年度处置利润金额原则上不得超过最近一期财务审计报告中属于外方股东"应付股利"和"未分配利润"合计金额的限制。

因此,在办理外商投资企业利润汇出业务时,应按以下原则审核并留存相关交易单证:

1.利润汇出金额在等值5万美元(含)以下的,原则上可不再审核交易单证。

2.利润汇出金额在等值5万美元以上的,应按真实交易原则审核与本次利润汇出相关的董事会利润分配决议(或合伙人利润分配决议)及其税务备案表原件。每笔利润汇出后,银行应在相关税务备案表原件上加章签注该笔利润实际汇出金额及汇出日期。

65. 外商投资企业将清算所得资金支付给外国投资者

作者：北京银行杭州分行　李智娟
审核：北京银行杭州分行　王栋涛

问题：

对于外商投资企业将清算所得资金支付给外国投资者的购汇及对外支付业务，银行应如何审核？

解答：

政策依据：

一、《国家外汇管理局关于进一步改进和调整直接投资外汇管理政策的通知》（汇发〔2012〕59号）文件规定：

取消外商投资企业减资、清算、先行回收投资所得支付给外国投资者的购汇及对外支付核准，银行根据外汇局相关业务系统中的登记信息为外商投资企业办理购汇及对外支付手续。

二、《国家外汇管理局关于印发〈外国投资者境内直接投资外汇管理规定〉及配套文件的通知》（汇发〔2013〕21号）文件规定：

1.增资、减资、股权转让等资本变动事项的登记变更，企业应持下列材料到外汇管理局办理：

（1）《境内直接投资基本信息登记业务申请表》。

（2）有关主管部门批准文件，按规定无须提交的除外，有外商投资企业批准证书的应提交该证书，外商投资合伙企业登记事项变更的，只需提交包括外商投资合伙企业全部登记事项在内的加盖登记机关查询章的企业基本信息单。外资股东减持A股上市公司股份不超过总股本5%的，仅需提交证券登记结算机构出具的外资股东持股情况变化证明材料。

（3）涉及外国投资者以其境内合法所得在境内对外商投资企业增资，以及发生股权转让需对外支付转股对价的，还应提交主管税务部门出具的税务证明原件，按规定不需提交的除外。

2.外国投资者清算、减资所得资金汇出，企业应持下列材料到外汇指定银行办理：

65.外商投资企业将清算所得资金支付给外国投资者

(1)协议办理凭证;
(2)外汇局相关业务系统银行端中打印的外商投资企业减资或清算流出控制信息表。

结论:

1.银行应根据外商投资企业减资或清算流出控制信息表为申请主体办理购汇及对外支付手续,无须外汇管理局核准,若外汇管理局在控制信息表备注栏中进行备注的,银行应以备注内容为准;

2.银行应在业务办理后及时完成国际收支申报。

66. 一笔银票业务引起的思考

作者：河北银行高级经理 张 涛

问题：
国内一家公司向分公司采购产品对外统一销售。公司与分公司签订了购销合同，并在合同中约定可以用银票结算。公司对分公司签订了对外以及与公司签订合同的授权书。公司为银票的申请人，分公司为收款人。银票的结算金额为购销合同总金额的一部分。该公司长期采用这种结算方式与分公司进行结算，分公司开具增值税发票和出库单作为结算凭证。

请问：
1. 总公司与分公司签订的购销合同是否在法律上有效？
2. 分公司叙做银票贴现对银行会产生什么风险？
3. 总公司与分公司之间使用银票结算是否合理？

解答：

分析：

1. 从现实情况来看，很多公司与分公司都签订购销合同，主要原因是分公司实行独立核算的。这联想到国际上对海运提单签发人可以作为自己的代理人签发提单的情形，国内公司与自己签订合同也不是不可以，毕竟自己与自己做买卖，都由自己承担责任。

但合同法中又有明确要求，签订合同的双方须法律地位平等，而总公司与分公司显然法律地位不平等，难道有总公司对分公司的授权，就可以解决法律地位不平等的问题吗？

2. 分公司叙做贴现，从银行信用风险来说，银行对分公司授信实质占用了对总公司的授信，关键在于总公司的授信额度。分公司与银行签订的融资协议实质上代表银票申请人——总公司签订。如果发生分公司债务无法偿还的情况，最终还是由总公司承担。从法律角度来看，如果发生合同纠纷，会导致债权人与债务人关系模糊，致使银行在合同中的权利得不到保障。

3. 总公司与分公司的交易严格说属于内部交易，内部交易的资金可以内部划拨。总公司与分公司的交易结算使用银票主要充分考虑了解决短期资金需求，节约财务成本。

上述案例经过业务人员调查,总公司与分公司的交易是真实的,并且分公司开具增值税发票和提交出库单。既然交易背景真实,使用银票结算也可以理解。

结论：

综上所述,总分公司使用银票进行结算会产生怎样的问题、是否可以办理还无法有一个很明确的答案。我想还要考虑客户资信水平、宏观经济形势、银行风险偏好程度及把控能力等因素,在这里只是起一个抛砖引玉的作用。

67.掉期业务贸易背景的审核标准

作者:北京银行杭州分行　冯　晓
审核:北京银行杭州分行　李智娟

问题:
掉期业务贸易背景的审核应遵循什么标准?

解答:
掉期交易,是指在买入或卖出即期外汇的同时,卖出或买进同一货币的远期外汇,以防止汇率风险的一种外汇交易。关于掉期业务贸易背景的审核,主要可以参考以下两个文件。

一、《中国人民银行关于扩大外汇指定银行对客户远期结售汇业务和开办人民币与外币掉期业务有关问题的通知》(银发〔2005〕201号)

1.银行办理远期结售汇业务须按照外汇管理规定,对境内机构的外汇收支进行真实性和合规性审核。远期结售汇合约到期时,银行在审核境内机构提供的符合外汇管理规定的有效凭证后,方可办理履约手续。

2.银行在办理掉期业务时必须遵守关于远期结售汇业务的各项管理规定。

3.境内机构掉期换入外汇的使用应符合外汇管理规定。

二、《国家外汇管理局关于外汇指定银行对客户远期结售汇业务和人民币与外币掉期业务有关外汇管理问题的通知》(汇发〔2006〕52号)

1.远期结售汇业务实行履约审核,银行可根据自身经营和风险管理需要决定与客户办理远期签约。远期合约到期时,银行凭客户提供的相应有效凭证为其办理结售汇。

2.客户掉期近端(指掉期中的前一次资金交易,以下同)换出的外汇资金,限于按照外汇管理规定可以办理即期结汇的外汇资金;掉期远端(指掉期中的后一次资金交换,以下同)换出的外汇资金,限于近端换入的外汇资金。银行应参照远期结售汇业务的履约审核管理,在客户掉期履约换出外汇资金时,按照即期结汇的管理规定审核客户交付的资金和凭证。

3.客户可以通过掉期业务直接以人民币换入外汇,换入外汇的支付使用应符合外汇管理规定。

通过对上述两个文件相关条款的学习,我们可以看出银发〔2005〕201号文与汇发〔2006〕52号文在对掉期业务贸易背景的审核标准上是一脉相承的,即"远端履约审核",但却又各有所偏重:银发〔2005〕201号文强调掉期换入外汇的使用应符合规定;而汇发〔2006〕52号文则强调掉期近端换出外汇应按照即期结汇的管理规定审核,远端换出外汇仅限于近端换入的外汇。

  对于引用的汇发〔2006〕52号文第3条的理解,可以参照国家外汇管理局河北省分局在总局官网子站中的解释:是指客户以人民币换入外汇时不受售汇的范围限制、不须提供任何凭证,通俗地讲,就是只要客户有人民币资金就可以通过掉期业务换入外汇资金,但是,客户换入的外汇资金在支付使用环节应符合外汇管理规定,例如,将换入的外汇资金用于进口付汇时,应按照进口付汇的外汇管理规定提供相应的支付凭证。

68. 无对外贸易经营权企业是否可以办理外汇收支

作者：北京银行杭州分行　冯　晓
审核：北京银行杭州分行　李智娟

问题：

如果企业没有对外贸易经营权，是否可以开立外汇账户？是否可以办理外汇收支业务？

解答：

名词解释：

进出口经营权指我国境内的法人或其他组织，经国家批准所享有的对外签订进出口贸易合同的资格，又称对外贸易经营权。

政策依据：

一、《国家外汇管理局关于调整经常项目外汇管理政策的通知》（汇发〔2006〕19号）文件规定：

外汇局不再对境内机构经常项目外汇账户的开立、变更、关闭进行事先核准。凡未开立过经常项目外汇账户的，应持营业执照（或社团登记证）和组织机构代码证先到外汇局进行机构基本信息登记。

二、《货物贸易外汇管理指引实施细则》（汇发〔2012〕38号）文件规定：

1. 无对外贸易经营权的企业，确有客观需要开展贸易外汇收支业务的，办理名录登记时可免于提交《对外贸易经营者登记表》。
2. 企业应当按照"谁出口谁收汇、谁进口谁付汇"的原则办理贸易外汇收支业务。
3. 代理进口、出口业务应当由代理方付汇、收汇。代理进口业务项下，委托方可凭委托代理协议将外汇划转给代理方，也可由代理方购汇。代理出口业务项下，代理方收汇后可凭委托代理协议将外汇划转给委托方，也可结汇后将人民币划转给委托方。

分析结论：

1. 文件中对开立经常项目外汇账户的境内企业资格并没有明确规定，故无对外贸易经营权的企业只需到外汇局进行基本信息登记，即可于外汇指定银行开立经常项目外汇账户，办理服务贸易项下的外汇收支。

68.无对外贸易经营权企业是否可以办理外汇收支

2.没有取得对外贸易经营权的企业不可以进出口货物,海关也不接受未取得对外贸易经营权的单位向海关办理报关纳税手续。因此,无对外贸易经营权的企业虽可办理企业名录登记,从事非贸易性进出口活动并办理相关外汇收支,但不能直接办理货物贸易项下进出口及外汇收支业务,而是需要通过有进出口经营权的代理公司办理。

69. 办理票据质押与票据贴现时银行必须审核发票吗？

作者：北京银行南京分行　杨晓华
审核：北京银行南京分行　陈　琼

问题：

办理票据质押与票据贴现时，银行必须审核增值税发票或普通发票吗？

解答：

一、关于票据贴现业务是否需要提交增值税发票或普通发票

（一）现有文件规定

1.《中华人民共和国票据法》第 10 条：票据的签发、取得和转让，应当遵循诚实信用的原则，具有真实的交易关系和债权债务关系。

2.《票据管理实施办法》（中国人民银行令 1997 年第 2 号）第 10 条第 2 点也明确：向银行申请办理票据贴现的商业汇票的持票人，必须与出票人、前手之间具有真实的交易关系和债权债务关系。

3.《中国人民银行关于完善票据业务制度有关问题的通知》中明确：①银行承兑汇票的承兑行负责对出票人的资格、资信、交易合同和汇票记载的内容等进行审查。②商业汇票的持票人向银行申请贴现时，贴现申请人应向银行提供交易合同原件、贴现申请人与其直接前手之间根据税收制度有关规定开具的增值税发票或普通发票。③贴现银行向其他银行转贴现或向人民银行申请再贴现时，不再提供贴现申请人与其直接前手之间的交易合同、增值税发票或普通发票，但需对票据的要式性和文义性是否符合有关法律、法规和规章制度的规定承担审核责任。

（二）分析与建议

从以上文件规定中可以看出：在办理票据贴现（直贴业务）时，银行为了核实其交易背景的真实性，需要提供贴现申请人与其直接前手之间的交易合同、增值税发票或普通发票等文件。

二、关于票据质押是否需要提交增值税发票或普通发票

（一）现有文件规定

1.《中国人民银行关于完善票据业务制度有关问题的通知》中明确：①票据质押时，

69.办理票据质押与票据贴现时银行必须审核发票吗?

应按《中华人民共和国票据法》的有关规定做成质押背书。②主债务履行完毕,票据解除质押时,被背书人应以单纯交付的方式将质押票据退还背书人。票据到期时,由持票人按支付结算制度的有关规定行使票据权利。③质押票据所担保的债务到期后,背书人未能如期履行债务时,被背书人依法实现质权,但不得将票据进行转让或者贴现。被背书人在票据到期时按支付结算制度的有关规定行使票据权利。被背书人为银行的,比照商业汇票贴现到期收回的处理手续,并在托收凭证备注栏注明"质押票据收款"字样。

2.根据《最高人民法院关于审理票据纠纷案件若干问题的规定》中第2条规定:"依照票据法第10条的规定,票据债务人(即出票人)以在票据未转让时的基础关系违法、双方不具有真实的交易关系和债权债务关系、持票人应付对价而未付对价为由,要求返还票据而提起诉讼的,人民法院应当依法受理。"第14条同时也规定:"票据债务人以票据法第10条、第21条的规定为由,对已经背书转让票据的持票人进行抗辩的,人民法院不予支持。"

(二)分析与建议

需要明确两个概念:质押背书和背书转让。

质押背书:是指持票人以票据权利设定质权为目的而在票据上做成的背书。背书人是原持票人,被背书人则是质权人。质押背书确立的是一种担保关系,而不是一种票据权利的转让与被转让关系。因此质押背书成立后,背书人仍然是票据权利人,被背书人并不因此而取得票据权利。

背书转让:是指以转让票据权利为目的的背书行为。票据法规定,持票人将票据权利转让给他人,应当背书并交付票据。所以,当持票人为了转让票据权利,而在票据背面或者粘单上记载有关事项并签章,就是在进行背书转让。背书转让一经成立,即发生法律效力,产生票据权利移转的效力、票据权利的证明效力和票据责任的担保效力等背书效力。

通过票据质押取得票据的持票人与通过票据背书转让而取得票据的持票人,法律地位是不同的,而从法律的角度来看:法律保护的是取得经背书转让票据的持票人,其票据权利并不受票据债务人与前手背书人之间抗辩事由的影响,但是如果票据债务人(即出票人)以在票据未转让时的基础关系违法、双方不具有真实的交易关系和债权债务关系、持票人应付对价而未付对价为由,要求返还票据而提起诉讼的,则票据持票人将不受法律保护,如果通过质押票据而取得票据的持票人在此种情况下就较为被动,可能会失去质押物。

故建议:在受理质押票据时还是要严格审核其当前基础交易的背景,提供其当前交易的增值税发票或普通发票、交易合同等相关材料。

附:

《票据法》

第10条 票据的签发、取得和转让,应当遵循诚实信用的原则,具有真实的交易关系和债权债务关系。票据的取得,必须给付对价,即应当给付票据双方当事人认可的相对应的代价。

第 21 条　汇票的出票人必须与付款人具有真实的委托付款关系，并且具有支付汇票金额的可靠资金来源。不得签发无对价的汇票用以骗取银行或者其他票据当事人的资金。

70. 企业办理进口黄金项下付汇，银行应如何审核材料？

作者：北京银行杭州分行　冯　晓
审核：北京银行杭州分行　李智娟

问题：

某企业欲办理进口黄金业务，银行应审核哪些单据后为企业办理进口付汇业务？

解答：

政策依据：

一、根据《中国人民银行海关总署公告》〔2008〕第3号的规定：

（一）列入《黄金及其制品进出口管理商品目录》的货物进出口通关时，海关凭中国人民银行总行或其授权的中国人民银行分支机构签发的《中国人民银行黄金及其制品进出口许可证》，办理验放手续。

（二）保税区、出口加工区及其他海关特殊监管区域、保税监管场所与境外间进出的黄金及其制品，海关特殊监管区域、保税监管场所之间进出的黄金及其制品、免于办理《中国人民银行黄金及其制品进出口许可证》。

（三）从保税区、出口加工区及其他海关特殊监管区域、保税监管场所进入境内区外的黄金及其制品，以及从境内区外进入保税区、出口加工区及其他海关特殊监管区域、保税监管场所的黄金及其制品，应当办理《中国人民银行黄金及其制品进出口许可证》。

二、根据《国家外汇管理局综合司关于商业银行办理黄金进出口收付汇有关问题的通知》（汇综发〔2012〕85号）文件规定：

商业银行按照以下规定凭相关单证对外付汇：

（一）对于已持有进口货物报关单正本的，商业银行应凭进出口货物报关单正本和中国人民银行出具的黄金进出口凭证（银行付汇专用联），按货到汇款结算方式办理黄金进口项下的付汇。

（二）对于暂无进口货物报关单正本的，商业银行应凭进口货物报关单复印件、中国人民银行出具的黄金进出口凭证（银行付汇专用联）、黄金交易确认凭证办理黄金进口项下的付汇。

分析结论：

一、从海关监管的角度上看，企业办理黄金进口业务，需要取得中国人民银行总行或其授权的中国人民银行分支机构签发的《中国人民银行黄金及其制品进出口许可证》，但保税区、出口加工区及其他海关特殊监管区域、保税监管场所与境外间进出的黄金及其制品，以及海关特殊监管区域、保税监管场所之间进出的黄金及其制品，免于办理该许可证。

二、企业办理付汇业务时，银行应审核进口货物报关单（正本或复印件）、黄金进出口凭证（银行付汇专用联），以及黄金交易确认凭证（如需），按照一般货物贸易项下进口付汇进行办理。

71.企业可以不开立外汇账户，直接购汇支付货款吗？

作者：北京银行杭州分行　郭　茹
审核：北京银行杭州分行　李智娟

问题：

企业可以不开立外汇账户，直接购汇支付货款吗？如在不开立外汇账户的情况下办理购汇支付货款，银行需要报送账户内售汇数据吗？

解答：

政策依据：

一、根据《中华人民共和国外汇管理条例》第 7 条规定：

经营外汇业务的金融机构应当按照国务院外汇管理部门的规定为客户开立外汇账户，并通过外汇账户办理外汇业务。经营外汇业务的金融机构应当依法向外汇管理机关报送客户的外汇收支及账户变动情况。

二、根据《关于通过外汇账户办理外汇业务有关问题的通知》(汇综发〔2008〕60 号文)规定：

除另有规定外，银行为境内机构和境外机构办理外汇收支业务，包括跨境收付汇结售汇、境内外汇划转等，均应先为其开立外汇账户，并通过外汇账户办理。对于有零星外汇收支的客户，银行可以不为其开立外汇账户，但应通过银行以自身名义开立的"银行零星代客结售汇"账户为其办理外汇收支业务。

三、根据《调整境内银行涉外收付凭证及相关信息报送要求问题解答(2012 年 10 月)》规定：

客户以在银行开立的人民币账户中资金购汇进入银行临时账户后再对境外支付和境外外汇资金汇入后直接结汇进入客户人民币账户，不属于外汇账户内结售汇数据报送范围，应根据《通过金融机构进行国际收支统计申报业务操作规程》(汇发〔2010〕22 号)的规定，进行国际收支统计间接申报，结售汇金额分别申报在"结汇金额"和"购汇金额"项下。

分析：

《中华人民共和国外汇管理条例》第 7 条则明确规定了：经营外汇业务的金融机构

应当按照国务院外汇管理部门的规定为客户开立外汇账户,并通过外汇账户办理外汇业务。

但是同时,我们也从汇综发〔2008〕60号文中发现了"对于有零星外汇收支的客户,可以不开立外汇账户,通过银行内部账户办理外汇收支业务"的管理规定。不过"零星外汇收支"该如何理解,是指外汇收支的频率,还是外汇收支的规模,文件均未做具体量化。这使得我们在实际业务中对此的理解和把握的尺度也各有不同。

结论:

原则上,企业应通过外汇账户办理购汇支付货款业务,但由于汇综发〔2008〕60号文"有零星外汇收支的客户,可以不开立外汇账户"的例外规定,目前也有部分银行把握的尺度是:对于外汇收支次数不超过两次,且收支金额不超过等值1万美元的企业,可以不开立外汇账户,直接购汇支付货款。这种购汇资金进入银行临时账户并直接对外付款的情况不属于外汇账户内结售汇数据报送范围,但需在进行国际收支统计间接申报时,将售汇金额申报在"购汇金额"项下。

72. 境外机构境内人民币结算账户如何进行购汇？

作者：北京银行杭州分行　冯　晓
审核：北京银行杭州分行　李智娟

问题：
境外机构境内人民币结算账户（即人民币 NRA 账户）如何进行购汇？

解答：
政策依据：
根据《关于境外机构人民币银行结算账户开立和使用有关问题的通知》（银发〔2012〕183 号）的规定：

一、境外机构人民币银行结算账户的收入范围：
(1) 跨境货物贸易、服务贸易、收益及经常转移等经常项目人民币结算收入；(2) 政策明确允许或经批准的资本项目人民币收入；(3) 跨境贸易人民币融资款项；(4) 账户孳生的利息；(5) 从同名或其他境外机构境内人民币银行结算账户获得的收入；(6) 中国人民银行规定的其他收入。

二、境外机构人民币银行结算账户的支出范围：
(1) 跨境货物贸易、服务贸易、收益及经常转移等经常项目的境内人民币结算支出；(2) 政策明确允许或经批准的资本项目人民币支出；(3) 跨境贸易人民币融资利息及融资款项的归还；(4) 银行费用支出；(5) 中国人民银行规定的其他支出项目。

三、履行相应手续后，境外机构人民币银行结算账户内的资金可以购汇汇出。

分析和建议：
一、根据银发〔2012〕183 号文件规定，境外机构人民币银行结算账户内资金在履行相应手续后，可以购汇汇出，但是需要履行哪些手续则没有明确。部分银行认为，人民币资金入账时应该要审核资金性质，所谓的履行相应手续就是指这个手续，所以购汇向境外划转时无须再审查资料，凭客户指令直接办理；同时，银行应登记台账备查，以便RCPMIS 实现登记功能后的数据补录。

二、我们认为，人民银行对境外机构境内人民币结算账户的收入和支出范围均有明确规定，建议在审核账户人民币资金来源的真实性及合规性之后，可以根据客户的申请进行购汇汇出，并通过 RCPMIS 系统报送相关信息。

73.如何办理境内航业公司向境外支付油料款?

作者:北京银行杭州分行 郭 茹
审核:北京银行杭州分行 王栋涛

问题:

境内航业公司的船舶在境外加油,需向境外公司支付油料款。请问:银行应审核什么单据,如何进行国际收支申报?

解答:

政策依据:

1.《国家外汇管理局关于印发服务贸易外汇管理法规的通知》(汇发〔2013〕30号):第六条办理单笔等值5万美元以上的服务贸易外汇收支业务,金融机构应按以下规定审查并留存交易单证:

(十一)其他服务贸易项下外汇收支:合同(协议)或发票(支付通知)或相关其他交易单证。

2.《关于服务贸易等项目对外支付税务备案有关问题的公告》(国家税务总局 国家外汇管理局公告2013年第40号):三、境内机构和个人对外支付下列外汇资金,无须办理和提交《备案表》:

(六)从事运输或远洋渔业的境内机构在境外发生的修理、油料、港杂等各项费用。

3.《国家外汇管理局关于印发〈涉外收支交易分类与代码(2014版)〉的通知》(汇发〔2014〕21号):122990—其他未纳入海关统计的货物贸易,包括:

——远洋渔业销售收入。
——我国运输工具在境外港口接受非居民提供的货物。
——未纳入海关统计的免税商品。

分析结论:

1.关于单据审核

涉及境外油料费的外汇管理政策,包括《国家外汇管理局、农业部关于印发〈远洋渔业企业远洋渔业外汇收支管理暂行规定〉的通知》(汇发〔2001〕49号)、《国家外汇管理局关于下发〈非贸易售付汇及境内居民个人外汇收支管理操作规程〉(试行)的通知》(汇

73.如何办理境内航业公司向境外支付油料款?

发〔2002〕29号)均已在汇发〔2013〕30号文中被废止,并制定了新的管理规定。因此,我们认为,应根据汇发〔2013〕30号及公告2013年第40号规定为境内航业公司办理向境外支付油料款的业务:

(1)支付金额在等值5万(含)美元以下,原则上可不审核交易单证;

(2)支付金额在等值5万美元以上,需审核合同(协议)或发票(支付通知)或相关其他交易单证。

2.关于国际收支申报

境内航业公司船舶在境外消费油料,并无实际的货物流入境内,可以理解为我国运输工具在境外港口接受非居民提供货物的范畴,因此境内航业公司船舶向境外公司支付油料款,应申报为122990—其他未纳入海关统计的货物贸易。

74.关于深加工结转

作者:北京银行杭州分行　李智娟
审核:北京银行杭州分行　王栋涛

问题:

什么是深加工结转?两个境内区外企业,贸易方式为深加工结转,可以以外币计价吗?如果可以,银行应如何审核资料?

解答:

政策依据:

一、《国家外汇管理局关于进一步加强加工贸易深加工结转售付汇及核销管理有关问题的通知》(汇发〔2001〕64号)文件规定:

深加工结转是海关对进料和来料货物监管的转移和延伸,视同进出口。转入视同进口,转出视同出口,各经办海关均应签发相应的报关单外汇证明联。

二、《国家外汇管理局关于印发货物贸易外汇管理法规有关问题的通知》(汇发〔2012〕38号)文件规定:

1.外汇局根据非现场或现场核查结果,结合企业遵守外汇管理规定等情况,将企业分成A、B、C三类。在分类管理有效期内,对A类企业贸易外汇收支,适用便利化的管理措施。对B、C类企业的贸易外汇收支,在单证审核、业务类型及办理程序、结算方式等方面实施审慎监管。

2.本细则所称的企业贸易外汇收支包括:从境外、境内保税监管区域收回的出口货款,向境外、境内保税监管区域支付的进口货款;从离岸账户、境外机构境内账户收回的出口货款,向离岸账户、境外机构境内账户支付的进口货款;深加工结转项下境内收付款;转口贸易项下收付款;其他与贸易相关的收付款。

3.金融机构为企业办理贸易外汇收支业务时,应当通过监测系统查询企业名录状态与分类状态,按本细则规定对其贸易进出口交易单证的真实性及其与贸易外汇收支的一致性进行合理审查。

分析和建议:

深加工结转是指加工贸易企业将保税进口料件加工的产品转至另一加工贸易企业进一步加工后复出口的经营活动。对转出企业而言,深加工结转视同出口,应办理出口报关手续,如以外汇结算的,海关可以签发收汇报关单证明联;对转入企业而言,深加工结转视同进口,应办理进口报关手续,如与转出企业以外汇结算的,海关可以签发付汇报关单证明联。深加工结转项下,两个境内区外企业——转出企业与转入企业间可以以外汇计价结算。

根据汇发〔2012〕38号文件,银行在为企业办理货物贸易外汇收支时,应根据企业分类的不同进行相关资料的审核,并不区分一般贸易和深加工结转。实际上在汇发〔2012〕38号文件实施以后,之前关于深加工结转的文件均已失效,包括本文引用的汇发〔2001〕64号文件,但是银行在办理深加工结转项下售付汇业务时,从审慎开展业务的角度出发,建议仍然可以参考以前相关文件,如《深加工结转(转厂)售付汇及核销操作程序》(汇发〔1999〕78号)等。

75. 租赁公司可以收取外币租金吗？

作者：北京银行杭州分行　郭　茹
审核：北京银行杭州分行　王栋涛

问题：

租赁公司从境外购买租赁物，并将租赁物按合同约定出租给境内承租人使用，从而出现该租赁公司支出与收入的货币币种不一致的问题。请问：租赁公司可以直接向境内承租人以外币形式收取租金吗？

解答：

政策依据：

一、《国家外汇管理局综合司关于国内金融租赁公司办理融资租赁收取外币租金问题的批复》（汇综复〔2012〕80号）：

经银行监管部门批准成立的金融租赁公司，或金融租赁公司按照《关于金融租赁公司在境内保税地区设立项目公司开展融资租赁业务有关问题的通知》（银监发〔2010〕2号）设立的融资租赁项目公司，如果其用以购买租赁物的资金50%以上来源于自身的国内外汇贷款或外币外债，可以按规定以外币形式收取租金。

二、《国家外汇管理局上海市分局关于印发支持中国（上海）自由贸易试验区建设外汇管理实施细则的通知》（上海汇发〔2014〕26号）：

1. 允许区内金融租赁公司、外商投资租赁公司及中资租赁公司在向境内承租人办理融资租赁时收取外币租金。

2. 试验区内非金融类租赁公司如用以购买租赁物的资金50%以上来源于自身的国内外汇贷款或外币外债，可以在境内以外币形式收取租金。

分析结论：

汇综复〔2012〕80号文对金融租赁公司收取外币租金的问题作了明确规定，即：金融租赁公司及其在保税区设立的融资租赁项目公司，用于购买租赁物的资金中50%是来源于其自身借入的国内外汇贷款或外币外债时，可以在境内向该租赁物的承租人以外币形式收取租金。

上海汇发〔2014〕26号文出台以后，将汇综复〔2012〕80号文的收取外币租金的适用范围从金融类租赁公司扩大至金融租赁公司、外商投资租赁公司及中资融资公司，并对非金融类租赁公司以外币形式收取租金进行了限制，要求其用以购买租赁物的资金

50%以上来源于自身的国内外汇贷款或外币外债。

因此,下列租赁公司,若其购买租赁物的资金50%以上来源于自身的国内外汇贷款或外币外债时,可以向境内承租人以外币形式收取租金,从而解决租赁公司收入和支出币种错配的问题,包括:

1. 金融租赁公司;
2. 金融租赁公司在特殊监管区域设立的融资租赁项目子公司;
3. 上海自贸区内的外商投资租赁公司及中资租赁公司。

76.跨境人民币开证与付款时企业名录分类不同如何操作

作者:北京银行杭州分行　冯紫琳
审核:北京银行杭州分行　李智娟

问题:

转口贸易项下跨境人民币业务,开证时企业名录分类状态为 A 类,付款时企业名录分类状态为 B 类,银行应如何操作?

解答:
政策依据:

一、汇发〔2012〕38 号文件规定:外汇局实行"贸易外汇收支企业名录"登记管理,统一向金融机构发布名录。金融机构不得为不在名录的企业直接办理贸易外汇收支业务。在分类管理有效期内,对 A 类企业贸易外汇收支适用便利化的管理措施;对 B 类企业贸易外汇收支实施电子数据核查管理;对 C 类企业贸易外汇收支业务以及外汇局认定的其他业务,由外汇局实行事前逐笔登记管理,金融机构凭外汇局出具的《登记表》为企业办理相关手续。

其中关于转口贸易的管理规定:对于 B 类企业,同一合同项下转口贸易收入金额超过相应支出金额 20%(不含)的贸易外汇收支业务,金融机构应当凭外汇局的《登记表》办理;B 类企业不得办理收支日期间隔超过 90 天(不含)的转口贸易外汇收支业务;对于 C 类企业,不得办理转口贸易外汇收支。

二、《关于下发 2013 年度浙江省出口货物贸易人民币结算企业重点监管名单的通知》(杭银跨境〔2013〕7 号)文件规定:各银行业金融机构在为重点监管企业办理各项跨境人民币业务时,要切实防范风险,借助人民币跨境收付信息系统加强审核,并妥善保存相关资料备查。

分析:

一、跨境人民币业务的管理原则是:人民银行未明确规定的则参照外汇业务管理。本案例中,企业申请开证时为 A 类,信用证到期付款时,企业分类状态已调整为 B 类,若根据外汇管理局关于转口贸易业务管理的规定,B 类企业不得办理收支日期间隔超过 90 天(不含)的转口贸易外汇收支业务,但此时银行已经对外承兑,根据国际惯例,开证银行必须履行对外付款的义务。

二、根据人民银行关于出口货物贸易人民币结算企业重点监管名单的形成机制，B类企业属于该监管名单之中，因此，对于B类企业的付款，银行需要加强对业务资料的审核。

结论：

根据人民银行对出口重点监管名单企业的管理原则，同时参考外汇管理局对B类企业的管理规定，银行操作本案例的付款业务时，在严格审核业务资料后，可为其办理。但对于该B类企业开展新的跨境人民币业务，需要加强相关资料的审核，必要时可向外汇管理局或人民银行跨境办进行业务备案。

77. 金融机构应如何办理已承兑未付款项下的退汇业务？

作者：北京银行杭州分行　陈　滟
审核：北京银行杭州分行　李智娟

问题：

境内某 A 类企业向境内某银行申请开立金额为 100 万美元的进口信用证，进口商品为电解铜，贸易性质为一般贸易，付款期限为见单后 90 天付款。因大宗商品价格波动较大，进出口双方签订合同时约定采用点价的方式定价，即开证时的单价为估价，最终的结算价格以约定的"点价期"内期货交易所（如 LME 等）某日的期货价格作为基价，加上约定的升贴水而确定。随后该信用证项下到单 100 万美元，承兑后 15 天左右（点价完成后），银行收到一笔 5 万美元的境外退汇。

请问：该银行应如何办理这笔退汇业务？

解答：

政策依据：

一、根据《货物贸易外汇管理指引实施细则》第 16 条的规定：

"进口项下退汇的境外付款人应当为原收款人、境内收款人应当为原付款人。出口项下退汇的境内付款人应当为原收款人、境外收款人应当为原付款人。

金融机构为企业办理贸易收汇的退汇支付时，对于因错误汇入产生的退汇，应当审核原收汇凭证；对于其他原因产生的退汇，应当审核原收入申报单证、原出口合同。

金融机构为企业办理贸易付汇的退汇结汇或划转时，对于因错误汇出产生的退汇，应当审核原支出申报单证；对于其他原因产生的退汇，应当审核原支出申报单证、原进口合同。

对于退汇日期与原收、付款日期间隔在 180 天（不含）以上或由于特殊情况无法按照本条规定办理退汇的，企业应当先到外汇局办理贸易外汇业务登记手续。"

二、根据《货物贸易外汇管理制度改革试点问题解答（第一期）》相关规定：

问：贸易付汇的退汇收入是否进入待核查账户？

答：须进入待核查账户。《货物贸易外汇管理试点指引实施细则》（简称实施细则）第 13 条规定："待核查账户的收入范围限于贸易外汇收入，但不含出口贸易融资项下境

77.金融机构应如何办理已承兑未付款项下的退汇业务？

内金融机构放款及境内回款。贸易付汇的退汇收入属于贸易外汇收入。"

分析及建议：

对于已承兑的远期信用证项下发生未付款先退款的情况，究竟应如何处理？大家都有自己不同的看法，归纳起来主要可分为以下两种意见。

第一种意见：根据《货物贸易外汇管理指引实施细则》第16条中"进口项下退汇的境外付款人应当为原收款人、境内收款人应当为原付款人"可以看出"退汇"的前提是付款已经发生。由于案例中，境内企业尚未对外付款，则"原收款人"、"原付款人"并不存在。因此，应该将该款项按原路退回；或先将款项放入待核查账户，待实际发生付款后，再从待核查账户划出至一般结算账户或办理结汇手续。

第二种意见：点价交易模式常用于大宗商品进出口贸易当中，本案例中出现的未付款先退汇的情况也较为合理，且信用证已经对外承兑，付款在将来某一时点也是必然会发生的事情，因此银行在收到该笔退汇后，可以要求企业提供该笔进口业务项下原进口合同、进口发票、《对外付款/承兑通知书》，以及进出口双方的点价确认单和退款发票，审核无误后将退款划入待核查账户并划转至一般结算账户；对于跨境人民币信用证项下的退款，在审核以上资料后可直接划入企业的一般结算账户。

以上两种意见均有一定道理，但经与当地外汇管理局专家的沟通，对于外币项下的退款，我们更偏向于第一种操作方式，而对于跨境人民币项下的退款，银行在加强资料审核后，可以参考第二种处理意见。

78.海关特殊监管区域企业的人民币结算业务

作者:北京银行杭州分行　郭　茹
审核:北京银行杭州分行　王栋涛

问题:

根据《国家外汇管理局关于印发〈海关特殊监管区域外汇管理办法〉的通知》(汇发〔2013〕15号),区内与境内区外之间货物贸易项下交易,可以以人民币或外币计价结算。

请问:一般贸易项下,海关特殊监管区域内企业与境内区外企业之间如以人民币结算,该如何办理?

解答:

政策依据:

一、《国家外汇管理局关于做好调整境内银行涉外收付凭证及相关信息报送准备工作的通知》(汇发〔2011〕49号):

境内居民(包括机构和个人)之间通过境内银行办理的外汇收付款以及货物贸易核查项下人民币收付款应按要求填报境内收付款凭证。其中,货物贸易核查项下外汇和人民币收付款,收付款双方均应填写境内收付款凭证。

境内银行应向国家外汇管理局报送境内居民填写的上述境内收付款凭证涉及的信息。

二、《国家外汇管理局关于改进海关特殊监管区域经常项目外汇管理有关问题的通知》(汇发〔2013〕22号):

简化区内机构货物贸易付汇管理。区内机构办理货物贸易付汇,参照货物贸易法规提供相应有效凭证和商业单据,无须提供《登记证》,可以在所在地以外的省、市办理异地付汇业务。货物贸易法规规定需提供进出口货物报关单的,保税项下货物贸易可以以进出境货物备案清单替代。

分析结论:

自2013年6月1日起,汇发〔2013〕15号和汇发〔2013〕22号文的出台进一步改进了海关特殊监管区域经常项目外汇管理,并继续执行区内与境内区外之间货物贸易项下交易,可以以人民币或外币计价结算的管理规定,但却未对区内企业人民币结算业务做出具体要求。目前,对于此类业务的办理,有两种观点:

第一种观点,境内贸易以人民币支付是正常的结算方式,境内银行无须审核相关交易凭证,直接办理即可。

第二种观点,区内与境内区外的贸易往来视同出口或进口,需要办理报关手续。以外币结算或是以人民币结算,仅仅是结算币种不同,方便了区内企业而已,但仍然属于外汇局监管的范围。因此,即使以人民币结算,也应参照海关特殊监管区域外汇管理的要求,审核有效凭证和商业单据,诸如报关单或备案清单等。

我们认为,根据汇发〔2011〕49号的要求,由于货物贸易核查项下人民币收付款,境内银行应报送境内收付款的基础信息和管理信息,以便监管部门及时抓取需要的海关特殊监管区域货物流数据。

因此,我们更加倾向于第二种观点,以便能够审慎地办理此类业务并真实、有效地报送相关数据。

79. 关于境外直接投资企业利润汇回的问题

作者：北京银行杭州分行　陈凌峰
审核：北京银行杭州分行　李智娟

问题：

A 公司从境外直接投资公司收到一笔本年度的利润分红资金，收到分红的境内 A 公司需要提交什么材料？是否要去外汇管理局进行备案？收到款项的境内 B 银行在操作时有哪些注意事项？

解答：

政策依据：

根据《国家外汇管理局关于进一步改进和调整直接投资外汇管理政策的通知》（汇发〔2012〕59 号）关于境外直接投资企业利润汇回的相关规定：

审核材料：

1. 外汇登记凭证；
2. 境外企业的相关财务报表及利润处置决议。

办理原则：

1. 汇回利润可保留在企业经常项目外汇账户或直接结汇。
2. 银行应于办理利润汇回业务当日在外汇局相关业务系统中备案；
3. 银行办理境外投资企业利润汇回时，应审核该企业外汇年检参检状态，对于应参加年检但尚未参检的企业，应待企业办理完外汇年检手续后，方可为企业办理利润汇回手续。

分析结论：

境内 A 公司提供境外直接投资外汇登记凭证以及境外企业的相关财务报表及利润处置决议即可，无须到外汇管理局进行备案。

境内 B 银行应登录资本项目信息系统，确认境内 A 公司的年检状态正常，并审核 A 公司提供的相关资料无误后，方可为其办理汇回利润的入账手续，同时还需注意在办理涉外收入申报数据报送时，应将关于境外投资利润汇回的相关信息进行备注。

80. 支付保函境外转开费用是否需要提交税务备案表？

作者：北京银行杭州分行　谢莉莉
审核：北京银行杭州分行　李智娟

问题：

某一境内企业 A 向阿尔及利亚企业开出一笔履约保函，并要求阿尔及利亚当地银行进行转开。该笔保函转开手续费为 6 万美元，由境内企业 A 承担。

请问：境内企业 A 向境外支付该笔保函转开手续费时，是否需要提供税务备案表？

解答：

政策依据：

一、根据《服务贸易外汇管理指引》（汇发〔2013〕30 号附件 1）第 5 条规定：

境内机构和境内个人从事服务贸易活动应当符合国家规定，需经国家相关主管部门审批、核准、登记、备案等的，在办理服务贸易外汇收支前，应先办妥有关手续。

二、根据《服务贸易外汇管理指引实施细则》（汇发〔2013〕30 号附件 2）第 7 条规定：

办理单笔等值 5 万美元以上的服务贸易对外支付，金融机构还应按照《国家税务总局 国家外汇管理局关于服务贸易等项目对外支付税务备案有关问题的公告》（国家税务总局 国家外汇管理局公告 2013 年第 40 号）的规定办理。

三、根据《国家外汇管理局关于服务贸易等项目对外支付税务备案有关问题的公告》（国家税务总局 国家外汇管理局公告 2013 年第 40 号）文件规定：

境内机构和个人向境外单笔支付等值 5 万美元以上（不含等值 5 万美元，下同）下列外汇资金，除本公告第 3 条规定的情形外，均应向所在地主管国税机关进行税务备案，主管税务机关仅为地税机关的，应向所在地同级国税机关备案：

境外机构或个人从境内获得的包括运输、旅游、通信、建筑安装及劳务承包、保险服务、金融服务、计算机和信息服务、专有权利使用和特许、体育文化和娱乐服务、其他商业服务、政府服务等服务贸易收入。

分析结论：

首先，根据汇发〔2013〕30 号文规定，境内企业办理单笔等值 5 万美元以上的服务贸易对外支付时，需在办理对外支付前，按照国家税务总局、国家外汇管理局公告 2013

年第 40 号文件规定进行税务备案。

其次,该笔保函转开手续费属于境内机构向境外机构支付的、单笔等值 5 万美元以上的金融服务费用,根据国家税务总局、国家外汇管理局公告 2013 年第 40 号文中关于服务贸易对外支付的税务备案范围的明确规定,境内企业 A 在对外支付保函转开手续费前,需向所在地主管国税机关(主管税务机关仅为地税机关的,向所在地同级国税机关)进行税务备案,并在办理对外支付手续时向境内外汇指定银行提供税务备案表原件。

81. 出口信保项下获理赔后，追回境外款项应如何处理？

作者：北京银行杭州分行　徐　昊
审核：北京银行杭州分行　李智娟

问题：

1. 境内出口企业 A 投保了出口信用保险，因为某笔出口货款未及时收回，出口信保公司对该笔未收账款予以赔付。之后通过出口信保公司的追讨，A 公司从境外收回了该笔未收的出口货款。请问：A 公司将此笔款项归还给出口信保公司时，应如何办理？

2. 若境外企业直接将此笔款项划付给出口信保公司。请问：出口信保公司对此笔收汇应如何进行数据申报？

解答：

政策依据：

一、根据《国家外汇管理局关于出口信用保险业务外汇收付有关问题的通知》(汇发〔2004〕29 号)文件规定：

（三）被保险人归还已获赔款后追回款

出口信用保险项下，被保险人获得保险赔款后，又从境外进口商追回货款、需要将部分追回货款归还出口信用保险公司的，被保险人应当持《赔付通知书》和双方确认货款权益的相关文件，到相关保险合同的备案银行从其外汇账户支付。

二、根据《国家外汇管理局关于出口信用保险合同备案有关问题的批复》(汇复〔2010〕162 号)文件规定：

自 2010 年 9 月 1 日起，停止执行《国家外汇管理局关于出口信用保险业务外汇收付有关问题的通知》(汇发〔2004〕29 号)第 1 条中有关出口信用保险合同备案的规定。出口信用保险公司和投保人无需将保险合同在各自开立外汇账户的外汇指定银行备案，外汇指定银行无须留存保险合同复印件。

分析结论：

1. 根据文件规定，A 公司将追回的货款归还给出口信保公司时，需提交《赔付通知书》和双方确认货款权益的相关材料，至外汇指定银行办理。

2. 出口信保公司在收到境外企业划付的该笔款项时，应根据基础贸易的交易性质进行涉外收入申报，但交易附言应注明"货款追回"的字样。

82. 退款和赔偿款的界定问题

作者：北京银行杭州分行　陈　滟
审核：北京银行杭州分行　李智娟

问题：

境内某企业从国外某供应商进口货物，付汇后发现货物存在小部分不良品。根据双方签订的进口合同相关约定，该企业向供应商提出了索赔并通过邮寄方式退回了该部分不良品，随后收到对方汇回的部分款项，请问金融机构应如何界定该款项属于货物贸易项下的退款还是服务贸易项下的赔偿款？

解答：

政策依据：

一、《货物贸易外汇管理指引实施细则》第16条规定：

进口项下退汇的境外付款人应当为原收款人、境内收款人应当为原付款人。

金融机构为企业办理贸易付汇的退汇结汇或划转时，对于因错误汇出产生的退汇，应当审核原支出申报单证；对于其他原因产生的退汇，应当审核原支出申报单证、原进口合同。

二、《服务贸易外汇管理指引实施细则》第6条及第8条规定：

第6条 办理单笔5万美元以上的服务贸易外汇收支业务，金融机构应按以下规定审查并留存交易单证：

国际赔偿款项下：原始交易合同、赔款协议（赔款条款）和整个赔偿过程的相关说明或证明材料；或者仅审核法院判决书或仲裁机构出具的仲裁书或有权调解机构出具的调解书等。

第8条 办理单笔等值5万美元（含）以下的服务贸易外汇收支业务，金融机构原则上可不审核交易单证，但对于资金性质不明确的外汇收支业务，金融机构应要求境内机构和境内个人提交交易单证进行合理审查。

分析结论：

一般而言，我们认为进口贸易项下的赔偿款是指在进口贸易中，因境外出口商违反合同规定，直接或间接造成进口商损失，因而由境外出口商向进口商支付一定的金钱作为赔偿，以弥补进口商的损失，在此过程中并未发生货物的退回。

而对于进口贸易项下的退汇，除了因错误汇入或者降价、折扣等产生的退汇外，其他原因的退汇往往同时伴随着货物的退运。

因此,发生货物的退运后收到的对方汇回款项中应至少包含了进口贸易项下的退汇,而至于该汇回款项中是否包含了赔偿款,则根据《服务贸易外汇管理指引实施细则》第6条及第8条规定,可要求客户提供赔款协议(或赔偿条款)和整个赔偿过程的相关说明或证明材料,若不能提供以上材料或者不能列明赔偿金额的,则不能视为赔偿款。

本案例中,可以根据客户提供的原进口合同中关于赔偿的相关条款判断,如果汇回的款项对应的是退回的不良品的价值,则可视为货物贸易项下的退款;如果汇回的款项中还包含了一定数量的罚金,那么这部分应视为服务贸易项下的赔偿款。

83. 如何办理对外支付赔偿款的业务?

作者：北京银行杭州分行　陈凌峰
审核：北京银行杭州分行　李智娟

问题：

境内 A 公司与国外 B 公司签订进口农产品的合同。但是随着市场价格的波动，境内 A 公司不想履行进口合同，经过与外国 B 公司的协商，B 公司也同意取消合同，但要求境内 A 公司支付合同金额的 20% 作为赔偿款，支付给 B 公司。

请问：境内 A 公司如何支付该 20% 的款项？银行需要审核哪些资料？

解答：

政策依据：

一、根据《服务贸易外汇管理指引实施细则》文件规定：

第 2 条 本细则适用于服务贸易、收益和经常转移等除货物贸易以外的经常项目外汇收支（以下统称服务贸易外汇收支）。

第 6 条 办理单笔等值 5 万美元以上的服务贸易外汇收支业务，金融机构应按以下规定审查并留存交易单证：

（八）国际赔偿款项下：原始交易合同、赔款协议（赔款条款）和整个赔偿过程的相关说明或证明材料；或者仅审核法院判决书或仲裁机构出具的仲裁书或有权调解机构出具的调解书等。

第 7 条 办理单笔等值 5 万美元以上的服务贸易对外支付，金融机构还应按照《国家税务总局 国家外汇管理局关于服务贸易等项目对外支付税务备案有关问题的公告》（国家税务总局 国家外汇管理局公告 2013 年第 40 号）的规定办理。

第 8 条 办理单笔等值 5 万美元（含）以下的服务贸易外汇收支业务，金融机构原则上可不审核交易单证，但对于资金性质不明确的外汇收支业务，金融机构应要求境内机构和境内个人提交交易单证进行合理审查。

二、根据《关于服务贸易等项目对外支付税务备案有关问题的公告》（汇发〔2013〕40 号）文件规定：

第 3 条 境内机构和个人对外支付下列外汇资金，无须办理和提交《备案表》：

83.如何办理对外支付赔偿款的业务?

(三)境内机构发生在境外的进出口贸易佣金、保险费、赔偿款。

分析结论:

赔偿款属于经常项目的单方面转移(经常转移)子项,和收益、服务贸易共同构成整个非贸易经常项目。

根据上述文件规定,境内 A 公司对外支付赔偿款时,若金额不超过等值 5 万美元,金融机构原则上可不审核交易单证;若金额在等值 5 万美元以上,则金融机构应审核 A 公司提交的进口合同、赔款协议和双方就取消交易并达成赔偿事宜的相关证明材料(如往来邮件等)后,直接为其办理购付汇手续,无需提交《税务备案表》。

84. 区内与境内区外企业之间贸易赔款的结算币种问题

作者：北京银行杭州分行　陈　滟
审核：北京银行杭州分行　李智娟

问题：

某经济技术开发区内的外商投资企业 A 向某保税区企业 B 出口货物，合同约定以美元进行货款结算。后因 A 延长发货时间，造成 B 的直接经济损失，根据合同中相关赔偿条款规定，A 需要按货款比例 1％ 支付 B 一定的赔偿款。

请问：该经济技术开发区内的外商投资企业是否可以以美元向该保税区企业支付货物贸易项下的赔款？

解答：

政策依据：

一、《海关特殊监管区域外汇管理办法》第 2 条规定：

本办法所称海关特殊监管区域（以下简称区内）包括保税区、出口加工区、保税物流园区、跨境工业区、保税港区、综合保税区等海关实行封闭监管的特定区域。

二、《海关特殊监管区域外汇管理办法》第 5 条规定：

区内与境内区外之间货物贸易项下交易，可以以人民币或外币计价结算；服务贸易项下交易应当以人民币计价结算。

区内机构之间的交易，可以以人民币或外币计价结算；区内行政管理机构的各项规费应当以人民币计价结算。

分析结论：

首先，根据《海关特殊监管区域外汇管理办法》规定，经济技术开发区内的外商投资企业属于境内机构而非区内企业，其与保税区企业之间货物贸易项下的交易，可以以人民币结算，也可以以外币结算；而其与保税区企业之间服务贸易项下的交易则只能以人民币结算。

其次，贸易项下的赔款是进出口贸易中由于出口商违反合同规定，直接或间接造成进口商损失，而由出口商根据赔款协议（或赔款条款）向进口商支付一定的金钱作为赔偿，以弥补进口商的损失，虽然从属于该笔货物贸易，且该笔货款以外币进行结算，但因

84.区内与境内区外企业之间贸易赔款的结算币种问题

其具有赔款协议(赔款条款)或整个赔偿过程的相关说明或证明材料,或者法院判决书或仲裁机构出具的仲裁书或有权调解机构出具的调解书等,而独立于该笔货物贸易,属于经常转移类支出,须纳入服务贸易管理范畴。因此,根据《海关特殊监管区域外汇管理办法》规定,该经济技术开发区内的外商投资企业不能以美元向该保税区企业支付货物贸易项下的赔款。

85. 应如何处理涉及制裁名单内企业的外汇业务？

作者：北京银行杭州分行　冯紫琳
审核：北京银行杭州分行　李智娟

问题：

对于涉及联合国安理会金融制裁名单内企业的外汇收支业务，银行应如何处理？

解答：
政策依据：

一、根据《中国人民银行执行外交部关于执行安理会有关决议通知的通知》（银发〔2010〕165号）文件规定：

金融机构自收到或应当收到名单之日起，应当立即将名单所列个人、实体信息要素输入相关业务系统，完善客户（包括控制客户的自然人或者交易的实际受益人，下同）身份识别制度，采取持续的客户身份识别措施，判断客户是否属于名单范围。

金融机构认为客户属于名单范围的，应当立即采取相应的交易限制措施（包括但不限于停止金融账户的开立、变更、撤销和使用，暂停金融交易，拒绝转移、转换金融资产），并于当日由金融机构总部或者由金融机构总部指定的一个机构将有关情况报告人民银行总行。

二、根据银办发〔2011〕239号文《中国人民银行办公厅转发外交部〈关于更新联合国安理会制裁塔利班和基地组织委员会综合制裁清单的通知〉的通知》规定：

日前，联合国安理会制裁塔利班和基地组织委员会就针对塔利班和基地组织的两份综合制裁清单进行了数次更新。根据安理会第1988和1989号决议，各国应对有关综合制裁清单所列个人和实体实施资产冻结、旅行限制、武器禁运制裁措施。

要求金融机构按照《中国人民银行执行外交部关于执行安理会有关决议通知的通知》（银发〔2010〕165号）要求，采取相应措施。如发现重大问题，请及时上报总行。

注：《1988制裁名单》最近一次更新时间是2014年8月21日。

分析结论：

根据上述人民银行相关文件，金融机构在收到联合国安理会金融制裁名单后，应当立即将名单所列个人、实体信息要素输入相关业务系统，完善客户身份识别制度，采取

85.应如何处理涉及制裁名单内企业的外汇业务?

持续的客户身份识别措施,判断客户是否属于名单范围。对属于名单范围的客户,金融机构应当立即采取相应的交易限制措施,也就是说,对于涉及联合国制裁名单内企业和个人的所有外汇业务,银行应不予受理。

为控制政治及战争风险,银行一般会扩大关注范围,对于涉及制裁名单个人和企业的相关地区做谨慎处理,并制定各个银行内部的外汇业务限制地区名单。对于客户提出的,与限制地区但非联合国制裁名单内企业或个人开展相关外汇业务,包括进口信用证、出口信用证、进口代收、出口托收、汇出汇款等,银行一般需要客户提供充足的证据,证明相关业务并未与恐怖主义活动、战争活动或者联合国制裁名单内企业或个人有联系,方能办理。

同时,银行外汇业务人员还需时刻关注国际局势,提高政治敏感度,对涉及恐怖主义、战乱、政局动荡地区的外汇业务,应及时查询联合国制裁名单和本行业务限制地区名单,如发现问题,应及时上报当地人民银行。

86. 境内房地产开发企业能否收取外币购房款?

作者:北京银行杭州分行　郭　茹
审核:北京银行杭州分行　王栋涛

问题:

境内房地产开发企业向境外机构和个人出售商品房,能否收取外币购房款,并存放在其外汇账户内?

解答:

政策依据:

《国家外汇管理局、建设部关于规范房地产市场外汇管理有关问题的通知》(汇发〔2006〕47号):

一、境外机构在境内设立的分支、代表机构(以下简称"境内分支、代表机构")在注册登记地购买符合实际需要的自用商品房应按以下规定办理:

(一)从境外汇入购房款的,应持以下文件向外汇指定银行申请,外汇指定银行进行真实性审核确认后,将购房外汇资金结汇后直接划入房地产开发企业的人民币账户……

房地产开发企业的经常项目外汇账户不得保留境内分支、代表机构境外汇入的购房款。

(二)从境内外汇账户支付购房款的,应持本条第(一)款规定的各项文件向外汇指定银行申请,外汇指定银行进行真实性审核确认后,将购房结汇资金直接划入房地产开发企业人民币账户。境内代表机构经常项目账户资金不得结汇购买境内商品房。

二、在境内工作、学习时间超过一年的境外个人,可购买符合实际需要的自住商品房,并按以下规定办理:

(一)从境外汇入购房款的,应持以下文件向外汇指定银行申请,外汇指定银行进行真实性审核确认后,将购房外汇资金结汇后划入房地产开发企业的人民币账户……

房地产开发企业的经常项目外汇账户不得保留境外个人境外汇入的购房款。

(二)从境内外汇账户支付购房款的,应持本条第(一)款规定的各项文件向外汇指定银行申请,外汇指定银行进行真实性审核确认后,将购房结汇资金直接划入房地产开发企业人民币账户。

三、港澳台居民和华侨因生活需要,可在境内购买一定面积的自住商品房,并按以下规定办理:

(一)从境外汇入购房款的,应持以下文件向外汇指定银行申请,外汇指定银行进行真实性审核确认后,将购房外汇资金结汇后划入房地产开发企业的人民币账户……

房地产开发企业的经常项目外汇账户不得保留港澳台居民和华侨境外汇入的购房款。

(二)从境内外汇账户支付购房款的,应持本条第(一)款规定的各项文件向外汇指定银行申请,外汇指定银行进行真实性审核确认后,将购房结汇资金直接划入房地产开发企业人民币账户。

分析结论:

根据汇发〔2006〕47号文的管理规定,不论境外机构在境内设立的分支、代表机构在境内购买商品房,还是符合条件的境外个人以及港澳台居民和华侨在境内购买商品房,从境外直接汇入的购房款,或使用境内外汇账户内的资金购买商品房,都需要将外汇购房款在外汇指定银行办理结汇后,方可将结汇后的人民币资金划入房地产开发企业的人民币账户。上述购房外汇资金不得直接进入房地产开发企业的外汇账户。

因此,房地产开发企业出售给境外机构和个人的商品房收入只能是外汇购房款结汇后的人民币收入,不得直接收取外币购房款,亦不能将外币购房款存放在其外币账户内。

87. 如何支付出口信保项下外汇保费?

作者:北京银行杭州分行　陈凌峰
审核:北京银行杭州分行　李智娟

问题:

国内企业 A 为出口型企业,为了规避出口风险,企业向中国出口信用保险公司进行投保。

请问:该企业向出口信用保险公司缴纳外汇保费时,是否需要到特定的外汇指定银行办理? 需要提供什么材料?

解答:

政策依据:

一、根据《国家外汇管理局关于出口信用保险业务外汇收付有关问题的通知》(汇发〔2004〕29 号)文件规定:

出口信用保险公司与投保人签订出口信用保险合同后,双方应将保险合同在各自开立外汇账户的外汇指定银行备案,备案银行留存保险合同复印件。

备案后,投保人从其在备案银行外汇账户支付保险费,或购汇支付保险费时,应当持出口信用保险公司出具的下列有效凭证之一办理:"保险费通知书"、"预收保险费通知书"、"最低保险费通知书"、"保险承担费通知书"。

二、根据《国家外汇管理局关于出口信用保险合同备案有关问题的批复》(汇复〔2010〕162 号)文件规定:

自 2010 年 9 月 1 日起,停止执行《国家外汇管理局关于出口信用保险业务外汇收付有关问题的通知》(汇发〔2004〕29 号)第 1 条中有关出口信用保险合同备案的规定。出口信用保险公司和投保人无须将保险合同在各自开立外汇账户的外汇指定银行备案,外汇指定银行无须留存保险合同复印件。

分析结论:

根据上述文件,A 企业可以凭出口信用保险公司出具的下列任一凭证,到任意外汇指定银行均可办理外汇保费的支付:"保险费通知书"、"预收保险费通知书"、"最低保险费通知书"、"保险承担费通知书"。

88.新版涉外收支交易分类和代码与旧版有何不同之处？

作者：北京银行杭州分行　李智娟
审核：北京银行杭州分行　王栋涛

问题：
新版涉外收支交易分类和代码与旧版的主要不同之处在哪里？

解答：
为了适应我国对外开放新形势下涉外收支统计和监测的需求，更好地为宏观经济决策和社会分析使用提供服务，国家外汇管理局修订并发布了《涉外收支交易分类与代码(2014版)》并于2014年5月1日起施行。《涉外收支交易分类与代码(2014版)》的主要变化包括三个方面：

一是根据国际新标准作出相关调整。如按所有权变动原则，将转口贸易从服务贸易调至货物贸易项下；将来料、出料加工贸易工缴费收支从货物贸易调至服务贸易项下；在直接投资项下增加逆向投资、联属企业间投资及对应收益项目等。

二是进一步加强服务贸易项下资金流动监测。如细化、调整货运服务、进出口货运保险、旅行、承包工程及知识产权等服务项目。

三是更好地满足数据编制和监管需求。如按是否纳入海关统计对货物贸易资金流进行分类，并对未纳入海关统计的交易类别进一步细分；在证券投资项下，新增非居民在境内证券市场交易活动的相关代码。

89. 深加工结转境内划转的数据报送及凭证使用

作者：北京银行杭州分行　郭　茹
审核：北京银行杭州分行　王栋涛

问题：

深加工结转境内划转项下该如何办理金宏系统数据报送，相关收付凭证该如何使用？

解答：

一、概念

深加工结转是指加工贸易企业将保税进口料件加工的产品转至另一加工贸易企业进一步加工后复出口的经营活动。企业的深加工转出或转入视为形式出口或进口，实行保税监管。

二、信息报送

深加工结转项下交易双方均为境内居民，资金收付未发生跨境，故无需作国际收支统计申报。但由于深加工结转属于货物贸易核查项下的境内收付交易，因此应在金宏系统中报送相应境内收支信息，包括基础信息和管理信息，交易附言注明该笔款项为"深加工境内结转"。

三、凭证使用

根据《国家外汇管理局关于做好调整境内银行涉外收付凭证及相关信息报送准备工作的通知》（汇发〔2011〕49号），"境内居民（包括机构和个人）之间通过境内银行办理的外汇收付款以及货物贸易核查项下人民币收付款应按要求填报境内收付款凭证。其中，货物贸易核查项下外汇和人民币收付款，收付款双方均应填写境内收付款凭证"。

90.关于来料加工的申报问题

作者：北京银行杭州分行　李智娟
审核：北京银行杭州分行　王栋涛

问题：
2014年5月1日后启用了新版国际收支交易编码，来料加工划分在221000项下，请问：来料加工是否视同服务贸易审核，而不再算货物贸易了？

解答：
一、名词解释

来料加工：指由外方提供全部或部分原材料、辅料、零部件、元器件、配套件和包装物料，必要时提供设备，由我方按对方的要求进行加工装配，成品交对方销售，我方收取工缴费。来料加工装配贸易也可采用各作各价对口合同的交易形式，即我方与外方同一客户同时签订进口和出口合同，由客户提供全部或部分原辅料（或由我方添配一部分国产原辅料），我方按要求加工，进口料件和出口成品各作各价。在成品返销原客户后，我方收取成品出口值与来料进口值之间的差价。

出料加工：指将境内原辅料、零部件、元器件或半成品交由境外厂商按我方要求进行加工或装配，成品复运进口，我方支付工缴费的交易形式。

二、分类申报

1.加工贸易进口设备。指来料加工贸易项下对方作价或不作价提供进口的机械设备。在海关统计中，贸易方式为"加工贸易进口设备"和"海关特殊监管区域进口设备"，应申报在货物贸易——"121110"项下。

2.来料加工工缴费收入/出料加工工缴费支出。指由来料加工或出料加工产生的工缴费收入及支出，应申报在服务贸易——"221000"项下。

91. 转口货物贸易项下申报要点

作者：北京银行杭州分行　李智娟
审核：北京银行杭州分行　王栋涛

问题：

根据《涉外收支交易分类与代码（2014版）》，转口货物贸易与转口贸易分别应如何办理申报？

解答：

2014年5月1日实施的新版涉外收支交易代码中，转口货物贸易与转口贸易应纳入货物贸易进行国际收支统计申报。

对于新版涉外收支交易代码，货物贸易包括纳入海关货物贸易统计的货物贸易和未纳入海关统计的货物贸易，其中121—纳入海关统计的货物贸易，指在海关报关或备案的实际进出我国一线关境并引起我国物质资源存量变化的货物贸易；122—未纳入海关统计的货物贸易，指居民向非居民出售或从非居民处购买，但未纳入海关统计的货物，包括实际进出关境以及未实际进出关境的货物，主要指没有在海关报关或备案的货物。

在货物贸易下，若运输单据为提单且装货港/卸货港为中国大陆港口，货物进出我国国境但未办理进出口报关手续，或者运输单据为境内仓单，所有权在居民和非居民之间转移，则应申报在121030—海关特殊监管区域及保税监管场所进出境物流货物项下；若运输单据为提单且起运港/卸货港均不是中国大陆港口，或者运输单据为提单且装货港/卸货港为中国大陆港口但货物未进入我国境内，或者运输单据为境外仓单，所有权在居民和非居民之间转移，则应申报在122010—离岸转手买卖项下。

92. 关于进境前转卖货物交易申报的调整

作者：北京银行杭州分行　郭　茹
审核：北京银行杭州分行　王栋涛

问题：

国家外汇管理总局国际收支司近日公布了《涉外收支交易分类与代码(2014版)相关申报事宜答疑(第一期)》(以下简称《答疑》)，其中对于进境前转卖货物交易申报的原则进行了调整。请问：关于进境前转卖货物的交易如何申报？

解答：

对于进境前转卖货物的交易，根据原《涉外收支交易分类与代码》(2014版)规定，此类交易统一申报在"121030—海关特殊监管区域及保税监管场所进出境物流"货物项下，但《答疑》对此类申报原则作了相应的调整，分为两种情况：

1.该批货物在运输途中未实际进入中国一线关境前，被居民转卖给另一非居民，此类交易视同离岸转手买卖，货物买卖的前后两笔交易资金收付均应申报在"122010—离岸转手买卖"项下。

2.该批货物实际进入中国一线关境后，被居民转卖给另一非居民，前后两笔交易应分开看待，按照实际贸易方式申报。

93. 关于转卖类交易的申报

作者：北京银行杭州分行　李智娟
审核：北京银行杭州分行　王栋涛

问题：

境内某进口商 A 与境外出口商签订贸易合同，进口商 A 打算进口货物在中国境内销售，合同规定提单中卸货港为中国某一港口。买卖双方通过信用证方式结算，因为某些原因，单据到境内进口公司后，进口商 A 将提单等主要单据转卖给下家境外公司，此时货物并未到港，由下家公司处理货物。该进口商 A 在付汇、收汇时应如何进行申报？

解答：

转卖类交易中，如果货物运抵目的地为中国港口，客户在不确定下一笔交易时可按照意愿申报，如 121010、121030 或 122010 等；当第二笔转卖交易确定后，则应按实际贸易情况进行报送，如果第一笔交易申报与实际不符了，则应修改。

针对转手买卖与转口货物的申报，简单归纳如下表，仅供参考。

交易项目	主要交易类型		交易分类及代码
转手买卖	外来外去		122010——离岸转手买卖
转口货物	一进一出	货物入境前申报	已知第二笔交易，申报为 121030——特殊监管区域货物。
			未知第二笔交易，则首笔按意愿申报，如 121010 或 121030 等，第二笔确定为转卖后，则两笔均应申报在 121030 项下。
		货物入境后申报	按海关申报项目进行申报，通常有：121010——一般贸易、121020——进料加工及 121030——特殊监管区域货物。
	仓单买卖		121030——特殊监管区域货物。

94.货物出口方向的转卖业务应如何申报？

作者：北京银行杭州分行　李智娟
审核：北京银行杭州分行　王栋涛

问题：

境内 A 公司与境外 B 公司签订出口合同，之后境外 B 公司转卖给境内 C 公司，最后境内 C 公司又与境外 D 公司签订转卖合同。货物由境内 A 公司办理出口报关后，从境内运至境外，提单显示 SHIPPER（托运人）为境内 C 公司。请问：境内 A 公司应如何办理涉外收入申报，境内 C 公司应如何办理涉外收支申报？

解答：
政策依据：

涉外收支交易分类与代码（2014 版）相关申报事宜答疑（第一期）相关规定：

问：涉及转口贸易或转手买卖的交易该如何申报？

答：货物所有权转让交易类型很多，需具体问题具体分析。以下列举几种常见的交易类型（均不含来料/出料加工贸易）：

（一）转卖货物的运输提单目的地非中国，我国居民从非居民购买货物，随后将其销售给其他非居民，货物在整个过程中未实际进出关境（即不跨越中国经济领土）的贸易，此类交易申报在"122010－离岸转手买卖"项下。

（二）居民从非居民购入货物，货物运输提单目的地为中国，首笔交易（支付货款）时，按意向贸易方式申报，例如"121010－一般贸易"、"121030－海关特殊监管区域及保税监管场所进出境物流货物"等。该批货物在运输途中未实际进入中国一线关境前，被居民转卖给另一非居民，此类交易视同离岸转手买卖，货物买卖的前后两笔交易资金收付均应申报在"122010－离岸转手买卖"项下。第一笔付款申报的交易性质须修改。

如该批货物实际进入中国一线关境后，被居民转卖给另一非居民，前后两笔交易应分开看待，按照实际贸易方式申报。

（三）居民买入非居民拥有的境内货物，再转卖另一非居民，两笔交易应分开看待，按照实际交易背景申报。

分析结论：

1.货物的出口报关手续是由境内 A 公司办理，其贸易方式为一般贸易，因此境内 A 公司的涉外收入应申报在 121010——一般贸易项下；

2.虽然提单显示 SHIPPER 为境内 C 公司，但这只是商业行为，货物的出口报关手续是由境内 A 公司办理的，所以境内 C 公司的贸易属于转卖业务，可参考进口提单转卖进行申报。

境内 C 公司在办理对外支付和涉外收入申报时，应考量当货权由境外 B 公司转移至境内 C 公司、境内 C 公司转移至境外 D 公司的时点，货物处于何种状态。若货物已经报关出口，应申报在 122010－离岸转手买卖项下；若货物还未报关出口，仍处于境内区外某个地方，则应申报在 122990－其他未纳入海关统计的货物贸易。

95. 转卖业务申报又一案例

作者：北京银行杭州分行　李智娟
审核：北京银行杭州分行　王栋涛

问题：

境内区外 A 公司向境外 B 公司买入货物，该货物存放在境内保税区，之后，货物从保税区运往境外，境内区外 A 公司持本公司为收货人、货物从境内运至境外的空运提单证实货权。最后，境内区外 A 公司又在境外将货物销售给了境外 C 公司。

请问：境内区外 A 公司的收入与支出应分别如何申报，是离岸转手买卖，还是海关特殊监管区域货物？

解答：

政策依据：

涉外收支交易分类与代码（2014版）相关申报事宜答疑（第一期）相关规定：

一、问：涉及转口贸易或转手买卖的交易该如何申报？
答：货物所有权转让交易类型很多，需具体问题具体分析。
（三）居民买入非居民拥有的境内货物，再转卖另一非居民，两笔交易应分开看待，按照实际交易背景申报。

二、问：如何准确理解货物贸易交易属于海关何种贸易方式？
答：居民买入非居民拥有的在海关特殊监管区域或保税监管场所内货物，并将货物运至区外，虽然该居民在货物从区内至区外报关时申报的贸易方式为一般贸易等，但该笔向非居民支付的货款仍应申报在"121030－海关特殊监管区域及保税监管场所进出境物流货物"项下。

分析结论：

1. 根据引用答疑中的第二个问答，居民买入非居民拥有的在海关特殊监管区域或保税监管场所内货物，并将货物运至区外，贸易方式为一般贸易，但申报在"121030－海关特殊监管区域及保税监管场所进出境物流货物"项下。同理我们认为：居民买入非居民拥有的在海关特殊监管区域或保税监管场所内货物，并将货物运至境外的，也应申报在"121030－海关特殊监管区域及保税监管场所进出境物流货物"项下，因此境内区外 A 公司的支出应如此申报。

2. 根据引用答疑中的第一个问答，境内区外 A 公司的收入与支出应分开看待，按照实际交易背景申报。境内区外 A 公司是在境外将货物转卖给了境外 C 公司,因此收入应申报在"122010－离岸转手买卖"项下。

96. 关于职工报酬的申报问题

作者：北京银行杭州分行　郭　茹
审核：北京银行杭州分行　王栋涛

问题：

2014年5月1日启用的新版国际收支申报交易编码，修改了旧代码中"301010——一年以下雇员汇款收入/支出"的判定标准。请问：关于职工报酬的申报问题应如何判定？

解答：

一、概念

职工报酬指居民雇员从非居民雇主处获得的工资、薪金和福利，以及居民雇主向非居民雇员支付的工资、薪金和福利。

二、判定标准

对于涉外收支项下的工资、薪金和福利，旧版国际收支申报交易编码根据工作年限是否超过1年，将其分为"301010——一年以下雇员汇款收入/支出"以及"401000——接受与固定资产无关的捐赠及无偿援助"。

新版国际收支申报交易编码将旧版代码判别职工报酬的标准，修改为：一看是否是居民，二看是否具有雇佣关系。只要满足这两个条件，无论工作期限是否超过1年，其报酬均纳入职工报酬的范畴。

如果在别国受雇于非居民工作超过一年，即成为别国居民，理论上，这类职工报酬交易在非居民之间发生，不纳入国际收支统计范畴。

三、特例

对于境外中国籍人员向境内汇款的申报，由于区分其非居民与居民身份及在别国受雇于非居民工作超过一年的情况下，将其境内账户的居民性质改为非居民账户存在困难，可简化为只要境外一方持有中国护照，视同有中国居民身份，其与境内居民之间跨境收支按照"收入看来源，支出看用途"的原则进行申报。

97.关于国际收支申报中的国别申报

作者：北京银行杭州分行　郭　茹
审核：北京银行杭州分行　王栋涛

问题：

MT103报文中，"50K"汇款人地址是中国（广州），"52D"汇款行为境外（香港）。

请问：在进行国际收支申报时，"国别"应如何申报？

解答：

根据《国家外汇管理局关于明确和调整国际收支统计申报有关事项的通知》（汇发〔2011〕34号），对于国际收支申报时国别的判定有以下三种情况：

1.当境内机构办理跨境收付款业务时，根据对方是境外机构还是境内机构来判定。

（1）若对方是境外机构，则国别申报为该境外机构常驻国家或地区，通常是该境外机构的注册地；

（2）若对方为境内机构（注册地在中国，但在境外银行开立账户），国别应申报为该机构境外账户开户行所在国家或地区，即"52"域显示的账户行所在国家或地区。

2.境内机构与境内非居民之间发生资金收付，国别申报为该境内非居民常驻国家或地区。

3.境内非居民办理跨境收付款业务，国别应申报为该境内非居民的常驻国家或地区。

综上，本案例下，进行国际收支申报时国别应申报为"香港"。

98. 外商投资企业资本金收入的申报问题

作者：北京银行杭州分行　李智娟
审核：北京银行杭州分行　王栋涛

问题：

启用新版国际收支交易编码后，外商投资企业资本金汇入应如何申报？

解答：

国际收支申报对外商投资企业的资本金汇入是区别统计的，在旧版国际收支交易编码项下分为 602011—投资资本金汇入和 602013—外商投资企业增资，分别统计新设外商投资企业注册资本金汇入和外商投资企业增资资本金汇入。

而新版国际收支交易编码更加明确了这两者的区别，从项目名称就可以看出：622011—新设外商投资企业资本金汇入，622013—外商投资企业增资。

因此涉及外商投资企业资本金汇入申报时，一定要通过与客户确认并且查询外汇局资本项目信息系统，区分是新设外商投资企业资本金还是外商投资企业增资资本金，选择正确的国际收支交易编码进行申报，并在附言中注明是"新设外商投资企业资本金收入"或"增资资本金收入"。

99.机票费用的申报问题

作者：北京银行杭州分行　郭　茹
审核：北京银行杭州分行　王栋涛

问题：

某境外旅行社由于组织境外非居民赴中国境内旅行，向境内某旅行社支付由该境内旅行社代订的返程机票费用（包括从潍坊到北京的国内机票和从北京到汉堡的国际机票）。根据新版国际收支交易编码，该境内某旅行社收到的相关机票费用应如何申报？

解答：

根据新版国际收支交易编码，与旅客运送相关的空运客运费和其他支出属于空运客运收支的范畴，但居民承运人为非居民提供的在中国境内的空运客运运输服务，以及非居民承运人为居民提供的在中国境外的空运客运运输服务均纳入"223—旅行"相应项下。

因此，对于机票费用的申报，应进行分项统计：

1.若非居民乘坐国内航班，则机票费用申报在"223—旅行"相应项下。

2.若非居民乘坐国际航班，需视其搭乘航班的承运人是国内公司还是国外公司。

(1)若承运人是境内公司，应申报为空运客运收入"222024—空运客运收入"项下；

(2)若承运人是境外公司，应申报为"821990—其他债权的收回"项下。

100.工程款的申报问题

作者：北京银行杭州分行　李智娟
审核：北京银行杭州分行　王栋涛

问题：
某境内建筑安装工程公司对外签订了一项境外输油管建设工程，其境内账户收到境外汇入的工程款。请问该笔交易应当如何申报？

解答：
对于境外承包工程类的申报应区分在境外工程地是否设有特殊实体。

1.如果该境内建筑安装工程公司在境外工程地未设立项目办公室等实体，则其境内账户收到的境外汇入工程款应申报在"服务贸易—建设—境外建设"项下，国际收支交易编码为"224010"。

2.如果该境内建筑安装工程公司在境外工程地设有项目办公室等实体，且通过境外账户划转相关费用，则应申报在直接投资或初次收入（收益）项下，其中：

（1）原投资额部分的收入申报在"621011—因境外子公司清算、终止等撤资"或"621016—非法人投资款撤回"项下；

（2）超出投资额部分的收入应申报在"322011—从境外子公司等获得的股息、红利或利润"项下。

101. 关于福费廷申报的问题

作者：北京银行杭州分行　李智娟
审核：北京银行杭州分行　王栋涛

问题：

境内银行(A银行)的客户M公司出口黄磷到印度，印度国家银行以M公司为收款人开立了远期信用证。A银行与M公司签订协议买断了应收账款，之后A银行将该应收账款转卖给境内B银行，最终的包买商是境外C银行。信用证到期后，印度国家银行把款项直接支付给境外C银行。请问：

(1) 涉外收入申报时间是否为开证行付款的时点？

(2) 涉外收入申报是由A银行代申报还是由B银行申报？

解答：

该问题属于福费廷业务申报的问题，应该在资金跨境的时点，由原始经办行办理涉外收入申报。因此，本案例下：

(1) 应于境内B银行收到包买商境外C银行的福费廷款项时点，办理涉外收入申报，而不是等到开证行付款的时点再行申报；

(2) 境内B银行应于收到境外C银行的款项当日将收款日期、币种、金额等信息以书面形式通知境内A银行，境内A银行在收到书面信息当日通知申报主体办理涉外收入申报，交易性质和交易编码应为基础交易的性质。

102. 关于出口代付下涉外收支申报的问答

作者：北京银行杭州分行　徐　昊
审核：北京银行杭州分行　李智娟

问题：

境外开证行根据境外进口商 A 申请开立远期信用证，受益人为境内企业 B。境内企业 B 交单后，通过境内托收行向境外银行申请即期代付，代付到期境内企业 B 再向境外代付行支付代付项下本金及利息。

请问：境内企业 B 收到代付款项、收到出口货款，以及向境外代付行归还代付项下本金及利息时，是否需要办理国际收支申报？如需，分别应如何申报？

解答：

一、境内企业 B 收到境外代付行的代付融资款项时，应办理涉外收入申报，申报在"其他投资——负债——获得/偿还境外贷款"项下，交易编码为"822020"，交易附言注明：境外银行的出口代付款项收入。

二、境内企业 B 在收到境外开证银行支付的货款时应根据基础交易办理涉外收入统计申报。

三、收到境外开证行支付的货款或代付到期，境内企业 B 需归还境外代付银行的代付本金及利息，此时需办理境外汇款申报。本金申报在"其他投资——负债——获得/偿还境外贷款"项下，交易编码为"822020"，交易附言注明：偿还境外银行的出口代付本金；利息申报在"初次收入（收益）——投资收益——其他投资收益——存贷款利息"项下，交易编码为"322041"，交易附言注明：偿还境外银行的出口代付款项利息。

103. 如果单笔收汇存在两种以上交易性质，该如何申报？

作者：北京银行杭州分行　谢莉莉
审核：北京银行杭州分行　李智娟

问题：

某企业收到一笔境外汇入汇款，金额为10 000美元，其中包含了三笔交易的资金：一笔是服务贸易项下交易，金额为5 000美元；另两笔是货物贸易项下交易，金额分别为3 000美元和2 000美元。

请问：企业应当如何进行国际收支申报？

解答：

政策依据：

涉外收付款凭证和金宏系统中的国际收支交易编码（收入/支出）栏位仅设置了两栏。根据国家外汇管理局设置规定，如果一笔涉外收入/支出款项为多种交易性质，则在第一行填写最大金额交易的国际收支交易编码，第二行填写次大金额交易的国际收支交易编码；如果涉及进出口货物贸易项下交易，则货物贸易项下交易视同最大金额交易处理。

分析结论：

本案例中，最大金额为5 000美元的服务贸易项下收汇，但另外两笔是货物贸易项下资金，分别为3 000美元和2 000美元。根据申报的"金额从大、货物贸易优先"原则，该笔款项在进行涉外收入申报时，首先根据货物贸易优先原则，在第一行填写货物贸易项下较大金额（3 000美元）的交易编码；然后根据金额从大原则，在第二行填写服务贸易项下交易编码。特别注意，此时相应金额应填写余额，即7 000美元（服务贸易项下交易金额5 000美元及货物贸易项下交易金额2 000美元之和），在交易附言栏位内注明其中5 000美元的交易性质和2 000美元的交易性质。

104. 办理国际收支申报时，如何判别是否为保税货物？

作者：北京银行杭州分行　郭　茹
审核：北京银行杭州分行　王栋涛

问题：
银行在做国际收支统计申报的时候，"是否为保税货物项下"应该如何判断？

解答：
一、保税货物的定义
根据《中华人民共和国海关法》，保税货物是指经海关批准未办理纳税手续进境，在境内储存、加工、装配后复运出境的货物。

二、保税货物的分类
1. 进料加工进口的料件和加工的成品；
2. 来料加工进口的料件和加工的成品，以及进口用工缴费偿还的作价设备；
3. 加工进口补偿贸易用产品偿还的进口设备；
4. 中外合资经营企业、中外合作经营企业、外商独资企业为履行产品出口合同而进口的料件和加工的成品；
5. 按出口合同客供条款规定而进口的客户免费提供的原材料；
6. 保税仓库存储的货物；
7. 保税工厂为生产出口产品而进口的料件、(作价)设备和加工的成品等。

三、分析结论
根据《国家外汇管理局关于改进海关特殊监管区域经常项目外汇管理有关问题的通知》(汇发〔2013〕22号)：

保税项下货物贸易可以以进出境货物备案清单替代。金融机构无须办理进境货物备案清单或进口货物报关单电子底账核注、结案等手续。

因此，对于"是否为保税货物项下"可做如下判定：

1. 办理保税货物项下的境外收付款业务时，对于A类企业实行"便捷化"的管理原则，可根据企业相关业务人员的说明进行办理。
2. 办理保税货物项下的境内收付汇业务时，可通过客户提供的进出境货物备案清单来审核。境内收付款双方均应填写境内收付款凭证,经办银行应向国家外汇管理局报送上述境内收付款凭证涉及的基础信息和管理信息。

105.转让信用证如何办理国际收支申报？

作者：北京银行杭州分行　徐　昊
审核：北京银行杭州分行　李智娟

问题：

境内出口商 A 收到境外银行开来的信用证，并将信用证转让给另一个境内出口商 B。信用证到期后，收到境外开证银行支付的货款。

请问：

（1）如果出口商 A 在收到境外全额货款并扣除自身收益后，将余款划给境内出口商 B，应如何办理数据申报？

（2）如果境内收款银行在收到信用证项下货款时，直接将收入款项分别划入 A 和 B 的账户，又应如何办理数据申报？

解答：

以一般贸易为例：

（1）由 A 全额收取境外货款后再将余额划给 B 的情况，应由 A 进行涉外收入申报，申报在"货物贸易——纳入海关统计的货物贸易——一般贸易收入"项下，交易编码为"121010"，出口商 B 在收到余款时无须进行申报。

（2）由境内银行直接将信用证款项分别划至 A 和 B 的账户，则应由 A 和 B 分别对收入资金进行申报，均申报在"货物贸易——纳入海关统计的货物贸易——一般贸易收入"项下，交易编码为"121010"。

106. 区内企业仓储转口贸易方式下如何进行收支申报？

作者：北京银行杭州分行　冯紫琳
审核：北京银行杭州分行　李智娟

问题：

境内保税区企业 A 从境外企业 B 购入货物，进境备案清单上的贸易方式为仓储转口。货物运至保税区后，区内企业 A 将该批货物转卖给境内区外企业 C，并由境内区外企业 C 办理进口报关手续，上述所有交易均以外币结算。

请问：区内企业 A 的收入与支出应如何申报？境内区外企业 C 的支出应如何申报？

解答：
政策依据：

一、根据《货物贸易外汇管理指引及其实施细则》（汇发〔2012〕38 号）文件规定：

第 13 条　本指引所称的企业贸易外汇收支包括：

（一）从境外、境内保税监管区域收回的出口货款，向境外、境内保税监管区域支付的进口货款；

（二）从离岸账户、境外机构境内账户收回的出口货款，向离岸账户、境外机构境内账户支付的进口货款；

（三）深加工结转项下境内收付款；

（四）转口贸易项下收付款；

（五）其他与贸易相关的收付款。

第 15 条　企业应当根据贸易方式、结算方式以及资金来源或流向，凭相关单证在金融机构办理贸易外汇收支，并按规定进行贸易外汇收支信息申报。

二、根据《海关特殊监管区域外汇管理办法》（汇发〔2013〕15 号）文件规定：

第 7 条　区内与境外之间的资金收付，区内机构应当按规定进行国际收支统计申报；区内与境内区外，以及区内机构之间的资金收付，区内机构、境内区外机构应当按规定填报境内收付款凭证。

分析结论：

一、区内企业 A 从境外企业 B 购入货物，将货物存放在境内保税区，贸易方式为仓

106.区内企业仓储转口贸易方式下如何进行收支申报？

储转口，区内企业 A 向境外企业 B 支付货款时，需办理境外汇款申报。

二、区内企业 A 将货物转卖给境内区外企业 C，由境内区外企业 C 办理进口报关手续，境内区外企业 C 向区内企业 A 支付货款时，交易双方均应做境内收支数据申报：区内企业 A 应办理货物贸易项下境内收入申报，境内区外企业 C 应办理货物贸易项下境内汇款申报，"是否保税货物项下"均应选择"是"。

第二部分
政策案例点评

第三部分

政策問題篇

1.服务贸易项下外汇收支的"合理审查"原则

作者：北京银行杭州分行　李智娟

案情描述：

2013年3—4月，南京某公司收到境外汇入汇款3笔，申报为理论、科学研究与发展收入，未通过外汇账户，直接结汇1 718万元人民币转入其人民币账户，并购买了人民币定期理财产品。

该公司主要从事药品、保健品、医疗器械的研发；提供医疗行业技术咨询、技术服务。经向经办银行调查了解，银行对此三笔收入均未审核相关材料（事后查明无合同和发票等其他材料），直接办理结汇。

外汇管理局与本地税务部门联合核查的结果显示，至2013年11月底，该公司的财务报表上无主营业务支出和收入发生，收入来源为人民币定期理财产品利息收入；同时还有向南京某企业提供的短期融资280万元人民币。

案例点评：

一、政策依据

1.《中华人民共和国外汇管理条例》（国务院2008年第532号令）相关规定：

第7条　经营外汇业务的金融机构应当按照国务院外汇管理部门的规定为客户开立外汇账户，并通过外汇账户办理外汇业务。

第12条　经常项目外汇收支应当具有真实、合法的交易基础。经营结汇、售汇业务的金融机构应当按照国务院外汇管理部门的规定，对交易单证的真实性及其与外汇收支的一致性进行合理审查。

2.《国家外汇管理局关于印发服务贸易外汇管理法规的通知》（汇发〔2013〕30号）相关规定：

服务贸易外汇收支应当具有真实、合法的交易基础。境内机构和境内个人不得以虚构交易骗取资金收付，不得以分拆等方式逃避外汇监管。

境内机构和境内个人办理服务贸易外汇收支，应按规定提交能证明交易真实合法的交易单证；提交的交易单证无法证明交易真实合法或与其申请办理的外汇收支不一致的，金融机构应要求其补充其他交易单证。

办理单笔等值5万美元（含）以下的服务贸易外汇收支业务，金融机构原则上可不审核交易单证,但对于资金性质不明确的外汇收支业务,金融机构应要求境内机构和境内个人提交交易单证进行合理审查。

办理单笔等值 5 万美元以上的服务贸易外汇收支业务,金融机构应按相关规定审查并留存交易单证。

二、案例分析

国家外汇管理局从 2013 年 9 月 1 日起开始执行新的服务贸易外汇管理规定,而本案件的发生时间是在 2013 年的 3—4 月份,属于改革前的业务。在改革前,外汇管理局对服务贸易外汇管理采取的是"重流入、轻流出"的管理方式,重点放在了对资金流出的管理上,所以导致了部分银行疏于对客户服务贸易项下的汇入汇款进行交易资料的审核。

本案件中银行未对该公司的服务贸易项下汇入汇款进行资料审核,而是直接办理结汇入账手续的操作,存在两个问题:

1. 未通过外汇账户为客户办理外汇业务。根据《中华人民共和国外汇管理条例》(国务院 2008 年第 532 号令),银行应当为客户开立外汇账户,并通过外汇账户为其办理外汇收支。本案例中,银行为客户办理的服务贸易外汇收入未通过外汇账户,而是直接办理了结汇,且金额较大,不符合外汇管理规定。

2. 未对交易单证的真实性及其与外汇收支的一致性进行合理审查。根据《中华人民共和国外汇管理条例》(国务院 2008 年第 532 号令),经常项目外汇收支应当具有真实、合法的交易基础,金融机构应当按照国务院外汇管理部门的规定,对交易单证的真实性及其与外汇收支的一致性进行合理审查。本案例中,业务发生时点,虽然外汇管理局还尚未对服务贸易资金流入需审核的资料进行明确规定,但银行应从"尽职调查"角度出发,对客户较大金额服务贸易外汇收入的交易背景进行合理审查。

三、案例总结

1. 对服务贸易外汇业务管理的改革是十分必要且符合均衡管理要求的。

2. 新的服务贸易管理规定体现了"抓大放小、突出重点"的管理思路,有利于提高外汇管理效率,降低社会成本。

2.NRA账户不应沦为非法资金流通渠道

作者：北京银行杭州分行　李智娟

案情描述：

2013年5月，外汇管理局在分析个人外汇数据时发现，大量境内个人外汇资金汇入宝莱实业有限公司NRA账户，于是将其作为重要可疑线索展开调查。调查显示：由境内王某实际控制的境外福森控股有限公司在境内设立了外商独资企业富成有限公司，由于投资资本金出现外汇缺口，王某遂决定向境内个人张某购买所需外汇19万美元（用作外方投资资本金），并于2013年3月，将购汇的人民币资金分若干笔转入张某指定的几个账户。张某则将收到的人民币通过个人分拆购汇后，汇入其实际控制的宝莱实业有限公司（香港）开在某银行的NRA账户，均申报为"因私旅游"，并于当月分4笔将19万美元汇给王某指定的福森控股有限公司在上海某银行的NRA账户。

案例点评：

一、政策依据

1.《中华人民共和国外汇管理条例》（国务院2008年第532号令）相关规定：

第41条　违反规定将外汇汇入境内的，由外汇管理机关责令改正，处违法金额30%以下的罚款；情节严重的，处违法金额30%以上等值以下的罚款。

第45条　私自买卖外汇、变相买卖外汇、倒买倒卖外汇或者非法介绍买卖外汇数额较大的，由外汇管理机关给予警告，没收违法所得，处违法金额30%以下的罚款；情节严重的，处违法金额30%以上等值以下的罚款；构成犯罪的，依法追究刑事责任。

2.《全国人民代表大会常务委员会关于惩治骗购外汇、逃汇和非法买卖外汇犯罪的决定》文件规定：

在国家规定的交易场所以外非法买卖外汇，扰乱市场秩序，情节严重的，依照刑法第225条的规定定罪处罚。

3.《境内外汇账户管理规定》（银发〔1997〕416号）文件规定：

第44条　境内机构、驻华机构、个人及来华人员有下列违反外汇账户管理规定行为的，由外汇局责令改正，撤销外汇账户，通报批评，并处5万元以上30万元以下的罚款：

（二）出借、串用、转让外汇账户。

4.《国家外汇管理局关于进一步完善个人结售汇业务管理的通知》（汇发〔2009〕56

号)文件规定:

个人不得以分拆等方式规避个人结汇和境内个人购汇年度总额管理。个人分拆结售汇行为主要具有以下特征:

(一)境外同一个人或机构同日、隔日或连续多日将外汇汇给境内5个以上(含,下同)不同个人,收款人分别结汇。

(二)5个以上不同个人同日、隔日或连续多日分别购汇后,将外汇汇给境外同一个人或机构。

(三)5个以上不同个人同日、隔日或连续多日分别结汇后,将人民币资金存入或汇入同一个人或机构的人民币账户。

(四)个人在7日内从同一外汇储蓄账户5次以上(含)提取接近等值1万美元外币现钞;或者5个以上个人同一日内,共同在同一银行网点,每人办理接近等值5 000美元现钞结汇。

(五)同一个人将其外汇储蓄账户内存款划转至5个以上直系亲属,直系亲属分别在年度总额内结汇;或者同一个人的5个以上直系亲属分别在年度总额内购汇后,将所购外汇划转至该个人外汇储蓄账户。

(六)其他通过多人次、多频次规避限额管理的个人分拆结售汇行为。

5.《国家外汇管理局关于境外机构境内外汇账户管理有关问题的通知》(汇综发〔2009〕29号)文件规定:

境外机构境内外汇账户从境内外收汇、相互之间划转、与离岸账户之间划转或者向境外支付,境内银行可以根据客户指令等直接办理,但国家外汇管理局另有规定除外。

通过境外机构境内外汇账户与境外、境内之间发生的资金收支,以及由此产生的账户余额变动,均应当按照有关规定办理国际收支统计申报。

境内银行办理境外机构境内外汇账户有关业务,应当遵守有关大额和可疑交易报告等反洗钱法律、行政法规、部门规章等的规定。

二、案例分析

NRA外币账户即境外机构境内外汇账户,是外汇管理局为方便境外机构在我国境内进行贸易结算而设立的账户。近期,各地发现了多起利用NRA账户跨境结算便捷安全的特点,向境内外转移资金的可疑交易,可见NRA账户已经或正在被不法分子利用,成为非法资金的流通渠道,本案例就是一个利用NRA账户进行非法外汇资金划转的典型案例。

通过对本案例的解剖分析,我们认为存在以下多方面的违规行为:

1.私自买卖外汇。王某向境内个人张某购买外汇19万美元的行为属于私自买卖外汇的行为,可定性为"在国家规定的交易场所以外非法进行外汇买卖",扰乱了市场秩序,情节严重的,可以依照刑法相关规定定罪处罚。

2.出借外汇账户。王某将购汇所需的人民币资金分成若干笔,转入张某指定的几个账户,之后张某将收到的人民币购汇后,汇入其实际控制的宝莱实业有限公司(香港)开在某银行的NRA账户,张某的行为可定性为"出借外汇账户",根据外汇管理规定,可对其处 5 万元以上 30 万元以下的罚款。

3.分拆结售汇。张某将收到的人民币资金,通过个人分拆购汇的方式取得了 19 万美元,属于典型的利用分拆方式规避境内个人购汇年度总额管理,违反了《国家外汇管理局关于进一步完善个人结售汇业务管理的通知》(汇发〔2009〕56 号)相关管理规定。

4.虚假国际收支申报。张某通过个人分拆的方式购得 19 万美元后,汇入了其实际控制的宝莱实业有限公司(香港)开在某银行的 NRA 账户,申报为"因私旅游",属于虚构交易背景并进行虚假国际收支申报的行为。

5.非法资金流入。张某分 4 笔将 19 万美元通过其实际控制的宝莱实业有限公司(香港)NRA 账户,汇给王某指定的福森控股有限公司在上海某银行开立的 NRA 账户,经过福森控股有限公司 NRA 账户进行资金归集后,集中划入外商独资企业富成有限公司,实现了非法资本金的流入。实际上本案例就是王某和张某利用自己控制的境外机构境内外汇账户完成了非法外汇资金流入的过程。

三、案例总结

NRA 账户的开户主体注册地多在香港、维尔京群岛、开曼群岛等地,有注册资本低、无实际资产等特点,且多数为境内机构或个人在境外注册成立的"一元公司"。这些境外机构极有可能被用于非法资金划转,或从事违规贸易融资行为。因此,境内金融机构在开立 NRA 账户时,应对该境外机构的实际控制人等信息进行审核,同时,还需对境外机构境内外汇账户从境内外收汇、相互之间划转、与离岸账户之间划转或者向境外支付等交易进行资料审核,不应仅凭客户指令直接办理,以免 NRA 账户沦为了非法资金流通的渠道。

3.重复使用单据

作者:北京银行杭州分行　李智娟

案情描述:
　　一、HT公司是一家专门从事纺织原料进口的公司。2012年11月28日,该公司以转口贸易名义在一家银行办理付汇,金额为551.2万美元,留存的提单号为MKUV-LYG4AA143;11月29日,该公司又以转口贸易名义在另一家银行办理付汇,金额为538.8万美元,留存的仍是上述货物提单号。
　　二、关联企业利用同一提单重复付汇。HL公司是一家主要从事大宗商品进出口业务的公司,HM公司为其关联子公司。2012年2月16日,HM公司以转口贸易名义开立美元远期信用证,受益人为HUA YICK公司,付汇金额171.2万美元,留存的提单号为LEP002AJBNJA28;2012年2月16日,HL公司在银行开立美元远期信用证,受益人为HUA YICK公司,金额163.9万美元,留存的提单号为LEP002AJBNJA28。

案例点评:
一、政策依据
1.《中华人民共和国外汇管理条例》(国务院2008年第532号令)相关规定:
　　第12条　经常项目外汇收支应当具有真实、合法的交易基础。经营结汇、售汇业务的金融机构应当按照国务院外汇管理部门的规定,对交易单证的真实性及其与外汇收支的一致性进行合理审查。外汇管理机关有权对前款规定事项进行监督检查。
　　第39条　有违反规定将境内外汇转移境外,或者以欺骗手段将境内资本转移境外等逃汇行为的,由外汇管理机关责令限期调回外汇,处逃汇金额30%以下的罚款;情节严重的,处逃汇金额30%以上等值以下的罚款;构成犯罪的,依法追究刑事责任。
　　第48条　有下列情形之一的,由外汇管理机关责令改正,给予警告,对机构可以处30万元以下的罚款,对个人可以处5万元以下的罚款:
　　(三)未按照规定提交有效单证或者提交的单证不真实的。
2.《货物贸易外汇管理指引》(汇发〔2012〕38号附件1)规定:
　　第3条　境内机构(以下简称企业)的贸易外汇收支应当具有真实、合法的交易背景,与货物进出口一致。
　　第4条　经营结汇、售汇业务的金融机构(以下简称金融机构)应当对企业提交的贸易进出口交易单证的真实性及其与贸易外汇收支的一致性进行合理审查。

第 15 条　企业应当根据贸易方式、结算方式以及资金来源或流向,凭相关单证在金融机构办理贸易外汇收支,并按规定进行贸易外汇收支信息申报。

3.《货物贸易外汇管理指引实施细则》(汇发〔2012〕38 号附件)规定:

第 19 条　金融机构按规定审核相关单证后,应当在单证正本上签注收付汇金额、日期并加盖业务印章,并留存相关单证正本或复印件备查。

二、案例分析

本案例一中,同一企业利用同一提单实现了两次付汇;本案例二中,两个关联企业使用同一提单申请开立了两笔信用证,实现了两次融资。通过对案情的分析,我们不难得出:HT 公司和 HM 公司均涉嫌重复使用单据的违规行为,即 HT 公司的第二次付汇和 HM 的转口贸易信用证均无真实贸易背景,也无对外支付需求,其对外付汇属于《中华人民共和国外汇管理条例》中界定的逃汇行为,外汇管理机关可以责令其限期调回,处相应罚款甚至依法追究刑事责任。同时也违反了货物贸易管理关于"贸易外汇收支应当具有真实、合法的交易背景,与货物进出口一致"的规定。

三、案例总结

金融机构应认真履行职责,按规定审核相关单证后,应当在单证正本上签注开证或收付汇金额、日期并加盖业务印章,不让不法分子有可乘之机,避免单据重复使用的情况再次发生。

4.违规办理资本金结汇案

作者:北京银行杭州分行 李智娟

案情描述:

2014年5月,外汇局在对银行检查时发现:2013年11月12日、12月11日,某银行为大地公司办理"材料设备采购"名义的资本金结汇两笔,金额合计978.42万美元,累计结汇额达到该资本金账户贷方累计发生额的97.84%。但检查人员未见银行在企业结汇申请书上加注"已核实账户内95%资金结汇发票(不含付汇)"字样、日期及加盖银行业务章。这引起了检查人员的注意。

检查人员随即登录国税局网站上对第一次结汇发票进行了查询,结果均为"发票状态作废或者流失"。对此,银行经办人员辩称,在办理大地公司第二笔结汇时,已登录税务局网站双人核查了第一笔结汇发票,且确属无误,只是未将核查结果进行打印及重新在发票上进行第二次批注,也未对企业结汇申请书上加注"已核实账户内95%资金结汇发票(不含付汇)"字样、日期及加盖银行业务章。为查清真相,外汇局及时与税务部门联系。税务部门告知,企业要免于缴税,需在开出的发票的次月15日征期前办理发票作废手续。发票作废有两种方式,一是当月开出的增值税发票,企业有权在月底自行作废,无须税务部门批准同意;二是企业在次月1日至15日要作废的发票,则需要到当地国税局进行"红字冲销"。因此,银行经办人员辩称"在第二笔资本金结汇时已在税务系统网站查询无误"与事实不符。为查清企业资本金结汇的真正用途,外汇局对企业进行了延伸检查,发现大地公司结汇的两笔资本金均擅自改变了用途,实际用于归还借款。

案例点评:

一、政策依据

《国家外汇管理局关于印发〈外国投资者境内直接投资外汇管理规定〉及配套文件的通知》规定:

1.外商投资企业资本金结汇所得人民币资金不得发放委托贷款、偿还企业间借贷(含第三方垫款)以及偿还转贷予第三方的银行借款。外商投资企业以外汇资本金结汇所得人民币资金偿还已使用完毕的银行贷款(含委托贷款),银行应要求结汇企业提交原贷款合同(或委托贷款合同)、与贷款合同所列用途一致的人民币贷款资金使用发票、原贷款行出具的贷款发放对账单等贷款资金使用完毕的证明材料,并留存复印件备查。

2.银行应审核企业资本金结汇所得人民币资金用途的真实性与合规性,如发现各项材料之间不能互相印证或者存在矛盾,不得为该企业办理相关业务。银行应认真履行资本金结汇资金用途的发票核查手续。除企业提交的加盖公章或财务印章的税务部门网络发票真伪查询结果打印件外,银行同时需再次登录各地国税、地税网站予以核对并留存。审核的操作要求是:对于增值税专用发票,审核国税局增值税网上进项发票认证结果清单;对于增值税普通发票,审核国税局网络查询结果清单;对于营业税发票,审核地税局网络查询结果清单。对于网上无法核查发票的,银行凭企业提交的税务机关出具的发票真伪鉴别证明材料办理结汇。银行若发现网上核查或税务机关认定发票存在真实性疑问,应及时向外汇局报告相关情况。

3.银行办理完毕结汇业务后,应在发票等相关凭证原件上批注已办理资本金结汇金额和日期,加盖银行业务章,并留存批注后的发票等相关凭证复印件。

4.单个资本金账户累计结汇额(含以"备用金"用途结汇的金额)与该资本金账户已付汇(含境内划转)金额之和达到账户贷方累计发生额95%的,银行应对上述结汇(备用金除外)所对应的发票等凭证进行真实性核查,并在企业结汇申请书上加注"已核实账户内95%资金结汇发票(不含付汇)"字样、日期及银行业务章后,方可按支付结汇制要求办理余下的资本金结汇或付汇手续。

二、案例分析

本案例中,大地公司分别在11月和12月办理了两笔资本金结汇,用于采购材料设备,提供了发票等证明材料,貌似符合资本金结汇的相关管理规定,但是在办理第二笔资本金结汇后,其结汇的金额达到了资本金账户贷方累计发生额的97.84%,按照规定,银行不仅应该核查这一笔结汇所提交的发票,还应该对上一笔结汇业务所提供的发票进行再一次的联网核查。根据外汇管理局的调查可以看出,结汇银行并没有如此操作,违反了"单个资本金账户累计结汇额与该资本金账户已付汇金额之和达到账户贷方累计发生额95%的,银行应对结汇所对应的发票等凭证进行真实性核查"的规定。

通过外汇管理局的进一步调查,大地公司第一次结汇所提交的发票已经处于"作废或者流失"的状态,结汇的两笔资本金实际上均未用于采购材料设备而是用于归还借款,违反了"外商投资企业资本金结汇所得人民币资金不得发放委托贷款、偿还企业间借贷(含第三方垫款)以及偿还转贷予第三方的银行借款"的规定,属于擅自改变结汇资金用途,按照《中华人民共和国外汇管理条例》第44条规定,对违反规定,擅自改变外汇或者结汇资金用途的,可由外汇管理机关责令改正,没收违法所得,并处违法金额30%以下的罚款;情节严重的,处违法金额30%以上等值以下的罚款。

三、案例总结

银行应肩负起代位监管的职责,严格按照国家外汇管理局的相关管理规定进行业务操作,始终将合规经营放在第一位。

企业申请资本金结汇应遵循支付结汇制,确有真实、合法的用途时才可以申请办理资本金结汇,且不得擅自改变结汇资金用途。

5.虚构贸易背景案

作者：北京银行杭州分行　李智娟

案情描述：

重庆市某化工进出口企业（下称 A 公司）主要经营天然橡胶等产品进口，存放于保税仓库在岸转卖，下游买家主要为境外注册的两家离岸关联贸易公司（下称 B、C 公司）。A 公司保税区转卖业务实际流转过程为：与境外供货商签订购货合同后，以海运提单、合同发票等单据在 S 银行开立 80～90 天期限信用证支付，货物入境后存放在保税仓库，然后卖给离岸公司 B，最终由 B 公司销售给境内的生产制造商。

监测发现，A 公司有大量货款直接支付给 B、C 公司。通过调阅企业在银行付汇的申请材料发现，所有付款均以单据质押或境外代付的融资方式完成，物权证明文件中有大部分系 B、C 公司出具给 A 公司的提货凭证（Delivery Order，简称"D/O 单"），即通知 A 公司在指定地点提取指定货物的书面指令，与 A 公司的货物入境后的实际流转过程存在明显矛盾。

通过进一步调查发现，企业上述贸易方式的实际操作模式如下：

第一步：A 公司向境外购买货物，并在 S 银行开具 90 天以内的信用证支付，货物入境备案并将货权转移到 B 公司后，A 公司通过伪造提货凭证，自制一套货权属于 B 公司，且由 B 公司通知 A 公司提取货物的 D/O 单证以及关联仓库的仓储证明；

第二步：以上述货权凭证以及合同发票等向 T 银行进行押汇融资，并支付给 B 公司，同时，与 C 公司签订销售合同，又将货权从形式上转移给 C 公司；

第三步：B 公司收到货款后从境外汇给 C 公司，然后 C 公司再以货款形式汇回 A 公司账上，A 公司将资金用于支付 S 银行到期信用证，最终达到了借新还旧、变相展期融资的目的。

案例点评：

一、政策依据

1.《中华人民共和国外汇管理条例》（国务院 2008 年第 532 号令）相关规定：

第 12 条　经常项目外汇收支应当具有真实、合法的交易基础。经营结汇、售汇业务的金融机构应当按照国务院外汇管理部门的规定，对交易单证的真实性及其与外汇收支的一致性进行合理审查。外汇管理机关有权对前款规定事项进行监督检查。

第 41 条　违反规定将外汇汇入境内的，由外汇管理机关责令改正，处违法金额

30%以下的罚款;情节严重的,处违法金额30%以上等值以下的罚款。

第48条 有下列情形之一的,由外汇管理机关责令改正,给予警告,对机构可以处30万元以下的罚款,对个人可以处5万元以下的罚款:

(三)未按照规定提交有效单证或者提交的单证不真实的。

2.《国家外汇管理局关于印发货物贸易外汇管理法规有关问题的通知》(汇发〔2012〕38号)文件规定:

《货物贸易外汇管理指引》第3条:境内机构(以下简称企业)的贸易外汇收支应当具有真实、合法的交易背景,与货物进出口一致。

《货物贸易外汇管理指引实施细则》第71条:有下列行为之一的,依据《条例》第48条规定,由外汇局责令改正,给予警告,处30万元以下的罚款:(二)未按照本细则及相关规定提交有效单证、资料或者提交的单证、资料不真实。

3.《国家外汇管理局关于核定2011年度境内机构短期外债余额指标有关问题的通知》(汇发〔2011〕14号)第3条规定:

除下列情况外,金融机构各种形式的短期对外负债均应纳入指标管理。

(一)期限在90天(含)以下已承兑未付款远期信用证和90天(含)以下海外代付。

二、案例分析

本案例的真实贸易背景其实很简单:A公司从境外购买了货物,存放在保税仓库,结算方式为90天以内的信用证,而A公司利用伪造的单据虚构了转口贸易的交易背景:A公司从境外关联企业B公司买入货物,并转卖给另外一家境外关联企业C公司。通过虚构贸易背景,A公司实现了借新还旧,变相对90天的信用证进行了展期。

通过对本案例的进一步分析,我们可以看出,A公司从B公司回购货物并转卖给C公司的过程中,并没有任何官方的货权转移证明材料,仅有的证明材料是企业自己出具的D/O单,也就是说,在交易过程中实际货权根本未发生任何变动,但资金却从境外流转至A公司,属于典型的虚假贸易。

另外,本案例中A公司的结算方式为90天远期信用证,而通过虚构一个转口贸易的交易背景后,A公司的融资期限就延长至押汇到期日了,甚至更长,因而变相实现了贸易融资的展期,架空了外汇管理局关于境内机构举借外债的相关管理规定。

三、案例总结

虚假转口贸易的大量存在,脱离了实体经济的运行轨迹,扰乱了正常的货物贸易秩序,严重影响了贸易数据的真实性和准确性;同时也加剧了国际收支失衡,并为异常跨境资金提供了便利通道,积聚了金融风险。

金融机构应对转口贸易的交易对手进行关注,特别是要关注上下家存在关联关系的转口贸易业务的合理性,对上下游三家企业均存在关联关系的转口贸易的开证申请应审慎审批。

6.货物贸易项下违规案例分析

作者：北京银行杭州分行　李智娟

案情描述：

案例一：某银行存在为被异地外汇局纳入 C 类的企业违规办理贸易外汇收支业务嫌疑。现场检查相关凭证资料发现，这家银行为异地 C 类企业——红大公司办理收结汇业务时，未严格按照"先查询、后收结汇"的管理规定，而是将第一次查询的企业分类状态（A 类状态）记录凭证复印多份，作为此后办理业务的附件，并在此后的业务办理中不再登录监测系统实时查询，造成了为已纳入 C 类企业按 A 类外汇政策办理业务的情况。

案例二：外汇局在对一批异地名录企业现场检查时发现，某银行为非名录企业——成发公司办理了收汇业务。原因是该银行在办理上述业务时，未登录贸易监测系统的银行客户端查询企业名录状态而直接办理了收汇业务。

案例三：外汇局发现，某银行为大通公司办理货物贸易项下退汇支出业务时，将退汇资金直接从该公司的待核查账户对外支付。沟通了解后发现，该银行工作人员认为货物贸易改革后，A 类企业退汇业务可直接在待核查账户办理，并不了解待核查账户的收支范围。

案例点评：

一、政策依据

《国家外汇管理局关于印发货物贸易外汇管理法规有关问题的通知》（汇发〔2012〕38 号）文件规定：

1.《货物贸易外汇管理指引》

第 10 条　外汇局实行"贸易外汇收支企业名录"（以下简称名录）登记管理，统一向金融机构发布名录。金融机构不得为不在名录的企业直接办理贸易外汇收支业务。

第 15 条　金融机构应当查询企业名录和分类状态，按规定进行合理审查，并向外汇局报送前款所称贸易外汇收支信息。

第 28 条　在分类管理有效期内，对 A 类企业贸易外汇收支，适用便利化的管理措施。对 B、C 类企业的贸易外汇收支，在单证审核、业务类型及办理程序、结算方式等方面实施审慎监管。

第 29 条　外汇局建立贸易外汇收支电子数据核查机制，对 B 类企业贸易外汇收支实施电子数据核查管理。

第30条 对C类企业贸易外汇收支业务以及外汇局认定的其他业务,由外汇局实行事前逐笔登记管理,金融机构凭外汇局出具的登记证明为企业办理相关手续。

2.《货物贸易外汇管理指引实施细则》

第9条 外汇局通过"货物贸易外汇监测系统"(以下简称"监测系统")向金融机构发布全国企业名录。金融机构不得为不在名录的企业直接办理贸易外汇收支业务。不在名录的企业应当到外汇局办理名录登记手续。

第12条 金融机构为企业办理贸易外汇收支业务时,应当通过监测系统查询企业名录状态与分类状态,按本细则规定对其贸易进出口交易单证的真实性及其与贸易外汇收支的一致性进行合理审查。

第13条 企业贸易外汇收入应当先进入出口收入待核查账户(以下简称待核查账户)。待核查账户的收入范围限于贸易外汇收入(含转口贸易外汇收入,不含出口贸易融资项下境内金融机构放款及境外回款);支出范围包括结汇或划入企业经常项目外汇账户,以及经外汇局登记的其他外汇支出。待核查账户之间资金不得相互划转,账户资金按活期存款计息。

第40条 企业办理下列贸易外汇收支业务,应当在付汇、开证、出口贸易融资放款或待核查账户资金结汇或划出前,持书面申请和相关证明材料到外汇局登记:

(一)C类企业贸易外汇收支;

(二)B类企业超可收、付汇额度的贸易外汇收支;

(三)B类企业同一合同项下转口贸易收入金额超过相应支出金额20%(不含)的贸易外汇收支;

(四)退汇日期与原收、付款日期间隔在180天(不含)以上或由于特殊情况无法按照本细则第16条规定办理的退汇;

(五)外汇局认定其他需要登记的业务。

二、案例分析

案例一的违规行为可定性为:为C类企业办理结汇业务;案例二的违规行为可定性为:为非名录企业办理收汇业务。通过分析可以看出,案例一中,银行在为企业办理货物贸易项下结汇业务时,未逐笔对企业的名录状态和分类情况进行查询,而是将第一次办理业务时的企业名录查询记录进行简单复印留存;案例二中,银行在为企业办理货物贸易项下收汇业务时,未对企业的名录状态和分类情况进行查询。上述两个案例均违反了外汇管理局关于对企业的货物贸易项下外汇收支进行名录分类管理的相关规定。

由于外汇管理局在日常管理中发现企业存在相关条款规定的违规行为后,可随时降低其分类等级,如将A类企业列入B类或C类,或将B类企业列入C类等。因此,银行在为企业办理货物贸易项下收结汇、售付汇、开证、出口贸易融资放款或待核查账户资金结汇或划出等外汇收支业务时,均需逐笔、事前对企业的名录状态及分类情况进行查询,根据企业名录状态及分类的不同进行相应的资料审核,并留存查询记录备查。

案例三中的银行为企业从出口收汇待核查账户直接办理了退汇业务,违反了外汇管理局关于待核查账户的相关管理规定:待核查账户支出范围包括结汇或划入企业经常项目外汇账户,以及经外汇局登记的其他外汇支出。

三、案例总结

自 2012 年货物贸易外汇管理制度改革在全国推广后,外汇管理局对货物贸易企业实行名录分类管理,这极大地便利了企业货物贸易外汇收支业务的开展,但是同时也赋予了外汇指定银行更为艰巨的代位监管职责。银行业金融机构应在积极履行"了解你的客户"、"了解你的业务"、"尽职审查"三原则的基础上,依法经营,合规开展外汇业务。

7.外债签约登记不可忽略

作者：北京银行杭州分行　郭　茹

案例描述：

2013年6月，外汇局在对外商投资企业外汇年检时发现：2012年12月，华新药业公司收到外方股东意大利爱木公司汇入的一笔1 000万美元的资金。对这一大额收汇，外汇局开展了现场检查。

检查发现，2012年11月，华新药业公司与爱木公司签订了一份借款合同，约定公司向爱木公司借款1 000万美元，借款利息为3％，借款时间共90天，期限自2012年12月至2013年2月止。该笔借款虽在投注差内，但未在外汇管理部门办理外债登记手续。

案例点评：

一、政策依据

(1)《中华人民共和国外汇管理条例》(国务院令第532号)：

第18条　国家对外债实行规模管理。借用外债应当按照国家有关规定办理，并到外汇管理机关办理外债登记。

第43条　有擅自对外借款、在境外发行债券或者提供对外担保等违反外债管理行为的，由外汇管理机关给予警告，处违法金额30％以下的罚款。

第47条　金融机构有下列情形之一的，由外汇管理机关责令限期改正，没收违法所得，并处20万元以上100万元以下的罚款；情节严重或者逾期不改正的，由外汇管理机关责令停止经营相关业务：办理经常项目资金收付，未对交易单证的真实性及其与外汇收支的一致性进行合理审查的；违反规定办理资本项目资金收付的。

(2)《外债管理暂行办法》(国家发展计划委员会、财政部、国家外汇管理局令第28号)：

第22条　境内机构对外签订借款合同或担保合同后，应当依据有关规定到外汇管理部门办理登记手续。

(3)《国家外汇管理局关于发布〈外债登记管理办法〉的通知》(汇发〔2013〕19号附件1)：

第2条　债务人应按照国家有关规定借用外债，并办理外债登记。

根据非银行债务人申请，银行在履行必要的审核程序后，可直接为其开立、关闭外债账户以及办理外债提款、结售汇和偿还等手续。

(4)《国家外汇管理局关于发布〈外债登记管理办法〉的通知》(汇发〔2013〕19号附件2)：

银行在为非银行债务人开立外债专用账户或还本付息专用账户时,应在资本项目信息系统银行端查看与该笔外债相关的控制信息表,并与债务人提供的《境内机构外债签约情况表》中的信息核对。

二、案例分析

本案例中的违规行为主要有以下两个方面：

(1)对外借款企业未办理外债登记。华新药业公司于2012年12月从境外股东借款1 000万美元,但未向外汇管理部门进行登记,属于擅自对外借款的行为,违反了《中华人民共和国外汇管理条例》第18条、《外债管理暂行办法》第22条、《外债统计监测实施细则》第7条、第8条的规定。

(2)经办银行未严格审核外汇收支的交易基础。外汇指定银行在办理外汇资金入账业务时,应了解资金来源,并按照外汇管理规定审核相关单据。在本案例中,华新药业公司于2012年12月收到1 000万美元,经办银行在未充分了解该笔资金来源及性质的情况下为其办理了入账手续,未做到对交易单证的真实性及其与外汇收支的一致性进行合理审查,未按照外汇管理规定审核外债登记凭证,违反了《中华人民共和国外汇管理条例》第47条的管理规定。

三、案例总结

关于外债的管理规定,一直都是遵循审慎的管理原则,先后制定了《中华人民共和国外汇管理条例》、《外债统计监测实施细则》、《外债管理暂行办法》等规章制度,从额度规模和签约登记两个方面对外债业务进行管理。尽管2013年5月13日起实施《外债登记管理办法》和《外债登记管理操作指引》,取消了部分外债管理审批事项,简化了外债登记管理环节,但是外债签约登记仍是外债提款的首要步骤。

从外汇指定银行的角度来说,在办理外债相关业务时,仍需遵循审慎的原则,严格审核相关单据,按照外债管理规定办理业务。正如本案例中,若经办银行能够严格审核资金来源,进一步详细了解到该笔资金实为华新药业公司借入的外债时,则可指导督促该公司及时进行外债登记后,为其办理入账手续,实行外债专户管理,保证外汇管理合规经营。

8.B 类企业货物贸易"伪装案"

作者:北京银行杭州分行 郭 茹

案情描述:

2013年10月中旬,外汇局通过货物贸易监测系统发现,2013年8月,一家银行未通过监测系统扣减企业可付汇额度,为某B类企业办理了货物贸易项下预付货款售付汇业务1笔,金额31.62万美元,涉嫌未按规定办理B类企业货物贸易售付汇业务。

该银行声称该笔售付汇实际为"预付机器修理费"支出,属非贸易项下售付汇,错申报为货物贸易售付汇,并提供了一张付汇日期为2013年8月20日"交易附言"为"预付维修费用"的《境外汇款申请书》,作为非贸易售付汇的证据。

经进一步调查,外汇检查部门发现以下疑点:一是在国际收支统计申报系统中,该笔交易原始申报交易编码是101010,收付款性质为"预付货款",交易附言为"一般贸易进口货款",且因交易附言与收付款性质不符,曾被外汇局国际收支部门要求对该交易性质进行确认,其后反馈"交易附言的内容已更正为一般贸易进口预付货款"。二是在货物贸易监测系统中,原始数据显示该笔业务仍为货物贸易售付汇,且该银行在向外汇局业务部门提供的2013年8月20日原始境外汇款申请书的交易附言栏文字也为电脑打印的"预付货款"。三是该笔申报数据由一般贸易进口预付货款改为非贸易付汇,交易附言改为"预付维修费用",是该银行于2013年11月7日通过国际收支统计申报系统进行的。

面对充分的证据,该支行承认向外汇检查部门提供的非贸易项下的申报单是为应付检查事后修改的,目的是掩盖违规为B类企业办理货物贸易项下预付货款售付汇业务。

案例点评:

一、政策依据

1.《中华人民共和国外汇管理条例》(国务院令第532号):

第12条 经常项目外汇收支应当具有真实、合法的交易基础。经营结汇、售汇业务的金融机构应当按照国务院外汇管理部门的规定,对交易单证的真实性及其与外汇收支的一致性进行合理审查。

第47条 金融机构有下列情形之一的,由外汇管理机关责令限期改正,没收违法所得,并处20万元以上100万元以下的罚款;情节严重或者逾期不改正的,由外汇管理机关责令停止经营相关业务：违反规定办理结汇、售汇业务的。

第48条　有下列情形之一的，由外汇管理机关责令改正，给予警告，对机构可以处30万元以下的罚款，对个人可以处5万元以下的罚款：未按照规定进行国际收支统计申报的。

2.《通过金融机构进行国际收支统计申报业务操作规程》（汇发〔2010〕22号）：

第5条　境内银行应确保基础信息报送的及时性、准确性、完整性，督促和指导申报主体办理申报，并履行审核及发送国际收支统计申报相关信息等职责。

第27条　境内银行收到申报主体填写的《境外汇款申请书》后，应于本工作日内对其进行审核，审核的主要内容为：申报主体申报的内容是否与该笔涉外汇款业务的相关内容一致。

3.《货物贸易外汇管理指引实施细则》（汇发〔2012〕号38号）：

第60条　B类企业在分类监管有效期内的贸易外汇收支业务应当按照以下规定办理：对于以预付货款、预收货款结算的，应当审核进、出口合同和发票；

金融机构应当对其贸易外汇收支进行电子数据核查；超过可收、付汇额度的贸易外汇收支业务，金融机构应当凭《登记表》办理。

二、案例分析

本案例中的违规行为主要有以下几点：

1.违规办理B类企业售付汇业务。本案例中，根据最终调查结果，该笔业务实为B类企业预付货款，根据汇发〔2012〕38号文的规定，应审核合同和发票，并对B类企业进行电子数据的核查。而该银行未通过监测系统扣减企业可付汇额度，构成违规办理B类企业售付汇业务的事实。

2.擅自更换涉外付款单据。为应对外汇局检查，该经办银行擅自将原始付汇凭证替换为"交易附言"为"预付维修费用"的《境外汇款申请书》，以此表明该笔售付汇业务不受货物贸易外汇管理规定的制约，违反了根据付汇主体填写的单据作为售付汇凭证的管理规定。

3.故意篡改国际收支申报信息。经办银行应按照申报主体的实际付汇信息补报申报信息，确保申报信息的准确性、一致性。本案例中，该银行为绕开B类企业货物贸易外汇管理规定，故意将申报信息由货物贸易更改为服务贸易，与实际付汇性质不符，造成国际收支申报数据不准确。

三、案例总结

货物贸易外汇管理改革后，外汇局对企业的贸易外汇管理方式由现场逐笔核销改变为非现场总量核查，对企业实行分类管理，将存在可疑及违规行为的企业确定为B类或C类进行重点监管。这种管理思路的转变将外汇指定银行推向了外汇管理的第一线，外汇指定银行承担着第一手的合规性审查责任和政策指导工作，不可存在任何侥幸心理试图逃避或掩盖因工作疏忽所造成的违规行为。因此外汇指定银行在办理货物贸易外汇收支业务时，应严格按照外汇管理规定，根据企业分类状态和管理原则办理外汇收支业务。

9.伪造交易单据案

作者：北京银行杭州分行　郭　茹

案情描述：

2013年4月，外汇局在筛选分析转口贸易数据时发现，2011年1月至2012年12月，维利达贸易有限公司除2011年5月发生1笔2.5万美元苯乙烯的一般贸易进口外，其他全部业务均为转口贸易，金额高达20亿美元；进一步分析发现，该公司唯一一笔一般贸易业务还存在少收汇的情况，而且该公司提交给银行用于转口贸易开证的进境货物备案清单，在不同银行的不同贸易合同项下的编号全都相同。

2013年6月，外汇局将该公司用于开具信用证的可疑货权凭证——进境货物备案清单提交给海关进行核验后发现，维利达贸易有限公司用于转口贸易开证的进境备案清单有38份涉嫌伪造，涉案金额达7 800万美元。鉴于该公司涉嫌提供伪造虚假单证且金额巨大，外汇局向公安部门移送了案件线索。

公安部门通过深入调查，最终确认，2011年1月至2012年11月期间，维利达贸易有限公司虚构转口贸易背景实施逃汇的转口付汇使用的38份备案清单系涉嫌伪造。

调查还发现，维利达贸易有限公司法定代表人王某，在2009年10月至2011年12月期间，与红利公司签订合作协议，开展以信用证为依托的化工原料进口贸易。王某虚构贸易背景，将虚假的购销合同、海关进境备案清单以及提货单提供给红利公司，由红利公司持相关材料到银行申请开立信用证给王某自己控制的离岸公司。王某则通过信用证贴现套取资金归己使用。由于王某资金链断裂，最终造成红利公司480万美元资金损失。

案例分析：

一、政策依据

1.《中华人民共和国外汇管理条例》（国务院令第532号）：

第12条　经常项目外汇收支应当具有真实、合法的交易基础。经营结汇、售汇业务的金融机构应当按照国务院外汇管理部门的规定，对交易单证的真实性及其与外汇收支的一致性进行合理审查。

第47条　金融机构有下列情形之一的，由外汇管理机关责令限期改正，没收违法所得，并处20万元以上100万元以下的罚款；情节严重或者逾期不改正的，由外汇管理机关责令停止经营相关业务：办理经常项目资金收付，未对交易单证的真实性及其与外汇收支的一致性进行合理审查的。

2.《刑法》(主席令第83号2011年修正)

第175条 以欺骗手段取得银行或者其他金融机构贷款、票据承兑、信用证、保函等,给银行或者其他金融机构造成重大损失或者有其他严重情节的,处三年以下有期徒刑或者拘役,并处或者单处罚金;给银行或者其他金融机构造成特别重大损失或者有其他特别严重情节的,处三年以上七年以下有期徒刑,并处罚金。

第177条 有下列情形之一,伪造、变造金融票证的,处三年以下有期徒刑或者拘役,并处或者单处二万元以上二十万元以下罚金;情节严重的,处五年以上十年以下有期徒刑,并处五万元以上五十万元以下罚金;情节特别严重的,处十年以上有期徒刑或者无期徒刑,并处五万元以上五十万元以下罚金或者没收财产:伪造、变造信用证或者附随的单据、文件的。

第195条 有下列情形之一,进行信用证诈骗活动的,处五年以下有期徒刑或者拘役,并处二万元以上二十万元以下罚金;数额巨大或者有其他严重情节的,处五年以上十年以下有期徒刑,并处五万元以上五十万元以下罚金;数额特别巨大或者有其他特别严重情节的,处十年以上有期徒刑或者无期徒刑,并处五万元以上五十万元以下罚金或者没收财产:使用伪造、变造的信用证或者附随的单据、文件的;骗取信用证的。

二、案例分析

本案例又是一典型的虚假转口贸易案。其主要表现形式是利用伪造的货权凭证和商业单据来构造虚假贸易,骗取银行信用,利用关联公司到境外变相融资,导致热钱等跨境资金非法流入,后因虚假贸易泡沫的破灭,给银行和担保人造成了巨大的经济损失,触犯了《刑法》第175条、第177条、第195条的规定,构成了伪造金融票证罪、信用证诈骗罪,将被追究刑事责任。

本案例中,经办银行未尽交易真实性审核的职责,违反了《中华人民共和国外汇管理条例》第47条的管理规定。

三、案例总结

对于转口贸易,由于涉及金融机构提供结算和融资服务等方面,金融机构在办理转口贸易相关业务时,应当切实履行真实性、合规性审查职责,在实际业务操作过程中加强贸易背景审查,严格审核企业提交的相关交易合同和正本货权凭证,通过海运公司官网或船讯网等相关公共网络追踪运输货物,核查货权凭证的真实性,加强进出口合同和运输单据、货权凭证等的一致性和关联性的审核,杜绝利用伪造的货权单据来虚构贸易背景;对于交易金额巨大或短时间内交易资金量骤增的企业应引起重视,切实防范企业虚构贸易背景套取银行融资的行为。

金融机构办理日常业务中发现企业的交易可疑的,应当及时向外汇管理部门报告,并积极配合外汇管理部门采取措施防止异常跨境资金流入。

10.非现场核查中发现的违规行为

作者：北京银行杭州分行 郭 茹

案情描述：

福建XL公司(以下简称XL公司)为股份有限公司(非上市)，注册于2012年7月，注册资本18 000万元，注册地为福建省三明市，主要从事木材进出口业务，并于2012年8月获得对外进出口贸易经营备案资格。公司于2013年开始经营进口业务。据统计，截至2014年1月底，公司累计进口货物报关166笔，金额1 171.62万美元；累计对外进口付汇165笔，金额1 544.14万美元。

在核查过程中发现，XL公司在异地银行——某银行股份有限公司福州支行办理的进口信用证业务项下对外支付外汇业务，存在无对应进口合同项下的进口货物到货报关信息或退汇(收汇)信息情况，共7笔，金额合计356.31万美元。三明市中心支局于2013年启动跨地区协查机制，向福建省分局申请调取该公司在福州支行的信用证业务资料。通过对XL公司的现场核查及对XL公司在福州支行办理申请开证、承兑/议付、对外付汇业务时审核留存材料以及XL公司在该银行的授信、贸易融资等情况进行的现场延伸检查，发现上述7笔信用证项下进口付汇业务，均为XL公司采取一批货物变造提单重复对外开证付汇。同时，XL公司又将上述7笔款项，分批次汇回境内关联公司——福建XH实业有限公司，或以人民币形式通过境内银行个人结算账户方式收回境内。目前，外汇局已将XL公司列为B类企业管理，同时将对该公司的违规行为进行立案查处。

案例点评：

一、政策依据

1.《中华人民共和国外汇管理条例》(国务院令第532号)：

第12条 经常项目外汇收支应当具有真实、合法的交易基础。经营结汇、售汇业务的金融机构应当按照国务院外汇管理部门的规定，对交易单证的真实性及其与外汇收支的一致性进行合理审查。

第40条 有违反规定以外汇收付应当以人民币收付的款项，或者以虚假、无效的交易单证等向经营结汇、售汇业务的金融机构骗购外汇等非法套汇行为的，由外汇管理机关责令对非法套汇资金予以回兑，处非法套汇金额30%以下的罚款；情节严重的，处非法套汇金额30%以上等值以下的罚款；构成犯罪的，依法追究刑事责任。

第47条 金融机构有下列情形之一的，由外汇管理机关责令限期改正，没收违法所得，并处20万元以上100万元以下的罚款；情节严重或者逾期不改正的，由外汇管理机关责令停止经营相关业务:办理经常项目资金收付,未对交易单证的真实性及其与外汇收支的一致性进行合理审查的。

第48条 有下列情形之一的,由外汇管理机关责令改正,给予警告,对机构可以处30万元以下的罚款,对个人可以处5万元以下的罚款:未按照规定提交有效或者提交的单证不真实的。

2.《货物贸易外汇管理》及其实施细则(汇发〔2012〕38号):

第42条 外汇局根据企业进出口和贸易外汇收支数据,结合其贸易信贷报告等信息,设定总量差额、总量差额比率、资金货物比率、贸易信贷报告余额比率等总量核查指标,衡量企业一定期间内资金流与货物流的偏离和贸易信贷余额变化等情况,将总量核查指标超过一定范围的企业列入重点监测范围。

第53条 存在下列情况之一的企业,外汇局可将其列为B类企业:未按规定履行报告义务;未按规定办理贸易外汇业务登记。

二、案例分析

根据汇发〔2012〕38号文的规定,当企业的总量核查指标超出与本地区指标阈值偏离程度50%以上时,外汇检查部门对企业可实施现场核查。

在本案例中,由于XL公司总量核查指标偏离较大,其中总量差额指标为-372.52万美元,资金货物比指标为131.80%,原因主要在于其中有7笔进口信用证项下外支付时无进口货物到货报关信息,也没有相对应的或退汇(收汇)信息情况,金额合计356.31万美元,导致资金流无对应的货物流与之匹配,但XL公司并未就此情况按照规定向外汇局进行报告,依法被外汇管理部门降级为B类企业。

经现场延伸调查发现,XL公司通过重复利用变造提单,虚构贸易,骗取银行信用,以信用证付汇的名义骗购外汇转移至境外,再分批次汇回境内关联公司——福建XH实业有限公司,或以人民币形式通过境内银行个人结算账户方式收回境内的行为,违反了《中华人民共和国外汇管理条例》第40条、第48条的规定。

另外,某银行股份有限公司福州支行在办理XL公司的业务中,未能严格按照规定审核相关交易单证,未能对相关交易背景的真实性进行审核,违反了《中华人民共和国外汇管理条例》第47条的规定。

三、案例总结

本案例主要是由于该公司的总量核查指标偏离度较高,从而引起现场延伸检查中发现的违规行为,是典型的虚构贸易、非法套汇的行为。结合外汇管理部门的管理原则和监管机制,从本案例中可以得出如下启示:

1.交易背景的真实性是外汇收支的基础。尤其是金融机构在办理相关业务时,应严格按照管理规定审核交易单证的真实性、一致性和完整性,避免企业虚构贸易来套取银行信用的行为。

2.外汇管理部门对企业实行非现场总量核查机制,将资金流与货物流的规模与结构等存在异常或可疑情况的企业列入重点监测范围。因此,企业报告的准确性和及时性将直接影响企业非现场总量核查结果,进而影响其分类级别。

第三部分
天九湾市场问答汇编

1. 当前市场行情下人民币外汇期权的应用价值

作者：工商银行浙江省分行营业部国际业务部　范一鸣

问题：

2014年年初以来人民币汇率迎来了一波持续贬值，3月17日人民银行宣布扩大日间波幅后我们明显感受到即期汇率的双向波动在加剧，目前市场对于未来人民币走势出现了分歧，对于企业来说有什么更合适的汇率避险产品呢？

解答：

传统的套期保值产品主要是远期结售汇，但在很长一段时间由于人民币即期单边升值再加上远期汇率高于即期，出口企业普遍选择远期结汇，甚至是超额地锁定，而进口企业更愿即期购汇。这波贬值给市场参与者很好地上了一课，即套期保值还是应从锁定成本的角度出发，与实际业务匹配适当配置。当然也会有企业问道：我现在办理了远期，利润的确已经锁定了，但是如果市场走势相反的话我就赚少了（注意：这就是这波贬值走势下前期办理远期结汇企业所说的"锁亏了"），有后悔药吗？

当然有！人民币外汇期权就是一种"后悔药"。我们以结汇企业为例，买入一个结汇期权（即美元看跌期权），企业就在未来拥有一个按约定价格结汇的权利。权利，意味你可以选择行使或者放弃，这就是与远期结售汇最大的不同。我们以5月22日彭博终端的相关报价为基础，当日即期汇率在6.23左右，分析一下企业在不办理套保产品、办理远期结汇和买入结汇期权3种操作下未来的现金流情况：

反映到曲线图上观测：

和即期结汇相比，买入一个结汇期权在未来即期汇率小于6.22（即期权的实际成本）的情况下可以规避人民币升值的部分风险，大于6.22开始期权产生损失，但最大损失不过80万元的期权费；

和远期结汇相比，买入一个结汇期权在未来即期汇率大于6.38的情况下可以规避掉人民币贬值的部分风险，小于6.38的情况下期权差于远期，但最大损失也不过80万元的期权费。

一年后人民币汇率	企业未来有 1 000 万美元收汇,面临三种选择:		
	不办理任何产品,未来即期结汇	办理远期结汇,一年远期报价 6.3	买入结汇期权,行权价 6.3
升值到 6.2	6 200 万人民币	6 300 万人民币	行权,(6 300－80)＝6 220 万人民币
维持当前 6.23 的价格不变	6 230 万人民币		行权,6 220 万人民币
贬值到 6.35	6 350 万人民币		不行权,6 270 万人民币
贬值到 6.4	6 400 万人民币		不行权,6 320 万人民币
有无费用	无	无	前端期权费 800bps,即 80 万人民币

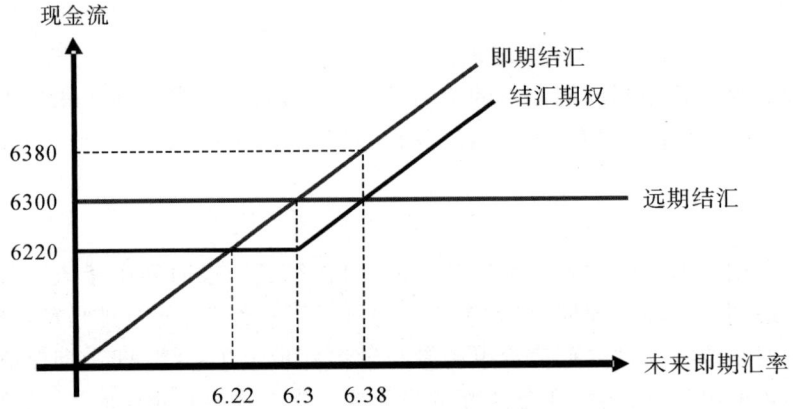

因此,在未来汇率双向不确定的情况下,企业要规避两方面的风险,人民币期权不失为一个较好的避险工具选择:最大损失确定,但可以规避双向的风险。当然,目前的问题在于期权市场参与者少,期权费奇高,直接影响到期权的最终收益,但可以通过期权组合进行修补,这里不做展开。以上仅从理论角度阐述双向波动市场行情下期权的应用价值。

2.远期报价的形成及影响因素

作者：工商银行浙江省分行营业部国际业务部　范一鸣

问题：

外汇市场上美元兑人民币的远期报价是怎么得出的？远期价格比即期价格要高，这是一种长期现象吗？

解答：

远期报价的理论基础是利率平价理论（在此不赘述），理论的核心是国际资本流动将促使高利率货币远期贴水，低利率货币远期升水。

通过该理论推导出的远期报价公式为：

$$远期汇率 = 即期汇率 \times \frac{1 + R(CNY) \times \frac{N}{365}}{1 + R(USD) \times \frac{N}{365}} + f(x_1, x_2, x_3)$$

$$掉期点 = 远期汇率 - 即期汇率$$

其中，

N 为实际天数；

$R(CNY)$、$R(USD)$：中美两国的利率；

$f(x_1, x_2, x_3)$：综合考虑政策影响因素，根据各行可用资金及资金成本，并参照当前市场报价水平而做出的掉期点调整。

由此我们可以回答第二个问题，远期价格未必比即期价格高，这是由多方面因素决定的。除了政策原因外，影响到远期价格的因素主要有：

1.两国利率情况

从存款利率、拆借利率或是国债收益率来对比，目前持有人民币的回报都要远高于美元，根据理论核心，人民币应远期贴水，即美元兑人民币远期报价高于即期。

2.市场对人民币升值预期

一方面，按照两国利差2％，单纯根据理论计算，一年的掉期点至少在1 200点，但目前至多六七百点，美元的远期价格似乎被"低估"了，说明市场还是存在人民币升值的预期，这种预期打压了掉期点。另一方面，掉期点的升降同时也体现了人民币升值预期的变化，一般来说升值预期强烈时，掉期点下降；预期减弱时，掉期点上升。如下图中A

和C时间段分别对应汇改启动和二次汇改,人民币单边升值的走势形成强烈的升值预期,掉期点一路走低或维持在低位;又如图中B、D和E,当国内经济前景看弱时,人民币的升值预期也走弱,引起掉期点的反弹。

3.境内市场上美元和人民币资金供求情况

市场上美元资金较宽裕、人民币资金较紧张的局面推高了两者的实际利差,令掉期点走高。例如2013年6月份"钱荒"时,人民币回购利率飙升,美元对人民币一年的掉期点迅速从前期的1 000余点上升到1 500点左右(见图中标注)。

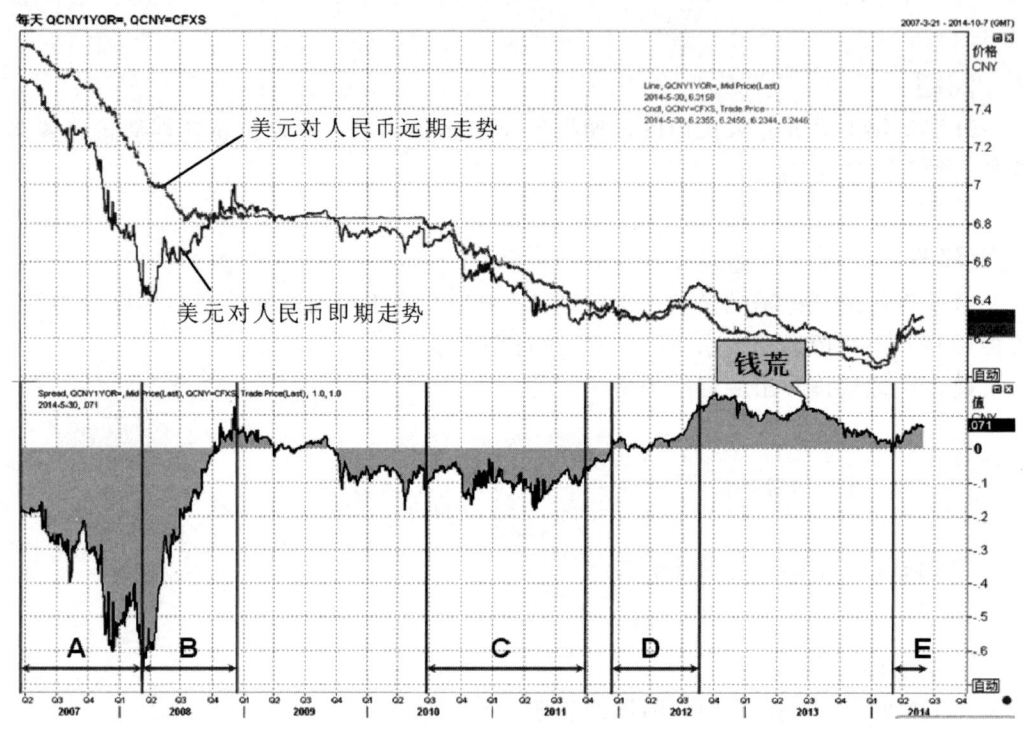

2007年以来人民币走势图

3. 再谈期权产品的应用

作者：工商银行浙江省分行营业部国际业务部　范一鸣

问题：

在市场问答 001 中我们分析了期权的应用价值，但是当前期权市场流动性较小、客户买入期权需要支付较高的期权费，有没有产品既能够降低企业支出，又可以在一定程度上规避汇率风险的方法？

解答：

目前可以通过外汇期权组合业务实现上述目的。

根据《国家外汇管理局关于银行办理人民币对外汇期权组合业务有关问题的通知》（汇发〔2011〕43号）（下称《通知》）的定义，期权组合是指"客户同时买入和卖出一个币种、期限、合约本金相同的人民币对外汇普通欧式期权所形成的期权组合"。同时，《通知》规定"期权组合中，客户卖出期权收入的期权费不应超过买入期权所支付的期权费"。通常情况下，客户为了降低费用支出，会选择零成本的期权组合。

我们以结汇客户为例，《通知》所指的"外汇看跌风险逆转期权组合"即结汇期权组合，是指客户针对未来结汇需求，买入一个执行价格较低的外汇看跌期权（买入一个未来卖外汇的权利），同时卖出一个执行价格较高的外汇看涨期权（卖出一个未来买外汇的权利）。设较低执行价格为 K_1，较高执行价格为 K_2，期权到期日即期价格为 S，出现以下三种情形：

1. S 小于 K_1 时，客户可以选择行权，以 K_1 价格结汇。

2. S 介于 K_1 和 K_2 之间时，客户作为看跌期权的买方不会选择行权，因为市场价 S 比 K_1 更高；同时银行作为看涨期权的买方也不选择行权，因为市场价 S 比 K_2 更低。

3. S 高于 K_2，银行必然选择行权，这时客户必须按 K_2 交割。

我们以收益曲线图对比即期、远期和期权组合如下图。

和远期结汇相比，期权组合的优点是可以在一定程度上规避人民币贬值的风险，即比远期价格 F 多了一个（K_2-F）的价格保护；缺点是人民币升值时少了一块（$F-K_1$）的收益；

和即期结汇相比，期权组合的优点是无论到期即期价格如何变化，都有一个兜底的价格 K_1，缺点是如果人民币贬值超过 K_2，则必须按上限的价格 K_2 结汇，这一点的效果跟远期是一样的。

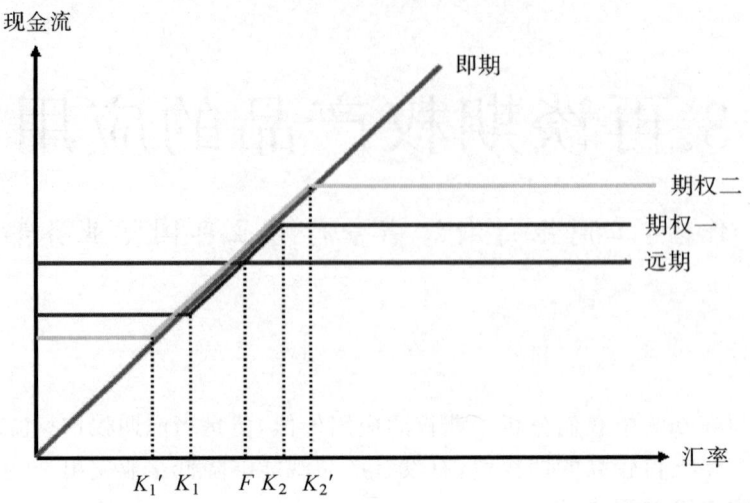

期权组合中的 K_1 和 K_2 可以由客户自行选择,而且零成本的组合中 K_1、K_2 一定是在远期价格 F 的两端。K_1 越靠近 F,则客户支付的期权费越高;K_2 越靠近 F,则客户收取的期权费越高(为什么？请思考一下)。从 F 开始会形成逐渐向外扩散的很多个价格区间(如图中期权一形成的 $K_1 K_2$ 区间和期权二形成的 $K_1' K_2'$ 区间),如果区间选得太窄,则类似于一笔远期结汇,没有太大意义;区间选得太宽,最终不行权的可能性较大,等于没有锁定,同样也没有意义,因此选择什么样的区间很重要,这个选择必须基于客户自己的走势判断及价格容忍。

从以上分析可以发现,和单独买一个结汇期权不同,期权组合是权利和义务的混合,它的行权价格限定在 $K_1 \sim K_2$ 之间,类似于一个灵活区间的远期,因此在汇率呈双向波动走势的情况下比较适用。

4.近期人民币汇率中间价大幅高开预示了什么？

作者：工商银行浙江省分行营业部国际业务部　范一鸣

问题：

近期人民币开盘中间价一扫之前的颓势，走出"三连阳"，2014年6月6日至10日的三个交易日开盘价累计较5日上涨257个基点，是否预示着人民币将重新步入升值轨道？

解答：

近期人民币开盘价连续的大幅跳升为近两年来少有，包含重大意义。

首先我们还是来了解一下背后的推动事件。一个是2014年6月5日欧洲央行宣布下调三大指标利率、暂停SMP冲销、推出4 000亿欧元长期再融资操作，以及表明下一步将推出量化宽松措施，总的就一个基调：宽松。欧银降息发生后，欧元不但没有因重大利空而下跌反而略有上涨，市场分析是由于前期欧元空头轧平头寸所致，即"传闻中买入，事实中卖出"的市场箴言。但是抛开短期行情，降息及后续的宽松措施必将在中长期内抑制欧元的走势，欧元很有可能因为较低的融资成本而成为套息交易的货币，资金将流向利率水平高的国家。隔天人民币高开85个点是对该事件的正常反应。

再一个就是6月9日，海关公布了5月份的贸易数据：进出口总额3 550亿美元，同比增长3%；出口1 945亿美元，同比增长7%；进口1 596亿美元，同比下降1.6%；顺差359亿美元，创5年新高。值得注意的是，在挤干去年虚假贸易水分后，5月出口反映了较真实的情况，即外需在复苏，出口在好转，较高的顺差增加了人民币升值的压力，结果10日人民币应声高开了138点。

理论上来说，上述原因推动人民币高开没有问题，但是高开的幅度还是有点出人意料，百点以上的幅度近两年并不多见。尤其在国内经济基本面未见明显好转，市场上看空人民币的观点逐渐多起来的情况下，央行此举意欲何为？

个人猜测央行借内外"利好"因素调升中间价可能想达到以下目的：

1.宣告2月以来人民币贬值主行情的结束。这轮贬值历时三个多月，有效地打击了前期进场的套利资金，也吓阻了场外资金。同时央行顺势在3月份扩大了汇率的日间波幅，允许人民币在更大的范围内波动，随后我们也可以看到人民币双向波动的频率和幅度都在加大，市场对汇率走势的看法出现了分歧，对走势的分析更多的回归到对基本面和技术面的判断,扭转了之前人民币刚性升值的预期,这正是央行所要达到的效果。所以说这轮行情不是为了贬值而贬值,过度的贬值反而会引发资本出逃、促使资金利率上升,从而加剧国内房地产市场动荡、伤害实体经济,这同样是管理层不愿意看到的。所以央行见好就收,以大幅调高中间价的方式来给看空人民币的预期降降温。

2.测试市场反应,检验干预效果。如果市场将中间价大幅高开看作是对人民币升值的鼓励,必将一边倒地做多人民币,套利资金也会卷土重来,从而将促使汇率走出一波凌厉的升势,甚至回归前两年的走势,出现这种情况难保不会再招致央行的入场干预。但从这几日的汇率走势来看,市场还是显得较为理性,结汇购汇相对均衡,市场成交价自最低点反弹也不过 500 余点,从技术图形上看,标准的双顶形态不排除汇率后市进一步上升到 6.17,即使如此也是对前期贬值走势的修正,属正常的市场反应。接下来市场怎么走、央行是否会转变态度,我们拭目以待。另外,自 3 月份以来,央行的外汇占款增量是在明显降低的,说明央行入市干预已大为减少,4、5 月份的人民币走势涨跌互现很大程度上体现了市场主体多空观点的碰撞。

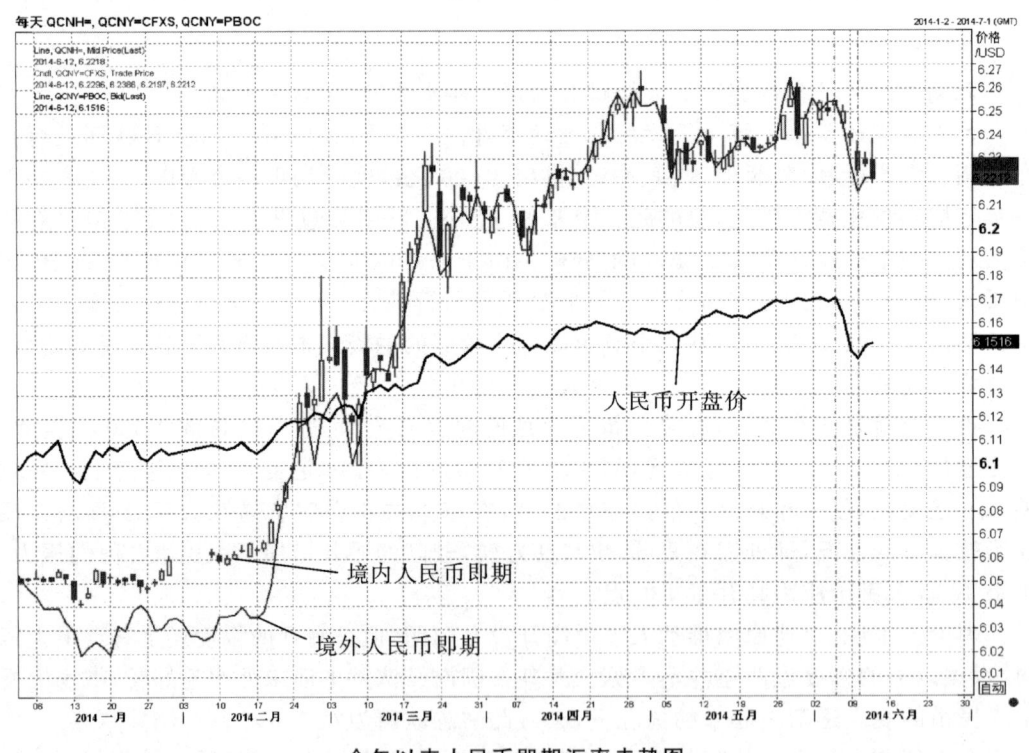

今年以来人民币即期汇率走势图

结论: 此次央行大幅调高人民币中间价宣告了前期贬值主行情的结束,接下来为了减少外汇储备增量负担、减少外汇占款投放,央行应该会继续降低入市干预频率,将汇率交由市场决定。但面对欧洲央行开闸放水,美联储短期内还处于缩减 QE、加息未至

4.近期人民币汇率中间价大幅高开预示了什么？

的阶段,内外利差的客观存在仍将是驱动人民币升值的重要因素,预计年内人民币汇率会在多空分歧中继续加大双向波动,但波动区间的中枢将逐渐上移。而美联储明年何时开始加息,中国央行又将以何种政策应对,也许会给未来人民币汇率长期走势带来新的变化。

5. 浅谈离岸人民币市场汇率（一）

作者：工商银行浙江省分行营业部国际业务部　范一鸣

问题：
香港的离岸人民币市场汇率与境内的在岸人民币汇率有何不同？又有何种联系？

解答：
中国人民银行与香港金融管理局于 2010 年 7 月 19 日联合宣布可在香港交割人民币，这创造出了一个新的离岸人民币市场，被称为 CNH 市场。近年来，该市场一直快速增长，吸引了广泛的关注与大量的交投。关于 CNH 市场的形成机制、发展阶段及未来展望等信息网上已经比较详尽，大家可以自由百度。本文的重点不在于铺陈知识点，而是主要从汇率的角度来谈一下 CNH 市场。

下图是 2010 年三季度以来人民币即期汇率的走势，我们主要关注两类信息：(1)汇率走势，包括开盘价、境内价和境外价；(2)境内外价差走势。

从图中我们可以发现 CNH 汇率的运行特点：长期走势依循境内开盘价及市场价的方向，但短期波动性较强，汇率时有急涨急跌，有时会走出与 CNY 反方向的节奏；而 CNH 与 CNY 的汇差长期存在，更多的时候为 CNY 高于 CNH，即境外更看多人民币。是什么原因造就了 CNH 的这一特点呢？

这得从两个市场的本质说起。在岸 CNY 市场仍是一个管制的市场，汇率波幅有上下 2‰ 的涨跌限制，而离岸 CNH 市场不受央行直接监管，金管局虽有监管但无干预市场的授权，各交易方可以公开自由地交易人民币，再加上 CNH 的市场容量远远小于在岸市场，因此一有风吹草动，CNH 往往较 CNY 有更敏锐的价格反应。另外，由于国内的资本项目尚未完全开放，跨市场的套利行为往往要借道贸易项下，近几年随着跨境人民币业务的蓬勃发展，借道贸易的套利在一定程度上熨平了汇差，但是唯有资本账户完全开放，大规模的套利行为才会彻底抹平 CNH 和 CNY 的汇差。

目前两地市场汇差空间不大，但上百点的套利空间仍时有显现。在岸进出口企业通常在基于真实的贸易背景的情况下，抓住套利时机，通过 CNH 市场有效降低了结售汇成本。

CNH 汇率作为一个更市场化的汇率，影响其走势的因素又有哪些呢？且听下期分析。

5.浅谈离岸人民币市场汇率(一)

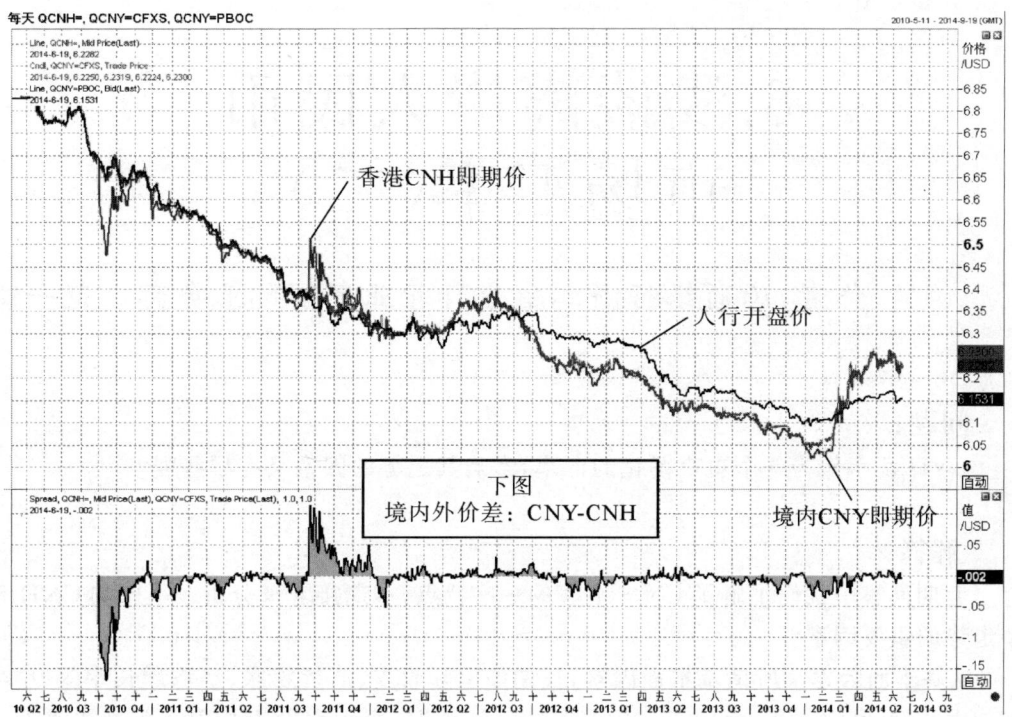

6. 浅谈离岸人民币市场汇率（二）

作者：工商银行浙江省分行营业部国际业务部　范一鸣

问题：
CNH 汇率作为一个更市场化的汇率，影响其走势的因素又有哪些呢？

解答：
上期问答中我们了解了 CNH 汇率的一些特点，本期接着来分析一下影响 CNH 汇率走势的重要因素。

1. 基本面因素。所谓基本面因素，长期如国际收支、通货膨胀、经济增长率等，中期如货币政策、利率水平，反映了一国当前的经济状况，很大程度上指引了汇率未来的走势。目前从国内来看，国际收支仍呈现双顺差，CPI 温和增长，经济虽处于下行但仍维持 7.4% 的增长率；货币政策方面保持适度流动性，短期市场利率大幅回落后已稳定，但长期市场利率处于高位。美国方面，就业市场已恢复至危机前水平，经济开始全面复苏；美联储将于年底前结束 QE 购债，预计加息最早也要到明年 6 月份开始，而联储主席叶伦在上周利率决议后的"在结束购债计划后相当长的时间内仍将维持低利率水平"一番讲话又让市场对其态度捉摸不透。

总的来说，经济上中国还处于调结构、去杠杆的阵痛中，而美国已形成了触底反弹，经济增长的差距在缩小；货币政策上中国坚持"总量稳定、结构优化"的取向，美国逐渐退出宽松，但加息引而不发。从这两点对比来看，似乎支撑人民币升值的基础并不牢固。但是基于出口的明显好转，未来几个月仍有维持巨额贸易顺差的态势，将持续对人民币造成升值压力；而近期人民币国际化进程有所加快，也必将要求本币币值保持坚挺。以上因素基本决定了人民币汇率中期仍将保持向上的趋势，而 CNH 汇率作为一个更市场化的汇率也会走出相应的节奏。

2. 人民币中间价指引及在岸 CNY 汇率。银行间外汇市场每天发布的开盘中间价是央行进行窗口指导的重要手段，通常被视为政策信号灯。中间价若持续与国际市场美元走势背离，或者有突破前期波动区间的开盘，往往蕴含有一定的指导意义。市场容量较小、参与者众多的 CNH 汇率往往会从各方面"解读"中间价调整带来的信号，从而迅速形成走势上的变化。较近一次的例子是：6 月 9 日中间价跳空高开 138 点，CNH 汇率早盘迅速蹿升，全天上升 170 余点；而在岸的 CNY 汇率走势犹豫，全天不过上涨近百点,盘中跨市套利机会明显(见图1)。当然,两个市场对应一个标的物必然会相互牵引、相互制约。如同上面这个例子中,CNH 起了个引导作用,随后几日带动 CNY 走出一波小幅的升值。也有相反的,如在今年这波贬值之前,境内开盘价和 CNY 汇率触顶回落后已略有走贬,但 CNH 汇率在大半个月的时间内仍较 CNY 溢价 200～300 个点,似乎坚定看好升值(见图2)。之后的走势大家都知道,境内市场在央行的积极干预下从 6.07 一路狂奔到 6.20,CNH 只能望洋兴叹,最终紧紧追随了 CNY 的步伐。

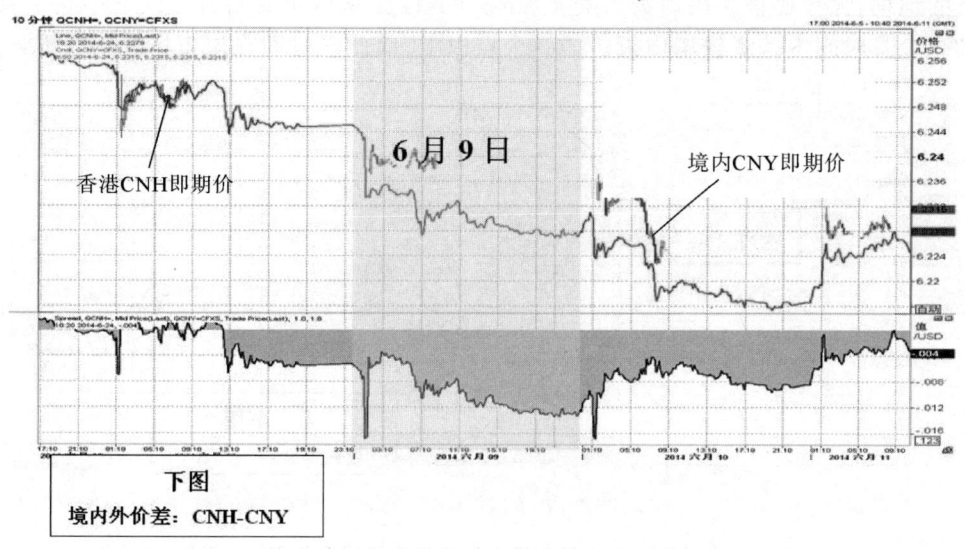

图1　2014 年 6 月 10 日人民币汇率 10 分钟走势图

图2　2014 年人民币汇率日线走势图

可以发现短期CNH汇率对于中间价变化和各类市场消息反应更为敏感,但趋势一旦形成,CNH仍将受到境内CNY走势的牵引。

3.投资者预期。投资者基于以上因素对汇率形成预期,而强烈的预期可能会夸大甚至扭曲后期走势。2011年9月末CNH汇率大幅背离境内市场的走势就很好地诠释了这一点(见图3)。当时欧债危机加剧,风险向金融领域蔓延,国际市场上美元作为避险资产受到大量买入,而其他资产均遭抛售,CNH的投资者基于看涨美元及看空中国经济的预期,大肆抛售人民币买入美元,导致CNH汇率两个交易日下跌2‰,并在接下来的一个月时间内持续较境内折价400个点以上,而此段时间在岸市场波动并不强烈。

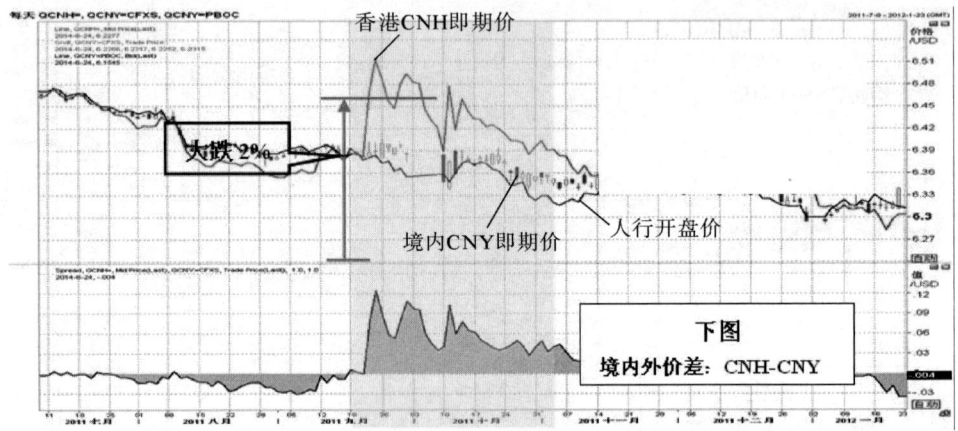

图3　2011年9月人民币汇率日线走势图

7. 简评银发〔2014〕188号文的影响

作者：工商银行浙江省分行营业部国际业务部　范一鸣

问题：

2014年7月1日，央行发布了《中国人民银行关于银行间外汇市场交易汇价和银行挂牌汇价管理有关事项的通知》（银发〔2014〕188号文，以下简称《通知》），请问：对外汇市场有何影响？

解答：

《通知》应属于更新的规范性文件。此前央行下发过类似文件，分别是2005年的银发〔2005〕183号文、250号文和2010年的银发〔2010〕325号文，相应的背景是汇改启动和二次汇改。本次更新距上次已有4年之久，中间历经两次扩大汇率波幅，境内即期结售汇市场成熟度不断提高，与人民币直接交易的外币对象在增加，《通知》的发布可以说是顺应发展、水到渠成的结果。《通知》跟之前的变化及影响主要在于：

1. 改革了人民币对部分外币的中间价形成方式。如日元、英镑、澳大利亚元、新西兰元、马来西亚林吉特和俄罗斯卢布中间价由直接交易做市商报价平均得出，而之前像日元、英镑都是通过上午9点整的国际市场汇价套算的。虽然目前做市商在报价时仍将不可避免地参考美元套算的汇率，但是至少为未来摆脱美元影响直接报价构建了操作基础。

2. 取消了银行对客户美元挂牌汇价买卖价差的限制。目前银行对客户美元结售汇设置的价差远低于人行的规定，从这一点来看，银行倒是可以通过扩大对客户买卖价差来获取更多的收益。但问题是境内即期结售汇业务经过多年的发展市场化程度已较高，各家行报价竞争激烈，扩大对客户的价差意味着报价上的劣势，估计没有银行敢单独尝试。再借鉴早几年非美币种价差限制的放开也没有引起银行扩大对客户的买卖价差，因此预计此次取消限制对未来客户结售汇价差的调整不会有太大影响。当然对于银行也并非没有益处，例如在市场波动剧烈的情况下，由于没有了价差限制，银行可以通过报差对客户的价格为自身头寸预留一定的价格保护。

8.简易期权介绍(一)

作者:工商银行浙江省分行营业部国际业务部　范一鸣

近期,国家外汇管理局下发了《银行对客户办理人民币与外汇衍生产品业务管理规定》,鼓励银行为客户提供更多创新避险工具,其中的一大亮点即是允许银行为客户办理卖出期权业务,以及包含两个或多个期权的期权组合业务。结合监管层的思路以及当前汇率双向波动的节奏,可以预料到,未来人民币期权业务将会得到巨大的发展。因而从本期问答开始,我们会陆续介绍一些简易期权组合,并分析它们的应用价值,希望给大家在汇率避险工具选择上带来一点启发。

问题:
请问什么是牛市看涨价差期权?

解答:
所谓牛市看涨价差期权,这里有几个关键词需要解释一下:(1)价差期权,在这里仅指垂直价差期权(vertical spread),指买卖一对行权价不同的同类期权;(2)牛市,低价买入一个期权再高价卖出另一个期权;(3)看涨,两个期权均属于看涨期权。所以关于牛市看涨价差期权的完整定义为:买入一个较低行权价的看涨期权,同时卖出一个到期日相同的较高执行价的看涨期权之组合。

那么,做这样一个期权组合有什么意义?我们仍旧以期权收益曲线来分析。

客户有购汇的需求,为了规避美元上涨的风险,并且防范美元下跌的可能性,选择以较低的行权价 K_1 买入一个美元看涨期权。但客户觉得期权费 P_1 太高,同时虽然看多美元,但觉得美元不会大幅上涨,因此再以较高的行权价 K_2 卖出一个美元看涨期权。这样一来,客户最终的期权费成本变为 (P_1-P_2)。该组合实质上是客户以放弃买入期权的部分潜在收益为代价来降低期权费成本和盈亏平衡点,是对只买入看涨期权的价格改善。

从下图中我们可以发现,做牛市看涨差价期权组合的客户,期待到期汇率在 AB 这一区间内,即判断美元汇率会小幅上涨,并且上涨概率大过下跌。该组合的风险和收益也很有限:最大风险为期权费净支出 (P_1-P_2);最大收益为 $(K_2-K_1)-(P_1-P_2)$,因此适用于汇率波动较小的市场行情。

8.简易期权介绍(一)

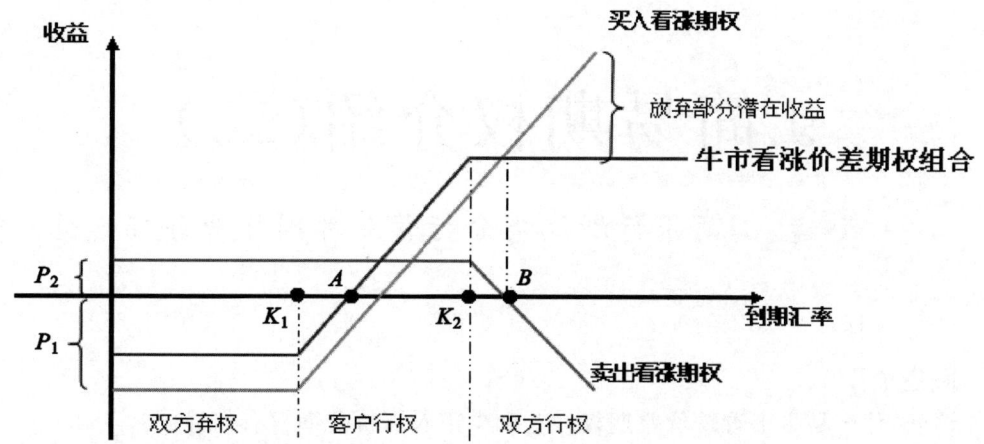

K_1：买入期权行权价　　P_1：买入期权应付期权费
K_2：卖出期权行权价　　P_2：卖出期权应收期权费

9.简易期权介绍(二)

作者:工商银行浙江省分行营业部国际业务部 范一鸣

问题:

请问:什么是牛市看跌价差期权?它和牛市看涨价差期权有何异同?

解答:

牛市看跌价差期权的定义为:买入一个较低行权价的看跌期权,同时卖出一个到期日相同的较高执行价的看跌期权之组合。

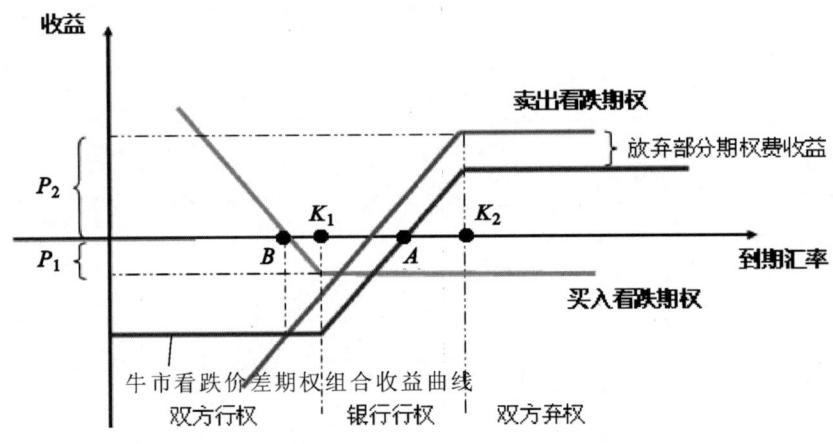

K_1:买入期权行权价　　P_1:买入期权应付期权费
K_2:卖出期权行权价　　P_2:卖出期权应收期权费

和牛市看涨价差期权相同的是,该组合也是低买高卖;不同的是,该组合的标的是看跌期权。叙作牛市看跌价差的客户,首先预测美元未来会上涨,因此希望通过卖出看跌期权(看跌期权的卖方同样也是美元多头)来获取期权费收入;但由于看跌期权的卖方在美元下跌的情况下风险逐渐放大,因而他需要通过买入一个低位的美元看跌期权来控制汇率反向风险。所以该组合实质上是客户以放弃部分期权费收益(放弃部分为P_1)为代价来规避汇率下行风险,是对只卖出看跌期权的风险调整。

从图中我们可以发现,做牛市看跌价差期权的客户,希望到期汇率在盈亏平衡点A以上,即判断美元汇率会上涨,从而稳获期权费净收入;同时和单独卖出看跌期权相比,有汇率下行的风险保护。

该组合的风险和收益均有限：到期汇率在 A 以上则获得收益，并且随着汇率的上升，收益增大至最大值(P_2-P_1)；到期汇率在 A 以下则产生损失，随着汇率下跌损失增大至固定值$(K_2-K_1)-(P_2-P_1)$。

10.简易期权介绍(三)

作者:工商银行浙江省分行营业部国际业务部 范一鸣

问题:

请介绍一下熊市看跌价差期权,以及在什么情况下会选择该期权组合。

解答:

和牛市价差期权组合相反的是熊市价差期权组合,即买入期权的执行价格高于卖出期权的执行价格的一类期权。其中,熊市看跌价差期权组合的定义为:买入一个较高行权价的看跌期权,同时卖出一个到期日相同、执行价格更低的看跌期权的组合。

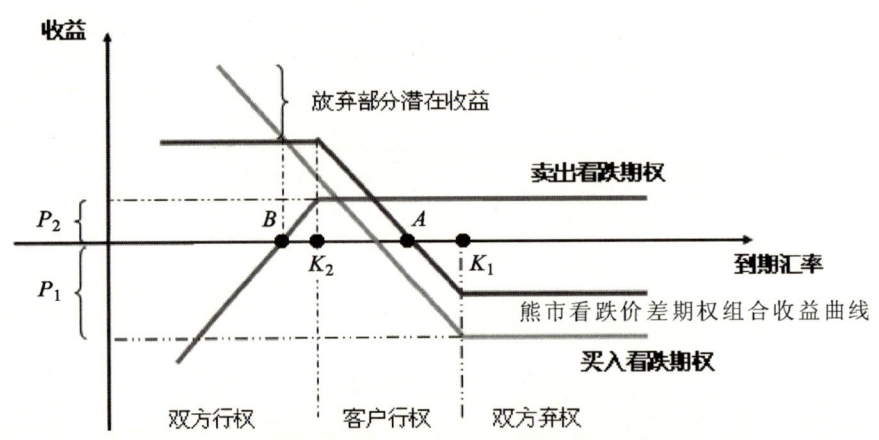

我们来看一下在外汇市场中选择熊市看跌价差期权的理由是什么:客户未来有美元结汇的需求,并且基于美元将下跌的判断同时防范美元上涨的可能,选择以 K_1 的行权价买入一个美元看跌期权;但同时客户觉得美元不会大幅下跌,愿意以放弃买入期权的部分潜在收益为代价,通过在较低点位 K_2 卖出一个同样到期日和金额的看跌期权来获取期权费收入,从而改善期权费的支出成本。

从图中我们可以发现,做熊市看跌价差期权的客户希望从美元下跌中获利,期待到

期汇率在 AB 这一区间内,即判断美元汇率会小幅下跌,并且下跌概率大过上涨。该组合的风险和收益有限:最大风险为期权费净支出(P_1-P_2);最大收益为$(K_1-K_2)-(P_1-P_2)$。

11.简易期权介绍(四)

作者:工商银行浙江省分行营业部国际业务部 范一鸣

问题:

客户叙作熊市看涨期权组合的目的是什么?

解答:

熊市价差期权组合还有另一种形式:熊市看涨价差期权组合,即买入一个较高行权价的看涨期权,同时卖出一个到期日相同、执行价格更低的看涨期权的组合。

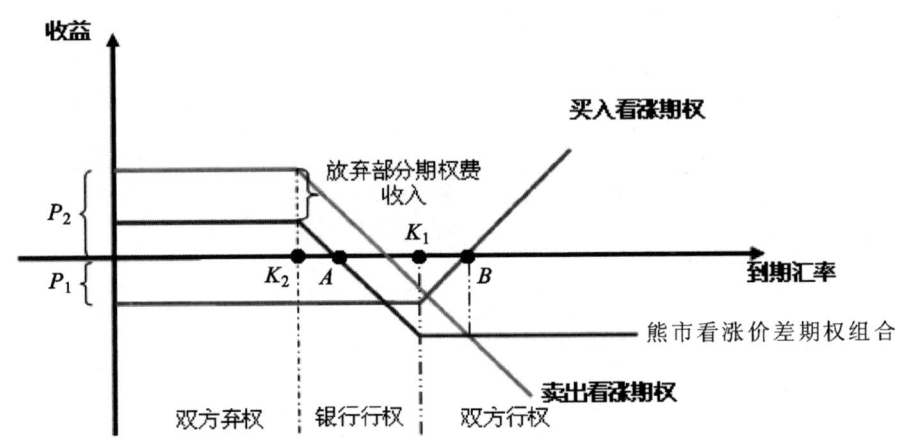

K_1:买入期权行权价　　P_1:买入期权应付期权费
K_2:卖出期权行权价　　P_2:卖出期权应收期权费

外汇市场中投资者选择熊市看涨价差期权首先是基于美元将下跌的判断,希望从美元下跌中获取收益,因此选择以 K_2 的行权价卖出一份美元看涨期权,从而获取期权费收入 P_2;但同时投资者需要规避美元上涨的风险,因此选择在一个较高的行权价 K_1 买入一份到期日和金额都相同的美元看涨期权,需支付期权费 P_1。该组合实质上是客户以放弃部分期权费收益(放弃部分等于 P_1)为代价来规避汇率上行风险,是对卖出看涨期权的风险调整。

从上图中我们可以发现,做熊市看涨价差期权的投资者希望到期汇率在盈亏平衡

点 A 以下,即判断美元汇率会下跌,从而稳获期权费净收入;同时和单独卖出看涨期权相比,多了个汇率上行的风险保护。该组合的风险和收益有限:最大风险为 $(K_1-K_2)-(P_2-P_1)$;最大收益为期权费净收入 (P_2-P_1)。

12. 简易期权介绍（五）——风险逆转期权组合 1

作者：工商银行浙江省分行营业部国际业务部　范一鸣

问题：
什么是风险逆转期权组合？和普通远期相比有何区别？

解答：
风险逆转期权组合有两种形式：看跌风险逆转期权组合和看涨风险逆转期权组合，应用在人民币外汇期权上，称之为结汇期权组合和购汇期权组合。

1. 结汇期权组合

客户以较低的行权价买入美元看跌期权（结汇期权），同时以较高的行权价卖出美元看涨期权（购汇期权），两个期权名义本金、期限完全相同。

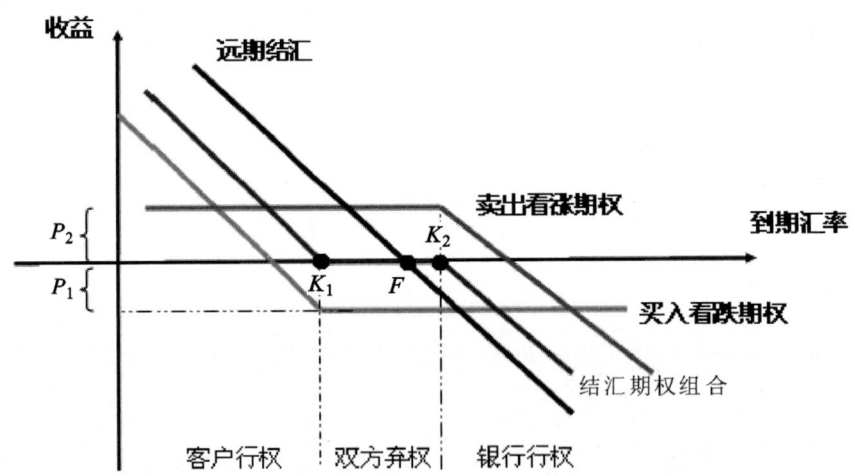

K_1：买入期权行权价　　P_1：买入期权应付期权费
K_2：卖出期权行权价　　P_2：卖出期权应收期权费

结汇期权组合的策略是这样的：客户未来有结汇需求，先买入一个结汇期权，既规避了人民币升值的风险又防范了人民币贬值的可能；但是客户觉得期权费 P_1 太高，同时预期人民币升值或者小幅贬值的可能性较大,因此在较高的价格 K_2 处卖出一个购汇期权(这时候客户还是结汇方向),得到期权费收入 P_2,降低期权费净支出(图中收支相抵、净支出为零)。

当到期即期汇率低于 K_1 时,客户可以 K_1 价格结汇,规避了人民币升值的风险;当汇率介于 K_1 和 K_2 之间时,客户以即期价格结汇;当汇率大于 K_2 时,客户必须以 K_2 价格结汇,无法获得人民币贬值的收益。

和单独买入结汇期权相比,该期权组合优点是降低了交易成本,缺点是当人民币大幅贬值(即美元汇率高于 $K_2+P_1-P_2$)时,市值亏损无限放大。

和远期结汇相比,结汇期权组合有一个灵活的结汇区间,在到期即期汇率低于远期汇率 F 时,结汇价格不如远期,最大价差为 $(F-K_1)$;到期汇率高于 F 时,结汇价格好于远期,最大价差为 (K_2-F)。也就是说,办理结汇期权组合的客户以放弃远期结汇至多 $(F-K_1)$ 的人民币升值保护来获得至多 (K_2-F) 的人民币贬值收益。

结汇期权组合和之前提到的熊市看跌差价期权组合相比,从客户结汇需求出发同样都是为了规避人民币升值的风险,但区别在于前者预期人民币小幅贬值而后者预期人民币小幅升值,前者的风险和收益都无限大而后者风险和收益有限。

13.简易期权介绍（六）——风险逆转期权组合2

作者：工商银行浙江省分行营业部国际业务部　范一鸣

问题：
什么是风险逆转期权组合？和普通远期相比有何区别？

解答：
（接上篇）。2.购汇期权组合
客户以较高的行权价买入美元看涨期权（购汇期权），同时以较低的行权价卖出美元看跌期权（结汇期权），两个期权名义本金、期限完全相同。

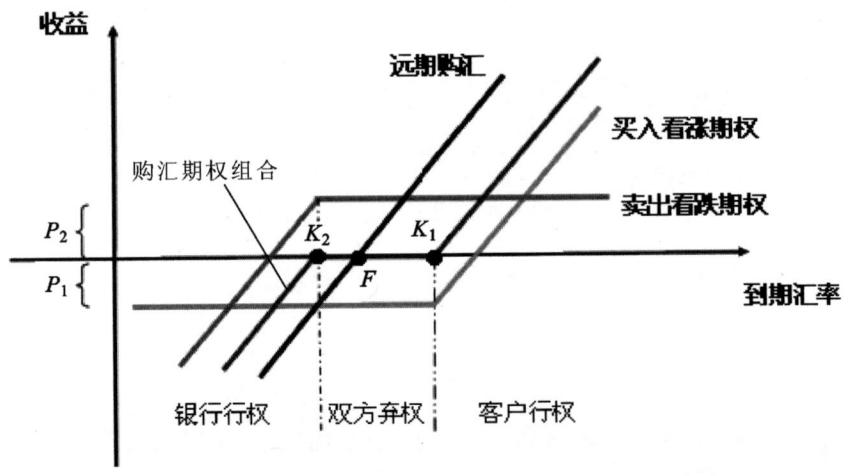

K_1：买入期权行权价　　P_1：买入期权应付期权费
K_2：卖出期权行权价　　P_2：卖出期权应收期权费

购汇期权组合的策略：客户未来有购汇需求，先买入一个购汇期权，既规避了人民币贬值风险又防范了人民币升值；但是客户觉得期权费 P_1 太高，并且预期人民币贬值或者小幅升值的可能性较大，因此在较低的价格 K_2 处卖出一个结汇期权（这时候客户还是购汇方向），得到期权费收入 P_2，降低期权费净支出（图中收支相抵、净支出为零）。

当到期即期汇率高于 K_1 时,客户可以以 K_1 价格购汇,规避了人民币贬值的风险;当汇率介于 K_1 和 K_2 之间时,客户以即期价格购汇;当汇率低于 K_2 时,客户必须以 K_2 价格购汇,无法获得人民币升值的收益。

和单独买入购汇期权相比,该期权组合优点是降低了交易成本,缺点是当人民币大幅升值(即美元汇率低于 $K_2-P_1+P_2$)时,市值亏损无限放大。

和远期购汇相比,购汇期权组合有一个灵活的汇率区间,在到期即期汇率高于远期汇率 F 时,购汇价格不如远期,最大价差为(K_1-F);到期汇率低于 F 时,购汇价格好于远期,最大价差为($F-K_2$)。也就是说,办理购汇期权组合的客户以放弃远期购汇至多(K_1-F)的人民币贬值保护来获得至多($F-K_2$)的人民币升值收益。

购汇期权组合和之前提到的牛市看涨差价期权组合相比,从客户购汇需求出发同样都是为了规避人民币贬值的风险,但区别在于前者预期人民币小幅升值而后者预期人民币小幅贬值,前者的风险和收益都无限大而后者风险和收益有限。

14. 简易期权介绍（六）——跨式期权组合

作者：工商银行浙江省分行营业部国际业务部　范一鸣

问题：

什么是跨式期权？它的适用背景是什么？

解答：

当我们不能确定汇率的变化方向，但是能确信汇率将会朝着某一个方向显著变化时，我们可以通过买入跨式期权组合（也叫鞍式期权、对敲期权）来降低风险、获取收益。跨式期权组合是在同一个执行价格上买入一笔看涨期权和一笔看跌期权，并且两笔期权的期限、本金均相同。

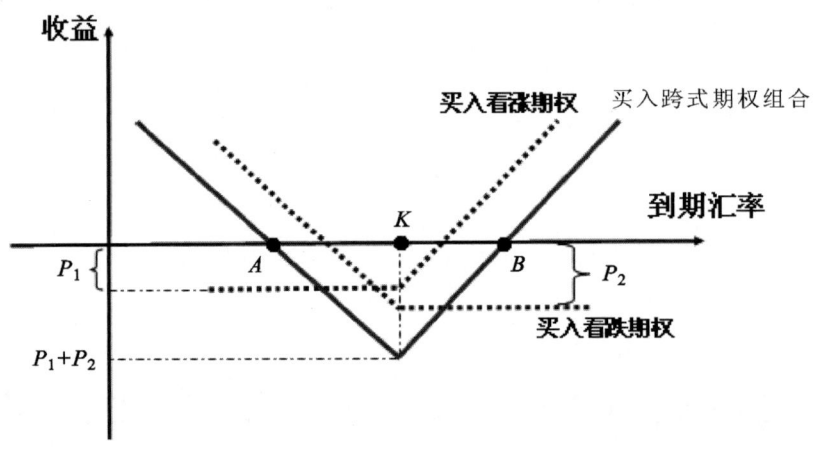

交易结构为先买入看涨期权、需支付期权费 P_1；再买入看跌期权、需支付期权费 P_2；因此客户需前端支付期权费(P_1+P_2)，从资金成本的角度来看，跨式期权是一项成本昂贵的交易策略。那么它的执行效果如何呢？我们以人民币外汇跨式期权为例来说明。

当到期美元兑人民币汇率低于 K 时，看涨期权不行权、看跌期权行权，即客户以 K 的汇率结汇，规避汇率下跌风险；当到期汇率高于 K 时，看涨期权行权、看跌期权不行权，即客户以 K 的汇率购汇，规避汇率上涨风险。但考虑到期权费的成本，只有当汇率低于$(K-P_1-P_2)$或高于$(K+P_1+P_2)$时，跨式期权才能产生收益，对应的点位即为

图中 A、B 两个盈亏平衡点；相反,如果汇率只是在 AB 之间波动,并未选择一端突破,则该组合是有损失的,最大的损失为 (P_1+P_2)。形象点讲,该组合在人民币大幅升值或贬值的情况下可以锁定结汇或者购汇的成本(也可以以差额交割的方式获得收益),但是在区间窄幅波动的情况下会产生亏损。

又回到了本文开头,选择跨式期权的客户必然预计未来汇率会有大的波动,但是方向不明。所以使用跨式期权的目的是抓住汇率突变带来的收益,这决定了它更适合在汇率确定下一步走势前使用。是不是很适合在三角形形态酝酿突破前使用?

如果客户的观点刚好相反:觉得汇率只会在狭小的区间内波动,不会有大幅的变化,那么只需卖出一个跨式期权组合。这时的收益曲线正好和上图成水平镜像,但须注意的是此时的收益有限,但是风险无限放大。

本文部分内容参考《简易期权(第二版)》(盖伊·科恩　著)

15. 简易期权介绍（七）——勒式期权组合

作者：工商银行浙江省分行营业部国际业务部　范一鸣

问题：

什么是勒式期权？它的适用背景如何？

解答：

勒式期权组合，也叫宽跨式或异价跨式期权。买入勒式期权包含两步交易：先以较低的执行价买入价外看跌期权，再以较高的执行价买入价外看涨期权。

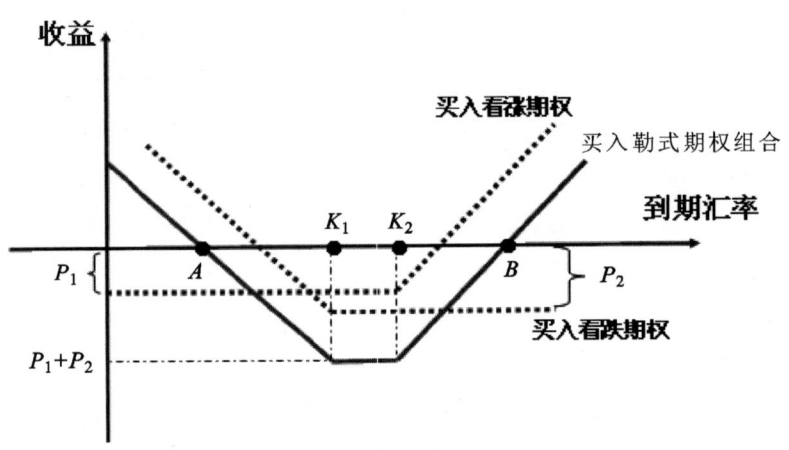

我们来看一下人民币外汇勒式期权的到期执行效果：

当到期美元兑人民币汇率低于 K_1 时，看涨期权不行权、看跌期权行权，即客户以 K_1 的汇率结汇，规避汇率下跌风险；当到期汇率介于 K_1、K_2 之间时，均不行权；当到期汇率高于 K_2 时，看涨期权行权、看跌期权不行权，即客户以 K_2 的汇率购汇，规避汇率上涨风险。而同样考虑到期权费的成本，只有当汇率低于 $(K_1-P_1-P_2)$ 或高于 $(K_2+P_1+P_2)$ 时，跨式期权才能产生收益，对应的点位为图中 A、B 两个盈亏平衡点；相反，如果汇率只是在 AB 之间波动，并未选择一端突破，则该组合是有损失的，最大的损失为 (P_1+P_2)。

由此可以发现，勒式期权和跨式期权的买方都是利用资产价格的突变来获取收益，而它们的区别在于,前者是买入两个行权价不同的价外期权(价外期权是指期权的行权价格差于标的资产的价格,只有时间价值而没有内在价值),前端支付的期权费更低,而对应的盈亏平衡点区间 AB 更宽(支出越少,获取收益的可能越小),因此,买入勒式期权的客户必然预期汇率将产生更大幅度的双向波动。

而如果客户的观点刚好相反:觉得汇率只会在一定的幅度内区间震荡,那么只需卖出一个勒式期权组合。这时的收益曲线也和上图成水平镜像,但须注意的是此时的收益有限,但是风险却无限放大。

本文部分内容参考《简易期权(第二版)》(盖伊·科恩　著)

16. 外汇占款和外汇储备有何区别？

作者：工商银行浙江省分行营业部国际业务部　范一鸣

问题：

外汇占款等于外汇储备吗？

解答：

要回答这个问题，需要先来看一下两者的定义。

根据百度词条的解释，外汇占款是指中央银行收购外汇资产而相应投放的本国货币。而外汇储备是一国所持有国际储备中的外汇部分，是可以随时兑换的外汇资产。

首先从货币形式上来说，外汇占款表现的是本币单位（人民币），而外汇储备表现的是外币单位（所有外币均折合美元）。其次由于我国结售汇制度的存在，外汇占款有两层含义：一是央行在银行间外汇市场上收购外汇形成基础货币的投放（即上述外汇占款的定义），体现在央行《货币当局资产负债表》中的"外汇"项，俗称"央行口径外汇占款"；二是包括央行和商业银行的整个银行体系向实体经济投放的货币，体现在央行《金融机构人民币信贷收支表》中的"外汇占款"项，即"全口径外汇占款"。外汇储备必须为货币当局可以无条件随时使用的这一特点，决定了只有央行买入的外汇才能成为外汇储备；而"全口径外汇占款"中因为有一部分外汇资产被商业银行留存，所以就不能作为外汇储备。

那么央行的外汇资产是否就等于外汇储备呢？

非也。虽然当期央行外汇资产的变动会带来外汇储备等量的变动，但是影响外汇储备变动的还有其他因素，即前者是影响后者的主要因素而不是唯一因素。这是因为为了使持有的外汇储备保值增值，中央银行会以存款、证券等投资形式持有外汇储备，而这部分投资收益会继续计入外汇储备中，形成储备增值。另外，由于储备的是各币种的外汇，因此各币种汇率变动会形成外汇储备的估值变动。

所以，外汇占款并不等于外汇储备。但是央行资产负债表中的外汇资产和国际收支中的外汇储备有相当大的联系。

17. 远期结售汇展期对客户有何影响？

作者：工商银行浙江省分行营业部国际业务部　范一鸣

问题：

我们经常会遇到远期结售汇交易到期时客户要求展期，请问：此类交易对客户有何影响？

解答：

远期结售汇交易到期，客户由于资金未到位，或者觉得即期价格要远好于原签约价格，希望将远期交易展期。需注意的是，远期结售汇的展期不同于贷款展期，不仅是期限的延展，还会有价格上的变化。这是由于远期交易的展期需要根据当前市价将原签约价格对冲掉，然后根据展期期限给出一个新的远期价格，即展期价格等于新的远期价格加上对冲损益。

为了便于说明，我们以远期结汇为例，虚拟几个市场价格：

假设客户有一笔100万美元的远期结汇到期，约定的签约价格为6.08，而当前市场上即期结售汇价格为6.1180/6.1420，三个月远期结汇价格为6.1560。客户觉得即期结汇价格更好，希望将手头的美元即期结汇，并要求将远期交易展期三个月，这时客户需要做一笔美元的BUY SIGHT/SELL3M的掉期交易，通过掉期交易可以获得(6.1560－6.1420)＝0.0140的掉期点收益，因此最终的展期价格为6.0940。看起来似乎展期的效果不错：客户既能以较高的即期价格结汇，又通过展期获得了比原签约价格更高的展期价格，不亦乐乎？

但，展期并不一定那么美好。

首先，客户既然做了展期，必然要求三个月后需要有资金来交割，如果没有资金怎么办？是违约还是继续展期？无论选择哪一项必然要再次面对对冲损益的产生，而损益多少高度不确定。

其次，若展期到期时适逢美元大幅升值，即期汇率再一次好于展期价格，也就是说客户虽然通过展期将汇率风险后推了三个月，但是并不意味着风险的消除，到时候又该怎么处理？

再次，就算展期到期时美元贬值了，比如到了6.05，展期就一定是最优方案了吗？我们用数据说话：展期交割后，算上前面那笔即期结汇的，客户一共结了200万美元，收

到人民币 $100\times6.1180+100\times6.0940=1\,221.20$。而如果客户不选择展期，前面那笔 100 万美元仍然按 6.08 履约交割，同时锁定一笔三个月的新远期，同样结了 200 万美元，但是收到的人民币为 $100\times6.08+100\times6.1560=1\,223.60$，总的收入比展期多了 2.4 万人民币。为什么？正如前面所讲，展期是一笔掉期交易，涉及一买一卖，比普通远期多了一步交易，这就意味着客户需要承担多一份的结售汇点差。

因此，如果客户不是因为贸易背景变化导致资金无法到位，而仅仅是因为当前即期汇率更好而要将远期交易展期的话，从成本上来说反而是不如按时履约同时锁定一笔新的远期来得划算。当然，如果从改善当期财务报表的角度考虑，通过展期交易将汇率损益的风险挪到后期也是一种变通的方法。

附　录

1.祝福"天九湾贸易金融圈"微信平台的诞生

中国贸易金融向何处去？波澜壮阔的人民币国际化和市场化大潮在奔腾，流贷贸易融资化大势不可阻挡，而一开始就高喊"银行不改变，就改变银行"的互联网金融，正在一天天改变着传统金融业的生态。有理由相信，中国的贸易金融正在翻开新的篇章。

研究创造价值。无疑，未来的银行将更加注重创新，而创新必须基于系统性和前瞻性的研究，研究客户的需求，研究市场与政策的变化，研究银行技术的奥妙，研究银行产品的长期趋势和最新动态。显然，中国的贸易金融不可能例外。

一元复始，万象更新。马年的正月十五，春意融融，生机勃发，"天九湾贸易金融圈"微信平台诞生了。"天"意高远，"九"寓精微，这个平台旨在成为一个有志于中国贸易金融事业的研究人士与实战精英激荡思想，畅谈人生，交流研究心得，交流实战体悟，交流中国化的国际国内贸易金融规则、产品、技术和创新商业模式的港湾。这个平台是一个"人人参与，人人共享"的开放式公益平台，将第一时间发布发起人及贸易金融研究团队的最新活动和研究动态，并将以自媒体的形式每日推送原创文章和案例，点评具有重大价值的原创文章和外围文章，以文会友，集聚招纳海内外有识之士。

我们共同祝福吧！

祝您和您的亲友元宵节快乐！

祝天下有情人情人节快乐！

祝"天九湾"的各位好友和研究团队成员，马年一马当先、新春快乐！

祝"天九湾"在各位同仁的支持下，马年万马奔腾、生日快乐！

"天九湾贸易金融圈"微信平台发起人

兴业银行　林建煌

江西财大　王善论

北京银行　王栋涛

2014年2月14日，正月十五

2.跨境人民币市场评论

作者：林建煌
现单位：通九湾金融信息服务（上海）有限公司
原单位：兴业银行股份有限公司

跨境贸易人民币融资，是依托跨境贸易人民币结算的贸易融资。理论上，外币贸易融资产品，均适用于跨境贸易人民币融资，如进口信用证、进口付款保函、进口押汇、出口议付和出口押汇、出口应收账款贴现和福费廷、保付加签、保理下坏账担保和融资保理，等等。当然了，跨境贸易人民币融资，绝不仅仅是对外币贸易融资的简单替代，而是相对独立、自成体系、蔚为大观。

现阶段，跨境人民币业务火热。跨境人民币业务到底热到什么程度？按业内的说法，2010年6月份二次汇改和跨境人民币结算扩大试点范围之前，香港的银行缠着中资银行做，中资银行都提不起兴趣；而这之后，中资银行打电话找香港银行做，香港银行工作人员已经没有太大的耐心来听业务，因为他们太忙了，他们接的跨境人民币业务太多了，多得天天加班加点。

为什么会有如此巨大的反差？

我们认为，二次汇改是一针鸡血，为跨境人民币市场注入了一股强大的动力。说实话，正常的国际贸易改用人民币结算，国内进出口企业、国内银行与国内企业，首先遇到的便是囚徒困境。人民币币值坚挺，国内出口企业当然是欢迎的。但是，贸易是双方的事，对手会接受吗？如果不考虑通过第三国货币转换的双重汇兑成本，贸易上的计价结算币别谈判将是一个零和游戏。坚挺的人民币，对国内出口企业来说，是好事；对出口企业的贸易对手来说，则承担着全部汇率风险，这是明摆着的让利。国内进口企业，显然与出口企业不同，手里有着大把可用于支付的人民币，这是事实。正因为如此，市场上早期的跨境贸易人民币融资产品设计，主要着眼于进口企业的需求。2010年全国进口跨境贸易人民币结算量，达到跨境贸易人民币结算总量的90%以上。

所以，这里重点分析进口贸易融资产品。但是，无利不起早，人民币币值坚挺的预期之下，国内进口企业凭什么选择主动让利，对外以人民币支付货款呢？

二次汇改的直接结果，则诱发了人民币长期升值的预期，直接改变了人民币跨境市场的利益机制。这个预期，催生了境外非居民持有人民币的意愿和人民币跨境结算的需求。于是，银行与企业、出口企业与进口企业在人民币跨境结算上进退两难的囚徒困境，轻松地被突破。市场上经典的进口跨境人民币组合——人民币"稳汇赢"，便是充分

2. 跨境人民币市场评论

借助人民币长期升值预期形成的,即远期市场上非常悬殊的人民币汇率,千变万化,风靡至今,长盛不衰。该组合是一个系列,以标准组合为基础。人民币"稳汇赢"标准组合,围绕进口需求而设计,具体包括:

人民币全额保证金,由国内进口商提供。人民币全额保证金,一方面足以弥补国内银行失去结售汇收入的损失,而绰绰有余;另一方面,由于国内外利差的缘故,其产生的利息收益,几乎可以完全抵补境外外币贴现的利息成本。

人民币跨境进口超远期信用证,在国内进口商申请的前提下,由国内银行向香港中间商开立。香港中间商通常是国内进口商的关联公司。人民币跨境远期信用证,90 天以内可以正常叙做。但是,90 天以内期限太短,人民币保证金利息收益和远期购汇汇率,不容易拿到理想的价格。所以,实务中绝大多数做 90 天以上的超远期,且以 360 天为主。人民币跨境结算可以享受短债便利,人民币跨境超远期信用证不受短债指标约束。

境外外币贴现,由香港中间商向香港银行申请,并向出口商支付。境外外币贴现,利率按极低的 LIBOR 加点计算,比当前国内人民币贷款利率低很多,其利息成本,几乎可以由人民币保证金存款利息收益完全抵补。

境外超远期购汇,由香港中间商向香港银行申请。境外超远期购汇,是为了衔接远期到期付款时收人民币还外币的币别转换,提前锁定风险。二次汇改之后,在人民币长期小幅升值趋势的背景下,超远期购汇成了纯粹保赚不赔的工具。

这是国内进口企业叙做跨境人民币信用证的主要动力。

这是一个什么样的组合?

对于企业来说,人民币"稳汇赢"标准组合,归根结底,就是个无风险理财组合。据了解,2010 年 6 月二次汇改和人民币跨境结算扩大试点之后的下半年,理财收益按贸易金额的比例计算,高者在 3% 左右,低者也有 2% 左右。

这里作个测算,在人民币"稳汇赢"标准组合下,以 5 月 5 日(注:2011 年)上午 9:30 的时点报价数据作为基础,假如开证金额为人民币 1 000 万元,大致可得理财收益人民币 20.2 万元,理财收益率 2.02%。具体过程如下:

境内客户 1 年期人民币存款利息收入:1 000 万元 × 3.25% × (1 − 20%) = 26 万元 (注:人民币存款利率 3.25%,利息税率 20%)。

香港关联公司在香港银行叙做的 1 年期美元融资利息支出:1 000 万元 × (−2.75%) = 27.5 万元(注:美元融资利率按当前 1 年期 LIBOR + 200BP 计算,LIBOR 加点数视香港关联公司资信而定,目前水平大约为 200BP)。

香港关联公司以 NDF 锁定 1 年期人民币升值收益:1 000 万元 × 2.17% = 21.7 万元 (注:香港 H 银行 1 年期 NDF 报价 6.36,人行人民币中间价 6.5013,收益率 2.17%)。

理财收益 = 26 万元 − 27.5 万元 + 21.7 万元 = 20.2 万元(注:不含 LC 开证费用、贴现费用等相关手续费)。请注意:这里的理财收益率,是以贸易发生额为基础的。

对于国内外银行来说,准确地说,这是一个近似零风险、免资本占用、超高综合回报的贸易融资产品组合。我们知道,贸易融资具有低风险、低资本占用、低成本、高综合回报的特点。人民币跨境贸易融资也不例外,而人民币"稳汇赢"标准组合,基于其全额保证金的前提条件,实际上已经把贸易融资的特点发挥到了极致。

当然了,市场在变化,政策在变化,人民币"稳汇赢"组合的产品研发必须随机应变。目前,有一个趋势值得关注:在部分保证金的条件下,人民币"稳汇赢"组合该如何变化?

2010年之前,市场上看到的人民币"稳汇赢"组合,几乎都是清一色的全额保证金。基于保证金对信用风险完全缓释风险的效果,人民币跨境信用证为零风险。到了2014年初,有一点明显的变化,部分保证金的变种组合,渐渐多了起来。实际测算的结果表明,在部分保证金的条件下,进出口企业的理财收益,并没有明显的变化。

全额保证金,近似于零风险。部分保证金,意味着正风险。从全额保证金到部分保证金,从零风险到正风险,银行的回报在减少,银行的风险在暴露。但经过市场上银行和进出口企业的一番博弈,如今出现的部分保证金的苗头,则为大势所趋。

人民币跨境结算市场争夺的集结号已经吹响。我们有理由相信,实践将给出最响亮的回答,好戏还在后头。

3. 防范提货担保风险

作者：林建煌

提货担保到底有什么风险？风险是如何形成的？提货担保下，开证行是否可以行使拒付的权利呢？什么时候要拒付，什么时候不要拒付呢？

在提单代表货权的情况下，收货人须凭正本提单提货。但是，单据的流转，与货物的运输并不同步。极少数时候，单据到达收货人手里，会晚于货物到达目的地，这就是通常所说的"货等单"，"货等单"的时间长了，往往会产生巨额的滞港费，吞食进口商的利润，并可能延误进口商生产和出货的机会。

为避免"货等单"现象，"提货担保"是实务中一个重要且常见的办法，提货担保下默认背后有一套代表货权的提单。提货担保（Delivery against Bank Guarantee）是指在货物先于信用证项下提单或其他物权凭证到达的情况下，为便于进口商办理提货，尽快实现销售和避免货物滞港造成的费用和损失，银行根据开证申请人的申请向船公司出具书面担保。银行在担保书中承诺日后补交正本提单，换回有关担保书。准确地说，提货担保函，不限于适用提单，还适用仓单。

诉讼案揭示风险

提货担保下，银行的风险到底是什么？非常典型的 2007 年的乌兹别克斯坦 UZI 公司（即：Uzinterimpex JSC）诉 SBL 银行（即：Standard Bank Plc，标准银行）一案将会揭晓具体的银行风险。

案中涉及一笔大宗原棉贸易，金额约 USD72 600 000.00，买方为 AMJ 公司，买方银行为 SBL 银行，卖方为 UZI 公司，卖方银行为 NBU 银行（即：the National Bank of Uzbekistan，乌兹别克斯坦国家银行）。

基础合同的付款条款，包括两部分：

预付合同金额的 90%，即 USD65 600 000.00。预付款由买方银行 SBL 银行牵头的银团贷款而来，以卖方银行 NBU 银行开立的预付款保函为依据。预付款保函规定：保函金额，将按每一次交货后回笼款入约定账户的金额自动扣减，该回笼款相应偿还预付款银行贷款。合同金额余款，即 10%，即 USD7 000 000.00，以信用证结算。

卖方 UZI 公司发货时先存仓，但并未向买方 AMJ 公司交付仓单，也并没有在信用证下交单。买方凭 SBL 银行出具的提货担保函提货，实际价值 USD36 000 000.00，发票面值 USD27 900 000.00，货物卖出后款项全额存入预付款保函下约定账户用于偿还银团贷款 USD27 900 000.00，并相应扣减保函余额。

此后，由于预付款保函下约定账户一直无回笼款用于偿还银行贷款，买方银行 SBL 银行代表买方 AMJ 公司发起预付款保函下索赔，金额即银团贷款余额 USD37 700 000.00，卖方银行 NBU 银行立即予以赔付。接着，卖方 UZI 公司很快就发现，买方 AMJ 公司凭提货担保函提货后贱卖货物，因为所提货物实际价值 USD36 000 000.00 超过回笼款 USD27 900 000.00。于是，卖方 UZI 公司提起仲裁，仲裁庭裁定其有权向买方 AMJ 公司追索已提取货物余款 USD8 100 000.00，不久买方 AMJ 公司破产没有付款。无奈之下，卖方 UZI 公司把相关权利转让给卖方银行 NBU，由其全权处理此事。相应地，卖方银行 NBU 认为买方银行 SBL 恶意索赔，将其诉诸法院。

法院最终判决卖方银行 NBU 银行败诉，认为买方银行 SBL 银行代表买方 AMJ 公司发起的索赔并非恶意索赔。理由是：买方银行 SBL 银行无法区分入预付款保函下约定账户的款是什么款，所以，只有入账了才可减额，而未减额部分均可正当索赔。

我们认同法院的判决，因为法院的推理看不出什么纰漏。但本案仍存在一些反常之处。请注意，买方 AMJ 公司的提货并不正常，它并没有获得代表货权的仓单，而是凭买方银行 SBL 银行出具的提货担保函提货。试想，卖方银行 NBU 银行为什么不能代表卖方 UZI 公司通过仓单先向仓储公司索赔，再由仓储公司凭提货担保函向提货担保函出具人——买方银行 SBL 银行索赔呢？如此一来，卖方 UZI 公司和卖方银行 NBU 的处境已经峰回路转了。换言之，即便卖方 UZI 公司和卖方银行 NBU 银行的损失无法在预付款保函下追回，仍可以从提货担保函下追回。显然，对于开立提货担保函的买方银行 SBL 银行来说，风险已经暴露无遗了。

提货担保有风险

进一步，提货担保的风险又是如何形成的呢？这里以提货担保双倍保证金案为例，来说明风险的形成过程。假设信用证规定货物 1MT，价值 10 万美元。出口商实际出货 1MT，实际价值 100 万美元。货到目的港，进口商向开证行申请提货担保，开证行向船公司出具提货担保函，并附副本发票显示货物 1MT，价值 10 万美元，提单也显示货物 1MT。为保险起见，开证行向进口商收取了发票面值的双倍保证金 20 万美元。

双倍保证金下提货担保，开证行安全了吗？实际上，受益人根本就没有在信用证下交单，它早已把货物按实际价值 100 万美元转卖给第三方。由于船公司已经向进口商放货，第三方无法向船公司提货，只好向船公司索赔，仍按实际价值 100 万美元。相应地，船公司只好转凭提货担保函向开证行索赔，仍按实际价值 100 万美元。此时，开证行以双倍保证金 20 万美元抵偿后，还需向进口商追偿差额 80 万美元。这就是开证行在提货担保下形成的风险敞口。换言之，开证行即便收了双倍保证金，也没有脱离险境。

为什么呢？我们认为，归根结底，与提货担保函的风险特征有关。保函，通常涉及两个风险敞口，一为金额，二为期限。而在提货担保实务中，这两个敞口，通常事先都无法锁定。所以，表面上看，开证行在叙作提货担保时保函金额为所附发票金额，即 10 万美元，期限也是确定的，但绝大多数情况下会另带一个条款，表明承运人索赔金额和期限以实际发生为准。这是相对的无限责任。而进口商在提货担保下提供用于反担保的保证金，则是有限的，比如双倍保证金，即 20 万美元。显然，双倍保证金，是无法覆盖提货担保的全部风险的。换言之，对于开证行来说，提货担保下双倍保证金，仍然可能不够安全。

提货担保下开证行可以拒付

更进一步，实务中经常有人问：开证行叙作了提货担保，还可以拒付吗？我们应该知道，信用证下单据有不符点，就可以拒付。当然，单据有不符点也可以不拒付，这是开证行和进口商的选择权。准确地说，已经办理了提货担保，开证行面临不符点单据的选择，应该是"要不要"拒付，而不是"能不能"拒付。至于到底"要不要"拒付，不仅与不符点的性质有关，更与提货担保的机制有关。

我们看一下例外的情况——海运提单缺失。提货担保以信用证要求提供"全套正本提单"为前提。如果海运提单缺失，这本身就是不符点，开证行可以选择拒付，也可以选择付款。双倍保证金案下，海运提单缺失显然是无法换取提货担保函。此时，开证行如果付款，必须支付一倍保证金，才可获得非全套正本海运提单，但是由于无法换取提货担保函，开证行在提货担保函下的责任并未解除，如果遇到善意第三人持有流转在外的提单凭以索赔，则仍须按货物实际价值赔付 100 万美元，而此时保证金只剩下一倍，即 10 万美元，差额为 9 倍保证金，即 90 万美元。开证行如果拒付，虽然仍无法换取提货担保函，但由于双倍保证金原封未动，差额为 8 倍保证金，即 80 万美元。两害相权取其轻，显然，拒付是开证行的明智选择。

至于通常情况下所提交的正本海运提单没有缺失，则基本上已经无此利害关系了。因为开证行总是能够在付款后，凭全套正本海运提单，换回提货担保函，从而解除其在提货担保函下的相对"无限"的担保责任。而提货担保函下的担保责任一经解除，则与是否在进口商申请提货担保之时虚报发票金额无关了。相应地，此时付款则是开证行的明智选择。

至于更实质的，开证行希望彻底规避提货担保风险，关键在于"了解你的业务，了解你的客户"！

4.从协议付款说开去

作者：林建煌

创新无处不在,在市场和政策环境自2013年以来短时间之内发生巨大变化的情况下,外汇表外融资创新产品层出不穷,如付汇通、汇贷盈、购付宝、盈付通、保付加签、协议付款等,以及外汇表外融资产品与跨境人民币产品的组合运用,让人眼花缭乱。

"协议"创新

作为非常抢眼的外汇表外融资业务之一,协议付款引起了监管部门的高度关注。《中国外汇》记者提出了一个很有意思的问题:协议付款到底是如何运作的？它为什么能突破银行短债监管？需不需接受别的办法进行替代性监管呢？

从提供的公开资料中,我们得知,"协议付款是指境内企业有融资需求而境内银行无法提供外汇贷款的情况下,由境内银行的海外分行直接向境内机构融资,用以清偿该企业的支付,境内银行受海外融资行的委托与境内客户签署协议付款合同。""协议付款业务到期时,境内企业如果未能按时偿还融资本息和相关费用时,境内银行有权协助海外融资银行向企业追索。"

对于协议付款的准确理解,需要与海外代付作一个对比,两者很像,但确实不同。协议付款和海外代付的共同之处是:两者都基于企业的对外延期付款背景,从而都会形成外债。不同的是:海外代付下提供融资的是境内银行,提供资金的是境外银行,所以占用境内银行的短债指标(指90天以上的海外代付),在债务主体监管上呈现出来的是境内银行的外债。

协议付款下提供融资的是境外银行(准确地说,是境内银行的海外分行),境内银行(准确地说,是境内银行的境内分行)起的是中介作用,即放款时协助签约,还款时协助追讨,在债务主体监管上由于无法直接对境外银行实施监管,只能认定为企业的外债,从而占用企业贸易信贷额度,加以监管,不占用境内银行的短债指标。

然而,在外债监管和市场效果上,由于债务主体的不同,企业贸易信贷额度相对宽裕,而银行短债指标,则明显紧张得多,于是在传统的外汇表外贸易融资产品组合——海外代付叙做困难的情况之下,协议付款作为一个创新的外汇表外贸易融资产品组合受到市场的欢迎,也就在情理之中了。需要澄清的是,协议付款仍然必须占用企业贸易信贷额度,从而受到外债监管。

监管部门可能的担心是,协议付款不好监管。因为银行短债指标监管下银行相对集中,刚性较强,比较好管;而企业贸易信贷额度监管下企业相对分散,刚性较弱,如果按照银行融资性担保来监管,又无法直接适用对外担保的管理规定。

笔者个人认为,协议付款是否按照银行融资性担保来监管,起码要考虑两个问题:一是境内银行责任应该如何进行"准确"的法律定性,二是银行融资性担保监管和企业贸易信贷额度监管并存在制度设计上是否"合理"。

说到对协议付款下境内银行的责任做"准确"地法律定性之时,必须确认一点,即不管是监管部门所认为的"好像具有融资性担保的性质",还是协议文本中所载明的"协助海外融资银行向企业追索",都基于一个共同的事实性前提,那就是企业在贸易信贷额度下形成的外债,其主合同的债权人是境外银行,是境内银行的海外分行,而不是普通的境外企业。

如果将协议付款纳入银行融资性担保监管,那就需要避免出现与纳入企业贸易信贷监管并行的双重监管。双重监管,当然是不"合理"的。可以考虑的监管模式,有三种:

第一种,保持目前企业贸易信贷监管方式不变,不限于此,还须将其视为一种"特殊"的企业贸易信贷加以监管,以示与普通企业贸易信贷监管有所区别;

第二种,正式明确纳入境内银行融资性担保加以监管,取代企业贸易信贷监管方式,并考虑适当放宽银行融资性担保规模;

第三种,单独设立一个类似协议付款的规模,加以监管,因为其中涉及的境内外银行关系不是普通的代理行关系,这一关系比较特殊,归根结底,是一家境内银行在全球授信下的境内分行和境外分行的联动下的国内外联行关系。

同样需要澄清的是,即便把协议付款纳入银行融资性担保监管,这仍然是外债监管的一种方式。根据外债管理办法,对外担保,包括融资性担保和非融资性担保,仍是外债,属于银行的或有外债。

跨境人民币表外融资

另外,跨境人民币表外融资也是市场上的热点产品。说起跨境人民币产品组合,它与外汇表外融资产品特别相像,而且颇有渊源。外汇表外融资,必须基于外汇国际结算。而跨境人民币,就是人民币国际结算。在跨境人民币推出来之前,只有外汇国际结算,也只有外汇融资组合,包括外汇表外融资。在跨境人民币推出来之后,跨境人民币融资组合便应运而生,其中最活跃的就有跨境人民币表外融资。

如果说,跨境人民币结算是对外汇国际结算的模仿和替代,那么,跨境人民币表外融资组合,自然便是对外汇表外融资的模仿和替代。所以,市场上看到的大量跨境人民币表外融资组合的设计原理,都有外汇表外融资的影子。换言之,企业的融资需求,只要外汇表外融资能实现的,跨境人民币表外融资几乎都能实现。加之,监管部门为了力推跨境人民币业务而提供的包括报关便利化——无须提供外汇核销单、收入便利化——无须进入待核查账户、短债便利化——不纳入短债指标管理等多项贸易便利化政策优惠,使得跨境人民币在满足企业融资需求方面的能耐,显然是有过之而无不及。

市场上的跨境人民币产品组合,实际上自成独立的体系,特别是基于跨境人民币的境内外、本外币联动的产品组合的产品优势,在原先的单纯外汇融资组合下是难以想象的。

创新趋势

产品创新,来自产品研发。理论上,外汇表外融资产品的研发道理,与其他国际贸易融资产品共通,都遵循一定的成规。至于外汇表外融资产品创新的趋势,也与其他国际贸易融资产品共通,随市场和政策的互动变化而变化。据观察,市场上的银行外汇产品创新,可能呈现以下趋势:

一是外汇贷款贸易融资化。这一点,与中国版巴塞尔协议Ⅲ——商业银行新资本管理办法即将落地有关,也与"十二五"期间人民币利率市场化的进程将明显提速有关。因为贸易融资产品组合与流贷相比,具有公认的低资本占用、高综合回报的特征。在银行资本日益稀缺的情况下,贸易融资产品的充分运用,将非常有助于改善银行的经济资本回报率(RAROC)。

二是外汇产品纳入本外币联动组合。"二次汇改"和"十二五"期间人民币国际化进程的提速,决定了国际结算和融资领域,人民币的地位将日益显得举足轻重。银行外汇产品的研发循环中跨境人民币产品对外汇产品的替代、消化、再创新、本外币联动组合的不同环节,在国际化的不同阶段,都将出现不同的重大机会。

结语

市场创新总是走在监管的前面,从而对监管提出挑战。相应地,监管创新必须跟进。在外汇产品创新的监管上,如何通过监管创新有效协调本外币的政策立场,提高前瞻性、及时性和针对性,通过规范以更好地服务于企业,引导企业实现正常的外汇需求,引导外汇的跨境规范流动,所有这一切都值得我们期待。

5.国内信用证周评

作者：林建煌

开题的话

背景：

亲爱的读者，收到这封邮件的时候，你一定会有似曾相识的感觉。

半年前，我们就有一个约定：跨境人民币贸易融资专题做完之后，就来做国内信用证贸易融资。可能是因为此，最近常接到分行的咨询，问什么时候开始点评国内信用证。半年后的今天，市场已经从火爆，发展到目前特殊的宏观形势下的热情追捧。或许，已经到了该推出"国内信用证"专题评论的时候。

本专题采用周评的形式，预计持续3个月。

观感：不管是微观的市场趋势，还是宏观的政策导向，已经预示着：传统流贷日益呈现出贸易融资化的特点。

国内信用证，是国际贸易融资和国内贸易融资之间的一个桥梁。国内信用证，来源于国际信用证，但经过本土化改造之后，其运作自成体系，常常出乎天天接触国际信用证的朋友的想象。

市场上的国内信用证及其相关贸易融资组合，经过国内银行业十几年的培育，经过2007年起膨胀式发展，如今已繁衍成一组具有相当规模、种类齐全、蔚为壮观且非常重要的国内贸易融资产品。

以国内一家股份制银行——X银行的数据为例：2010年底，国内贸易融资余额340多亿元，而国内证及代付余额约50亿元，占比仅约15%。截至2011年10月末，国内贸易融资余额人民币1 600多亿元，其中，仅国内证及代付余额便达800多亿元，占全部国内贸易融资的半壁江山，且还在超常规增长。

这是一个何等鲜明的对比！

迷局：

国内证业务的迅猛发展，早已引起了权威媒体和监管部门的关注。

这种背景下，未来如何发展，将是摆在银行同业面前的一个非常现实的课题。

监管部门的关注意味着什么？规范将是早晚的事。

规范之前如何发展？如何应对监管部门窗口指导时的汹汹来势？如何客观认识合规风险？如何客观认识信用风险？

规范之后又该如何发展？国内证业务的短期价值可能会消失，有长期价值吗？

会是什么？技术上,如何利用国内证业务的长期价值？策略上,又该如何提前考虑呢？

一、本期话题：为什么一提到国内信用证就头疼？

问题：

没有接触过国际证,而天天与银行承兑汇票打交道的朋友,不管是客户,还是银行的客户经理和操作人员,一听到国内证,十有八九都会本能地头疼。

问：国内证,好用吗？

背景：

国内证,首先与国际证最为形似,因为它就是来源于国际证;其次,在国内贸易结算产品中,与银行承兑汇票最为接近。

成见：

在流行的看法中,国内信用证,与银行承兑汇票相比,短处处处可见：

①手续多。银行承兑汇票,拿到票相当于现金,所需单据只有发票,且可以后补;国内信用证,拿到证只相当于获得了一个担保,还得在证下交单,且必须无不符点。

②费用高。银行承兑汇票承兑手续费为 0.5‰,国内信用证开立手续费为 1.5‰。

③规则不成熟。银行承兑汇票,适用成熟的《票据法》;国内信用证,适用中国人民银行 1997 年发布的《国内信用证结算办法》（以下简称："《办法》"或"《办法》97 版"）,由于当时几乎没有国内实务支持,比较粗糙。

④通讯不畅通。银行承兑汇票,票据由客户直接交付卖方,无通讯问题;国内信用证,开证之时,很大一部分还不是电开,必须信开,而开立后受益人想支款则必须交单,大部分情况下需异地寄送。

在流行的看法中,国内信用证,与国际信用证相比,具有天生的缺陷：交单中无货权凭证。国际信用证下所交单据,通常包括代表货权的提单;国内信用证下所交单据,通常是没有货权的运单或货物收据,几乎没有包括货权的提单,偶尔会见到代表货权的仓单。

悬疑：

流行的看法是对的吗？哪些是真的？哪些是假的？为什么？如果是真的,有没有可能通过技术的设计,有效地规避这些短处和缺陷呢？如何设计呢？

现在,让我们从发票说起……

背景：

我们知道,国内信用证和银行承兑汇票一样,不仅是支付结算产品,也是贸易融资产品。于是,市场上的国内信用证,常常用来替换银行承兑汇票。国内信用证融资,常常用来替换银行承兑汇票贴现。

我们也知道,国内信用证和银行承兑汇票一样,都需要提供正式发票。银行承兑汇票及其在贴现时,所要求的正式发票,可以是承兑或贴现时提交,也可以后补。这一做法,客户有选择的自由,感觉非常方便。

实务：

国内信用证下的发票又是如何提交的呢？能不能和银行承兑汇票一样，事后补交呢？在规范的意义上看，国内信用证下所要求的正式发票，必须在信用证下提交，凭以付款。几乎每一家银行，都这么要求，也都这么操作。

依据：

《国内信用证结算办法》1997年版第11条"信用证的基本条款"规定：

信用证应包括如下条款：

◆（十四）单据条款，必须注明据以付款或议付的单据，至少包括发票、运输单据或货物收据。

反应：

客户和客户经理一样，觉得："国内信用证，怎么这么不好用！"因为他们用银行承兑汇票惯了。

例外：

但是，有时候没办法，特别是在卖方为比较强势的大客户，不主动配合的情况下，信用证下款项没有收到，死活就不开发票。怎么办呢？

于是，为了拉住客户，银行就有选择地、偷偷摸摸地给大客户通融，允许发票后交。

明眼人一看就知道，好像这涉嫌违规操作。

问题：

那么，除了偶尔偷偷摸摸一下之外，有没有光明正大地绕过《办法》的办法呢？

观感：

面对合规风险，宁可绕着走，也不宜对着干。对着干，是越线。绕着走，是规避。惹不起，还躲不起吗？

回答：

天无绝人之路，办法当然有。政策是死的，人是活的。再怎么说，一个大活人不至于被尿憋死。

分析：

我们都知道，信用证有即远期之分。前者是一手交单，一手付款。后者是一手交单，一手承兑，到期付款，在承兑到付款之间会形成应付应收款。

我们可能还知道，信用证可以带有红条款，红条款的内容是允许预支付、承诺预付款，从而形成预支款或预付款信用证，也称红条款信用证。

红条款信用证下是一手部分预交单，一手付款，发货后补齐单据，在部分预交单至补齐单据之间会形成预付预收款。

设想：

在国内信用证中引入红条款，如有后补发票的需求，建议开立红条款国内证。

红条款的具体内容是：

◆信用证下100%款项，允许凭收款收据、形式发票和受益人承诺函支取；

◆受益人在承诺函中承诺:一旦发货,将毫不延迟地备好正式发票、货物收据或运输单据、装箱单等相关单据,并及时补交。

惊喜:

真有这么好的事?是的,的确如此。

红条款信用证在国际结算中是司空见惯的了。在国内结算中,《国内信用证结算办法》97版,允许吗?

法未禁止即可为。

我们看了一遍又一遍,确实没有看到"禁止红条款"的类似文句。红条款下的两部分交单,理论上只是一次交单。即:一次交单,分两个部分。所以,《办法》应该是允许红条款国内证的。

还问:

那么,除了开立红条款信用证和偶尔偷偷摸摸一下之外,还有没有绕过《办法》的别的办法呢?

回答:

办法还是有的。

分析:

远在天边,近在眼前。如前所述,基于对《办法》97版的理解,国内几乎每一家银行,都规定国内信用证下所要求的正式发票,必须在信用证下提交,方可凭以付款。那么,我们就来看一看,《国内信用证结算办法》1997年版到底是怎么规定的。第11条"信用证的基本条款"规定:

◆信用证应包括如下条款:

(十四)单据条款,必须注明据以付款或议付的单据,至少包括发票、运输单据或货物收据。

存疑:

有心的朋友,建议再认真看一看上述的规定。你一定会发现这其中好像有奥妙。那是什么呢?

《国内信用证结算办法》第11条对发票的要求,仅仅限于"信用证应包括如下条款"。

这意味着,信用证只需要规定有发票条款,"要求提交发票"而已。

反过来,我们琢磨一下,将进一步发现,如果受益人"实际"没有提交发票,会怎么样呢?《办法》禁止吗?如果你愿意,翻遍《办法》所有角落,很遗憾,终将一无所获,因为没有,根本就没有类似的禁止性规定。

再分析:

业内人士,都需要知道,信用证实务中的"要求提交单据"和"实际提交单据"是两回事。

信用证的"要求"是虚的,"实际"提交的情况是实的。

如果信用证"要求"了,但"实际"并没有提交,只会产生不符点而已。

不符点,会影响付款吗?好像会,但在国内信用证实务中只要申请人愿意付款通常都不会。

不符点,会影响融资吗?好像会,但在国内信用证实务中,几乎都不会。

观感:

显然,国内银行业对信用证必须凭发票付款或融资的要求,技术上,纯属自缚手脚,故步自封。

注意:

技术上国内证可以不凭发票付款或融资,并不意味着发票不重要。

其实,国内证下的发票有很大的别的用处。目前实务中,要求提交发票,可以理解为更多的是从把握贸易背景真实性的角度考虑,而审核正式税务发票,无疑是一种极为可靠,又非常简便的办法。

这里的解读,只是在说明国内证下的发票,技术上,可以在证外提交,也可以事后补交,如同银行承兑汇票业务下一样掌握。

提醒一句,固然税务发票是一种不错的审查贸易背景真实性的办法,但也不是唯一的办法,有时候还不可靠,市场上已经零星出现这种情况,在这个意义上,税务发票也会变成形式的要求。

与叙作流贷和银行承兑汇票一样,"了解你的客户,了解你的业务",这才最重要。

猜想:

当然,产品研发需要想象力。技术的东西,是一层窗户纸,捅破了豁然开朗,捅不破则是玻璃天花板,看着就在咫尺之间,想着冲出去,却又总是担心会撞得头破血流。

二、本期话题:莱芜案及《办法》第 28 条的是非

背景:

如果说,上一期评论中提到的业内对发票提交时点的理解,技术上,是对《办法》第 11 条的误读,那么《办法》第 28 条涉及的一个法院判例就是技术上的误解了。近年来,大家常常借此诟病国内证和《办法》,并津津乐道。这一个判例,由于法院判决的权威性,进一步也成为国内银行业绝大多数同仁不愿意主动推广国内证的绝佳理由。

那么,这个理由靠得住吗?

请看芜中行诉山东岱银国内信用证纠纷案。

案情:

2007 年 6 月 4 日,莱芜中行开立不可撤销国内信用证,90 天延期付款,购买棉纱,人民币 100 万元,要求货物收据,适用《国内信用证结算办法》1997 年版。6 月 25 日受益人交单,7 月 3 日莱芜中行以"缺少货物收据"为由拒付。7 月 5 日申请人出具《同意信用证付款的函》,请求莱芜中行付款,但莱芜中行一直未付款。当年底,申请人破产。

于是,受益人便一纸诉状把莱芜中行告上法庭。

焦点:

双方争论的焦点是:申请人同意付款下,开证行是否必须对外付款?

受益人会怎么看？开证行又会怎么看？法院又是怎么判决的呢？

受益人：

受益人认为，开证行应该付款，依据为《国内信用证结算办法》1997年版的规定。

◆第28条 开证行审核单据发现不符时，应在收到单据的次日起五个营业日内将全部不符点用电讯方式通知交单人。该通知必须说明单据已代为保管听候处理。

同时商洽开证申请人，开证申请人同意付款的，开证行应即办理付款，开证申请人不同意付款的，开证行应将单据退交议付行或将信用证正本、信用证修改书正本及单据退交受益人。

上述办法第二款已经明确指出，单据有不符点，开证行可以商洽申请人，只要"开证申请人同意付款的"，那么，"开证行应即办理付款"。此处"即"为"立即"之意。如今，申请人已经向开证行——莱芜中行出具了《同意信用证付款的函》，开证行自然必须立即付款。

开证行：

开证行则认为，自己不应该付款，依据为《最高人民法院关于审理信用证纠纷案件若干问题的规定》(简称"最高法司法解释—规定")：

◆第7条 开证行有独立审查单据的权利和义务，有权自行作出单据与信用证条款、单据与单据之间是否在表面上相符的决定，并自行决定接受或者拒绝接受单据与信用证条款、单据与单据之间的不符点。

开证行发现信用证项下存在不符点后，可以自行决定是否联系开证申请人接受不符点。开证申请人决定是否接受不符点，并不影响开证行最终决定是否接受不符点。开证行和开证申请人另有约定的除外。

上述规定第2款也已经明确指出，单据有不符点，开证行可以联系申请人，但是，申请人放弃不符点，"并不影响开证行最终决定是否接受不符点"。换言之，申请人放弃不符点，并不等于开证行接受不符点，开证行仍保留独立的判断。既然开证行享有独立判断权，而又不愿意付款，那就不付吧。

转化：

这么一来，控辩双方争论的焦点，已经转化为是优先适用《国内信用证结算办法》1997年版，还是优先适用《最高法司法解释—规定》的问题了。

法院判决：

莱芜中行败诉，法院认为：该纠纷为信用证纠纷，应优先适用《最高法司法解释—规定》，但应该是第二条，而不是开证行即莱芜中行所引用的第7条。

《最高法司法解释—规定》：

◆第2条 人民法院审理信用证纠纷案件时，当事人约定适用相关国际惯例或者其他规定的，从其约定；当事人没有约定的，适用国际商会《跟单信用证统一惯例》或者其他相关国际惯例。

解读：

正是优先适用《最高法司法解释—规定》第2条的效果，就是间接适用《国内信用证结算办法》1997年版。法院认为,根据《最高法司法解释—规定》第2条,《国内信用证结算办法》1997年版是双方处理信用证纠纷的约定条款,应优先适用。只有在"该办法对相关问题未作出规定的情况下"才可以适用《最高法司法解释—规定》第7条。于是,判决结果倾向于受益人的主张也就顺理成章了。

直觉:

表面看来,法庭推理严谨,出处直接且明确。但是,明眼人一看过去就会有一种直觉:结论并不公平。因为申请人以《同意信用证付款的函》书面指示开证行付款之时,并没有同时向开证行划拨款项,所以,只相当于向开证行开了一张空头支票。换言之,开证行一旦付款,就得垫付资金,而申请人已经破产。

法庭的推理真得无懈可击吗?开证行真的就只能付款了事吗?

问题:

现在的问题是,法庭的推理真得无懈可击吗?开证行真得就只能付款了事吗?细琢磨,我们认为其实不然。

玄机:

请注意,法庭在前面引用的推理过程中提到,只有在"该办法对相关问题未作出规定的情况下"才可以适用《最高法司法解释—规定》第7条。话说回来,如果开证行主张适用《最高法司法解释—规定》第7条,必须先确认《国内信用证结算办法》1997年版对"相关问题未作出规定"。

对"相关问题未作出规定"的另一个相似的说法是对"相关问题作出了自相矛盾的规定"。特别有意思的是,就案中的争议,《国内信用证结算办法》1997年版有两条相关规定,其中一条就是受益人引用的第28条,另一条则是第7条,并且第7条的意思与第28条完全相反,却共存于同一个办法之中。

独立性:

《国内信用证结算办法》1997年版规定:

◆第7条　信用证与作为其依据的购销合同相互独立,银行在处理信用证业务时,不受购销合同的约束。

一家银行作出的付款、议付或履行信用证项下其他义务的承诺不受申请人与开证行、申请人与受益人之间关系的制约。

受益人在任何情况下,不得利用银行之间或申请人与开证行之间的契约关系。

显然,这一条强调的是信用证的独立性,即受益人不得利用申请人与开证行之间的契约关系。而法庭审理中受益人所引用的第28条,恰恰就是利用申请人与开证行之间的契约关系。这不是矛盾,是什么呢?既然矛盾,为什么法庭唯独依据第28条来判决呢?

反推:

试想,如果当时开证行引用《国内信用证结算办法》1997年版第28条来主张自己的权利,法庭判决又会出现什么样的结果呢?事后想来还真说不准。不过,可以断定,法庭判决不至于出现一边倒的局面,换言之,开证行的胜诉概率起码有50%。如果当时开证行再结合《最高法司法解释—规定》第 2 条和第 7 条说事,我们认为,胜诉概率将接近 100%。

为什么?

因为《最高法司法解释—规定》第 7 条的精神与国际信用证下的 UCP600 第 4 条,几乎一模一样,都在强调信用证的独立性,须知,这是信用证得以正常运行的一块基石,不容撼动。而国内信用证本来就是来源于国际信用证,国内信用证的历史也就是《国内信用证结算办法》1997 年版的历史,其成熟程度远不如有近百年历史积淀的 UCP600。

因此有理由相信,不管是法庭的推理,还是等待《国内信用证结算办法》1997 年版的发布部门对矛盾条款重新作出解释,都会参照国际信用证的精神,最终会认同开证行的主张,适用《最高法司法解释—规定》第 7 条作出公平的判决。

现在的问题是,在《国内信用证结算办法》1997 年版还没有修订之前,业务还得开展,国内信用证还得照开,那么,为了规避类似莱芜中行的尴尬,开证行应该怎么办呢?

回答:

我们认为,办法是有的。开证行完全可以在开证之时,明确把第 28 条第 2 款"同时商洽开证申请人,开证申请人同意付款的,开证行应即办理付款"的规定排除在外。因为一经排除,便排除了案中受益人的立论基础,开证行便有直接的把握在开立信用证中规避该规定带来的风险了。

疑问:

当然有人可能说,《国内信用证结算办法》1997 年版是行政法规可以排除吗?可以确切地回答,这一点纯属杞人忧天,毫无必要。

业内的朋友应该知道,合同法中有些条款是必选项,有些条款是可选项。合同法都容许合同的内容排除合同法的条款,作为行政法规的《国内信用证结算办法》1997 年版有什么理由不容许国内信用证排除办法中的不公平的规定呢?

再疑问:

还有人或许会认为,国内信用证的原理可能不同于国际信用证。我们不敢苟同。一句话:大同小异。

固然国内信用证会由于适用范围的原因,与国际信用证有一点差异,但只是略有不同,基本原理应该相同且相通。事实上,国内信用证的历史晚于国际信用证,国内信用证更多是借鉴国际信用证在 UCP 中规范的成熟做法而发展至今。

显然,传说中鼎鼎有名的莱芜案的法院判决,所折射出来的国内证第 28 条的所谓的"缺陷",又是一块"纸糊"的玻璃天花板。而业内多年来以此为由拒国内证于门外的做法,多么的不堪一击!

三、本期话题:国内证历史及市场发现

背景:

俗话说:"无规矩不成方圆。"《国内信用证结算办法》,就是国内证的规矩。

我们知道，国内证及其《办法》有缺陷；我们也知道，这也是难免的，因为就算是两年前已经启动目前还在进行中的新版修订，也不可能达到尽善尽美。

我们认为，这些缺陷，并非无法克服，也并没有想象中的那么可怕。

如果我们局限于《办法》的技术缺陷来认识国内证，就会影响到国内证的推广和运用。事实上，当前国内证业务的蓬勃发展，几乎没有受到《办法》中众人皆知的技术缺陷的制约。换言之，《办法》中的技术缺陷只是一个又一个"纸糊"的玻璃天花板，常常在实务中被克服。

历史：

国内证的历史并不长，正式的历史应该从1997年《国内信用证结算办法》算起，至今也才十几年的时间。

我们觉得，国内证的历史，其实就是一个市场发现和突破《办法》的技术缺陷的历史，而2007年是一个非常重要的分界点。这之前市场反应平淡，这之后市场开始发育，近年逐渐火爆，近期则受到市场的热情关注。

前10年：

国内证从1997年正式诞生之后至2007年，大约10年的时间里，市场对它的认识极为单一，市场上也几乎无人问津。

国内证诞生之初，国内企业之间"三角债"四处蔓延，银行结算秩序需要规范。银行家们突发奇想，把具有国际贸易"血液"之称的信用证，引到国内贸易领域，希望作为一种全新的国内结算方式，发挥其银行信用和跟单结算的特点，尝试着解决"三角债"问题。同一时间，银行家们在国内贸易领域大力推广的还有票据类的国内结算工具，其中包括与国内证极其相似的银行承兑汇票。

遗憾的是，国内证在与银行承兑汇票的同台竞争中，始终处于下风。银行承兑汇票以其高流通性、手续简便、规则成熟，最终赢得了几乎所有的细分市场。国内证只是尝试性地开了个头，蜻蜓点水，扭扭捏捏，一直没有大的发展。

近年：

国内证真正得到市场的关注，应该是在2007年之后的这几年，市场对国内证有了新的认识，市场开始发育。

2007年前后，宏观经济出现过热的苗头，市场上的信贷资金开始紧张，国内一家排名比较靠前的股份制银行——M银行先知先觉，发现了国内信用证在结算以外的特别之处，领风气之先，几年下来做得风生水起，尝遍甜头，至今单一产品业务量仍是全行业首屈一指。

2009年底，一些国有大行和股份制银行把国内证业务发展列入年度工作计划重点，经过有计划有组织有步骤地着力推广，2010年新年一过全行业就开始渐渐集中关注起国内证来了。

这标志是：从那时起，银行同业间每天都有各个期限的国内证代付利率的主动报价。

目前国内证业务在市场上到底市场关注到什么程度？又是为什么呢？

天九湾政策及汇市问答 2014 年度汇编

近期：

进入 2011 年，特别是下半年以来，全行业国内证业务的发展已经是突飞猛进，一日千里，近期则受到市场的热情关注。

例 1：

以国内一家股份制银行——Y 银行的长三角地区的一家分行和其下的一家异地支行的数据为例：

2010 年 8 月份的时候，笔者做了一个全行业的国际国内贸易融资业务的调查，打了个电话过去，问国内证业务的开展情况和具体原因。

该支行的朋友说："我们也知道国内证很好，但目前支行的余额只有 1 亿元左右，分行的余额也就只有 2～3 亿元。"

笔者问："为什么呢？"

他们说："总行的政策没有放开。"

笔者问："你能预测一下，如果贵总行的政策放开让你们做，你们支行和你们分行到去年底会做多少？"

他们说："支行 10 亿应该没问题，分行 20 个亿应该没问题。"

2011 年 1 月份该行总行政策已经放开。

到了 2011 年 3 月底，笔者又打了个电话过去，当时的业务余额已经是：支行 20 个亿，分行 40 个亿，仅仅不到 3 个月的时间，国内证业务的发展已经远远超出半年前的预测。

笔者开玩笑："今年你们可以等着数钱了。"

到了 2011 年 6 月底，分行业务余额又更进一步，70 个亿。

到了 2011 年 9 月底，分行业务余额达到了 120 个亿。

他们说：为了做国内证，分行贸易金融部的全体人员，最近天天晚上要加班到 10～11 点。

例 2：

再以国内一家股份制银行 Z 银行的长三角地区的一家二级分行的数据为例：该二级分行 9 月中旬开始操作第 1 笔国内证业务。到 10 月底，国内证余额已经达到近 90 亿元。请注意，该二级分行的资产总额也就 200 亿～300 亿元。

从市场了解到的情况，全行业也大体如此。

原因：

为什么呢？

如前所述，2007 年是一个重要的转折点。当时的货币政策已经紧缩，信贷规模非常紧张。聪明的银行家们发现，国内证不仅仅具有传统的结算功能，它还具有奇妙的融资功能，而且其中的主流组合和标准组合——国内证代付还"无须"占用信贷规模。

"久旱逢甘霖"。

显然，这是一个非常及时也非常重要的市场发现。

分析：

市场早期关注的是国内证的结算功能。

市场近期关注的是国内证的融资功能。

针对国内证结算功能而出台的《国内信用证结算办法》97版,终归是"结算"办法。正因为它是一套"结算"办法,而又存在着种种缺陷,所以,国内证引入银行信用的优势无法真正发挥。市场的淡忘也就在情理之中了。

那么,《办法》管国内证的融资吗?

几乎没有,除了保证金条款和议付条款。

既然没有,国内证的融资会受《办法》缺陷的约束吗?

当然几乎不会。

正因为此,国内证以奇妙的融资功能和融资效果而受到市场的关注,也就顺理成章了。

国内证的融资功能的奇妙之处在哪?为什么最能彰显其奇妙之处的是国内证买方代付组合?该组合是如何挣脱《办法》中种种技术缺陷的约束的?当然,该组合挣脱的不仅仅是《办法》中的技术缺陷,它还挣脱了一些敏感政策的约束,那会是什么呢?

四、本期话题:国内证标准组合——买方代付组合

背景:

实务中,国内贸易融资产品,基于与生俱来的自偿性和组合性的特点,可以分成四个基本类别,并自成独立的研发、操作和营销体系。它们是:

◆ 票据类;

◆ 国内证类;

◆ 保理类;

◆ 货押类。

我们的专题关注的是国内证。市场上,基于国内证的贸易融资产品及组合很多。

比如:纯属表外融资的授信开证等等;

比如:纯属表内融资的买方押汇/假远期、打包贷款/议付/卖方押汇/应收款贴现/福费廷等等;

比如:纯属二级市场融资的信用证保兑、买方押汇/假远期代付、打包贷款/议付/卖方押汇/应收款贴现/福费廷代付、应收款转贴现/福费廷转卖、风险参与等等。

热门:

其中,国内证标准组合——买方押汇代付组合,是当前市场上的热门组合,也是主流组合。

构成:

国内证标准组合,包括两个产品:

◆ 国内证;

◆ 买方押汇代付。

前者——国内证,是结算产品,并由于带有银行担保的性质,也是一个担保产品或表外贸易融资产品;后者——买方押汇代付,是融资产品,准确地说,是表内贸易融资产品。

常识:

凡为贸易融资,必是基于贸易结算,不存在没有结算产品对应的贸易融资产品。理论上如此,实务中也如此。

环节:

国内证标准组合,涉及以下操作环节:

◆国内证操作三个环节:

开证;

交单;

付款。

◆买方押汇代付操作有两个环节:

放款;

还款。

流程:

国内证标准组合中,国内证部分涉及以下操作步骤:

1.买卖双方签订国内贸易合同,规定以国内证结算货款;

2.买方向开证行申请开证;

3.开证行对外开证,并由通知行通知卖方;

4.卖方在国内贸易合同下出货,并通过交单行在国内证下交单;

5.交单行把单据转递开证行;

6.开证行通知买方赎单付款;

买方押汇代付部分涉及以下操作步骤:

1.开证行与代理行签订买方押汇代付协议,规定信用证下付款由代理行完成,到期买方经开证行偿还代理行代付款项。

2.买方向开证行申请融资——买方押汇代付;

3.开证行无法或不愿意由自己提供资金叙作买方押汇,便联系代理行由其提供资金在代付协议下叙作买方押汇代付;

4.代理行代为付款,并通知开证行;

5.到期后买方还款,开证行划转资金给代理行。

国内证标准组合的实务效果,归根结底,是在特殊宏观背景下替代了流贷,替代了银行承兑汇票+代理贴现。那么,如何替代?凭什么能够替代呢?

背景相同:

不管是国内证标准组合,还是流贷,更或是银承+代理贴现,基本上都适用于贸易背景。

贸易:

贸易的基本结构是：
- ◆两个主体：买方和卖方。贸易是对手戏，一个巴掌拍不响，必定既有买方，又有卖方；
- ◆两个内容：一手交货，一手付款。即货物怎么从卖方交付给买方，货款怎么从买方支付给卖方。

选择：
显然，相同的贸易背景下，买方都是需要付款的。
买方付款时如果手里没钱，可以申请融资。目前流行的做法包括：
- ◆选择申请流贷，这是表内融资；
- ◆选择申请银承，这是表外融资，如果卖方需要现金则自行申请贴现。实务中，为了简化手续，卖方常常委托买方在申请银承同时，申请代理贴现。

提请注意，由于使用面有限，这里的评论不涉及电子票据。

功能相似：
近年市场上，买方多了一些融资选择，包括国内证买方押汇代付。
我们把流贷、银承+代理贴现和国内证买方押汇代付，这三个产品或产品组合放在一起仔细对照，将会发现三者的功能极其相似，具体如下：
- ◆对于买方来说，该推迟付款还是推迟付款；
- ◆对于卖方来说，该立即收款还是立即收款。

实务中，不管是买方还是卖方，三种产品或产品组合的融资效果没有本质的区别。

略有不同：
请注意，不管是叙做流贷，还是叙做银承贴现，都受制于信贷规模，准确地说，是受制于贷存比的约束。
有意思的是，国内证买方押汇代付无须占用信贷规模。
而在目前的宏观调控和监管环境下，市场上什么规模都稀缺，包括信贷规模。
稀缺到什么程度？
有一个非常典型的标志是：市场上，信贷规模可以交易，且有公开的价格，大约为本金的1.5%。
换言之，如果一家银行手里的信贷规模有多余，信贷规模本身可以卖钱，不用干什么事，空手套白狼，通过出让信贷规模，可以获得不菲的无风险收益。
据不可靠消息，中国银行业北方地区的信贷规模普遍比较宽裕，南方地区的信贷规模普遍比较紧张。

替代：
凡是接触过、了解过或者学习过系统论、信息论或控制论的人，都应该知道：
- ◆每一个东西，都有结构和功能；
- ◆两个东西，只要功能相似，便可以互相替代；
- ◆两个东西，功能之间略有不同，是由于结构的不同引起，而最终决定了实际的替代效果将不同。

银行贸易融资产品的研发也是这个道理。

显然,国内证买方押汇代付,可以替代具有相似功能的流代和银承＋代理贴现。而国内证基于其独有的无须占用信贷规模的特点,在当前货币政策持续收紧、信贷规模普遍吃紧的特殊时期,很自然地出现了新情况,大面积替代、置换流贷和银承＋代理贴现。

具体而言,国内证买方押汇代付有哪些好处呢？对客户有什么样的好处？对开证行有什么样的好处？对代理行又有什么样的好处呢？

观感：

无利不起早。

国内证买方押汇代付对于客户、开证行、提供资金的代理行都是有好处的。

国内证买方押汇代付的好处,表面上看主要是可以免占用信贷规模,但实际上决不限于此。

对客户的好处：

国内证买方押汇代付,对客户,准确地说,对买方有哪些好处呢？概括而言,是四句话：

◆融资门槛下降了。客户融资,叙作流贷,叙作贴现,常常是银行没有信贷规模。银行的人的回话是：要做可以,华山一条道,只有国内证代付。

◆融资成本下降了。国内证代付对客户报价,参照流贷,比流贷要低,通常也比银承贴现要低。银承贴现的市场报价,2011年9—10月曾经最高的有14％。国内证代付随近期货币政策有放松的迹象,报价有所下滑在7％～8％左右,还是比贴现低。

◆融资的手续麻烦吗？可以简化吗？从将来的周评中我们会知道,国内证买方代付的手续,可以简化到与流贷、银承＋代理贴现几乎一样,即申请开证、证下交单、申请代付和证下付款,几乎同步完成,卖方想要现款就可以立即要到现款,而与当前的国内证政策并无抵触。

◆改善会计报表。客户叙做国内证买方押汇代付的会计处理,有入表内融资的,有入表外融资的。而对资产负债表数据比较敏感的客户,往往更乐于选择在表外融资中入账,从而美化会计报表,当然这须取得会计师事务所的认同。

对开证行的好处：

国内证买方押汇代付,对开证行又有哪些好处呢？概括而言,是五句话：

◆保证金存款。当前市场上存款之宝贵,自不待言。国内证都要求保证金存款,20％以上,而且这是《国内信用证结算办法》明文强制要求的,所以,也好营销,客户通常都很配合。同等情况下,银承吸引存款的效果可能不会有太大的区别,但流贷吸引存款的效果显然要逊色一点。

◆利差丰厚。开证行对客户报价参照流贷,而代理行对开证行的报价参照同业拆借,二者价差在2010年之前最高曾达到3％以上,随着市场发展和变化,目前已经收窄至0.5％～1.5％,还是很不错的。

◆中间业务收入可观。因为记表外融资,所以,丰厚利差算中间业务收入。近年来银行全行业都在提业务转型,其中的一个重头戏就是提高中间业务收入占比,相应地,也提高了中间业务收入考核的系数。在市场上,曾了解到有一个股份制银行的一个分行,中间业务收入考核系数是表内利差收入的3倍之多。客户经理和经营机构听了,当然高兴。

◆不占信贷规模。因为记表外融资,所以,没有计入贷存比考核,无须占用信贷规模。

◆节约经济资本。按照银监会公布的资产风险系数,流贷和银承为100%,国内证为20%,虽然经济资本与监管资本略有不同。换言之,同样一笔资本,可以叙作的国内证的金额是流贷和银承的5倍。

对代理行的好处:

国内证买方押汇代付,对代理行又有哪些好处呢?概括而言,是两句话:

◆不占信贷规模。因为记同业拆出,所以,没有计入贷存比考核,也无须占用信贷规模。

◆报价出奇。代理行对开证行报价参照同业拆借,却远远高于同业拆借。

妙用:

当然,国内证买方押汇代付的好处,绝非三言两语所能概括。这里举个例子,或许能说明一二。

我们都知道,流贷的期限是一年以内,以一年期居多。

我们自然会问,国内证代付不是可以替代流贷,那么,国内证代付可以操作成一年期的吗?

当然了,明眼人一看就知道,其中话中有话。这里面的潜台词是:《办法》明文规定:国内证的最长付款期限不得超过6个月。

我们的回答是,国内证是最长只能开6个月,国内证代付却可以叙作一年期。

解读:

是的,国内证最长只能开6个月,这是《办法》明文规定的。

如前所述,《办法》是用来约束开证的。《办法》约束得了代付融资吗?

答案是确切的,也是否定的。

正因为此,国内证最长只能开6个月,但国内证代付可以叙作一年期。

辨析:

为什么呢?

业内的人常常把市场上的两种国内证买方代付组合相混淆了。

市场上的国内证买方代付组合,包括两种:一是买方押汇代付,一是假远期代付。

二者一样吗?

当然是不一样。

区别在于:前者是买方融资、证外融资,即融资由买方发起,放款之后证下交易便归完成;后者表面上看由买方发起,实际上由卖方委托买方发起,是证内融资,即融资放款之后证下交易仍然存在,直至买方还款。

至于进一步的区别,则在于:前者是买方融资,是债权融资,将直接影响买方的资产负债率,后者是卖方融资,是资产融资,则对买方无此影响。

回到前面的问题,实务中的区别就很明显了:

◆国内证买方押汇代付,由于是证外融资,不受国内证期限的约束,最长可以操作成一年期。比如:即期国内证＋一年期买方押汇代付,实际融资期限为一年。

◆国内证买方假远期代付,由于是证内融资,便受国内证期限的约束,最长只能开成6个月。比如:6个月国内证＋6个月假远期代付,实际融资期限为6个月。

与国内证买方假远期代付相似,由于银承贴现是票据内融资,6个月国内证＋6个月假远期代付,实际融资期限也仅为6个月。

观感:

显然,国内证买方押汇代付组合的融资期限所产生的特殊市场效果,是银承＋代理贴现组合所望尘莫及的。

当然了,我们也已经知道国内证买方押汇代付下,改善会计报表的流行说法,其实是个假象。进一步,我们会问:改进的办法有吗？有,那就是转换成国内证假远期代付。

命名:

由于实务中买方押汇代付组合占据市场主流,为叙述方便,以下如不加区分均简称"国内证买方代付组合"或"国内证代付组合"。

我们首先好奇的是,为什么国内证买方押汇代付,开证行可以记表外融资,代理行可以记同业拆出,从而均免占用信贷规模？国内证买方押汇代付,为什么有些开证行记表外,有些开证行记表内？记表内的,有些占用信贷规模,有些又不占用信贷规模。为什么？表面原因是什么？深层原因是什么？归根结底,又与什么有关呢？

五、本期话题:国内证标准组合,何以不占信贷规模？

背景:

国内证买方押汇代付,由于无须占用信贷规模而受到市场的热情关注。

可以不占用信贷规模的表面原因是什么呢？因为国内证买方押汇代付,开证行记的是表外融资,代理行记的是同业拆出,二者均没有入贷存比考核。

疑惑:

超脱一点看,不管开证行,还是代理行,也不管两家银行怎么记账,银行作为一个整体显然已经向客户提供了一笔实实在在的资金,相应地,客户也付出了一笔实实在在的货款。按理,应该有一家银行必须要占用信贷规模,不管是开证行,还是代理行,反正有一家是要占的。有意思的是实务中的操作效果,开证行不占信贷规模,代理行也不占用信贷规模。

为什么呢？

显然,这是大家所共同关注的一个问题。

表面症结:

事出有因。

既然国内证买方押汇代付下，开证行与代理行无须占用信贷规模，是由于会计入账的原因，那么，会计入账模式的选择无疑是症结所在。

问题：

为什么国内证买方押汇代付下，开证行记的是表外融资，代理行记的是同业拆出呢？

常识：

会计入账时制作传票，每一个科目，必载有交易对手。

目的是什么呢？

会计上利用勾稽平衡的原理核对账务，以确保核算准确性。

奇怪：

按照每一张传票必载有交易对手的规则，如果愿意，我们把国内证买方押汇代付下，开证行、代理行、客户的账务进行核对，将会发现一些非常奇怪的现象：

◆开证行记表外资产，为融资提供担保。担保什么呢？当然是融资了。由谁向谁提供的融资呢？显然应该是银行向买方提供的融资。哪一家银行呢？既然不是开证行，那只能认定是代理行了。奇怪的是，提供资金的代理行，并没说自己在向买方提供融资，而是记同业拆出，即向同业的另一家银行提供融资。

◆代理行记同业拆出。既然有人拆出，必定有人拆入。向谁拆出资金呢？谁在拆入资金呢？显然是另一家银行。什么银行呢？当然是开证行了。奇怪的是，开证行并没有记同业拆入，而是说自己在为买方融资提供担保。

◆客户记什么账呢？不管怎么记，都应该记表内负债（注：实务中有记表外账的，以美化报表，这其中另有文章，容放后详细解读）。那么，对手会是谁呢？是开证行，还是代理行？通常是与之签订协议的开证行，因为客户可能根本就不知道实际向卖方付款的是哪一家银行，包括代理行的名称。奇怪的是，开证行并没有记表内资产，而是记表外资产。

总账：

按照每一张传票必有交易对手的规则，如果愿意，我们把国内证买方押汇代付下，开证行、代理行、客户的账务进行汇总，会是一个什么样的结果呢？社会融资总账必定无法对应。原因是什么呢？

国内证买方押汇代付三方的会计处理，没有勾稽关系！

有人可能不信。有心的朋友试算一笔自然就知道。这里不再赘述。

我们都知道，账务是为业务服务的。换言之，社会融资总账无法对应，也仅仅是表面原因导致的结果。令人好奇的是，深层原因会是什么？显然，应该在业务上找答案。

追问：

为什么总账无法对应呢？

业务模式：

银行会计入账模式的不同,与业务处理模式有关。

目前市场上银行理解的业务处理模式,主要有两种:

◆第一种:开证行"担保"下融资模式;

◆第二种:开证行"拆入"后融资模式。

这两种模式显然是不能并存的。

比如:第一种开证行"担保"下融资模式中,开证行担保的是融资,理应由提供资金的代理行向客户发放融资,从而占用代理行信贷规模。此时,代理行便不应该主张自己是拆出资金给开证行。这是开证行最喜欢选择的。

还比如:第二种开证行"拆入"后融资模式中,开证行向客户发放融资,从而必须占用信贷规模。开证行在融资之前必须先拆入资金,而代理行只是拆出资金无须占用信贷规模。这是代理行最喜欢选择的。

流行:

目前市场上几乎通行的情况是:不管是开证行,还是代理行,均按对自己最有利且最乐意接受的业务处理模式来理解国内证买方押汇代付。

如此一来,只要会计师事务所没有异议,开证行几乎都处理成"担保"记账,代理行几乎都处理成"拆出"记账,从而皆大欢喜。

神奇:

两种水火不容的业务处理模式,居然能在同一笔国内证买方押汇代付业务中并存。

再追问:

为什么呢?

分析:

业务处理模式之不同,由什么决定的呢?

答案是协议,即开证行与代理行之间的委托代付协议,所给出的国内证买方押汇代付的"法律定性"。

市场上的国内证买方押汇代付协议签订,有四种:

◆第一种:明文规定"开证行担保下融资模式"的代付协议,通常由开证行提供。实务中,有些开证行拟出了这样的版本,结果没有一家代理行愿意签的。它的用途更多的是用于向监管部门解释。实务中,有些开证行据此拟出了类似的版本,经过模糊化处理不出现开证行"担保"字样,实质具有开证行担保的效果,有一部分代理行会接受这种协议。这种协议下,开证行处理成担保应该说得过去,但代理行处理成拆出似乎不太妥当。

◆第二种:明文规定"开证行拆入后融资模式"的代付协议,通常由代理行提供。实务中,有些代理行拟出了这样的版本,结果同样也是没有一家开证行愿意签的。还有些代理行据此拟出了类似的版本,经过模糊化处理后不出现"拆借"、"拆入"、"拆出"字样,实质具有同业拆借的效果,大部分开证行会接受这种协议。这种协议下,代理行处理成拆出应该说得过去,但开证行处理成担保似乎不太妥当。

◆第三种:没有代付协议。2007年之后的很长一段时间,许多银行都没有签代付协议,至今还有部分银行之间的代付如此操作,好像也没发生问题。这种情况实际为开证行和代理行双方留出了足够的处理弹性,开证行可以处理成担保,代理行可以处理成拆出,都可以各说各话,自圆其说。有点意思!

◆第四种:市场上有一种代付协议居然可以兼容前面提到的"开证行担保下融资模式"和"开证行拆入后融资模式"。协议中,关于"担保"、"拆入"、"拆出"、"拆借"的措辞,都经过了充分模糊化处理。有这种协议当然好了,效果与没有代付协议几乎一样,为开证行和代理行双方留出足够的处理弹性。妙就妙在这是一个白纸黑字的书面协议,不至于事后出现纠纷空口无凭。堪称神奇!

同一业务的处理模式,在开证行和代理行之间水火不容,却能同存在于一个协议之中。为什么? 如此入账的根本原因又是什么呢?

神奇协议:

上述第四种情况下的代付协议,会是个什么样的协议呢?

说来也不复杂,协议本身对国内证买方押汇代付不作定义,只描述代付的流程和责任。具体内容包括两个部分:

◆第一部分:放款。代付协议中会有类似的规定:"开证行受申请人(即:买方。这里没有提供买方信息)的委托,向代理行申请代付。代理行应在收到开证行的指示后,根据指示对外代为付款。"

◆第二部分:还款。代付协议中会有类似的规定:"贷款到期,代理行可以向开证行要求还款,也可以要求申请人还款。如有需要,开证行会如实及时披露申请人信息,并提供相关资料。"

法律定性:

这个协议会兼容两种业务处理模式吗? 答案应该是肯定的。

从协议第一部分可以看出,代理行是在代理付款。代理谁呢? 是开证行,还是申请人(即:买方)? 不清楚!

从协议第二部分可以看出,不管是开证行,还是申请人都是有责任还款的。谁先还? 谁后还呢? 不清楚! 妙就妙在不清楚上。不清楚意味着什么?

开证行可以主张担保,而买方是代付申请人,代理行在发放融资;而代理行却可以主张拆出,开证行是拆入,买方仅仅是为拆借提供担保。

担保:

到底什么是担保?

通俗地说,担保对应于选择权,即担保人为债务人提供担保,债权人将因此获得了还款选择权。

就上述第四种情况下的代付协议而言,代理行要求还款,具有选择权,可以找开证行,也可以找买方。换言之,此时可以理解为开证行为申请人的融资提供担保,也可以理解为申请人为开证行的拆入提供担保。弹性足够大吧?

另类入账:

就国内证买方押汇代付的会计入账模式,至此我们讨论的都是标准模式。实务中,

还有一种入账模式,非常另类。具体如下:
◆开证行部分:一方面入表外担保融资,另一方面入表内"应付结算款项"。
◆代理行部分:不入表内"拆出",而入表内"应收结算款项"。

原因:
通常代付时,资金由代理行直接划转卖方。
然而,有时候代理行为了避免业务处理和对外解释的被动,往往要求代付资金必须先由其划转至开证行,开证行自行办理对外付款。
显然,这种另类入账模式,是为了满足代付过账的需要,而其本质上开证行还是理解为前面提到的第一种"开证行担保下融资模式",而代理行仍然理解为第二种"开证行拆入后融资模式"。

又追问:
凭什么同一业务的处理模式,在开证行和代理行之间水火不容,却能同存在于一个协议之中?而开证行和代理行对外解释时,可以各说各词,自圆其说呢?

回答:
琢磨了半天,似乎只能得出一个结论:监管部门从来就没有对国内证买方押汇代付作出一个清晰、准确、可操作的法律定性。既然监管部门没有明确,那就只好交由市场去自由定性吧!于是,很自然地,市场自发形成了目前的这种状况。既然监管部门没有明确,目前的这种状况,能怪得了谁呢?

观感:
市场创新——监管规范——市场再创新,或许这就是银行产品创新的自然逻辑。无可厚非!

思考:
目前国内证买方押汇代付的市场状况,已经引起了权威媒体的关注,在2011年4月份、7月份和2011年11月18日都有公开报道。
难道监管部门会不知道吗?显然,这是不可能的。许多银行的朋友,应该已经感受到监管的压力了吧。难道监管部门不了解技术细节吗?有这种可能。进一步,监管部门的关注会意味着什么呢?会是规范,还是引导?我们都在猜测。即便鼓励引导,也应是规范基础上的引导,而无论如何,将来的规范是必需的。银行人士面对规范的第一个直觉是,将来的规范可能会从信贷规模入手,即要求开证行和代理行其中一方必须把国内证买方押汇代付纳入贷存比考核,占用信贷规模。

看法:
国内证买方押汇代付可以不占信贷规模,实际上,只是一件皇帝身上的新衣。
我们知道,国内证买方押汇代付不占信贷规模的原因是:表面上不同银行的会计入账模式不同,深层上不同银行的业务法律定性不同,归根结底,是监管部门从来就没有对其加以准确的统一的监管口径定义。
那么,将来监管规范下,如果把国内证买方押汇代付纳入信贷规模的话,我们还做国内证吗?国内证还有市场价值吗?市场价值又会是什么呢?

六、本期话题：国内证标准组合，何以节约经济资本？

观感：

综合市场各方面的信息，可以说，刚刚过去的一年，是国内证发展史上具有里程碑意义的一年。在这一年里，国内证的市场规模，国内证贸易融资产品的研发、操作与营销水平，银行、企业的认识、接受和理解程度，都达到了相当的高度。

国内证受到市场的热情追捧，已经引起了权威媒体和监管部门的关注。这意味着规范将是早晚的事。

同样具有里程碑意义的1997年，中国人民银行发布了《国内信用证结算办法》，从而正式宣告了国内信用证的诞生。或许，2012年也是规范之年，并成为国内证发展史上的又一个具有里程碑意义的一年，酝酿已久的新版《国内信用证结算办法》将呱呱落地，从而宣告国内信用证的新生。

悬疑：

那么，将来监管规范下，如果把国内证买方押汇代付纳入信贷规模的话，我们还做国内证吗？国内证还有市场价值吗？市场价值又会是什么呢？

答案：

市场价值肯定是有的，那就是节约经济资本，而且非常可观。有价值当然是要做的。有非常可观的价值更应该做，而且要大力做。

资本稀缺：

银行资本的稀缺，这是众所周知的事实。

2011年5月3日金融市场上发生了一件大事，金融业也发生了一件大事。A股市场一片飘绿，全线深度下挫。为什么？因为期待已久的中国版巴塞尔协议Ⅲ——银监会《关于中国银行业实施新监管标准指导意见》当天正式发布。由于巴塞尔协议Ⅲ大幅提高了资本充足率标准，银行业本来就紧张的资本更显得无法满足中国银行业特有的多年以来资产高速扩张的巨大需求。巨量的资本补充需求下引发的银行业再融资的冲动，已经在所难免，市场对此形成了几乎完全一致的利空预期，于是A股应声大跌。

可以想象，银行业资本稀缺到什么程度！

问题：

那么，国内证标准组合，是如何节约经济资本的？

背景：

经济资本，与监管资本中的核心资本、财务资本相对而言，口径不同，数值接近。为方便评论，如无特殊说明，将不加区分，统称为"资本"。

经济资本占用系数，也称经济资本分配系数，简称"资本系数"或"风险系数"。

根据现行使用的2007年银监会修订发布的《商业银行资本充足率管理办法》及附件3"表外项目的信用转换系数及表外项目的定义"，可以知道：

◆在标准法下，流动资金贷款的风险系数为100%；

◆在标准法下，远期票据承兑，等同于贷款的授信业务，风险系数为100%；

◆在标准法下，与贸易相关的短期或有负债，主要指有优先索偿权的装运货物作抵押的跟单信用证,风险系数为20‰。

动态:

在巴塞尔协议Ⅲ框架内,中国银监会于2011年8月份发布的《商业银行资本管理办法(征求意见稿)》中,以上相关内容没有改变。业内普遍预计,这一点在正式发布的《商业银行资本管理办法》中也不会改变。

另外,根据2008年爆发的次贷危机显示的数据看,鉴于贸易融资即便在次贷危机的环境下仍然极低的实际违约率和损失水平,还可能进一步放松对包括信用证在内的贸易融资的资本要求,即调低风险系数。目前世贸组织和国际商会正在积极努力,与巴塞尔银行委员会磋商中。

换算:

信用证包括国际信用证和国内信用证。对比来看,国内证的风险系数只有流贷和银承的1/5。换言之,同样一笔资本下,叙作的国内证金额,可以是流贷和银承的5倍。显然,国内证是资本节约型产品。

手续费:

我们知道,银行承兑汇票承兑手续费0.5‰,国内信用证开立手续费1.5‰。相比之下,表面上看国内证的费用确实比银承高。国内证刚推向市场的时候,银行和客户常常这么说。那么,国内证的费用真的高吗?其实不然。

客户角度:

从客户的角度看,需要考虑综合成本,由于国内证代付的利率低于贴现,利率之差50~100个基点,远远高于手续费之差的10个基点。此时,手续费点差实在是九牛一毛,无足轻重。

相应地,银行对客户的报价理应是包括保证金存款、手续费、利率点差的一揽子报价。

银行角度:

从银行的角度看,需要考虑经济增加值 EVA=综合收益-资本成本。

假设国内证的综合收益与银承一样,同为1万元本金的表外资产风险敞口,核心资本充足率4%,资本预期回报率10%。

国内证节约经济资本80%,相应地,可节约资本成本32个基点(=10 000元×4%×80%×10%),并覆盖手续费之差10个基点绰绰有余。

观感:

相应地,银行对业务的考量不应局限于单纯的手续费多少,理应上升到经济增加值EVA的高度。

我们知道,远期票据承兑与信用证开立,同属于贸易融资中的表外融资,同适用于国内贸易。既然如此,二者理应具有一样的风险系数。事实上,却如此不同。为什么呢?

我们还知道,当前监管口径下,国内信用证的风险系数,确实低。那么,当前贸易条件下,国内信用证的风险真的低吗?如果不是,又有没有办法改进呢?

回顾：

风险系数为什么不同？俗话说："魔鬼藏在细节中。"重温一下前面提到的 2007 年银监会修订发布的《商业银行资本充足率管理办法》的附件 3 "表外项目的信用转换系数及表外项目的定义"，我们将会发现，答案就在这里。

这里写得再清楚不过了："与贸易相关的短期或有负债，主要指有优先索偿权的装运货物作抵押的跟单信用证，风险系数为 20%。"

分析：

信用证无疑与贸易相关，由于还自动带"有优先索偿权的装运货物作抵押"，所以风险较低；而银行承兑汇票虽然也与贸易相关，但没有自动带类似的"货物抵押"，所以风险较高。

实务中的跟单信用证，主要指商业信用证，商业信用证下单据通常都代表货权，银行可以通过控制单据来控制货权。而银行承兑汇票是不跟单的，银行自然无法通过单据来控制货权。

在法律意义上，控制货权意味自动反担保，即为银行所作的具有担保性质的表外融资——开证或承兑，提供自动反担保。这也就是所谓的自动带类似的"货物抵押"。

在风险管理上，自动反担保又意味自动风险缓释。

总之，信用证由于跟单的缘故，与银行承兑汇票相比，多了一重风险缓释的机制，其风险系数低也就顺理成章了。

自偿性：

平时大家常说贸易融资与众不同，不同在哪？自偿性。

自偿是什么呢？顾名思义，就是自动清偿，即贸易融资的还款会由于贸易的实现、货款的回笼，而自动实现清偿，简称"自偿"。

自偿意味着什么呢？我们认为，就是法律意义上的自动反担保，风险管理上的自动风险缓释。

升华：

单据代表货权。跟单便意味着控货。

于是，我们发觉，通常意义上的信用证具有三大功能：

◆结算：银行通过信用证，代理完成买卖双方在基础合同下的货款结算。当然，信用证只是一种无形的结算方式。

◆担保：银行通过信用证，对买方结算付款的信用实现信用增级。银行在信用证下的正常付款，其实不是用自己的钱，这种信用增级非常类似于担保，但又不完全是担保。

◆控货：银行在信用证下付款之时，可自动获得卖方提货的单据，从而可以间接控货，实际上也是对担保功能的反担保。

于是，我们还发觉，银行承兑汇票除了没有信用证的控货功能外，仍然具有两大功能：

◆结算：银行通过承兑汇票，一样代理完成买卖双方在基础合同下的货款结算。与信用证不同，这里的银行承兑汇票是一种有形的结算工具。

◆担保：银行通过承兑汇票，一样对买方结算付款的信用实现信用增级。因为银行在承兑汇票下的正常付款，其实也不是用自己的钱，这种信用增级仍然非常类似于担保，但又不完全是担保。

真相：

进一步的问题是，国内证的风险低吗？其实不然。

我们知道，国际信用证下涉及货权转移的单据，90％以上都是代表货权的提单。而国内信用证下涉及货权转移的凭证以运单、货物收据为主。须注意，运单和货物收据本身并不代表货权。

换言之，国际信用证的三大功能中的控货功能，在国内信用证下通常并不具备。如前所述，控货功能意味着风险缓释。

没有了产品本身自动获得的风险缓释机制，国内信用证的风险怎么会低呢？显然，难以理喻。

国内证表面上的低风险系数，其实风险不低，这才是真相。

政策：

或许国内信用证低风险系数是监管部门针对贸易融资新产品的一种政策优惠。进一步的疑问是，短期之内，政策有没有可能调整？估计短期之内不太可能，因为国内证的风险系数是与国际证一并核定的，且与国际统一的监管规则——巴塞尔协议Ⅲ保持一致。如果强行调整必会影响到国际信用证，这样，将使得中国银行业在与国际同业的同台竞争中自动处于下风。这是国内监管部门、银行业都不愿意看到的。

日后的评论中，我们会知道，更重要的是，风险系数的调整将与监管部门鼓励国内证，乃至贸易融资创新与发展的大势不符。

补救：

问题当前，没有回避的路，否则就成了自欺欺人。

国内证买方押汇代付下，有没有降低风险的办法呢？

既然国内信用证下没有自带控货，那就另行想控货的办法吧。比如：运单改为仓单，或者运单要求作成开证行抬头等等，不一而足。

请注意，这些办法的控货效果，只限于国内证下单据释放给买方之前，单据一旦释放就没有了。当然了，如果信用证下没有运单，只有货物收据的时候，这些办法就更显得捉襟见肘了。

说明：

我们的分析中，涉及的是信用证的风险系数和信用证买方押汇代付的风险系数。这两个系数相似，但实际上不同。只是在国内证中，二者的情况几乎一样，为方便计，评论时未加明确区分。

办法：

我们一定会问，还有没有别的办法呢？有的。

比如：把国内证买方押汇代付组合，嵌入供应链融资方案中，便可以自动获得货押带来的风险缓释效果，从而实质性降低风险。

刚刚过去的一年,在货币政策日益收紧的背景下,信贷规模高度紧张,使得国内证规避信贷规模的价值发挥到了极致。

但是,请注意,货币政策总是要调整,目前已经有放松的迹象。加之国内证买方押汇代付组合规避信贷规模有着难以克服的技术缺陷,这意味着监管部门短期之内终归是要规范的。所以,规避信贷规模的价值只能算是短期价值。

庆幸的是,国内证买方押汇代付组合,还具有长期价值——节约经济资本。

既具有短期价值,又具有长期价值,正因为此,不管短期之内,还是长远来看,国内证都值得大力发展。

七、本期话题:如何看待融资门槛下降?

引子:

从上两期的解读中,我们知道,国内证买方押汇代付组合具有"不占信贷规模"和"节约经济资本"的双重价值。这意味着什么呢?一句话,与流贷和银承+代理贴现相比,客户融资门槛将明显下降。但也正如前所述,在信贷规模紧张、经济资本稀缺的情况下,客户要融资可以,银行愿意提供的只有国内证代付,别的没有。

问题:

那么,这是否就意味着银行的风险真的下来了呢?

回答:

答案是否定的。

还是一句话,信用风险下来了,但操作风险、技术风险和合规风险上升了,此消彼长。这是国内证买方押汇代付的特点,也是所有贸易融资的共性。

何况国内证买方押汇代付下信用风险的降低,如前所述,通常情况下,也只是个假象。

风险:

国内证买方押汇代付标准,主要涉及六种风险:

◆信用风险。国内证买方押汇代付,与其他贸易融资产品一样,都具有与生俱来的自偿性,所以信用风险相对较低。这一点,流贷没有,银承+代理贴现虽然是贸易融资产品却也没有。这个意义上,可以说,票据融资是贸易融资产品的另类。

◆技术风险。国内证买方押汇代付,涉及国内证这一结算工具,由于信用证结算技术的特殊性,所以技术风险需要特别关注。

◆合规风险。国内证买方押汇代付涉及的国内证不同于国际证,其规则本身就是一套法规,所以合规风险也需要特别关注。

◆操作风险。国内证买方押汇代付,与其他贸易融资产品一样,都基于贸易结算流程,从而都具有流程性的特点,相应地,操作流程相对复杂,所以操作风险需要特别的关注。

◆政策风险。国内证买方押汇代付,乃至国内证代付的发展,与监管部门的政策取向息息相关。

◆市场风险,即业务随市场价格波动的风险。目前市场风险还不是主流,后面的解读中将提到,在银承贴现价格逐渐下降,与代付价格逐渐靠拢的时候,就会成为现实。

信用风险已经有详细的解读,技术风险和合规风险已有个案解读,政策风险和操作风险也将有专门的解读。目前实务中市场风险还不是主要风险,所以点到为止。

这里重点解读涉及技术风险和合规风险的又一个发票问题,并顺便引申到信用风险管理的一个新的方面。

如前所述,国内证交单之时,可能遇到后补发票的情况,这是发票日期晚于交单日期。通过解读,我们知道,这种情况技术上可以接受,只要在开证之时要求提交正本发票即可。

实务中,还存在早开发票的情况,即发票日期早于开证日期。什么时候会发生这种情况?这种情况可以接受吗?

问题:

发票日期可以早于开证日期吗?这一个问题实务中常常有人问。

分析:

《国内信用证结算办法》97版有关单据出具日期的规定只有一条,即第35条。规定如下:

◆所有单据的出单日期均不得迟于信用证的有效期或交单期。

显然,这一规定中仅涉及发票日期的最迟期限,与最早期限无关。换言之,《办法》既然没有规定发票日期的最早期限,理应默认发票日期可以早于开证日期。

印证:

国内证的原理与国际证相似。

国际信用证所适用的 UCP600 的第 14 条 I 款。规定如下:

◆A document may be dated prior to the issuance date of the credit, but must not be dated later than its date of presentation. 单据日期可以早于信用证的开立日期,但不得晚于交单日期。

显然,国际证下允许发票日期早于开证日期。

结论:

在技术和合规上,并没有排斥国内证下发票日期早于开证日期。

担心:

客户会不会拿旧的发票来申请国内证融资呢?其背后的潜台词似乎是客户会不会利用旧发票,来循环融资呢?这是另外一个问题。

这一担心,不是没有道理,市场上已经出现利用旧发票融资的情况。

背景:

《国内信用证结算办法》97版,第36条第(一)款规定:

◆商业发票必须是国家税务部门统一印制的发票,其抬头应为开证申请人。

我们国家的发票管理有着严格的规定,适用法规是2011年2月1日起施行的新《中华人民共和国发票管理办法》及《实施细则》。《实施细则》第26条涉及发票开立时点,规定如下:

◆填开发票的单位和个人必须在发生经营业务确认营业收入时开具发票。未发生经营业务一律不准开具发票。

再分析：

在实务中，发票日期早于开证日期，意味着什么？

发票，英文为 Invoice，顾名思义，不管是中文还是英文，即发货清单。

发票日期早于开证日期，便意味着卖方发货确认营业收入的日期早于开证日期，即先发货确认应收应付账款，再开国内证结算应收应付账款。显然，这与日常国内贸易习惯，先订合同约定国内证结算，再开证，最后发货付款的顺序不同。

追问：

顺序不同，正常吗？是否就可以据此认定贸易背景不实呢？

用旧发票虚构贸易背景不是不可能，但也不可一概而论。

比如，买卖双方原先谈的合同条件是赊销，先发货开票 90 天付款，等到 90 天账期快满的时候，手里没钱，只好向银行申请开证、融资。此时，发票日期将早于开证日期 90 天。

贸易上看不出这有什么反常。

在过去一年的市场流动性趋紧的大背景下，这应该很常见。

当然，银行的人可能说赊销账期无法正常付款，而向银行申请国内证及融资，这本身就说明了客户财务状况的反常，可能不值得去融资。如此说法可能不符合常理，因为如果客户财务状况良好，手里有钱，用得着向银行融资吗？！

做法：

实务中，银行操作基本都会谨慎处理。比如，发票在国内证下已经交过，便要求开证行在发票背面加注"已融资"字样及"日期"。

如此，显然可以防范客户日后拿旧发票重新申请国内证融资。这不失为一个好的办法。

但是，这一方法仍无法确保本次在国内证下融资的发票不是旧发票，或是已经融资过的发票。

引申：

为了确保发票的真实性，银行通常都会在线向税务部门核实，或向卖方现场核实。但是，这也难免挂一漏万。因为国内证融资之时提交的是真实的发票，客户在赎单之后仍有可能退还给卖方，予以注销，银行融资之时仍然看不出什么破绽。

与此情况极其相似的是银承＋贴现。然而，银承＋贴现通常都是事后补交发票，补交的期限也不等，此时贸易背景真实性又从何说起？

相比之下，好歹国内证代付下多了一个发票的正式要求，多了一个确认贸易背景真实性的依据。

观感：

国内证买方押汇代付下正本税务发票的提交，终归只是一种形式的要求，是控制贸易背景真实性的重要参考，但不可迷信。

为了确保贸易背景真实性，银行可能需要更多地去"了解你的客户，了解你客户的业务"!

再引申：

贸易背景真实性当然重要。有意思的是，贸易背景的一个非常重要的方面，通过正本税务发票却是根本无法控制的，从而常常使得日常实务中通过确认发票的真实性来确保贸易背景的真实性，带上迷惑的光环。

贸易背景真实情况下的买方销售货款回笼期限，理应与国内证及其融资期限匹配。这是贸易融资信用风险管控的第一要点。

事实：

实务中出现的国内证及其融资期限，绝大部分超过半年，而且一年期的占有很大的比重。让人生疑的是，难道贸易中的货款回笼期限也都这么长吗？当然不是。既然不是，那岂不意味着国内证及融资的信用风险几乎暴露无遗？那也不是，银行总是有办法应对。

办法：

实务中出现的国内证及融资的反常期限，客观地说，是特殊经营环境下的特殊现象。

针对此，银行的明智做法是区分两类风险，分别拟订应对方案：

◆国内证买方押汇代付的技术风险和合规风险，按《办法》对国内证的要求把握。因为监管部门目前的明文规定只约束国内证本身。

◆国内证买方押汇代付的信用风险，参照流贷或银行承兑汇票＋贴现把握。因为国内证买方押汇代付毕竟是对流贷和银承＋贴现的替代。

如此则可两全其美，既可有效管控信用风险，又可确保在合规且技术可行的前提下博得独有的多重好处，特别是具备"不占信贷规模"的短期价值和"节约经济资本"的长期价值。

提醒一句，当然，如果把国内证买方押汇代付组合，嵌在供应链融资方案中，则无此必要。

引申：

如前所述，银行承兑汇票及贴现，与国内证及买方押汇代付一样，都属于国内贸易融资产品。事实上，银承下发票也需要真实性核实，也存在发票早开的现象；银承的期限，大多数也都开成了监管规定的上限，即 6 个月。相应地，在信用风险管控上存在类似的问题，同样需要关注。

再次提醒一下，这里的银承仅限于纸质的，没有包括它的电子商票形式。电子商票下 12 个月的期限上限，则与国内证代付一样了。

有意思的是，实务中，银行对银承下发票真实性、早开发票和付款期限是否异常的关注，明显不如国内证，或许是见多不怪吧？

到这里，已经从全方位风险管控的角度，了解了国内证买方押汇代付在流行做法中发票及其标注的意义，也分享了业内针对性地区分两类风险，区别制订风险管控方案的明智做法。换言之，只有这样，才能真正实现国内证买方押汇代付的融资门槛的下降。

那么,国内证买方押汇代付的融资成本,又是如何下降的呢?代理行对开证行的报价是如何形成的?开证行对客户的报价,又是如何形成的呢?与贴现报价的不同,是怎么形成的?这预示着银行又会有什么特别的机会呢?

八、本期话题:如何看待融资成本下降?

回顾:

国内证代付对客户报价参照流贷,比流贷要低,通常也比银承贴现要低。银承贴现的市场报价,2011年9—10两个月最高的有14%。国内证代付随近期货币政策有放松的迹象,报价有所下滑在7%~8%左右,还是比贴现低。

我们知道,对于客户来说,国内证买方押汇代付下的融资门槛将下降,因为该组合具有"不占信贷规模"和"节约经济资本"的双重价值。

事实上,同样也主要是这两个原因,导致了国内证买方押汇代付融资成本的下降。

问题:

为什么呢?

分析:

对于开证行来说,国内证代付对客户报价参照流贷。

这是因为在客户眼里,二者的融资效果几乎一模一样,没有实质的差别。

几乎一样的融资效果下,流贷要占用信贷规模,而如前所述信贷规模本是稀缺资源,当然需要多承担相应的融资成本,所以会推高报价。相应地,国内证代付的报价就下来了。

几乎一样的融资效果下,流贷都要占用100%的经济资本,远远高于国内证代付的20%的经济资本水平,而如前所述经济资本同样是稀缺资源,当然同样需要多承担相应的融资成本,所以会进一步推高报价。相应地,国内证代付的报价就进一步下来了。

当然,由于国内证代付下通常都会收20%以上的保证金,可以直接缓释风险,报价会更进一步下来。

延伸:

对于开证行来说,国内证代付对客户报价,通常也比银承+代理贴现低。但也有例外,即贴现价格低于代付的情况。据说,这在国内证历史上曾经出现过。

什么原因呢?

虽然二者的融资效果几乎一样,但是定价的基础并不完全相同。

国内证代付没有占用信贷规模,银行贴现要占用信贷规模。

国内证代付经济资本系数20%,银行承兑汇票+代理贴现的整体系数为100%。

只是银行承兑汇票系数是一个整体的概念。如果加以分解,应该是两部分,承兑是100%,贴现是0%~20%。而实际上承兑对应的高经济资本占用系数本身,对贴现的价格没有影响。

所以,在信贷规模和经济资本双重作用下,国内证代付的价格,有时会比银承贴现高,有时会比贴现低。

而在国内证加速发展的近一两年里,市场上信贷规模的约束对报价的影响,与经济资本相比更大,所以国内证代付的报价通常都比银承贴现要低。

猜想:

将来随着货币政策的放松,信贷规模逐渐缓解,如果银承贴现的价格逐渐回归正常,国内证代付的价格的吸引力也将渐渐淡化。

显然,银承贴现到时将反过来成为国内证代付的强有力的竞争对手。

这就是上一期所说的市场风险了。

至此,我们对国内证标准组合中开证行对客户的报价形成机制已经有所了解了。

我们知道,标准组合涉及的利率价格有两个:一个是开证行对客户的报价,另一个是代理行对开证行的报价。实务中,二者有明显的价差。

那么,代理行对开证行又是如何报价的呢?

回顾:

国内证买方押汇代付下,代理行对开证行报价参照同业拆借。这是因为代理行理解代付文本时,其法律定性也视同同业拆出。代理行入账等同于同业拆出处理。

现象:

有心的朋友一定会发现,国内证代付的同业市场报价远远高于同业拆借。

奇怪:

为什么会这样呢?

我们知道,对于作为代理行的同业来说,国内证代付不占信贷规模,同业拆出也没占信贷规模,国内证代付经济资本系数20%,同业拆出系数同样是20%。

但是,有一点不一样。同业拆借只发生于两家银行之间,国内证代付不仅发生于开证行和代理行之间,还发生于开证行与客户之间。

开证行与客户之间的这重关系,客观上为代理行的代付提供了一个天然的隐性担保。通过以往的解读我们知道,国内证代付本质是贸易融资,这种隐性的担保究其实就是贸易融资对应的贸易背景自动提供的。而这在同业拆借中是没有的。

前者的风险理应比后者低呀,凭什么报价反而比后者高。

原因:

有人说,其他条件定价因素相差不大的情况下,同业拆借的标准性高于国内证代付。

有人说,其他条件定价因素相差不大的情况下,同业拆借的透明度于国内证代付。

标准性低、透明度低,交易成本会高,从而会使得国内证代付同业价格偏离同业拆借的价格,至于是偏高还是偏低,则随意性很大。

我们认为,客户对国内证代付融资的旺盛需求拉动,加之国内证代付同业报价相对独立的市场运作,引发国内证代付资金供应一度相对紧张,最终导致国内证代付同业价格一路高企。

商机:

换言之,如果国内证代付资金供应充足,同业价格就会下来,逐渐与同业拆借趋于一致。

这意味着国内证代付是个很好的同业拆借替代市场,在二者价格趋于一致之前的很长一段时间,一直都会如此。显然,在这个意义上,国内证代付或许是一片等待银行业充分开发的蓝海!

预判:

什么时候会一致呢?

国内证代付资金供应和同业拆借资金一样宽松那一天。

哪一天呢?

更进一步,可能需要回答为什么目前会不一致。因为银行同业对国内证代付的了解程度不同,最终表现为代理行市场开发极不充分。换言之,如果银行同业对国内证代付的了解和认识达到与同业拆借同样的水平,那么二者价格趋于一致的那一天就到来了。

实务中,国内证代付业务对于开证行来说通常也称为"他代本",对于代理行来说通常也称为"本代他"。

显然,当前是大力拓展国内代付"本代他"市场的良机。

观感:

国内证标准组合中的买方押汇代付部分,准确地说,可以分解为两段:

◆"准"买方押汇。这是一级市场产品。

◆代付本身。这是二级市场产品。

第一段,对客户的报价,就是"准"买方押汇的报价,非常接近于"真"的买方押汇,差别在于前者处理成了表外融资,后者是表内融资。

第二段,代理行对开证行的报价,就是代付本身的报价,非常接近于同业拆借了。

延伸:

有心的朋友会问,代理行叙作了国内证"本代他"业务后,如果资金紧张,有没有二级市场进行转让呢?说明一下,这里的代付二级市场与代付本身是二级市场产品,不是一回事,前者是指代付产品分一、二级市场,后者指代付本身是"准"买方押汇的二级市场产品。

答案是目前还没有。

理论上应该有,且市场应该很大。大家如果愿意发挥想象,观察一下票据的转贴现市场的红火情况,就可以略知一二。换言之,国内证代付二级市场,或许又是一片待开发的蓝海。

再延伸:

实务中,国内证代付的代理行和开证行之间,有时还会存在穿针引线的"中间行"。

各地的资金市场价格不同,各行的资金市场价格也不同。

"中间行"通常在了解同业资金价格上有一定的优势,但没有自己的叙作国内证代付的企业客户。

于是,在国内证代付中,就会出现居间的"中间行",通常也就起到联系资金和过账的作用,从代理行那拿到资金后立即转给开证行,没有记融资账,无须占用经济资本。

不过可以加一定的点数,由于金额都比较大,"中间行"利润也算丰厚。

国内证标准组合下,对于客户,不仅可以降低融资门槛,还可以降低融资成本。

然而,国内证代付毕竟不是传统产品。实务中,客户和客户经理一定还会问:国内证代付环节多吗?手续复杂吗?如果复杂,可以简化吗?怎么简化?

显然,这是客户融资最感兴趣的三个问题,也是客户经理和经营机构,乃至产品经理和研发部门面向市场必须考虑的三个问题。

九、本期话题:手续复杂吗?可以简化吗?

问题:

国内证代付环节多吗?手续复杂吗?

国内证代付的融资门槛下降和成本下降,这是好事。客户仍会担心融资手续是不是够简单,起码不至于太复杂。

回顾:

如前所述,国内证具有三个功能:

◆结算;

◆控货;

◆担保。

银行承兑汇票具有两个功能:

◆结算;

◆担保。

背景:

如果进一步追根溯源,我们发觉:功能之差别,在于环节之不同,且一一对应。

国内证流程具有三个环节:

◆付款。付款环节,对应于结算功能。付款之时,意味着买卖双方在基础合同下债权债务关系的了结。

◆交单。交单环节,对应于控货功能。交单之时,就是开证行货物控制之时,这意味着为开证行在信用证下的承诺提供了反担保。

◆开证。开证环节,对应于担保功能。开证之时,就是开证行在信用证下作出承诺之时,这意味着银行信用的注入。

银行承兑汇票具有两个环节:

◆付款。付款环节,对应于结算功能。严格地说,承兑银行的付款,只是意味着票据债权债务关系的了结,进一步,则意味着买卖双方在基础合同下债权债务关系的了结。

◆承兑。承兑环节,对应于担保功能。同样地,承兑之时,就是承兑银行在汇票下作出承诺之时,这仍然意味着银行信用的注入。

显然,国内证比之于银行承兑汇票,多出了一个控货功能,表现在流程上,是因为多出了交单环节。

5. 国内信用证周评

疑虑：

国内证代付多了一个交单环节，是事实。实务中，不管是营销人员还是操作人员难免产生疑虑：环节多了，手续怎么会不复杂呢！

回答：

国内证代付手续复杂了点，细琢磨，实际上可以有效简化。

如前所述，国内证买方代付的手续可以简化到与流贷、银承＋代理贴现几乎一样，即申请开证、证下交单、申请代付和证下付款，几乎同步完成，卖方想要现款就可以立即要到现款，而技术方案与当前的国内证政策并无抵触。

例子：

去年年终最后一天，国内J银行在办理国内证买方押汇代付时，遇到一个这样的情况：信用证由J银行北京分行开出，自由议付。卖方通过D银行上海分行交单，急着年前在北京分行叙做买方押汇代付，以在年底为上海分行留存全额存款，但是D银行上海分行收到单据后无法当天立即转递开证行D银行北京分行。

那么，这种情况下，可以叙作国内证买方押汇代付吗？

方案：

当然可以。

D银行北京分行和上海分行之间可以临时约定：上海分行收到正本单据后，以扫描件或传真件转递给北京分行，北京分行即可据以审单、叙作融资、办理付款。

分析：

合规上，这应该是没有问题的，因为《办法》没有规定，也没有禁止。

技术上，这应该也是没有问题的。

对于卖方的交单，实际上交到D银行上海分行就已经满足了《办法》对交单的要求。至于从D银行上海分行，转递到开证行D银行北京分行，如何转递，那是银行之间的事。换言之，如果卖方给D银行上海分行的交单是相符的，开证行的付款责任就已经成立。当然，如果是不符的，开证行也可以接受单据。相应地，这些也就意味着开证行可以付款和融资了。

至于开证行是不是立即付款和立即融资，这基于其自身的选择，毕竟单据还没有到达其手里。

担心：

单据开证行都没收到，怎么能叙作代付融资呢？这个担心是有道理的，但确实是多余的。

印证：

在第三方索偿的情况下，第三方偿付行往往与开证行之间达成了偿付融资的协议，但偿付融资之时，第三方偿付行根本就没有见单，而开证行的融资也常常还没来得及见到单。所以，付款或融资，未必都要见单。

下一期的解读将提到，目前市场上已经出现国内证融资中以偿付来替换代付的情况。

引申：

信用证下交单与转递交单不同。

《办法》中对此没有直接的定义，UCP600则有比较清晰的定义，且有多处互相印证。概括而言，区别如下：

◆交单，指受益人向指定银行或开证行、保兑行提交单据的行为。信用证下受益人交单和相符交单，是其责任，且受到信用证规定的交单期和有效期的约束。

◆转递交单，指指定银行向开证行或保兑行，保兑行向开证行转递受益人交单的行为。信用证下一家银行向另一家银行转递受益人交单，是该银行的责任，方式可以临时约定，只需尽到毫不延迟、合理谨慎即可，不受信用证规定的交单期和有效期的约束。

显然，叙作代付融资时，实务中的担心是由于技术上混淆了交单与转递交单两者的含义所致。

观感：

国内证代付下，转递交单的手续在技术上是可以简化的。

实务中的情况是，国内证的流程不限于转递交单环节，也不限于交单环节，还常常涉及交单之前的开证。

那么，国内证代付的交单手续有没有可能简化？开证如何简化？

交单：

国内证代付下交单手续复杂吗？

《办法》对国内证下的交单，有特别的要求，第26条规定如下：

◆受益人在交单期或信用证有效期内向开证行交单收款，应向开户银行填制委托收款凭证和信用证议付/委托收款申请书，并出具单据和信用证正本、信用证修改书正本。开户银行收到凭证和单证审查齐全后，应及时为其向开证行办理交单和收款。

国内证下受益人必须向其开户行交单的要求，无疑是复杂的，所造成的不便，市场上几乎人尽皆知，也一再为业界诟病。

办法：

难道卖方直接向开证行交单不行吗？有没有办法改进呢？卖方直接向开证行交单，就会触犯《办法》划定的红线。改进的办法是有的。

为了规避红线，市场上普遍采用两种办法：

◆第一种，要求卖方在开证行处开户。这样，自然满足《办法》第26条的规定。只是实务中许多受益人是核心企业，对银行开户有严格的内部要求，难以配合或不愿配合。

◆第二种，要求卖方、开证行、买方，签一个三方代理协议，由卖方委托买方向开证行交单即可，而买方是开证申请人，当然在开证行处有开户。这样，自然也满足《办法》第26条的规定。

追问：

还有没有更简单的办法呢？有。什么办法呢？信用证直接在条款中规定：允许买方代理卖方向开证行交单。

多么简洁了当！连第二种办法中的三方代理协议都不用签。

分析：

信用证下单据居然还可以由买方来交？

少见多怪！

中国出口到美国的药品，使用信用证结算，适用 UCP600。证中，常常会见到单据的提交包括两部分：

◆ 大部分单据由出口商发货后，通过自己的银行提交在前，包括：发票、箱单、提单、分析报告等。

◆ 另外一个单据——美国药检局的检验报告，比较特殊，在药品到达美国后由美国药检局检验合格后出具，再由进口商向开证行直接提交。

相应地，付款发生于美国药检局的检验报告出具之后。

佐证：

当然，信用证结算下单据的提交人，UCP600 第 2 条的定义中没有明说，作为申请人的进口商可以直接交单。

有意思的是，保函下单据的提交人，URDG758 第 2 条的定义则明确，单据可以由作为受益人的出口商提交，也可以由作为申请人的进口商提交。

源头：

如果愿意，我们还可以再问，为什么《办法》会规定受益人交单必须通过自己的开户行呢？

说来也简单，就是为了确保交单的受益人身份的真实性。

换言之，如果能够通过开户以外的办法确保交单的受益人身份的真实性，显然，没有必要把交单的对象限定于受益人的开户行吧？

事实上，日后的周评会解读到，正在修订得如火如荼的新版《国内信用证结算办法》最新的第 9 稿，已经把"开户行"的要求作了变通，扩展到"开户行（或委托收款/议付行）"。

显然，对于委托收款行来说，已经没有开户的要求了，而其作为受益人的银行"只需确认交单人身份的真实性"即可。值得一提的是，同样在新版《办法》第 9 稿中，已经放弃了议付行必须是受益人开户行的要求。

开证：

如前所述，国内证开证由于通讯不顺畅，很大一部分还不是电开，必须信开，用起来自然觉得不便。有没有办法改进呢？还是有的。

既然受益人单据的提交都可以委托申请人一手操办，为什么信用证的来证通知不可以委托申请人接收呢？

如果来证委托申请人接收，那岂不意味着开证行开出的信用证根本就不用远程传递给受益人？是的。这么一来，通讯不顺畅的问题自然解决，开证行也可以释怀了。

效果：

至此，有心的朋友会发觉，国内证买方代付下，申请开证、证下交单、申请代付和证下付款，几乎可以同步完成。这与流贷、银承＋代理贴现的手续有什么两样？

车到山前必有路,办法总比困难多,我们总可以逢山开路,遇水搭桥。

国内证的手续,总可以简化!

国内证的信贷规模,总有办法规避,还有没有更好的办法规避信贷规模呢?

国内证的经济资本,总有办法少占,还有没有更好的办法少占经济资本呢?

当然,银承+代理贴现遇到的问题,与此相似。

不管是国内证代付,还是票据贴现,理论上是有的,实务中也有。八仙过海,各显神通,在此不一一赘述。

到这里,我们还主要集中于国内证的标准组合的评论。下一步,我们一定会问,实务中国内证的产品组合会如何变化呢?又各有什么样的妙用呢?

十、本期话题:从标准组合到变种组合

背景:

如前所述,目前市场上的国内证业务,主要集中于标准组合——买方押汇代付。

显然,实务不限于此。会有哪些变种呢?这里主要列举两种:

◆卖方代付组合。这是比较常见的变种,使用量明显比买方押汇代付要低。

◆偿付融资组合。这是比较新的变种,近来由一家国有大行B银行力推,发展情况有待进一步的市场观察。

卖方代付:

谁都会这么想:既然有买方代付,就必定还有卖方代付。

的确如此。

买方代付,通常指买方押汇代付。卖方代付,实际上是卖方押汇代付的简称。

如果说,买方押汇代付是买方押汇的二级市场产品,那么,卖方押汇代付,理应是卖方押汇的二级市场产品。当然,代付本身也会形成一、二级市场,这一点与福费廷类似。

对比:

那么,为什么卖方代付的使用量会比买方代付少呢?

我们认为,主要与融资手续有关。相对而言,卖方代付的融资手续会比买方代付繁琐。

买方代付下,申请开证、证下交单、申请代付和证下付款,几乎可以同步完成,相对简单。

卖方代付下,申请开证、证下承兑,由买方或买方确认下完成;证下交单和申请代付,由卖方完成。而且,开证、交单、承兑、代付四个环节前后衔接,互相交错,明显复杂多了!

进一步:

我们都知道,在国内证买方代付组合和卖方代付组合中,都有开证和代付两个环节。如果愿意从贸易融资的角度考虑,将会发现开证和代付都是表外融资。

在买方代付下,开证的融资发起人是买方,代付的融资发起人也是买方,显然,信用审查资料和手续,都是可以二合一的。简化的程度不言而喻!

在卖方代付下,开证的融资发起人是买方,信用审查由开证行完成;代付的融资发起人是卖方,信用审查由卖方银行完成。两次审核,对象各不相同,审查银行也各不相同,明显复杂!

更进一步:

经济资本占用不同,保证金留存不同,融资成本将有所变化。

在买方代付下,开证行占用一次经济资本,系数20%;代付行占用一次经济资本,系数也是20%。保证金部分可以直接用于对外支付,无须叙作代付融资。

在卖方代付下,开证行占用一次经济资本,系数20%;卖方银行占用一次经济资本,系数20%;代付行还要再占用一次经济资本,系数20%。保证金留存在买方,卖方须申请全额代付融资。

相比之下,卖方代付多占用了一次经济资本,系数20%,买方多了一笔保证金留存,卖方多申请了非保证金部分的融资。

整体上,这势必抬高客户的综合融资成本。综合融资成本具体在实务中没有直接体现为融资成本本身,因为不管是开证行对客户报价,还是代理行对开证行报价,基础未发生变化,所以报价没有区别。综合融资成本会间接体现在基础合同买卖双方的交易报价有所不同。

引申:

实务中的卖方代付,卖方银行常常处理成非融资性风险参与。

非融资性风险参与是什么?风险参与是什么?

国内B银行给出了以下定义:

"风险参与业务是指XXX银行作为风险参与行,融资或非融资地参与国际结算及贸易融资项下全部或部分债务人的信用风险。风险参与业务是金融同业间加强合作的一项重要产品。

"根据XXX银行是否融资,分为融资性风险参与和非融资性风险参与。"

非融资性风险参与,说得简单一点,就是担保。在这个意义上,与卖方代付下卖方银行对于代理行的担保责任无异,新瓶装旧酒,换汤不换药。

值得一提的是,风险参与对于提供资金的代理行来说,其操作和解释空间已经没有那么模糊了!

概括:

国内证卖方代付如此。

实务中,与卖方代付同属于卖方融资的产品,还有卖方押汇、应收账款贴现、福费廷、福费廷转卖等,这些都属于国内证的新产品,但使用范围相对小,特征与国际信用证相似。

当然,国内证代付产品还会因应客户的需求、银行的需要进行变形,比如集团结算中心下的代付等。在此不一一赘述。

市场上,有买方代付,有卖方代付。

有意思的是,新近国内B银行推出了一款介于买方代付和卖方代付之间,好像既不是买方代付,也不是卖方代付的新产品——偿付融资。那么,到底什么是偿付,什么是偿付融资?偿付融资与代付又有怎样的不同?它的奥妙又在哪呢?

偿付:

准确地说,偿付应该称信用证下银行间偿付,通常指开证行在向指定银行付款时,经第三方偿付行来安排过渡。

偿付信用证分即期信用证和远期信用证。偿付分开证行直接偿付和第三方银行偿付,凭单偿付和见索即偿,分带融资安排的和没带融资安排的。换言之,偿付本身与融资无关。

相应地,国内证下,《办法》所说的偿付,指即期或远期信用证下开证行向议付行凭单偿付。但是,没有禁止第三方银行偿付,也没有禁止见索即偿。

市场上新出现的国内证偿付融资,则是假远期国内证下第三方银行受开证行的委托向议付行见索即偿,并带有开证行与第三方银行之间的一份融资安排。

这些在国际信用证中都已经司空见惯了。

引申:

至于说将来会不会出现假远期国内证以外的偿付融资呢?

理论上是有可能的,只是技术特征和市场效果会有所变化。

构成:

假远期国内证下带融资安排的偿付组合,包括三个产品:

◆国内证:要求远期信用证,规定第三方偿付;

◆假远期融资:远期信用证带即期付款条款;

◆偿付融资:第三方偿付,由偿付行提供偿付融资。

假远期融资:

假远期融资是什么?

这与信用证的付款期限有关。

实务中的信用证,根据付款期限,分为即期和远期。前者的结构是"一手交单,一手付款",这是标准的结构;后者的结构是"一手交单,一手承兑或承诺,并到期付款",有点变化。当然,如果愿意了解,还包括一种前面提到的预付信用证,也称"红条款"信用证,其结构是"一手确认收款并承诺出货后交单,一手付款",仍然有点变化。

假远期信用证,是介于即期与远期之间的一种特殊的信用证,它在远期信用证的基础上,带有即期付款条款,而这个即期付款安排是由假远期融资完成的,效果与即期信用证相似,反而与远期信用证不同,故得名"假远期信用证"。

简而言之,假远期信用证=远期信用证+假远期融资。

换言之,假远期融资,归根结底,是远期信用证自带的融资。

回顾:

假远期融资到底是什么?有心的朋友还会继续问。

这涉及假远期融资的法律定性。

同样,简而言之,假远期融资是买方代卖方发起的贴现融资,利息由买方承担,归根结底,是卖方发起的融资。

当然,假远期融资可以由开证行提供资金,也可以由代理行提供资金。前者通常称为标准的假远期融资;后者称为假远期代付。

正是在这个意义上,如前所述,国内证假远期代付,与买方没有直接的关系,从而具有改善买方会计报表的效果。如果愿意,还可以说国内证假远期代付具有留存保证金的效果。这两点,均为国内证买方押汇代付所不具备。

偿付融资:

国内证下偿付融资,指开证行即时对外付款时,资金由第三方偿付行提供并对外划转;买方到期付款时,款项由开证行划转归还。

偿付行为什么愿意提供资金?显然,偿付行是基于开证行划转还款的事先保证,而保证本身就意味着开证行的还款责任,或担保还款责任。因为如果没有开证行的保证,偿付行恐怕不会愿意提供偿付融资的。

换言之,偿付融资,就是国内证买方押汇融资或假远期融资的延伸。与代付有区别吗?在融资上,没有本质的区别。唯一的区别在于,代付资金可以由代理行受开证行的委托直接划付卖方银行,也可以由代理行转给开证行后由开证行划付卖方银行,而偿付融资的资金划转必须由偿付行完成。

简言之,偿付融资归根结底还是代付融资,只多了一个偿付环节,而偿付环节本身只涉及资金的划转,与融资无关。

我们完全可以说:假远期融资下的偿付融资=假远期代付+偿付。

妙用:

既然偿付融资与代付没有本质的区别,那么为什么要在代付之外推行偿付融资呢?

前面提到,企业的会计处理须获得会计师事务所的认可。银行的会计处理与此同理。

实务中,有些会计师事务所并不支持代付下开证行的表外处理。相对而言,偿付融资下开证行的会计表外处理,由于假远期融资中发起人的不同,更容易获得会计师事务所的支持。

在这个意义上,国内 B 银行推出的偿付融资,究其实是为了突破其作为开证行在代付的会计处理上的困境。

联想:

偿付融资下作为开证行的国内 B 银行的会计处理困境已经突破。

是真的突破了吗?为什么?

不管是国内证代付标准组合,还是形形色色的变种组合,都是基于国内证结算,基于《国内信用证结算办法》97 版。换言之,《办法》97 版如果都规范好了,显然这些组合的市场运用多少都会相应发生改变。

那么,正在修订的新版《办法》第 9 稿,将有什么样的变化?这些变化对国内证业务的发展将意味着机会呢,还是挑战?

十一、本期话题：新《办法》第 9 稿显示的机会

背景：

正在实施的《国内信用证结算办法》97 版，发布至今已经 15 年。

这期间，国内证业务的发展早已发生了翻天覆地的变化，《办法》97 版已经在许多方面显得无法适应，从而抑制了实务向前发展。

这期间，适用于国际信用证的规则——UCP600 也由国际商会于 2006 年完成修订，2007 年 7 月 1 日实施，其中的变化难免会影响到对国内信用证及《办法》的理解。

为此，2008 年中国人民银行启动了《办法》的修订，至今已完成第 9 稿。中国国际商会基于成熟的国际业务专家团队，为本次修订提供了全面的技术支持。

变化：

那么，新版《办法》第 9 稿，有哪些重大的变化呢？概括而言，与贸易融资相关的主要包括以下几点：

◆ 开证保证金：20%→无明确要求。UCP600 对开证保证金没有要求，《办法》97 版规定开证保证金不得低于 20%，新版《办法》第 9 稿已经放弃了这个明文规定。

◆ 议付：重新定义议付。UCP600 中的议付，不限即远期，也不限有无汇票，与即期付款信用证、延期付款信用证、承兑信用证并列。《办法》97 版中的议付，列为延期付款信用证的一种，且严格限定指定议付行必须同时为受益人开户行。新版《办法》第 9 稿中的议付，与即期付款信用证、延期付款信用证并列，并放弃了指定议付行的开户要求，但仍限于远期，无汇票。

◆ 交单银行：开户行→无开户要求。UCP600 中对交单银行没有任何要求，《办法》97 版中要求交单银行，必须是受益人的开户行，新版《办法》第 9 稿规定交单银行可以是开户行，或者委托收款行/议付行。

◆ 付款期限：6 个月→根据合同约定。UCP600 中对付款期限没有任何要求，《办法》97 版规定付款期限不得超过 6 个月，新版《办法》第 9 稿只作了笼统的要求，付款期限根据合同约定。

◆ 可转让性：不可转让→可转让。UCP600 中允许转让，《办法》97 版规定国内证不得转让。新版《办法》第 9 稿允许转让，并参照 UCP600 对转让作了明细的规定。

◆ 标的范围：货物贸易→服务贸易。UCP600 适用的信用证的标的范围包括货物贸易和服务贸易。《办法》97 版虽然没有明说禁止，但字里行间透露出来的信息是不允许服务贸易。新版《办法》第 9 稿已经明文规定国内证既适用于货物贸易，也适用于服务贸易。

特点：

《国内信用证结算办法》，不同于国际信用证规则 UCP600。

UCP600 是国际信用证的纯粹的行业规则。至于国际信用证的监管法规的部分，分散在外汇管理法规和跨境人民币的各种规定中。

《办法》则既是国内信用证的行业规则，又是监管法规。它不仅要迎合行业发展的需要，也必须照顾行业监管的需要。

从新版《办法》第9稿的几个重大修订来看,更多的是折射出行业监管要求的可能变动方向,技术没有实质的变化。

机会:

对于国内信用证的行业监管要求,是紧了呢,还是松了呢?很明显是松了。15年前的国内信用证是舶来品,新鲜而陌生。当时严格的监管要求,基于管控产品风险的考虑。如今,国内证业务已经走向成熟,也该是放松监管要求的时候了。

我们觉得,不管是监管变化,还是《办法》第9稿的修订变化,对于银行来说都意味着机会。比如:

◆开证保证金最低要求的放开,不仅便利受益人开证,也必将为国内证组合的市场创新注入新的活力;

◆议付银行的放开,便利了受益人叙作议付融资;

◆交单银行的放开,便利了受益人交单;

◆付款期限的放开,延长了信用证融资期限;

◆可转让性的放开,便利了国内大量存在的转手贸易;

◆标的范围的放开,便利了国内大量存在的服务贸易。

总之,所有这些都将大大拓展国内信用证及融资产品的使用范围。

现实:

俗话说:"落袋为安。"

新版《办法》第9稿的变化,是个重大政策利好。但毕竟还只是修订稿,并未发布实施,2010年底修订到这一步之后再也没有听到最新的消息,也不知道什么时候会落地。

新版《办法》没有出来之前,业务总是要做的,国内证总是要发展的,旧的《国内信用证结算办法》97版还得遵守。

于是问题就来了,实务不得不面对旧《办法》中许许多多众所周知的缺陷。

如前所述,交单银行的限制,通过技术设计可以突破,付款期限的限制也可以突破,转让性还可以通过款项让渡、背对背信用证有限制地突破。

在旧《办法》框架内,国内证及融资的标的范围可以突破吗?开证保证金的最低要求可以突破吗?议付银行的范围还可以突破吗?

标的范围:

进一步,旧《办法》下国内证的标的范围也可以突破吗?

工程款能不能通过国内证结算?工程款对应于工程服务贸易,在旧《办法》中是不允许的。银行的人都知道,客户也常问。

到底有没有解?

分析:

解是有的,不过需要超脱一点思考。

过去评论中的种种技术突破,往往立足于《办法》寻找答案,而《办法》本身确实也有答案,原因是《办法》约束的是国内证结算,通常并不约束国内证融资。

现在不行,工程款通过国内证结算,本身就是结算问题,这在《办法》中是无解的。

《办法》以外有解吗？是的，解就在《办法》之外。具体来说，为什么工程款非得用国内证结算呢？为什么不可以用汇款或托收结算呢？监管部门限定了汇款和托收的标的范围了吗？没有。

当然，进一步的问题会转化为：汇款或托收结算下，可以和国内证一样融资，叙作代付吗？毫无疑问，这是可以的。国际结算下的汇款和托收不就有押汇和押汇代付？其实，国内结算下的汇款和托收，早就有保理融资和保理代付了。

开证保证金：

国内证中还有一个非常敏感的问题也是无解的，即：《办法》97版规定，开证行保证金不得低于20%。

这合理吗？当然不合理。

《办法》的规定是个双刃剑。银行当然想多收保证金，《办法》的强制性规定是最好的营销理由。但是有时候没办法，只能放低要求，竞争太激烈了。市场上已经出现了许多10%保证金或零保证金的国内证开证业务。一眼看过去，这是明显的违规。银行解释的理由通常就是《办法》不合理的规定。

银行显然不会就此满足，一定会追问：有没有办法规避此类合规风险呢？

答案是有，那就是转化为汇款或托收结算，也可以操作成保理。

引申：

市场是逐利的。

如前所述，国内证买方押汇代付的市场报价，大多数时间高于银承贴现，而且免占用信贷规模。

市场上已经出现了一种很巧妙的组合——银承质押＋国内证买方押汇代付。这一组合无须贴现，免占用信贷规模，而且可以套取代付与贴现利差。

进一步，市场上也已经出现了这样一种组合——暗保理下应收账款质押＋国内证买方押汇代付。

当然，这两类组合是有合规风险的，因为国内证开证保证金为零。

再引申：

市场上还偶有听到票据代付和打包贷款代付。

那么，它们的技术特征怎样？市场效果如何？政策效果又如何？这些都有待进一步的观察和研究。

议付定义：

新《办法》第9稿中还有一个重大修订——议付定义。

议付本身就是卖方银行提供的一种融资，议付经过重新定义之后，放宽了议付的范围，也放宽了指定议付银行的范围。对于卖方来说，议付融资的可获得性有所提高；对于银行来说，由于欺诈"例外"的例外原则的特别保护，提供议付融资的积极性也必将有所提高。

规定：

《国内信用证结算办法》1997年版：

◆第 18 条　议付是指信用证指定的议付行在单证相符条件下，扣除议付利息后向受益人给付对价的行为。

◆第 19 条　议付行必须是开证行指定的受益人开户行。未被指定议付的银行或指定的议付行不是受益人开户行，不得办理议付。

不同：

UCP600 第 2 条：

◆议付，指指定银行在相符交单下，在其应获偿付的银行工作日当天或之前向受益人预付或者同意预付款项，从而购买汇票（其付款人为指定银行以外的其他银行）及/或单据的行为。

相比之下，国际信用证的议付行没有开户行的要求。

分析：

《办法》97 版下的国内证议付，与国际证有很大的不同，完整地说，具体包括以下特殊的要求：

◆延期付款信用证；

◆延期付款信用证规定可议付；

◆必须指定可议付银行；

◆指定的可议付银行须为受益人开户行。

题外话：

据了解，国内证目前涉及诉讼的案件共有 2 组，十来个。第 1 组只有一个案件，即前面点评的莱芜中行国内证纠纷案。第 2 组是宁波系列案，涉及多个案件，案情相似但不同，均涉及《办法》97 版下国内证议付的定义。

引申：

旧《办法》下的国内证"议付"行，如果不是受益人开户行，是否可以办理融资？其融资是否有办法取得与真正议付行一样的欺诈下的"善意"第三人地位呢？

答案是有的，可以设想的一种办法，就是引入商业汇票，并在国内证下请开证行承兑。此时，提供融资的卖方银行，可以获得票据法下的善意第三人地位从而受票据法保护，虽然没有取得信用证下善意第三人的地位。

显然，这又是一个全新的国内证与票据的产品组合了。

毫无疑问，新《办法》第 9 稿的变化，从微观的角度预示了监管政策导向，那就是：鼓励和规范国内证及融资业务的发展。

那么，宏观上，监管部门又会是怎样的一个政策导向呢？它与市场趋势又是如何呼应的？政策导向和市场趋势的理论基础又会是什么？

十二、本期话题：国内证流行迎合了流贷贸易融资化的趋势

回顾：

如前所述，国内证的缺点数不清，国内证的优点也数不尽。

国内证在诞生之后的 10 年间，银行业和监管部门一再寄予厚望。但是，它几乎毫

无发展。

国内证在最近的 5 年间,无意间有了市场发现,便在监管部门的默许下,一步一步顽强成长,直至如今市场追捧,银行力推,成熟壮大。于是,也得到权威媒体的关注,监管部门的关心。

问题:

国内证的发展也是歪歪扭扭,退一步进两步,螺旋式前进。如果说目前是处于上升期,那么,之后理应有一个平整期。

面对当前国内证的市场形势,监管部门到底是捧它呢,还是禁它呢?已经尝到甜头的银行到底是停滞观望呢,还是继续大踏步前进?还没有尝到甜头的银行,到底是赶紧搭上规范之前的最后一班车呢,还是先考虑葡萄到底酸不酸?

所有的人都悬着一颗心,惴惴不安。

思路:

不管是停,还是做,要做就做得明白,要停也得停得明白。这是产品决策的不变法则。

要明白日后的监管动向,还得先明白国内证诞生以来监管部门的态度及其原因,再据此合理推断,并观察修正。

政策:

事实上,监管部门的政策一再确认了国内证的市场发展趋势,那就是:规范基础上的鼓励和促进。

有心的朋友可能早已经注意到了。请看中国人民银行、财政部、商务部的联合发文:

◆《关于促进贸易融资发展的通知》(2009 年)

◆《关于进一步促进贸易融资发展的通知》(银发〔2010〕354 号文,2010 年 12 月 20 日发布,各地转发在 2011 年初)

国内证及融资,属于贸易融资。

题名:

"文如其名"。

从两个文件的题名看,主题都是关于"贸易融资"及其发展的。

至于如果发展,两个文件的题名用词基本相同,只差三个字:

◆共同的是"促进"二字。就是原来有点慢了或不够快,需要进步,所以得催促。

◆不同的是"进一步"。2009 年的文件是"促进",2011 年的文件是"进一步""促进"。之前"促进",而且确实也有长足的进步。但还不够,这才需要"进一步""促进"。

内容:

从两个文件的内容看,都出现了一些非常新颖的措辞。其中,第二个文件中说:

◆"一、充分认识做好贸易融资工作的意义:大力发展贸易融资,有利于……,有利于优化银行信贷结构,提升金融机构金融服务能力和综合竞争力,各地有关部门要高度重视贸易融资工作,根据党中央、国务院关于转变经济增长方式的要求,结合地方和行业特点,认真落实已出台的各项措施,加强政策创新,改善贸易融资环境,引导金融机构加大贸易融资力度。……"言外之意,从以往的经验来看,不是金融机构"不愿意"加大贸易融资力度,而是政策保守和环境不理想,使得金融机构"无法"加大力度。所以,特别强调"政策创新"和"改善贸易融资环境"。而且,这里上升到了多年来一直在强调的国家经济发展战略高度——"转变经济增长方式"。

◆"二、积极引导和支持金融机构扩大贸易融资:……"

◆"三、努力改善金融服务,鼓励贸易融资产品创新:…… 大力推进保理、福费廷、保单融资和供应链融资等业务发展,……积极支持金融机构简化贸易融资流程,将信贷产品和结算、风险管理等工具相结合,为企业量身定制企业贸易融资服务方案……推进抵(质)押物融资产品创新,鼓励有条件的地区探索发展运用股权、存货、应收账款、无形资产等抵(质)押物进行贸易融资。……"这就非常具体了。其中,鼓励探索运用"股权"进行贸易融资,几乎就是闻所未闻的了,更不用说见过了。

◆"四、加大政策性贸易融资业务发展:……"

◆"五、采取综合措施,加大中小外贸企业融资力度:……"

◆"六、完善协作机制,形成部门合力:各地有关部门要加强协调配合,建立工作机制,深入研究、动态跟踪贸易融资业务发展状况,统筹推进贸易融资发展。……各部门要加强对贸易融资有关政策的宣传培训,加强信息交流,推进各项工作取得实效。"没有调查研究就没有发言权。这里的要求,是前瞻性,在动态地研究。政策有了不能成为摆设供起来,鼓励"用足"政策,所以,这里强调政策的"宣传培训"。目的专一,就是"实效"!

点评:

第一个文件的出台背景,是新世纪最大的一轮金融危机爆发后,作为外需的国际贸易需要恢复性增长,而作为内需的国内贸易需要倾斜性增长的特殊时期。

第二个文件的出台背景,一方面是挽救金融危机造成的实体经济急速下滑而发放的4万亿救市资金和各家金融机构无法确切估算的配套资金,实际流向堪忧;另一方面是随着金融危机,由次贷危机向主权债务危机发展,实体经济资金饥渴,增长乏力。

两个文件出台的共同背景,是中国的经济增长方式确实需要转型,这需要实实在在的银行信贷,特别是贸易融资,来支持实体经济的发展。

补充:

贸易融资分国际贸易融资和国内贸易融资。

虽然两个文件的措辞直接针对国际贸易融资,但是字里行间同样透露出来对国内贸易融资发展的同等鼓励、支持和促进。

福建:

文件在各地转发时,均有针对性的强调,且多有新意。其中第二个文件的第三点,在福建转发时,中国人民银行福州中心支行、福建省财政厅、福建省对外经济贸易合作厅联合转发通知(福银发〔2011〕38号)的第一点"鼓励贸易融资产品创新"中说:

◆"省内各银行机构要在充分运用现有贸易融资产品的基础上,创新各类信贷产品,探索将股权、存货、应收账款、无形资产作为抵(质)押物进行贸易融资。大力推进供应链融资、国内信用证、保单融资等业务产品,满足企业出口产品、进口设备和拓展海内外市场等各种贸易融资需求。"

请注意,这里的措辞明确、正向且专门提到了"国内信用证"产品。毫无疑问,国内信用证,是国内贸易融资产品中当之无愧的新宠!

如果愿意去跟踪将发现,多个地方的人民银行在转发文件时,对国内信用证均有如此直接且鲜明地强调。

点评:

据了解,在监管部门的正式发文中,对于贸易融资如此明确鼓励,在中国贸易融资的发展史上,堪称"前所未有"。

显然,中国人民银行作为国内证规则和政策的制订和发布部门,其发布的《办法》修订第9稿和两个通知所传达出来的监管精神无疑是高度一致的。

我们要问的是:为什么市场如此热情追捧国内证?为什么监管会如此支持、鼓励和促进贸易融资,包括国内证业务的发展?如何正确看待市场创新和创新监管的关系呢?

观感:

不管是市场发展,还是监管动向,均显示了一个非常重要的趋势:流贷贸易融资化的趋势。

国内证流行迎合了流贷贸易融资化的趋势。

换言之,国内证过去的发展是这一趋势的反映,这一趋势的延续必将推动未来的国内证在不断发展中规范,不断规范中发展。

分析:

流贷贸易融资化的趋势,寓示着贸易融资除了与流贷有着相通之处,必定还有与流贷相比的独到优势。

那都会是些什么优势呢?

◆一是贸易融资有着与流贷几乎相同的发展边界,适用于相同的贸易背景。换言之,有贸易的地方,就可以叙作流贷,也可以叙作贸易融资。而国内贸易加国际贸易的量所造就的流贷和贸易融资需求,本就是个惊人的数字。

◆二是贸易融资与流贷相比,具有改善银行净资产回报率的特点。原因是贸易融资既能节约经济资本,又能提高综合收益。净资产回报率和其分母经济资本、分子综合收益,是一家银行最关注的三个综合性指标,也是外界观察一家银行综合实力的最综合指标。利用最少的资本,创造最大的收益,总是银行家们所孜孜以求的,也为股东们所乐见。如前所述,资本总是银行最稀缺的资源,中国版巴塞尔协议Ⅲ落地之后将更突出。

◆三是贸易融资与流贷相比,具有天然的自我清偿和受托支付的特点。近年来的宏观调控,包括贷存比约束,用意无非就是"脱虚向实"。近年来的宏观监管,包括中国版巴塞尔协议III的落地,对资本金和拨备的要求,用意无非就是"管住风险"。而贸易融资由于紧贴贸易背景和贸易流程,自然是把信贷资金引导向实体经济的最好方式之一,也是实现信贷投放"风险可控,敞口可覆盖"的最好方式之一。

如此一来,市场对贸易融资,乃至国内证及其融资的欢迎和政策的鼓励便在情理之中了。

预示:

我们完全有理由猜测,随着"十二五"期间中国利率市场化进程的加速推进,从而高度压缩存贷款利差空间,以及中国版巴塞尔协议Ⅲ的全面落地,从而高度凸显贸易融资节约经济资本的优点,将来流贷贸易融资化的趋势只会更加强化!

延伸:

多年前,票据利率市场化,催生了流贷票据化的趋势。如今,流贷贸易融资化的趋势,显然是流贷票据化的进步和升级。

悬疑:

有意思的是,《办法》和两个通知,只与中国人民银行有关。而与贸易融资和国内证监管的另一个重量级部门——银监会,似乎没有关系。

我们知道,中国人民银行是直接或间接鼓励贸易融资,乃至国内证的发展。

那么,银监会又会是什么样的态度呢?

近期银监会和各地银监局对国内证高度关注,有调研,有窗口指导,有风险提示,三管齐下。从市场了解和媒体报道反馈回来的信息可以发现,银监部门主要关心贸易背景真实性、资本金占用和拨备计提,对国内证及其融资本身还是从规范的角度善意地提出监管要求,发布监管提示,既没有封杀,也没有否定。

为什么呢?

国内证,比之流贷,不仅有跟单的正式税务发票用来确保贸易背景真实性,还有与生俱来的受托支付的特点,这最符合银监会发布的"三个办法一个指引"的精神了。而资本金的占用,绝大部分银行还是比较客观地予以反映。至于拨备,这是监管政策不明朗所致,对于目前普遍高利润的银行业来讲,多提和少提一点点拨备实在算不了什么。

追析:

银监会说,国内证是很好,但目前发生了许多贸易背景不实的情况下的国内证融资。

我们认为,这种判断总体是有道理的,但贸易背景不实的数量应该很少。

而且贸易背景真实性不仅存在于国内证下,还存在于更大量的银承和流贷下。只是由于国内证近期成为热点,大家比较集中地关注起国内证的贸易背景真实性问题来了。总之,贸易背景真实性本身,与国内证作为一种结算方式和融资方式无关。当然,这理应也不能成为监管部门禁止国内证融资的理由。换言之,如果监管部门把国内证代付中正常出现的问题,都归结为贸易背景不实,可能反而是转移了监管的注意力,无助于实现有效的监管。

观感:

日后,中国人民银行和银监会对国内证及其融资加以进一步的规范,规范基础上的引导、鼓励、支持和促进,应该是主流。

天九湾政策及汇市问答 2014 年度汇编

引用：

对于国内证在内的林林总总的市场创新，以及市场创新与创新监管的关系，精明的银行家们会如何看待呢？

2012年2月1日，国内一家银行高管在接受《21世纪经济报道》专访时的看法，颇有代表性。他说：

"投资银行等新兴业务的发展，'影子银行'的出现，归根到底是由经济发展对金融服务的需求决定的，也与近两年宏观调控有一定关系。因为信贷规模受到限制，但社会对金融服务的需求又比较刚性，堵不住。

"很高兴看到人民银行已经关注到这个问题，逐步淡化贷款规模管理，强化对社会融资总额的控制，这是对的，是方向。贷款规模的管理过于传统，只管贷款规模，社会融资总量怎么能够控制住呢？只要经济有需求，它一定会以其他形式表露出来，不体现为贷款也会体现为发债。比如现在有很多领域，银行没办法投，但保险资金可以投，银行还做了很多中介工作。所以，对社会融资总额进行控制比较合适。

"当然，现在大家担忧的是那部分处于无监管状态的'影子银行'。有些机构通过所谓的创新，倒腾资产，不记你的账，也不记我的账，账没了，这个确实要加强监管。但总体来看，国内的金融创新还不够，这一类的创新量也不大。

"在创新监管上，应该把握的最关键一条，是要符合国际通行的会计准则，这是银行开展多样化业务，包括表内表外，都必须遵行的最基本的"规"。只要遵守这个"规"，相关创新大家都看得懂，风险可计量、敞口可覆盖、拨备计提充足，就不会出现大的问题和风险，还是要大胆鼓励开展。"

关头：

监管的动向基本明朗，银行业何去何从，已到了下定决心的关头。当然，宜早不宜迟，因为"机不可失，时不再来"。

国内证及融资，或许就是银行业的一片蓝海，业界期待已久的新《办法》，将来的落地必定促成新一轮的银行业百舸争流的壮观场面。

结束的话

回顾：

亲爱的读者，国内证专题周评伴随着市场的红红火火和政策的风风雨雨，即将结束了。

在一起度过的三个月时光里，我们了解了：

◆流贷贸易融资化的趋势，而且这一趋势将在日后的十几二十年里快速强化；

◆国内证冰火两重天的发展历史，目前的发展状况和可能的发展方向；

◆国内证的监管动态和规则、政策，以及"规范中促进发展"的整体监管取向；

◆国内证标准组合的构成、特点，以及不占信贷规模和节约经济资本的双重市场价值及其成因；

◆国内证的变种组合及变化的市场效果和政策效果；

◆国内证的法院判例动态及其点评;

◆国内证《办法》97版的缺陷和新《办法》修订第9稿的主要变化和市场机会,并进而印证国内证的"规范中促进发展"的监管取向。

有心的朋友还会发现,原先预定的国内证推广策略这里还没讲呢。的确如此。由于篇幅所限,这里略过。

未来:

当然,国内证实务中的热点远不止这些,国内证的市场和监管一直处于动态变化之中,将来会出现什么新情况,现在无法完全作出预判。

国内证毕竟只是国内贸易融资的一个门类。其他门类中会有什么样的热点,也值得研究。

世事万变,但万变不离其宗。我们一起见招拆招吧!

国内证的新生正在开启,贸易融资未来的发展必将迎来一个又一个神奇的时刻。我们一起见证吧!

6. 出口押汇到底是什么？

作者：林建煌

信用证下议付须基于相符交单这一前提。反之，如果单据存在不符点，就不会有"真正"的议付，只会构成不符点出口押汇。实务中，不符点押汇与议付不仅相似，而且可以随着时间的推移由此及彼自然转化。这不仅取决于单据相符与否，也取决于二者的法律定性。

出口押汇是什么呢？是"买单"吗？还是买入单据支持的应收账款？更或是单据及代表的货物质押下的"借贷"呢？

出口押汇不是买单，1995年厦门大豆运费案很能说明问题。案中，国内出口商出口一船大豆，信用证结算，可自由议付，要求全套正本提单，运费待付。受益人出单后，欧洲一家银行的国内分行议付了该单据，并向开证行寄单。开证行审单后发现不符点拒付。

议付行确认不符点成立。考虑到进口商无买单意愿，为避免损失扩大要求退单，议付行一面向出口商追索，一面联系船公司处理货物。处理时间太晚，整船大豆腐烂。船公司由于500万美元运费未收，要求出口商和议付行承担，一纸诉状告之厦门海事法院。

法院判决：进口商拒收货物的情况下，作为托运人的出口商和作为货物的所有权人的议付行，各承担50%运费。

出口商作为托运人承担运费，这无可厚非。议付行，准确地说，是押汇行在其融资款没有收回，货物已经一文不值，却还被要求承担运费，实在让人费解。在出口押汇是"买单"的观点下，押汇行由于融资买入单据而成为提单所有权人，而提单代表货物，相应地，押汇行也就成为货物所有权人。既然押汇行是货物所有权人，承担货物运输的费用也就顺理成章。

议付行在议付之时认为单据相符叙做了议付，但是，到后来开证行拒付并确认单据不符之时，议付已经转化为不符点押汇了。其实，出口押汇和出口议付一样，归根结底都不是"买单"，而是买入单据支持的应收账款，单据代表的货物担保的对象是应收账款的实现。押汇行不是单据及其货物的所有权人，押汇行在买入的应收账款无法实现，造成押汇款归还可能落空情况下，自动获得单据及其货物的留置权，也自动获得了向出口商的追索权。承运人，由于其运费未付，同样可以获得货物的留置权，自动获得了向作为托运人的出口商的追索权。

6. 出口押汇到底是什么？

在出口商归还押汇款和付清运费前，押汇行和承运人一样，通过处理留置的单据和货物，将一样获得对货物变卖款项的清偿权利，只是清偿的顺序有先后之别。无论如何，押汇行不是货物的所有权人，不是运费的债务人，也就谈不上向承运人承担未付运费的责任。

出口押汇也不是单据质押下的"借贷"，2007年宁德早交单押汇水产品出口韩国单据涉嫌欺诈信用证止付案也很能说明问题。案中，信用证规定交单期为发运日后90天。单据实际在有效期内提交，但早于发运日后90天，指定议付行审单后发现早交单不符点，但仍应受益人要求予以"议付"。单据留在指定议付行，效期前过发运日90天后寄送开证行。开证行审单无不符点，但收到了法院止付令，理由是：单据对应的货物数量严重不足。

议付行起诉开证行要求偿付，声称是善意议付行，应适用欺诈例外的"例外"原则。开证行辩称议付行之"议付"是在早交单不符点情况下作出，其善意议付行地位并不存在，欺诈例外的"例外"原则并不适用。

议付，以相符交单为前提。早交单不符点情况下，指定银行的融资显然不是真正意义上的议付，而只能是不符点押汇。但是，当时间自然流逝过了发运日后90天，早交单不符点会自然消失，原来的单据自然转化为相符交单。相应地，原来不符点单据下的押汇自然转化为议付。议付下是"买入应收账款"，押汇下自然也是"买入应收账款"，只是原先单据存在不符点，属不符点押汇，不符点消失则属议付。既然属议付，案中的议付行的"善意议付行"地位，还有疑义吗？显然，以上的推断如果按单据质押下"借贷"性质的出口押汇，则将有根本性的不同。因为在早交单不符点下单据质押下"借贷"性质的出口押汇，到了不符点自然消失后，怎么会突然间转化为以"买入账款"为基础的出口议付了呢？不可思议！

总之，我们认为，出口押汇定性为买入单据支持的应收账款，可能更合理。

7. 从贸易融资视角看"制裁与合规"(译文)

作者：林建煌

几年前，贸易融资领域还在激烈争论信用证下审单之"相符 compliance"，应该遵循"严格相符 strict compliance"原则，还是"实质相符 substantial compliance"原则。即便在今天，这个争论仍然有意义。然而，本文使用的"compliance"一词，所关注的另有所指，即"合规"，包括反洗钱、反恐怖主义资金划转等工作。

这些工作被称为"合规审核"，主要就是对业务事项依据所谓的"制裁清单"进行逐一过滤。制裁文件由联合国、欧盟或有关国家发布。"制裁"的本意是利用贸易作为对外政策，来延伸政治和经济的触角。制裁涉及的范围，包括禁止处理与相关国家、个人、船只、航空器或货物的业务事项。

显然，制裁问题对贸易融资领域意味着一定的挑战。本文的目的在于描述其中的一些挑战和当前的实务，并提出建议。

"制裁免责条款"

确实，贸易融资领域的制裁令人头疼。理由是，信用证等贸易融资工具独立于基础合同和相关货物，银行在信用证下的付款只基于单据的表面相符。当一家银行有责任在信用证下付款时，而对该付款的阻止，如制裁，则必定会破坏信用证的独立抽象性。

请注意，银行在信用证（或见索即付保函）下的责任与制裁，就性质而言，是不同的问题。换言之，因制裁而阻止银行在信用证下履行付款责任，这并没有改变该银行在信用证下的付款责任本身。制裁之所以可以阻止银行在信用证下履行付款责任，是因为制裁是一种法律要求，而信用证所适用的 UCP 规则是一种合同约定，无论如何，法律要求的效力是优于合同约定的。

为了提醒交易对手必须自动适用制裁，许多银行在信用证中都载有所谓的"制裁免责条款"。这样，制裁的效力，就可以堂而皇之地对抗信用证的独立抽象性，即便银行仅仅提示相关制裁文件和条款号，不管信用证中是否完整地载明制裁内容。

国际商会也曾经考虑过制裁问题。2008 年的案例 TA648，便涉及银行如何看待信用证的"制裁免责条款"，但最终在雅典年会上被撤回，国际商会并没有给出意见。之后，国际商会成立了反洗钱工作组专门调查制裁问题。两年后的 2010 年，作为工作成果的《贸易相关产品(如信用证、跟单托收和保函)相关制裁条款使用指引》发布。尽管该指引没有提供解决方案,但它提供了许多建议,比如:

(2.2)信用证中的"制裁免责条款"没有特定的标准,它会随着范围的变化而变化。当它只是用来告知银行将自动受制裁约束,通常是不阻止的。而当它用来告知一家银行的付款责任已经受某一特定政府制裁文件约束从而无法履行付款时,那么必须补充相关的制裁规则及内容。

(2.4)需要特别关注这样的"制裁免责条款",它或者会改变UCP600对已按指定行事的指定银行进行偿付的规则,或者意味着将向指定银行转移制裁合规风险。

(4.3)值得提倡的是,实务人员在国际商会规则下的各项贸易融资业务里,应该避免使用会对银行责任或业务的不可撤销性产生怀疑,或者与当地法律相抵触的"制裁免责条款"。

显然,这些建议所关注的,已经不仅仅是告知开证行或保兑行自动受制裁约束了。"制裁免责条款"没有国际标准文本。每家银行都有自己的文本,而且很难判断它的确切范围。遗憾的是,国际商会反洗钱工作组无意于试图给出一个标准文本,尽管它毫无疑问对实务一定很有帮助。

"令人头疼的制裁问题"

贸易融资本来就是一个复杂的领域,制裁问题也毫不逊色。把这二者搅在一起,其复杂程度几乎会让人抓狂!

客户

对于公司客户来说,使用信用证等贸易融资工具时,"制裁免责条款"将意味着特别的挑战。比如:

贸易融资的业务事项,通常都涉及多个跨境主体,买方可能在阿联酋,卖方在瑞典,保兑行在英国,偿付行在美国。如此一来,每一个主体,必须遵守不同的管辖法律,即不同的制裁制度。信用证和保函中,很少没有载明"制裁免责条款"。而且,实务中大多数文本:

(1)不是由律师起草,以致很难把握其适用范围;
(2)适用范围超过了现行制裁,比如,包括了银行自己的政策,以及
(3)足以让人对银行的付款责任产生怀疑。

各个国家或地区的不同制裁文件的文字一般都相当复杂,在许多情况下根本就不存在据以作合规审核的"累积"的相关单据。

合规内容不断变化。制裁清单经常更新,几乎是每天,银行政策部门的合规要求不断增加,特别是当他们从其他银行的做法中获得启发时。

尽管制裁是政府要求的,银行除了遵守之外别无选择,但仍然会在银行之间和银行与客户之间产生一些问题。

当客户认真琢磨制裁文件和银行在信用证或保函的承诺中的"制裁免责条款"的文本时,会感觉银行好像把他们当小偷一样防范。这么一来,银行总是要花费大量的精力

天九湾政策及汇市问答 2014 年度汇编

去解释为什么在信用证或保函中要载有"制裁免责条款",为什么银行不得不执行这样的合规要求。但是,由于不是所有银行的所有信用证、保兑和保函中都载有"制裁免责条款",事情就复杂了,客户常常会说,"如果你们银行坚持保留'制裁免责条款',那么我就去 B 银行办业务,他们那儿没有这样的条款。"

这种看法可能并不合理,因为即便没有"制裁免责条款",B 银行仍然有相同的合规要求,这种要求在同一国家之内的任何一家银行都一模一样。有人可能更绝,甚至会认为制裁问题是买方或卖方客户的事,理应主要由其自行解决:因为是他们决定和谁交易,装什么货,运到什么地方,谁来承运等等,并最终承担违背制裁文件的风险。

鉴于此,应该设法阻止银行利用制裁问题来获得竞争优势,这一点太重要了。

信用证

在贸易融资领域,信用证中的"制裁免责条款",引起了最多的讨论,因为信用证本身是跟单的,银行直接处理的就是单据,可以发现大多数的"疑似"与制裁有关的业务事项。

遗憾的是,有太多的银行案例表明,信用证的"制裁免责条款"向交易对手告知的,已经绝不仅仅是必须遵守的制裁文件的内容本身。

保函

有人可能会认为,对于银行来说,制裁下保函的风险比信用证要小。因为通常情况下贸易单据不会在保函下传递,这样银行就不会获知所有相关当事人的名称和可能的船名。尽管如此,制裁对保函的适用仍与信用证一样。所以,银行也会在保函中加入"制裁免责条款"。

这还是会带来问题,部分是因为在双方同意的保函文本之外加"制裁免责条款",本来就不是什么标准实务,部分是因为许多保函可能有特定的结构。比如,在反担保函下,"制裁免责条款"是否只是用来告知受益人的保函文本的一部分,还是也是用来告知担保人的保函的一部分,更或是二者都有呢?

许多情况下,保函文本是由律师在给担保人之前就事先仔细设计好的。此时,商业当事各方可能会反对在保函中加入另外的内容,包括"制裁免责条款"。

具有讽刺意味的是,保函受益人是政府组织的时候,同样会有问题。此类保函通常是标准文本,对文本的些微改变可能都是不允许的,因为有关当事人将不得不退回重新提交法律部门,以审核确认这一改变是否会导致担保人的责任的改变。

托收

托收业务在合规审核时,情况比较特殊。URC522 规定了银行无须审核托收下单据,也规定了托收下必须附上一系列单据且银行必须一一数好。换言之,在托收下银行必须数单据,但无须审核单据。而合规审核却要求银行必须审核单据,显然,这意味着增加额外的银行工作,对于托收这一廉价的贸易融资产品来说,无疑会产生额外的成本和负担。

直接托收问题就更大了,因为单据由出口方直接寄给了作为出口托收行代理的进口代收行,出口托收行根本没有机会做合规审核,除非它能够获得单据。但是,如此一来,直接托收的效率就会下降,那谁还会用它呢?

"亟须统一的实务惯例"

最近提交到国际商会的咨询又有涉及制裁的内容,这表明制裁问题一直很活跃。2011年国际商会北京秋季年会上讨论的案例 TA752,就是一个制裁问题,最终又被撤回来交给反洗钱工作组进一步研究。该工作组将仔细研究各国委员会的反馈意见后,再提供他们的看法。

在该案例的最初意见(注:目前已被收回)中,国际商会是这么说的:"国际惯例并没有规定如何处理制裁问题,也没有规定不当处理的后果。"这是实话,但是处理制裁问题的实务,还是客观存在的。我认为,国际商会就应该努力去建立一个审慎的统一的实务惯例。目前的实务,好比大开发之前的美国西部,比较自由。"如果你觉得有一个业务事项'疑似'与制裁有关,那么只需要果断地把单据退还交单人即可。"

把制裁与止付令放在一起对比,也是非常有意思的事。我们知道,信用证付款按理不应被禁止,除非发生了欺诈且有充分的欺诈证据已经交给了法官,且颁发了止付令。然而,制裁下无须提供任何证据!另外,谁该承担制裁风险呢?止付令下,按指定行事的指定银行受欺诈"例外"的例外原则保护,形成了标准的实务。此时,欺诈风险由开证行,并最终转嫁由申请人承担。制裁下不同,指定银行或保兑行可能已经向受益人付款了,却可能无法从开证行处获得偿付,仅仅由于制裁。制裁问题与贸易融资领域之间的交叉地带,的确非常不成熟,这太需要一个审慎的统一的实务惯例了。

这样的一个统一的实务惯例,应该包括:

信用证等贸易融资下银行的付款责任和制裁,就其性质而言,是两件不同的事情。制裁将强制禁止银行履行信用证等贸易融资工具下的付款责任,但这并没有改变该银行在UCP600下的付款责任。

贸易融资中涉及的业务事项显示相关个人、公司、货物、船只、航空器或国家属于制裁名单范围,这并不必然意味着开证行或保兑行将被禁止履行其付款责任。

银行只需在制裁文件实际强制禁止其履行信用证等贸易融资工具下付款责任时,才拒绝付款。

银行拒绝履行信用证等贸易融资工具下付款责任时,必须援引制裁文件,并向交单人提供充足的证据。

制裁下信用证按指定行事的指定银行必须获得保护,正如止付令下对该指定银行的保护一样。

信用证下由于制裁而强制禁止开证行付款,并不自动意味着也强制禁止保兑行付款,反之亦然。

除此之外的问题,便是与许多银行在信用证中载明"制裁免责条款"有关了。它们有各种各样的形式。由于许多"制裁免责条款"的内容已经超越了相关的法律法规的要求,确实比较麻烦,不管是受益人,还是指定银行、保兑行,都将会很头痛。显然,"制裁免责条款"在载入信用证等贸易融资工具的文本时,理应只是起到信息提示的作用,表明相关业务事项适用于制裁而已。

结语

毫无疑问,制裁问题与贸易融资的交叉领域高度复杂,而叙作贸易融资的银行处理制裁问题的方式也非常不同。有些可能非常勉强,有些可能就好比开立一个信用证一样自然。本文讨论的是一个没有统一的标准实务惯例却有着大量真实的"不好"的实务的领域。我们知道,这是贸易融资工具里的一颗定时炸弹,潜在风险极大。因此,叙作贸易融资的银行应该行动起来,以一种建设性和协作性的方式,努力去寻找这一难题的解决方案,既满足银行的合规要求,又能确保制裁与贸易融资各项产品和谐相处。显然,这是大势所趋。换言之,到了那一天,贸易融资中处理制裁问题的实务就真的成熟了。

8.国内信用证 2011 年市场评论

作者：林建煌

国内证的正式历史，如果从 1997 年《国内信用证结算办法》发布算起，至今只有 14 年。其中，2007 年是一个非常重要的分水岭。这之前市场对国内证的认识极为单一，市场上几乎无人问津。这之后的几年间，市场对国内证有了新的认识，市场开始发育，近年逐渐火爆。进入 2011 年，特别是下半年以来，全行业国内证业务的发展已经是突飞猛进，一日千里，近期则更受到市场的追捧。

标准组合

实务中，国内贸易融资产品，基于与生俱来的自偿性和组合性的特点，可以分成四个基本类别，并自成独立的研发、操作和营销体系。它们是：票据类、国内证类、保理类和货押类。

市场上，基于国内证的贸易融资产品及组合有很多。其中，国内证标准组合——买方押汇代付组合，是当前市场上的热门组合，也是主流组合。

从构成看，国内证标准组合＝国内证＋买方押汇代付。前者——国内证，是结算产品。后者——买方押汇代付，是融资产品。众所周知，凡为贸易融资，必是基于贸易结算，不存在没有结算产品对应的贸易融资产品，国内证融资也没有例外。

实务效果

国内证标准组合的实务效果，归根结底，是在特殊宏观背景下替代了流贷，替代了银行承兑汇票＋代理贴现。那么，如何替代？凭什么能够替代呢？

首先是背景相同，即不管是国内证标准组合，还是流贷，更或是银承＋代理贴现，基本上都适用于相同的贸易背景。

贸易的基本结构是：

两个主体：买方和卖方。贸易是对手戏，一个巴掌拍不响，必定既有买方，又有卖方；两个内容：一手交货，一手付款。即货物怎么从卖方交付给买方，货款怎么从买方支付给卖方。

显然，相同的贸易背景下，买方都是需要付款的。而买方付款时如果手里没钱，可以申请融资，目前流行的做法包括：或者选择申请流贷，这是表内融资；或者选择申请银承，这是表外融资，如果卖方需要现金则自行申请贴现。实务中，为了简化手续，卖方常常委托买方在申请银承同时,申请代理贴现。提请注意,由于使用面有限,这里的评论不涉及电子票据。但近年市场上,买方多了一些融资选择,包括国内证买方押汇代付。

其次是功能相似。我们把流贷、银承+代理贴现和国内证买方押汇代付,这三个产品或产品组合放在一起仔细对照,将会发现三者的功能极其相似,具体如下:对于买方来说,该推迟付款,还是推迟付款;对于卖方来说,该立即收款,还是立即收款。换言之,实务中,不管是对于买方,还是对于卖方,三种产品或产品组合的融资效果,没有本质的区别。

最后信贷规模占用不同,这也是备受银行关注的。请注意,不管是叙做流贷,还是叙做银承贴现,都受制于信贷规模。准确地说,是受制于贷存比的约束。有意思的是,国内证买方押汇代付,无须占用信贷规模。

而在目前的宏观调控和监管环境下,市场上什么规模都稀缺,包括信贷规模。稀缺到什么程度?有一个非常典型的标志是:市场上,信贷规模可以有偿借用。换言之,如果一家银行手里的信贷规模有多余,信贷规模本身可以出借。银行通过出让信贷规模,可以获得不菲的无风险收益。

我们都知道:每一个东西,都有结构和功能;两个东西,只要功能相似,便可以互相替代;两个东西,功能之间略有不同,是由于结构的不同引起,而最终决定了实际的替代效果将不同。

银行贸易融资产品的研发也是这个道理。显然,国内证买方押汇代付,可以替代具有相似功能的流贷和银承+代理贴现。而国内证基于其独有的无须占用信贷规模的特点,在当前货币政策持续收紧、信贷规模普遍吃紧的特殊时期,很自然地出现了新情况,即大面积、大规模替代、置换流贷和银承+代理贴现。

独特优势

标准组合的好处,表面上看主要是可以免占用信贷规模,但实际上绝不限于此。那么,具体而言,国内证标准组合到底有哪些好处呢?对客户有什么样的好处?对开证行有什么样的好处?对代理行又有什么样的好处?标准组合对客户的好处可以概括为四点:

融资门槛下降了。客户融资,叙做流贷,叙做贴现,常常因银行没有信贷规模而遭到拒绝。银行对客户的建议是,要做可以,华山一条道,唯有国内证代付。

融资成本下降了。国内证代付对客户报价,往往参照流贷,但实际报价比流贷要低,通常也比银承贴现要低。银承贴现的市场报价,2011年9月、10月曾经高达14%。随近期货币政策有放松的迹象,国内证代付报价有所下滑,在7%~8%左右徘徊,还是比贴现低。

融资的手续简单。如果有心去观察可以发现,国内证买方代付的手续,可以简化到与流贷、银承+代理贴现几乎一样,即在合规前提下申请开证、证下交单、申请代付和证下付款,几乎可以同步完成,卖方想要现款就可以立即要到现款。

改善会计报表。客户叙做国内证买方押汇代付的会计处理,有入表内的,有入表外的。而对资产负债表数据比较敏感的客户，往往更乐意于选择在表外融资中入账，从而美化会计报表。

对开证行来说，标准组合的好处可以概括为以下五点：

获得保证金存款。当前市场上存款之宝贵，自不待言。国内证都要求保证金存款20%以上，而且这是《国内信用证结算办法》明文强制要求的，所以，有明文规定也便于营销，客户通常也会很配合。同等情况下，银承吸引存款的效果可能不会有太大的区别，但流贷吸引存款的效果显然要逊色一点。

利差丰厚。开证行对客户报价参照流贷，而代理行对开证行的报价参照同业拆借，二者价差在2010年之前最高曾达到3%以上，随着市场发展和变化，目前已经收窄，但还是很可观。

中间业务收入可观。近年来银行全行业都在提业务转型，其中的一个重头戏就是提高中间业务收入占比，相应地，也提高了中间业务收入考核的系数。据了解，有一家银行的中间业务收入考核系数，是表内利差收入的3倍之多。而国内证买方押汇代付记表外融资，所以丰厚利差算中间业务收入。

不占信贷规模。因为记表外融资，所以没有纳入贷存比考核，无须占用信贷规模。

节约经济资本。按照银监会公布的资产风险系数，流贷和银承为100%，国内证为20%。为叙述方便，这里对经济资本与监管资本不加区分。换言之，同样一笔资本，可以支持叙做的国内证的金额是流贷和银承的5倍。

对代理行来说，国内证买方押汇代付的好处可以总结为两句话：

不占信贷规模。因为记同业拆出，所以没有计入贷存比考核，也无须占用信贷规模。

报价出奇。代理行对开证行报价参照同业拆借，却远远高于同业拆借。

当然，国内证买方押汇代付的好处，绝非三言两语所能概括。这里举个例子，或许能说明一二。我们都知道，流贷的期限是一年以内，以一年期居多。于是，我们自然会问，国内证代付不是可以替代流贷，那么，国内证代付也可以是一年期的吗？明眼人一看就知道，其中话中有话。这里面的潜台词是：《国内信用证结算办法》明文规定：国内证的最长付款期限不得超过6个月。但市场的回答是，国内证是最长只能开6个月，国内证代付却可以叙作一年期。当然，实务中一年期的流贷、票据贴现和代付融资，都是有需求的。但对最长只能开6个月的国内证来说，怎么能叙做一年呢？理由是，《国内信用证结算办法》是用来约束开证的，而并没有直接约束代付融资。如此一来，国内证最长只能开6个月，代付却不受此限制可以叙做一年期。

这里面的深层原因，或许与业内人士常常把市场上同为国内证买方代付的买方押汇代付与假远期代付混为一谈有关，只是市场上买方押汇代付组合才占据主流。

变种组合

如前所述，目前市场上的国内证业务，主要集中于标准组合——买方押汇代付。显然，实务不限于此。会有哪些变种呢？这里主要列举两种：一是卖方代付组合。这是比较常见的变种，使用量明显比买方押汇代付要少；二是偿付融资组合。这是比较新的变种,发展情况有待进一步的市场观察。

谁都会这么想,既然有买方代付,就必定还有卖方代付。的确如此。买方代付,通常指买方押汇代付。卖方代付,实际上是卖方押汇代付的简称。那么,为什么卖方代付的使用量会比买方代付少呢?我们认为,主要与融资手续有关。

相对而言,卖方代付的融资手续会比买方代付繁琐。买方代付下,申请开证、证下交单、申请代付和证下付款,几乎可以同步完成,相对简单。卖方代付下,申请开证、证下承兑,由买方或买方确认下完成;证下交单和申请代付,由卖方完成。而且,开证、交单、承兑、代付,四个环节,前后衔接,互相交错,明显复杂多了。

进一步,在国内证买方代付组合和卖方代付组合中,都有开证和代付两个环节。如果愿意从贸易融资的角度考虑,将会发现开证和代付都是表外融资。在买方代付下,开证的融资发起人是买方,代付的融资发起人也是买方,显然,信用审查资料和手续,都是可以二合一的。简化的程度不言而喻。在卖方代付下,开证的融资发起人是买方,信用审查由开证行完成;代付的融资发起人是卖方,信用审查由卖方银行完成。两次审核,对象各不相同,审查银行也各不相同,明显复杂。

更进一步,经济资本占用不同,保证金留存不同,融资成本将有所变化。在180天买方代付下,开证行占用一次经济资本,系数20%;代付行占用一次经济资本,系数也是20%。保证金部分可以直接用于对外支付,无须叙作代付融资。在180天卖方代付下,开证行占用一次经济资本,系数20%;卖方银行占用一次经济资本,系数20%;代付行还要再占用一次经济资本,系数20%。保证金留存在买方,卖方须申请全额代付融资。相比之下,卖方代付多占用了一次经济资本,系数20%,买方多了一笔保证金留存,卖方多申请了非保证金部分的融资。整体上,这势必抬高客户的综合融资成本。

市场上,有买方代付,有卖方代付。有意思的是,新近市场上出现了一款介于买方代付和卖方代付之间,好像既不是买方代付,也不是卖方代付的新产品——偿付融资。那么,到底什么是偿付,什么是偿付融资?偿付融资与代付又有怎样的不同呢?

准确地说,应该称信用证下银行间偿付,通常指开证行在向指定银行付款时,经第三方偿付行来安排过渡。偿付分开证行直接偿付和第三方银行偿付,凭单偿付和见索即偿,分带融资安排的和没带融资安排的。换言之,偿付本身与融资无关。

市场上新出现的国内证偿付融资,则是假远期国内证下第三方银行受开证行的委托向议付行见索即偿,并带有开证行与第三方银行之间的一份融资安排。这些在国际信用证中都已经司空见惯了。

偿付与代付有区别吗?在融资上,没有本质的区别。唯一的区别在于,代付资金可以由代理行受开证行的委托直接划付卖方银行,也可以由代理行转给开证行后由开证行划付卖方银行,而偿付融资的资金划转必须由偿付行完成。

实际上,相对于代付融资,偿付融资只多了一个偿付环节,而偿付环节本身只涉及资金的划转,与融资无关。当然,假远期代付与标准组合所指的买方押汇代付不同,它只能是国内证期限内的融资,不能超过最长期限6个月。相应地,市场上的偿付融资组合,都以6个月为限。

迎合趋势

为什么市场如此热情追捧国内证？

现阶段，不管是市场发展，还是监管动向，均显示了一个非常重要的趋势——流贷贸易融资化，即越来越多的企业对流动资金贷款的需求将转化为贸易融资来实现。而国内证流行迎合了流贷贸易融资化的趋势。当然，流贷贸易融资化的趋势，寓示着贸易融资除了与流贷有着相通之处，必定还有与流贷相比的独到优势。

一是贸易融资与流贷相比，具有改善银行净资产回报率的特点。因为贸易融资既能节约经济资本，又能提高综合收益。净资产回报率和其分母经济资本、分子综合收益，是一家银行最关注的三个综合性指标，也是外界观察一家银行综合实力的最综合指标。利用最少的资本，创造最大的收益，总是银行家们所孜孜以求的，也为股东们所乐见。利润是银行最直接的回报。在"十二五"规划下加速利率市场化的进程，必会挤压流贷单一的存贷款利差，也必会凸显贸易融资多产品组合带来的高综合回报。而资本总是银行最稀缺的资源，中国版巴塞尔协议Ⅲ落地之后，此点将更突出。

二是贸易融资与流贷相比，具有天然的自我清偿和受托支付的特点。近年来的宏观调控，包括贷存比约束，用意无非就是"脱虚向实"。近年来的宏观监管，包括中国版巴塞尔协议Ⅲ的落地，对资本金和拨备的要求，用意无非就是"管住风险"。而贸易融资由于紧贴贸易背景和贸易流程，自然是最好的把信贷资金引导向实体经济的方式之一，也是最好的实现信贷投放"风险可控制，敞口可覆盖"的方式之一。

在流贷贸易融资化的趋势下，国内证融资和银承贴现，都是非常重要的国内贸易融资品种。相比而言，国内证有事先提交的跟单的正式税务发票和运输单据或货物收据，可用来确保贸易背景真实性，又有较低的经济资本占用。有如此比较优势，国内证的空前发展也就不足为奇了。

应该说，目前国内证获得市场的热情追捧还只是个开头，其未来的发展更值得我们期待，也需要市场和监管的共同努力推进。

9.直击国内证议付欺诈案

作者：林建煌

自从 1997 年《办法》（以下简称《办法》）发布以来，国内证经历了从诞生之初的门可罗雀，到 2007 年市场逐渐关注，直至近年来备受追捧的戏剧性过程。期间，国内证领域发生了为数不多的诉讼案件，包括两类：一类是 2007 年莱芜案，涉及《办法》第 28 条与第 7 条的冲突性规定；一类是 2008 年宁波系列案，涉及《办法》中议付的系列规定。本文将重点讨论后者中的一个，其对于国内证融资的影响极其广泛且耐人寻味。

案情回顾

2008 年 8 月 14 日，开证行 M 银行宁波分行（注：民生银行宁波分行）应买方——浙江 HM 公司（注：浙江华茂公司）（受豫玉都公司委托）采购镀锌钢卷的要求，向卖方——常熟星岛公司开立延期付款国内证，限制开户行 M 银行苏州分行议付，金额 999 万元，要求单据包括"正本货权证明书"等，并规定："如信用证系议付信用证，受益人开户行应将每次提交单据情况背书记录在正本信用证背面。"

8 月 18 日，受益人通过 M 银行苏州分行交单，单据金额人民币 9 988 941.80 元，并在信用证背面相应批注"议付或付款金额人民币 9 988 941.80 元"。

8 月 19 日，开证行收到单据，发现不符点，联系申请人。当日，申请人接受不符点并同意到期付款，开证行相应通知寄单行承诺到期付款。相应地，当日受益人申请议付 998 万元整，并确认收妥。

10 月中下旬，申请人到受益人处未能提到任何货物。22 日，受益人书面确认无法交付货物。11 月 18 日，常熟中院裁定，受益人破产。

2009 年 9 月 11 日，申请人提起诉讼，理由为受益人提交记载内容虚假的单据，恶意不交付货物，并与豫玉都公司、案外人科弘公司虚构贸易需求，恶意串通融资，涉嫌欺诈。宁波中院相应予以止付。

如此，M 银行既是开证行，也是议付行，其地位非常尴尬。如果欺诈成立，作为议付行的 M 银行苏州分行的一个可行办法是向受益人追索，但受益人此时已经破产，所以，只能主张自己是善意第三人，以享受欺诈例外的"例外"原则的保护从开证行处获得偿付，最终转嫁由申请人承担欺诈风险。

我们知道，信用证运作遵循三原则："诚信"前提下的独立抽象性原则、"欺诈"前提下的欺诈例外原则和"善意"前提下的欺诈例外的"例外"原则。

于是，关键就在于确认：星岛公司"欺诈"是否成立，如果欺诈成立，议付行 M 银行苏州分行是否"善意"。

2011 年 9 月 16 日，浙江高院民事判决书（2011）浙商外终字第 21 号终审判决："欺诈"成立，不存在"善意"议付行。

欺诈与知情

星岛公司欺诈成立吗？如果欺诈不成立，止付自然就会被撤销，议付行就可以很正当地从开证行，最终从申请人处获得偿付。申请人承担受益人破产风险。

审理中，星岛公司和开证行、议付行均提出：申请人 HM 公司、豫玉都公司和星岛公司以及案外人科弘公司订立合同的目的仅为短期融资需要，确无真实交易背景，但该模式四公司已操作多次，故申请人对此是明知的，并不存在欺诈。

法院查明，2008 年 8 月 13 日，申请人的委托人——豫玉都公司，与案外人常熟科弘公司订立了转卖同一货物的《代理采购合同》。而且受益人与案外人科弘公司均是在新加坡一上市公司全资持股的子公司。所有贸易合同仅出于短期融资，并无真实交易背景。所以，欺诈成立。

申请人对上述背景是否知晓呢？二审法院认为，现有证据无法直接证明，虽然豫玉都公司及星岛公司工作人员在公安机关笔录中确认申请人知晓这一点。

如果申请人 HM 公司知晓星岛公司交单无贸易背景，能据此说明星岛公司没有欺诈吗？我们认为显然不能，这最多只能说明申请人对受益人欺诈是知情的，且未加阻止，而如果确实存在善意议付行，申请人更应该偿付开证行，继而偿付议付行。

当然，知情和串通只是一步之遥。如果申请人与受益人串通欺诈，那就是最高人民法院《关于审理信用证纠纷案件若干问题的规定》（法释〔2005〕13 号）中第 8 条的第（三）项欺诈情形："受益人和开证申请人或者其他第三方串通提交假单据，而没有真实的基础交易"。此时，即便议付行事后被认定为已付出代价但不是善意第三人的情况下，申请人由于其串通行为仍可能有义务偿付开证行，或与已经破产的受益人一道有义务被连带追索归还议付行款项。

善意与信用证背面的"议付"记载

就本案而言，议付行"善意"与否，取决于其是否"合格"、"实际"议付。法院的判决给出了否定的回答。

二审判决书说："一是在时间上，国内证正本背面载明议付或付款时间为 2008 年 8 月 18 日，而星岛公司的议付申请书、苏州 M 银行的融资发放审批表、放款通知书等载明的申请议付及决定议付时间为 2008 年 8 月 19 日。"议付行解释，2008 年 8 月 18 日是星岛公司向其交单并"口头申请"议付而作的交单记载。

到底是"口头申请"议付，还仅是单纯的交单记载呢？我们认为，这只是交单记载，即对信用证兑用情况的书面记载，根本就不是"口头申请"议付。"口头申请"议付的说法，反而把事情弄复杂了。法院认定，"根据《办法》第 20 条规定，议付行经审核后决定议付的,应在信用证正本背面记明议付日期、业务编号、增额、议付金额、信用证余额、议付行名称,并加盖业务公章。涉案信用证背面不仅记载了议付时间,同时记载了议付金额、信用证余额、业务编号,作为议付行的苏州 M 银行加盖了业务章,因此,涉案信用证背面记载的是议付而非交单。苏州 M 银行认为该记载系交单的理由与事实不符,不能成立。"很明显,法院和申请人顺着所谓的"'口头申请'议付"的说法,揪住不放,议付行无疑十分被动,也肯定觉得冤枉。

我们认为,"议付"概念,长期以来在国内银行的内部实务和口头实务中没有严格界定,可能是重要原因。严格意义上的"议付",在《办法》中有明确定义,仅限于延期付款信用证的指定议付行凭相符交单向受益人提前付款的行为。但除了议付协议或议付申请书会严格规范使用、内部管理办法和操作规程稍微规范使用以外,"议付"的概念与"交单"、"代理交单"、"押汇",几乎就混为一谈。国际信用证也是如此。显然,要弄明白案中信用证背面记载的"议付"到底是什么,须放在国内银行实务背景下考虑,以寻找进一步的证据支持,包括实务调查,而不仅仅是望文生义。

我们仍然认为,案中信用证背面记载的"议付"是交单。因为《办法》规定了议付行议付必须在信用证背面相应记载,但这只是银行内部操作方面的合规要求,银行是否记载、如何记载、记载是否正确等对外部当事人并不具有当然的约束力。比如说,议付行在信用证背面记载了"议付",但"实际"根本就没有叙做议付,事后可以向受益人要求"还款"吗?显然不能。实务中偶尔也会发生议付行"实际"议付了,而忘了在信用证背面相应记载。受益人收到议付款之后,到期了难道可以凭着信用证背面无"议付"记载,就可以堂而皇之地对抗议付行的可能追索吗?显然还是不能。起码仅凭信用证背面的"议付"记载,是无法简单地推断议付行与受益人之间"实际"发生了议付关系。

事实上,信用证背面记载交单情况这已经是国际银行业约定俗成的习惯,只是由于国内银行业实务常常没有严格规范使用"议付"一词,导致法院的误解。当然,银行在实务中可以也应该汲取教训,加以规范,避免不必要的麻烦,乃至于有口难辩,承担本不应承担的法律责任。

信用证背面的交单记载的用意到底是什么呢?一句话,就是银行内部记载信用证金额的变动和其交单兑用情况,对内和对外并无直接的法律效力,起的仅是参考作用,以防日后重复兑用或利用信用证正本实施欺诈。国际证下 UCP600 对此没有明确的技术要求,国内证下《办法》对此的规范,属对银行的合规性要求。

就本案而言,即便信用证没有背面记载或记载得不对,也只是意味着议付行操作在合规上存在瑕疵,也并没有导致重复交单、重复兑用和重复议付等严重后果,受益人的欺诈实际上也与此无关。所以,从信用证原理来看,认定议付行"实际"议付与否,大可不必揪住信用证背面记载的内容不放。

此"议付"非彼"议付"

二审判决书又说:"二是在数额上,信用证正本背面记载议付或付款金额为

9 988 941.8元,与星岛公司提交的单据数额相符,而苏州 M 银行提供的放款通知书、电脑截屏等证据显示,实际发生额为 998 万元,两者相差 8 941.8 元。"议付行解释道,差额是预估费用,开证行到期付款时会扣除相关费用,根据确认付款电文,到期收款金额将低于交单金额,在办理议付时,为避免风险敞口,金额设定为 998 万元整。

显然,法院判决的第二个理由是基于第一个理由中阐述的观点,即信用证正本背面记载的就是"实际"议付。换言之,如果第一个理由中所确认的信用证背面记载的不是"实际"议付,第二个理由的阐述便多此一举。更进一步说,为什么不可以得出这样一个结论,正是由于放款通知书和电脑截屏上显示的金额与信用证背面记载的"议付"金额不同,信用证背面记载的"议付"及金额就不是严格意义上的议付呢?这便进一步支持了对"实际"议付与否需另行寻找证据的看法。当然,只要确认了信用证背面记载所谓的"议付",只是银行内部操作要求,不是真正的严格意义上的议付,放款通知书和电脑截屏上的"实际"议付金额与之不同,也就顺理成章了。这本来就不是相同口径的两个金额,数值无须一模一样。

我们认为,与放款通知书和电脑截屏相比,议付申请书和议付协议对"实际"议付的认定,具有更实质的意义,因为二者对议付行和受益人均具有法律约束力。遗憾的是,没有看到二审法院在议付申请书和议付协议上寻找认定"实际"议付的依据。

是不是"实际"议付之时就没有议付申请书和议付协议呢?也不是。一审法院审理表明:"苏州 M 银行认为曾与星岛公司签订《国内证融资主协议》,并当庭提供协议,根据该协议记载,星岛公司向 M 银行申请的国内证业务,品种为国内证议付,金额为人民币贰仟万元,签订日期为 2008 年 8 月 16 日……"宁波 M 银行和苏州 M 银行为证明涉案信用证已经得到议付,提供了国内证正本(含背面记载)、星岛公司的议付申请书以及苏州 M 银行的国内证融资主协议、融资发放审批表、放款通知书和电脑截屏等证据,从上述证据内容看,一、国内证背面所记载的议付时间为 2008 年 8 月 18 日,而议付申请书和融资发放审批表等 M 银行内部文件所载明的议付申请和审批时间却为 2008 年 8 月 19 日,故议付时间上存在矛盾;……"

这里引出了"实际"议付时间作为佐证。

二审判决书又说:"三是根据查明的事实,星岛公司提交的信用证项下的单据存在不符点,虽然根据现有的证据,可以确认 HM 公司对开证行提示的不符点予以接受,开证行亦发出确认付款电文,但时间均在 2008 年 8 月 19 日,而议付行同意放款的时间亦在 2008 年 8 月 19 日,迟于信用证正本背面记载的议付时间 2008 年 8 月 18 日。"如果能明白信用证背面记载的"议付",其实是交单,仅仅是银行内部记载,对外没有约束力,这里的推理就显得非常可笑。

二审判决书最后说:"四是虽然星岛公司在庭审中认可已收到信用证项下的款项,但从现有的证据看仅有苏州 M 银行提供的电脑截屏予以证明,并无其他入账证据予以佐证,故作为议付行的苏州 M 银行已向受益人星岛公司支付了对价证据不甚充分。退一步讲,即使苏州 M 银行已向受益人星岛公司支付了款项,但其支付行为也发生在星岛公司的议付申请之前,违反了《办法》中关于受益人先提出议付申请,银行再审核单据进行议付的规定,故其支付行为不能视为涉案信用证项下的款项议付。"显然,法院认定议付与否时,重复了议付时间的矛盾,没有依据放款通知书进行推理,也对受益人确认的收到议付款项不予采信,更是没有提到对议付定性具有决定意义的议付申请书和议付协议。

善意与不符点

二审法院最终认为,议付行并未"实际"议付,从而不是善意第三人。

法院接着说,退一步,假如议付行"实际"议付成立,善意与否还需要确认议付是否"合格",其中一个要点就是,确认议付之时单据无不符点,或有不符点但已被接受。二审法院最终认为,该议付也不是"合格"议付。

理由是,"根据查明的事实,开证行和议付行在审核单据过程中,除开证行向 HM 公司披露的三个不符点外,尚存在二个不符点未披露,一是信用证要求的单据为货权证明书,而星岛公司交付的单据为成品提货单;二是信用证要求的单据为证实书,而星岛公司交付的单据为证明。由于对单据的审核系银行应尽的义务,《办法》第 28 条规定银行应将全部不符点予以披露,因此,原审判决据此所作的认定并无不妥。"

固然,上述的两个不符点可能成立,而开证行和议付行确实没有披露。那么,是否就可以据此推断议付不"合格"呢?

《办法》第 28 条规定:"开证行审核单据发现不符的,应在收到单据的次日起五个营业日内将全部不符点用电讯方式通知交单人。"从这里可以看出,本条仅仅涉及开证行披露不符点的义务,且仅仅指向包括受益人在内的交单人。换言之,如果不披露或者没有披露全部不符点又会怎么样呢?显然,理应由开证行自行承担后果,且仅对交单人承担责任。

至于开证行是否有义务向申请人披露不符点,这属于开证行与申请人之间的纠纷,受申请书的约束,但无论如何,与议付行无关。实际上,申请人在开证申请书上几乎都会作类似承诺:"我公司保证在贵行认为单证表面相符的条件下,贵行有权主动办理确认到期付款/对外付款,并从我公司贵行开立的任何账户中扣款。"这里所说的不符点或单证表面相符,是以开证行的认定为准且不得反悔,至于是否涵盖了所有的客观存在的不符点则另当别论。本案中,申请人接受了已经披露的三个不符点,同时也接受了单据,自然不得反悔。

请注意,议付行本来就没有向受益人披露不符点的义务,更不用说全部不符点了。虽然议付必须基于无不符点的前提之下,但不同的银行,不同的关系人,对不符点的认定难免看法不一,所以,实际的议付以开证行和申请人接受单据为限,不管单据本身是否有不符点,不管不符点是否有未披露的"漏网之鱼"(参见香港高等法院,中国新时代诉港中银案上诉判决书〔2009〕HKCU2012 号)。就本案而言,"实际"的议付发生于开证行确认到期付款和申请人接受单据之后,相应地,就不存在另行对单据是否存在不符点的判断。在这个意义上,议付行的"实际"议付,也是"合格"的议付,其善意第三人的地位无可厚非。

余波

假如"欺诈"成立,假如"善意"不保,议付行想到了最后一个办法,主张信用证已履行完毕,希望这是一根救命稻草。如果信用证已经履行完毕,那就意味着,议付行的地位与开证行的地位等同,只要没有过错,理应获得偿付。因为如果按照国际信用证来理解,一国之内同一家银行的不同分支机构,意味着同一家银行。

法院会怎么看呢?二审判决书说:"开证行与议付行系同属于同一法人下的分支机构,分别领有营业执照,其在总行授权范围内开展经营活动,并承担相应的民事责任,故开证行、议付行具有相对的独立性。议付行以开证行与其系同一法人下的分支机构为由,主张信用证已履行完毕,但未提供充分的证据证明,本院不予支持。"

虽然《办法》没有明说,但是,很明显如果按照国际信用证来理解,不同国家的银行分支机构才算惯例意义上的不同银行,同一国家的银行分支机构算惯例意义上的同一银行,如此在国内证实务中必将引发混乱。既然是国内证,那么,当事的银行理应都在一国之内,如果把开证行、指定银行、议付行、通知行视为同一家银行,信用证的原理就会面目全非,后果不堪设想。在这个意义上,显然,议付行有点 Hold 不住了。

结语

我们认为,诚信、欺诈和善意,是法律的事,议付的认定必须基于对当事双方都具有约束力的议付申请书、议付协议、放款通知书,乃至于放款凭证综合考虑,而不是仅基于银行内部出于自我保护和合规目的在信用证背面所作的单方面记载。否则,将无异于舍本逐末,其结论难免令人费解。

10. 国内信用证 2012 上半年评论

作者：林建煌

国内信用证自 1997 年诞生之后的 10 年间，银行业和监管部门一再寄予厚望。但是，你推它，拉它，抽它，揍它，它就是无动于衷，几乎毫无发展。最近 5 年，国内信用证的价值无意间被市场发现，便在监管部门的默许下，一步一步，顽强成长，直至如今市场追捧，银行力推，成熟壮大。如此，便引得了权威媒体的连续关注，监管部门的高度关心。

那么，面对当前国内信用证的市场形势下，监管部门到底是捧它呢，还是禁它呢？

人民银行：鼓励促发展

先看由中国人民银行、财政部、商务部联合发布的文件：

——《关于进一步促进贸易融资发展的通知》（银发〔2010〕354 号文，2010 年 12 月 20 日发布，各地转发在 2011 年初）。

从文件的内容看，出现了一些非常新颖的措辞：

"一、充分认识做好贸易融资工作的意义：大力发展贸易融资，有利于……，有利于优化银行信贷结构，提升金融机构金融服务能力和综合竞争力，各地有关部门要高度重视贸易融资工作，根据党中央、国务院关于转变经济增长方式的要求，结合地方和行业特点，认真落实已出台的各项措施，加强政策创新，改善贸易融资环境，引导金融机构加大贸易融资力度。……"

言外之意，从以往的经验来看，不是金融机构"不愿意"加大贸易融资力度，而是政策保守和环境不理想，使得金融机构"无法"加大力度。所以，特别强调"政策创新"和"改善贸易融资环境"。而且，这里上升到了多年来一直在强调的国家经济发展战略高度——"转变经济增长方式"。

"二、积极引导和支持金融机构扩大贸易融资：……"

"三、努力改善金融服务，鼓励贸易融资产品创新：……大力推进保理、福费廷、保单融资和供应链融资等业务发展，……积极支持金融机构简化贸易融资流程，将信贷产品和结算、风险管理等工具相结合，为企业量身定制企业贸易融资服务方案……推进抵（质）押物融资产品创新，鼓励有条件的地区探索发展运用股权、存货、应收账款、无形资产等抵（质）押物进行贸易融资。……"这规定就非常具体了。其中，鼓励探索运用"股权"进行贸易融资，几乎闻所未闻。

"四、加大政策性贸易融资业务发展：……"

"五、采取综合措施，加大中小外贸企业融资力度：……"

"六、完善协作机制，形成部门合力：各地有关部门要加强协调配合，建立工作机制，深入研究、动态跟踪贸易融资业务发展状况，统筹推进贸易融资发展。……各部门要加强对贸易融资有关政策的宣传培训，加强信息交流，推进各项工作取得实效。"没有调查研究就没有发言权。这里的要求，就是前瞻性、动态地研究。政策有了不能成为摆设供起来，鼓励"用足"政策，所以，这里强调政策的"宣传培训"。目的专一，就是"实效"。

贸易融资分国际贸易融资和国内贸易融资。虽然文件的措辞直接针对国际贸易融资，但是字里行间透露出来对国内贸易融资发展的鼓励、支持和促进。

文件在各地转发时，均有针对性的强调，且多有新意。其中第二个文件的第三点，某省的转发文在第一点"鼓励贸易融资产品创新"中说："省内各银行机构要在充分运用现有贸易融资产品的基础上，创新各类信贷产品，探索将股权、存货、应收账款、无形资产作为抵(质)押物进行贸易融资。大力推进供应链融资、国内信用证、保单融资等业务产品，满足企业出口产品、进口设备和拓展海内外市场等各种贸易融资需求。"请注意，这里的措辞明确、正向且专门提到了"国内信用证"产品。毫无疑问，国内信用证是国内贸易融资产品中当之无愧的新宠！

如果愿意去跟踪将发现，多个地方的人民银行在转发文件时，对国内信用证均有如此直接且鲜明地强调。

据了解，在监管部门的正式发文中，对于贸易融资有如此明确鼓励，在中国贸易融资的发展史上堪称"前所未有"。

银监会：规范中发展

从去年国庆节之后至今年第一季度，银监会和各地银监局对国内信用证业务关注的动作频频，有调研、有窗口指导、有风险提示，多管齐下。从市场反馈和媒体报道可以发现，银监部门主要关心贸易背景真实性、资本金占用和拨备计提，对国内信用证及其融资本身还是着眼于正式规范之前的全面观察和系统分析，适时、善意、针对性地提出监管要求。

今年四五月份，银监会针对包括国内证代付在内的同业代付业务，又展开了多轮书面调研，出台了两个规范通知的征求意见稿，同步召开了一个以规范通知征求意见稿为主题的银行同业座谈会。

就国内信用证而言，规范通知征求意见稿的要点只有一个，即规范代付业务的银行会计入账处理，简言之，即国内证代付业务下，开证行或代付行，二选一，必须有一家银行计入贷存比，从而占用相关银行的信贷规模。如此，全行业国内证代付业务量，今年2月份媒体披露的数据是1.1万亿元，都必须规范占用银行的信贷规模。

诚然，国内证代付是国内信用证发展的主流产品，也是推动国内信用证发展的主流产品。市场总是在发展，市场也总是在发展中规范。如此规范应该受到市场的欢迎。

然而，去年12月中央金融工作会议确立的货币信贷政策"预调、微调"的总基调下，

天九湾政策及汇市问答 2014 年度汇编

今年的货币信贷政策已经处于逐步放松的通道上,特别是今年前 5 个月实体经济超预期下滑,经济增长"稳"字当头,信贷投放极度疲弱,银行信贷规模高度紧张的特殊时期,对国内证代付业务的立马规范,便意味着反向收缩信贷,而且是不小的规模。1.1 万亿元是个什么样的概念,须知今年全年的信贷投放增量也就 8 万亿元。所以,银监会高度关注下规范国内信用证业务,特别是代付的会计处理,时机的选择可能特别重要。

市场普遍感觉,当前的宏观经济形势与中国人民银行联合发文的出台背景,极其相似。当时文件的出台背景,首先是新世纪最大的一轮金融危机爆发后,作为外需的国际贸易需要恢复性增长,而作为内需的国内贸易需要倾斜性增长。然而,一方面为挽救金融危机造成的实体经济急速下滑而发放的 4 万亿救市资金和各家金融机构无法确切估算配套资金,实际流向堪忧;另一方面是随着金融危机,由次贷危机向主权债务危机发展,实体经济资金饥渴,增长乏力。其次,则是中国的经济增长方式,确实需要转型,这需要实实在在的银行信贷,包括贸易融资,来支持实体经济的发展。

不管是市场发展,还是监管动向,均显示了一个非常重要的趋势——流贷贸易融资化。国内信用证的流行正好迎合了这一趋势。国内信用证过去的发展是这一趋势的反映,这一趋势的延续必将推动未来的国内信用证在不断发展中规范,不断规范中发展。

多年前,票据利率市场化,催生了流贷票据化的趋势。如今,"十二五"期间利率市场化的加速推进和资本要求更加严格的中国版巴塞尔协议Ⅲ将于 2013 年 1 月 1 日实施,双重作用催生出的流贷贸易融资化的趋势,显然是流贷票据化的进步和升级!

无论如何,日后中国人民银行和银监会对国内信用证及其融资加以进一步的规范,规范基础上加以引导、鼓励、支持和促进,应该是主流。

11.进口押汇到底是什么

作者：林建煌

进口押汇的由来

即期信用证下，出口商一旦出单，不管是否构成相符交单，均形成了未来应收账款或应收账款。这应收账款的对手是谁呢？自然是进口商。

有人说是开证行。我们认为不是。开证行起的是担保作用和代理作用，归根结底，应收账款的对手应该是进口商。换言之，应收账款的对手应该与结算方式无关，不管信用证，还是汇款或托收，应收账款的形成，均基于基础合同中与交易对手的约定。在信用证下，此应收账款只是多了一重开证行的单方面、有条件、确定性的付款担保而已。当然，信用证下的这一担保作用不同于一般的担保法意义上的担保，它已经与开证行的代理作用融为一体了。

请注意，远期信用证下开证行承诺到期付款之后的主债务人是开证行，但开证行绝不是原始的债务人和唯一的债务人。原始的债务人产生于基础合同，是基础合同下出口商的交易对手，即进口商。因为如果没有原始债务人，或者如果原始债务人不是进口商，英国法院怎么会在1977年的E.D.and F Man LTD.vs.Nigerian Sweets and Confectionery Co.,Ltd.,一案中判决，只要开证行在信用证下没有付款，进口商就必须在基础合同下清偿受益人的应收账款呢？

事实上，单据到了开证行手里，正常情况下也是进口商实际付款，只是使用了开证行名义。当然，如果进口商无力付款，开证行将不得不履行担保责任，垫付资金对外付款。但开证行一旦垫款，便自动拥有对单据的留置权，并自动拥有对进口商的追偿权。

有时候，开证行对外付款是应进口商因资金短缺提出的融资申请而叙做融资的结果，这就是进口押汇了。

进口押汇到底是什么？

在英文里，进口押汇有两个对应的词：import bill advance 和 inward bill purchased。前者是借贷，后者是买单。其实，进口押汇与出口押汇一样同属中文用语，押汇的"押"，我们认为，理应理解为质押或抵押可能更合适，并因此得名。这也是市场上的主流观点。

因为单据是有价值的，如果是开证行直接"买单"，就会取得单据所有人的地位，而有权决定单据转卖给进口商的货物价值，从而对单据及其所代表货物的买卖承担商业风险,自负盈亏。实际上,开证行转交给买方的单据的价值是事先确定的,而开证行因进口押汇融资而对单据进行处分,回笼货款用于还款时,如有不足,还可事后向申请人要求补偿,当然如有余款,还须退还申请人。显然,对于一心只愿意介入融资的银行来说,"买单"的说法已经偏离了银行的初衷,也无法解释以回笼货款归还进口押汇款时与申请人之间"多还少补"的说法。所以,开证行叙做进口押汇绝不是"买单",而只能是借贷,即向进口商提供的借贷融资,进口商以借贷资金买入的单据,为借贷设置抵质押担保,开证行发放借贷资金时受托直接对外付款。显然,单据及货物的所有权归进口商。

这一观点,与前面提到的"信用证下,不管是即期,还是远期,进口商才是应付账款的原始债务人"的说法,遥相呼应。正因为货物所有权归进口商,才需要进口商承担信用证应收账款原始债务人的责任。反之,正因为进口商承担信用证应收账款原始债务人的责任,才决定货物所有权归进口商。否则,必定导致进口商在贸易合同"一手交货,一手付款"结构下的对外权利义务无法对等。

如前所述,进口押汇的清偿,与其他贸易融资产品一样,以押汇下单据所对应的货物回笼款为主要来源。货款回笼,以作为抵质押物的单据的处理和货物的销售为前提。虽然开证行对单据及其对应的货物享有抵押权或质权,但相比之下,还是进口商在货物贸易方面显得更专业。这样,作为单据所有权人的进口商和作为单据抵质押权人的开证行,需要就抵质押标的的单据和货物的处置进行协商,作出一个安排,比如信托收据等,委托擅长于货物贸易的进口商处置单据和货物,提存货款,以备清偿。

接下来的问题是,进口押汇下单据及其货物所作设置的担保,是抵押呢,还是质押?

我们知道,通常同一动产既可抵押,也可质押。二者之区分,以是否转移占有标的物为准。而如果单据及其货物归进口商占有,便为抵押;否则,归开证行占有,便为质押。

进口押汇的复杂在于,作为抵质押标的的单据及其货物,最终必须交由受抵质押双方委托的进口商占有,并处置。所以,如果认为进口押汇下单据及其货物设置的是质押,便存在好像质物应该是开证行占有,实际上却由进口商占有的情况。换言之,质物根本就没有转移,或者已经转移的质押又退还给了作为出质人的进口商。根据中国法,前者,没有产生质押;后者,质押已经放弃。尽管英国法下开证行依据信托收据,而把质物返交给作为出质人的进口商占有用于处置视为保留质权的一种例外,但目前无法看到中国法的确切的支持。至此的结论,实际上,基本否定了中国法下进口押汇的质押说法。

换个视角看进口押汇

于是,我们不得不另辟蹊径,为什么不说进口押汇下标的物一直就没有转移占有过呢?既然没有转移,何不视之为抵押呢?这样,进口押汇的逻辑反而更显简洁。

我们倾向于认为,进口押汇就是一种单据及其货物抵押下的贷款,即存货抵押贷款。

国内最新《物权法》:

第181条 经当事人书面协议,企业、个体工商户、农业生产经营者可以将现有的以及将有的生产设备、原材料、半成品、产品抵押,债务人不履行到期债务或者发生当事人约定的实现抵押权的情形,债权人有权就实现抵押权时的动产优先受偿。

国内最新《担保法》：

第49条 抵押期间,抵押人转让已办理登记的抵押物的,应当通知抵押权人并告知受让人转让物已经抵押的情况;抵押人未通知抵押权人或者未告知受让人的,转让行为无效。

转让抵押物的价款明显低于其价值的,抵押权人可以要求抵押人提供相应的担保;抵押人不提供的,不得转让抵押物。

抵押人转让抵押物所得的价款,应当向抵押权人提前清偿所担保的债权或者向与抵押权人约定的第三人提存。超过债权数额的部分,归抵押人所有,不足部分由债务人清偿。

显然,进口押汇下抵押担保的单据和货物,是由抵押双方共同委托进口商代为处置,并把货款提存或提前清偿押汇款项。上述规定中要求,抵押人处置抵押物时,必须告知抵押权人,实际上是在寻求一种抵押权人的委托授权。进口押汇下进口商处置单据和货物,事先须获得开证行的委托授权,而开证行在授权之时必然会对货款提存或提前清偿押汇款项作出安排。而进口商处置抵押物之时,还须相应告知受让人单据或货物抵押情况,否则转让无效,这一规定强化了对开证行的权利保障。不过,请注意,进口押汇下开证行在抵押担保中的一系列权利保障,以抵押登记为前提,登记部门应该是单据对应货物所在地的工商行政管理部门。

国内最新《担保法》：

第42条 办理抵押物登记的部门如下：

（一）以无地上定着物的土地使用权抵押的,为核发土地使用权证书的土地管理部门；

（二）以城市房地产或者乡（镇）、村企业的厂房等建筑物抵押的,为县级以上地方人民政府规定的部门；

（三）以林木抵押的,为县级以上林木主管部门；

（四）以航空器、船舶、车辆抵押的,为运输工具的登记部门；

（五）以企业的设备和其他动产抵押的,为财产所在地的工商行政管理部门。

我们认为,在中国,目前存货抵押还是个待开发的处女地,近年比较常见的是存货质押。在美国则不同,1952年之前常见存货质押,而1952年《美国统一商法典》出台后,存货质押已经比较少见,存货抵押才是存货融资的主要形式。或许,存货抵押是中国货押融资的发展方向。

12. 为什么看好贸易融资？

作者：林建煌

中国企业的短期融资，主要使用银行的流贷和贸易融资，一度以流贷为主，而贸易融资主要集中于国际领域，占比极小。1995年《票据法》的实施推动了流贷票据融资化，票据融资得到了迅速发展，国内贸易融资规模由此壮大。新世纪以来，国际国内贸易规模的稳步上位和贸易金融创新环境的改善，进一步推动了流贷贸易融资化，以供应链融资解决方案的兴起和大宗商品融资解决方案的引进为标志，国际国内贸易融资得到了广泛运用。据不完全了解，如今，全行业贸易融资整体规模正在逐步逼近流贷。

那么，流贷的贸易融资化趋势将如何发展？流贷的当前困境是什么？未来出路在哪里？与流贷相比，贸易融资到底好在哪里？本文将从银行评价的一个综合指标——资本利润率出发，探讨贸易融资的三个特性——贸易融资的流程性、自偿性和组合性，进而分析流贷贸易融资化的趋势在当前金融加速脱媒、转轨和新资本监管标准下，将如何强化。

流贷的贸易融资化趋势

银行是干什么的？答案或许就在司空见惯的银行产品中。凡为银行产品，一涉及财务，二涉及风险，归根结底，还是财务，因为风险可能造成的损失，便是财务上成本无法弥补的，并最终会转化由财务收益或资本来覆盖。正是在这个意义上，传统看法认为，银行的职能是经营货币；现代看法则认为，银行的职能是经营风险。

银行经营的最高目标是什么？银行价值最大化。什么是价值？简言之，投入资源所带来的回报。无疑地，利润是最直接的回报，资本是最重要的资源。资本利润率＝利润／资本，显然是银行价值最大化的最综合的指标之一。这一指标不仅反映了银行的规模和利润水平，还反映了资本和风险水平。

长期以来，中国银行业的利润贡献，一直以存贷款利差为主，而资本占用一直以贷款，包括流贷为主，这是不争的事实。然而，这一事实，将很快被改写。什么原因呢？

一是"十二五"规划下人民币利率加速市场化，将导致银行存贷款利差收入对利润贡献明显下降。

二是中国版巴塞尔协议Ⅲ——商业银行新监管标准的实施，将导致银行资本消耗加大。

前者对应于资本利润率的分子——利润回报下降，而后者对应于分母——资本占用上升。两个因素综合作用的结果,必将导致流贷的资本利润率快速下降。

然而,资本总是稀缺的,利润也总是宝贵的,资本市场的反应足以说明问题。2011年5月3日,中国金融业发生了两件大事。A股市场一片飘绿,全线深度下挫;期待已久的中国版巴塞尔协议Ⅲ——银监会《关于中国银行业实施新监管标准指导意见》当天正式公布。由于巴塞尔协议Ⅲ大幅提高了资本充足率标准,银行业本来就紧张的资本将更显得无法满足中国银行业特有的多年以来资产高速扩张的巨大需求。巨量的资本补充需求下引发的银行业再融资的冲动,已经在所难免,市场对此形成了几乎完全一致的利空预期,于是A股应声大跌。可以想象,银行业资本稀缺到什么程度!同样地,今年6月7日周四晚间,央行启动了"十二五"规划预定的人民币利率加速市场化步骤,下调利率同时不对称扩大存贷款利率浮动区间,存款利率浮动区间上限调整为基准利率的1.1倍,贷款利率浮动区间的下限调整为基准利率的0.8倍,存贷利差明显缩小。8日周五全天A股市场一时间风声鹤唳,担心银行业绩受冲击,银行板块再一次全线深度下挫。

那么,流贷的出路在哪里呢?有没有办法提高综合回报?有没有办法节约资本占用?实践证明,贸易融资就是一个非常好的方向。

贸易融资与流贷相比,具有相似的背景——贸易背景和相似的效果——短期融资,这是共同之处。什么是贸易融资?贸易融资即围绕国际国内贸易流程而提供的一系列融资。贸易融资服务于贸易。贸易是永恒的,贸易也是庞大的,凡有贸易就有贸易融资。据世贸组织近期的一项数据表明:"全球90%以上的贸易,都有贸易信贷、保险和担保。"这里提及了表内外贸易融资工具,都算贸易融资。这里提及的为国际贸易,对于国内贸易领域的未来发展来说也绝不为过。这意味着流贷能做的,贸易融资几乎都能做,贸易融资的空间可以非常广阔。

不同之处是:

——流贷:高资本占用和单一存贷差;

——贸易融资:低资本占用和高综合回报。

从资本利润率的分母——资本占用的角度来看,银监会新发布即将于2013年1月1日实施的《商业银行资本管理办法(试行)》与现在实施的是一样的标准:流贷的风险系数为100%;表外贸易融资以信用证为代表,其风险系数为20%;而表内贸易融资以国内一家排名比较靠前的股份制银行——Z银行以近似内部初级法计算的2011年风险系数仅为37%。笼统而言,表外贸易融资的风险系数,只有流贷的1/5,而表内贸易融资的风险系数,则只有流贷的约1/3。换言之,同样一笔资本,叙作的表外贸易融资金额,可以是流贷的5倍,而表内贸易融资金额可以是流贷的3倍。显然,贸易融资是资本节约型产品。

从资本利润率的分子——利润回报,以及资本占用和利润回报综合之后的资本利润率指标的角度来看,国内另一家排名比较靠前的股份制银行——M银行披露的2011年贸易融资日均资产收益率超过5%,资本利润率超过40%;而中国银行业的2011年信贷平均资产收益率在1.4%,资本利润率约20%。显然,贸易融资也是综合回报型产品。

总之,贸易融资具有流贷一样的广阔空间,却具有流贷无法比拟的优势,这最终将推进流贷的加速贸易融资化。

贸易融资的自偿性和组合性

为什么贸易融资能节约资本占用?为什么贸易融资能提升综合回报呢?我们认为,这与贸易融资的特性有关。

首先看自偿性。要问贸易融资最大的特性是什么,业内人士恐怕十有八九都会想到贸易融资的自偿性。自偿性到底是什么呢?答案则可能五花八门。自偿,即自我清偿、自动清偿,简称"自偿"。这意味着一笔贸易融资的放款去向确实用于贸易,那么其还款将由贸易正常实现后的回笼货款自动清偿。换言之,只要卖方履约交货真实,贸易下货物的价值、交易对手的资信,将为贸易融资自动提供担保或反担保,从而实现自动的风险缓释。所以,我们认为,自偿性本质上是自动担保或反担保。一笔贸易融资自动获得担保或反担保,当然比没有自动担保或反担保的流贷的风险要低了。

那么,贸易融资中会用什么来提供自动担保或反担保呢?远在天边,近在眼前。这与企业在贸易现金循环的不同阶段的不同流动资产形态有关,具体包括:

——现金:贸易开始的时候,企业手里持有现金,在贸易融资中可能呈现为保证金,在贸易融资中可用以支持部分保证金或全额保证金类融资。

——预付账款:贸易的第一阶段是采购,将用去现金,但如果货物还没回来就会形成预付账款,在贸易融资中支持预付账款类融资。

——存货:采购货物一旦入库,预付账款就会消失,转化为存货,在贸易融资中支持存货类融资。

——应收账款:贸易的第二阶段是销售,如果是赊销,货物已经出去,货款还没回笼,就会形成应收账款,在贸易融资中支持应收账款类融资。货款一旦回笼,应收账款将进一步转化为现金开始一个新的现金循环。

换言之,正是贸易现金循环中的现金、预付账款、存货和应收账款,为贸易融资提供自动担保或反担保。

相应地,由于自动担保或反担保的流动资产的形态不同,不同的贸易融资的风险缓释效果和风险监控要点就会有差别。比如:应收账款类融资的还款来源,是买卖双方之间形成的真实且能够正常清偿的应收账款,所以,应收账款的主债务人,即买方的资信,以及回款账户的控制,卖方的履约交货能力就特别重要,如票据贴现、保理融资、出口押汇;存货类融资的还款来源,是存货的销售款回笼,所以,存货的价值就特别重要,如存货质押融资、存货抵押融资、进口押汇;预付账款类融资的还款来源,主要取决于采购货物正常交付后再出售的货款回笼,如果无法正常交付则取决于卖方的退款,所以,卖方的交付能力和资信、未来存货的价值都特别重要,如先票后货、打包贷款;保证金类融资的还款来源,则是保证金本身,只要监控好保证金即可,如保证金开票或保证金开证等等。显然,这种不同实际上为产品的转换指出了一个方向。

其次看组合性。组合,指贸易融资产品组合。组合性,意味着贸易融资几乎总是以产品组合的形式现身,实务中几乎找不到单一产品的贸易融资。贸易融资产品组合,围绕贸易融资产品,前必定依托于贸易结算产品,后往往附带有资金避险产品,还会产生可观的保证金存款和结算存款。我们知道,凡与贸易有关的金融业务,都是贸易金融业务。而在贸易金融系列产品中,结算收费标准比较透明,竞争比较激烈,几乎是不赚钱的,而真正赚钱的是融资,以及融资带动的资金和存款产品。比如:据了解,国内一家贸易融资做得比较好的股份制银行——S银行,其供应链融资的派生保证金存款和结算存款常年以来基本上都在100%,高者甚至达120%以上。所以,对于银行来说,贸易融资的价值,不仅仅在于自身天地,还在贸易金融的大境界之中。这一效果,流贷显然没有如此直接,也不可能如此直观。

贸易融资必定依托结算。而在实务中,贸易结算产品丰富多彩,且有结算工具和结算方式之分,前有商业承兑汇票和银行承兑汇票等,后有信用证、托收和汇款等。不同的结算产品所实现的流通性和所担当的功能并不相同,具体包括:

——商业承兑汇票:结算功能。流通性强。
——银行承兑汇票:结算和担保功能。流通性特别强。
——汇款:结算功能。流通性弱。
——托收:结算和控货功能。流通性弱。
——信用证:结算、控货和担保功能。流通性弱。

相应地,贸易融资产品与不同的结算产品的组合密切程度则千差万别,风险控制效果、市场效果和政策效果也会有很大的不同。比如:商票承兑属于商业承兑无保证金,而银票承兑则要求较高的保证金,商票主债务人的资信通常要比银票低,商票贴现的风险要高于银票贴现,银票的流通性明显好于商票;与托收下出口押汇相比,银行更容易接受信用证下出口押汇或出口议付,而与汇款下出口押汇相比,银行更容易接受托收下出口押汇;信用证下要求了代表货权的单据,所以,通常来说开证的风险比银行承兑汇票的承兑风险要低,从风险控制的角度看,市场各方和监管当局更容易接受;由于流通性不同,票据贴现价格的市场敏感性,明显高于国内证代付的价格等等。显然,这种不同,实际上为产品的转换,又指出了一个方向。

综合来看,与流贷相比,贸易融资基于自偿性,会降低风险,自然可以节约资本占用;而基于组合性,其产品线长,产品带宽,自然可以提升综合回报。资本利润率的分子上去了,分母下来了,二者共同作用下,贸易融资的资本利润率的优势显而易见。

贸易融资的流程性

贸易融资凭什么具有自偿性,凭什么具有组合性呢?这涉及了贸易融资与流贷相比更实质的一个特性。

贸易金融与产业金融和消费金融相比有着明显的区别。我们认为,这种区别主要是源于贸易背景。众所周知,贸易就是一项买卖,而且主要指有形货物的买卖。买卖是对手戏,凡为买卖就有买方与卖方。相应地,贸易、贸易金融、贸易结算,几乎便与买卖双方都有着直接或间接的关系,比如:贸易总是在买卖双方之间完成,贸易结算总是买卖双方之间的货款结算。相比之下,产业金融和消费金融的交易背景中,只有单一的主体,通常不会有贸易金融的贸易背景中买卖双方的双主体存在。

这么说,贸易融资也与买卖双方都有关系?当然了。贸易融资产品,根据发起方的不同,在实务中本来就有一个常用也很重要的分类:

——买方融资:即由买方或进口方发起的融资;
——卖方融资:即由卖方或出口方发起的融资。

贸易融资下,如为买方融资,表面上看由买方发起,但是请注意融资的款项是直接划给卖方的,这控制了放款用途,而由买方来负责还款。反之,如为卖方融资,表面上看是由卖方发起,且融资的款项直接支付给卖方,却由买方来负责还款,这控制了还款来源。

然而,同样几乎都适用于贸易的流贷,也涉及买方和卖方,其融资款项的发放和归还,则不是这样。流贷如由买方发起,则向买方放款,到期由买方还款;而如由卖方发起,则向卖方放款,到期由卖方还款。

那么,到底是什么把贸易融资与贸易的买卖双方如此紧密地捆绑一起呢?我们认为,是贸易融资的流程性。流程,既指贸易流程,包括付款流程和交货流程,也指贸易结算流程,还指贸易融资流程。流程性,意味着信用证融资本身是在一个流程中完成的,而这个流程又总是紧贴贸易流程,紧贴结算流程。这一点,为流贷所没有。所以,可以简单地说:

"贸易融资≈流贷+贸易流程"。

流程在贸易融资中的作用是什么?简言之,流程是利益输送的纽带,也是风险输送的纽带。这一点,对于买卖双方可以成立;对于买卖双方的银行,买卖双方银行所处的金融市场和监管当局,一样成立。

我们认为,正是贸易融资的流程性,实实在在地支持了其自偿性的实现。自偿性,利用了贸易现金循环中的不同阶段形成的不同形态的流动资产,以自动为贸易融资提供担保或反担保。这种自动担保或反担保,必须基于银行对流动资产实施自动的有效控制。显然,贸易融资与生俱来的流程性,把买卖双方的利益和风险联系在一起,支持了这种控制的有效性和自动实现。分解来看,这个流程,就是实务中的资金流、货物流和信息流了。而流贷中也涉及现金循环的不同流动资产,但就是由于没有自带的流程性,所以没有自偿性。

我们认为,也正是贸易融资的流程性,实实在在地支持了其组合性的实现。流贷可能也会与其他产品进行组合,但那是简单的松散型的组合。贸易融资产品组合中的产品要远比流贷丰富,组合也远比流贷紧密,这是紧密型的组合。比如:同一贸易背景下,流贷要么在买方银行做,要么在卖方银行做,其价格适用,也只能适用当地利率;而贸易融资可以在当地银行做,如买方银行可以做进口押汇,如卖方银行可以做打包贷款、议付、出口押汇、福费廷、保理融资,其价格适用当地利率,但明显比流贷低;贸易融资还可以做进口押汇代付、出口押汇代付、福费廷转卖,这相当于可以随时在全球全国询价,其便利和优惠可想而知;而银行如叙做了贸易融资,则还会自动带来贸易结算、保证金存款和结算存款;而有了贸易结算的通道,整体贸易融资组合自然可用于博取境内外两个不同的市场机会和政策机会。近年来市场上借着跨境人民币东风,基于跨境人民币结算和贸易融资而呈现的各种各样的跨境本外币理财组合,就是一个很好的例证。显然,这是流贷及其简单的松散型的组合远远做不到的。

因此,实务中的流贷,或者产业金融和消费金融涉及融资时,为获得类似贸易融资的组合转换和风险控制效果,常常会借鉴贸易融资的流程性特点进行流程化设计,从而实现封闭式运作。

正是贸易融资的流程性,孕育了贸易融资的自偿性和组合性。而目前流行的供应链融资、采购链融资、项目链融资,以及大宗商品融资,归根结底,都是着眼于特定贸易结构下独有流程所孕育的与众不同的自偿性和组合性,以开掘机会,构造方案,赢得客户。

贸易融资迎合市场和监管

流贷贸易融资化的大势已成,随着利率市场化的快速推进和新监管标准的正式落地,还将日益强化。无疑地,发展贸易融资是银行业的一个好机会。

这一点也获得了市场和监管的认可。贸易融资基于自偿性的特征带来低风险,相应地,企业的融资门槛和融资成本将降低,基于组合性的特征将有效提高与银行的综合议价能力,基于流程性的简捷的手续也将贴身满足企业"短、频、快"的融资需求。贸易融资基于自偿性和流程性的特征,天生就是受托支付,与银监会的"三个办法一个指引"的精神高度一致;而基于组合性的特征,银行获取存款和中间业务收入的机会就很多了,根本就不需要去刻意触碰银监会"七不准"的红线。

贸易融资的前提是真实的贸易。2010年底,中国人民银行、商务部和财政部发布了《关于进一步促进贸易融资发展的通知》(银发〔2010〕354号文,2010年12月20日发布,各地转发在2011年初),堪称前所未有。如今,在"金融服务实体"总基调下,倡导"服务型银行",倡导回归商业银行本质,显然发展贸易融资是不错的选择,因为支持了国际国内贸易,不就是实实在在地服务实体经济吗?

13. 贸易融资在创新

作者：林建煌

金融服务实体，创新无处不在。过去的五至十年，国内银行业的发展已经预示了流贷贸易融资化趋势的形成。随着2013年起中国版巴塞尔协议Ⅲ新资本协议的正式实施和"十二五"规划下人民币市场化进程的加速推进，这一趋势还将得到强化。无疑地，这一趋势将促成贸易融资在服务实体过程中的持续创新。

从当前的市场来看，国际国内贸易融资创新有两个非常重要的方向——授信类创新和机会类创新。前者指银行围绕着客户融资或融信的授信类需求，利用贸易融资的自偿技术规避信用风险而进行的创新，后者指围绕着客户的机会类需求，利用贸易融资的组合技术相机规避市场风险和政策风险而进行的创新。

授信类创新

授信类创新下，或者在新的领域引入贸易融资的自偿技术，或者在贸易融资的自偿技术的基础上加入其他的授信技术以突破传统贸易融资的授信瓶颈。

授信类创新，最典型的莫过于供应链融资。

什么是供应链融资？供应链融资从属于供应链金融。供应链金融是指，"在对供应链内部的交易结构进行分析的基础上，运用自偿性贸易融资的信贷模型，并引入核心企业、物流监管公司、资金流导引工具等新的风险控制变量，对供应链的不同节点提供封闭的授信支持及其他结算、理财等综合金融服务"。从欧美的供应链融资的最佳实践来看，供应链融资主要是为配合核心企业整合供应链而实施的对上下游中小企业的供应链财务管理而诞生，产品集中于上游供应商融资。从中国的供应链融资的最佳实践来看，供应链融资主要是为了改善供应链上下游的中小企业融资难问题而存在，至于核心企业对供应链管理大多只是呈松散状态，且处于不同的发展阶段，产品集中于下游经销商融资。一句话，供应链融资实际上利用了贸易融资的自偿技术，以解决核心企业对供应链的财务整合问题，或者供应链上下游中小企业融资难问题。

当然，实务中，解决核心企业对供应链的财务整合问题的办法不限于供应链融资，比如：核心企业对供应链上下游中小企业的影子银行融资。这分两种：一是以生产厂商和大型零售商为核心企业的影子银行，或者直接融资后付现获得对上游供应商的丰厚现金折扣，或者以自己的名义向银行融资后再转给上游供应商使用并加点计息，结算时以货款抵扣融资本息。二是物流企业以所监管的存货价值为基础，向供应链上下游中小企业提供融资，UPS供应链金融服务为供应商提供短期融资便利，便是一个典型。显然，二者都是变种的供应链融资，还是利用了贸易融资的自偿技术。前者基于应收账款，后者则基于存货。优势互补，合作共赢，或许向这一类影子银行提供间接的供应链融资，是银行供应链融资发展的一个重要方向。

当然，实务中，解决中小企业融资难问题的办法也不限于供应链融资，比如：阿里信贷的大数法则融资。阿里信贷对中小企业提供融资，无须像供应链融资那样要求提供预付账款、存货或应收账款的资产抵质押担保，甚至无须核心企业对供应链的管理，也不必局限于供应链上下游中的中小企业，而纯粹利用数据挖掘技术广泛采集客户信息，分析和判断客户资质，从而决定是否给予融资。关键是什么呢？阿里信贷在充分采集信息，利用大数法则，可以解决信息不对称问题，从而实现对客户信用风险的有效控制。如此一来，阿里信贷将大幅度降低融资决策成本，也降低客户融资门槛。实际上，在供应链融资，乃至于贸易融资的存货控制和应收账款控制中，也完全可以利用大数法则来支持授信决策，保理融资中引入信用保险从而间接利用保险的大数法则就是一种典型。或许，银行直接利用大数法则为中小企业提供融资，是银行供应链融资发展的又一个重要方向。

机会类创新

机会类创新，最典型的莫过于基于跨境本外币结算的境内外联动组合。

此类创新涉及两种机会：一类是市场机会，一类是政策机会。

人民币的市场化和国际化，必将引发巨大的市场风险。如何应对市场风险，既是市场主体的现实挑战，也是市场主体的历史机遇，贸易融资下客户由于涉及境内外贸易对手，而其与对手各处于不同的市场环境，所以尤其敏感。相应地，聪明的银行已经视之为机会，进行了一系列的贸易融资产品创新。这是市场机会类创新。比如：(1)利率市场上，利用同一市场的长短期利差，典型如贸易融资产品组合中引入利率互换；利用境内外同一币别的利差，典型的如跨境人民币结算人民币代付；利用境内外不同币别的利差，典型的如跨境远期信用证境外贴现，乃至内保外贷等。(2)汇率市场上，利用即远期汇差，典型的如全额保证金跨境远期信用证境外错币贴现、出口错币代付等；利用境内外汇差，典型的如跨境转汇入汇款和转汇出汇款等；利用不同币别汇差，典型的如贸易融资产品组合中引入汇率互换。(3)商品市场上，利用即远期市场的价差和不同远期价差，进行套期保值等。

人民币的市场化和国际化的过程，同时意味着金融管制将逐步放松。这个过程将是漫长的。金融管制只要存在一天，市场主体就面临着政策风险，从而提出规避政策风险的需求。银行针对此类需求进行的创新，就是政策机会类创新。比如：(1)即远期结售汇政策不同。境内客户到境外金融机构叙做远期结售汇，是严格禁止的，但是到境外金融机构叙做即期结售汇，则没有禁止，当然境外客户，包括境内客户的境外平台公司在境外金融机构叙做远期购售人民币则相对自由。(2)跨境贸易和资本政策不同。目前包括贸易在内的跨境经常项目资金流动已经放开，而跨境资本项目仍处于相对管制状态。所以,客户的想法很简单,尽量使用跨境贸易背景,而尽量避免跨境资本的背景。(3)短债政策不同。目前我国对涉外的表内短债监管,根据被监管的主体不同,分为银行短债指标和企业贸易信贷额度。前者相对集中,刚性强,后者相对分散,刚性则较弱。所以客户会尽量占用企业贸易信贷额度,而避免占用银行短债指标。(4)担保政策不同。目前我国涉及的表外债务监管主要指银行涉外担保监管,并根据被担保主合同的不同,区分为融资性担保和非融资性担保。前者以每年下达给银行的绝对指标来控制,后者则以违约率来考核,弹性不同。所以,客户需要对外担保时,会尽量使用非融资性担保,而避免使用融资性担保。(5)跨境本外币政策不同。典型的如跨境外币结算背景下超过90天的远期承兑信用证和海外代付,必须占用银行短债指标,但是跨境人民币结算背景下一年之内的远期承兑信用证和海外代付,虽然算短债,但无须占用银行短债指标。内保外贷所涉及的融资性担保的情况与此相似。

创新动机

任何一项产品创新总是对应于特定的动机。同一贸易融资产品由于动机不同,市场效果将有很大的不同。那么,贸易融资产品创新的动机会是什么呢?

有人说,是融资。毕竟贸易融资的定价基本上都要低于流贷,毕竟长期以来境外的融资成本要远低于境内,所以,客户叙做贸易融资,传统上主要为了融资,并因此得名。比如:供应链融资的主要目的是利用贸易融资的自偿技术解决供应链上下游中小企业的融资问题,而跨境联动组合下一直就有客户利用跨境人民币的政策便利和市场便利到境外融资,以获得低成本资金。

有人说,是结算。2009年7月跨境人民币结算刚刚推向市场的时候,不管是人民银行还是商业银行,不管是银行还是企业,一片叫好,然而,这之后的一年时间里,业务量仅仅是40亿~50亿人民币,寥寥无几,市场没有启动。为什么呢?银行和企业陷入了两难困境。跨境人民币结算无非就是人民币国际结算,人民币国际结算下结售汇将转移到境外实现,境内银行将失去结售汇点差形成的结算手续费收入。银行国际业务中,真正赚钱的是贸易融资,国际结算本来就没赚什么钱,且国际结算手续费收入中的大头还是结售汇点差。所以,境内银行不愿意。人民币国际化的前提是人民币币值坚挺,是硬通货,境外企业愿意持有。既然人民币是硬通货,境内进口商显然不会主动让利于外商改用人民币结算。而境内出口商希望改用人民币结算那得看境外企业是否愿意,因为这意味着境外企业的让利,而由于中国大陆传统贸易长期处于供应链的中低端,境内出口商与外商谈判改变结算条款,显然无异于与虎谋皮。深究其中原因则是当事各方把目光盯在客户叙做跨境人民币的结算动机上了。

有人说,是理财。客户没钱需要融资,客户有钱就做理财。2010年6月19日二次汇改一启动,跨境人民币的市场也随之迅速启动,到当年十一前后就已经非常火爆了,到当年底,仅仅半年的时间就完成了超过5000亿元人民币。人民银行高兴,企业高兴,银行也高兴。为什么呢?市场各方已经把客户叙做跨境人民币的目光转移到了理财动机上了。原来,二次汇改一启动,企业和银行发现,跨境人民币除了可用于结算之外,还可以用于作理财。换言之,虽然客户叙做跨境人民币结算本身没有赚钱,但是,基于其有非常丰厚的理财收益,也能为境内银行带来非常丰厚的综合回报,特别是连续的大面积、大金额、超长期限的金贵的保证金存款,远远超过所需要弥补的结售汇点差损失。

除此之外,还有别的动机吗?当然还有。比如:回报动机。客户有钱做理财,但得依市场机会而定。市场总是处于波动中,如果市场价格不合适,客户做理财就不会有收益乃至亏损,但如果境内银行为了获得丰厚的保证金存款回报,还是会建议客户叙做跨境本外币联动组合,作为银行提供其他便利的回报。

贸易融资技术

客户的动机需要通过产品来实现,外部的机会需要转化为产品落地。所有这一切,必须依托于贸易融资产品设计的技术。

贸易融资产品设计的技术,基于贸易融资的特性。与流贷相比,贸易融资具有三个特性:自偿性、组合性和流程性。自偿性,指贸易融资的还款,默认以贸易现金循环中的现金、预付账款、存货和应收账款等形态的流动资产自动清偿。组合性,指贸易融资总是以包括存款产品、结算产品、融资产品和资金产品在内的组合形态呈现。流程性,指贸易融资的放款和还款,总是在买卖双方的贸易、交货和结算流程中完成。相应地,贸易融资的产品设计会涉及特有的三种技术:自偿技术、组合技术和流程技术。实务中,自偿技术主要运用于授信类产品设计,组合技术主要运用于机会类创新,流程技术则两类创新均适用。

贸易融资自偿技术下,银行可以利用对自偿性资产的控制,实现对贸易融资的自动风险缓释,从而降低客户的融资门槛和融资成本。比如:供应链融资中的保兑仓、票据贴现、保理融资、存货抵质押融资,由于核心企业对预付账款的差额还款担保、对存货的直接或间接控制和对应收账款的信用捆绑,银行风险相对较低,所以,其利率相对要比流贷要低,其客户准入门槛也明显要低。

贸易融资组合技术下,银行可以利用不同产品的价格差异,不同时间的价格差异,以及同一产品不同币别、不同结算产品、不同融资产品的政策差异来最大限度地博取市场机会和政策机会。比如:市场上的融资成本低于存款成本时,就可以做理财,典型如2012年上半年境内美元利率高企,境内存美元全额保证金海外代付有丰厚的理财收益,以及下半年境内存人民币全额保证金进口押汇也有丰厚的理财收益。还比如:市场上的境内融资成本一度高于境外,那么,可以叙做90天以上外币海外代付,也可以叙做90天以上人民币代付,但是,前者纳入银行短债指标监管,后者没有限制。

贸易融资流程技术下,银行可以利用买卖双方处于境内外不同的市场环境和政策环境,博取市场差异和政策差异带来的机会,可以利用买卖双方处于境内外不同的环境进行风险输送。比如:市场上在境内外即期汇差明显的时候,就出现了转汇入汇款组合和转汇出汇款组合。还比如:境内客户无法直接到境外金融机构叙做远期结售汇,就出现了境内客户与境外平台公司联动叙做远期结售汇 CNY DF 和反向远期购售人民币

CNH DF 或无本金交割的 NDF 的再组合。还比如：境外公司资信不够，可以利用内保外贷下境内公司的资信，为境外公司的融资提供便利。反之，外保内贷亦然。

监管倾向于鼓励和规范

毫无疑问，监管部门对于创新的态度，将直接影响到市场创新的热情和节奏，也将影响到贸易融资业务的经营和发展。值得高兴的是，监管部门从来就是鼓励贸易融资的创新，并在创新中规范，而不是阻碍创新，有文为证。2010 年底，中国人民银行、商务部和财政部发布了《关于进一步促进贸易融资发展的通知》（银发〔2010〕354 号文），其对贸易融资及创新的鼓励的力度，在中国银行业的贸易融资发展史上堪称前所未有。归根结底，贸易融资支持贸易、效果就是实实在在地服务于实体经济。

对于授信类创新，监管部门一直就持欢迎的态度。中小企业融资是个世界级的难题。监管部门一直鼓励中小企业融资的产品创新。贸易融资大量面向中小企业，比如供应链融资，正中监管部门下怀，当然欢迎。

对于市场机会类的创新，也是这样的吗？2010 年 6 月 19 日二次汇改启动后，原先几乎无人问津的基于跨境人民币的组合，突然间就热火起来了。一热火，到了当年的十一之后市场上就出现了一种声音，说：那不就在套利吗？那能长久吗？有的银行在业务推动上就犹豫起来了，有的银行很坚定地把握住了这一机会，抢占了跨境人民币业务的制高点。比如：以国内一家国际结算量排名比较靠前的股份制银行 Z 银行为例。历年来该行的国际结算的市场份额大约在 5.7% 左右。有意思的是，该行 2010 年跨境人民币跨境结算的市场份额达到了 11.16%，超过了多家国有银行，排名位居国内同业第三。显然，这多出来的人民币跨境结算市场份额不是天上掉下来的。事实证明，监管部门一心一意在推动跨境人民币，从来就没有禁止和限制过跨境人民币业务的发展。难道监管部门不知道，跨境人民币的火爆多少有套利的成分在吗？显然不是。为什么呢？如前所述，市场机会创新因迎合了客户规避市场风险而产生。换言之，跨境人民币组合在二次汇改形成的人民币长期小幅升值预期呈现出来的市场机会面前，贬义的角度上看是套利，反过来，褒义的角度上看为什么不说是避险呢？市场变化无常，监管部门总是希望境内客户在人民币市场化和国际化的大环境下提高避险意识和避险能力，所以，难怪对银行的市场机会类创新一直持欢迎的态度。事实也证明，跨境人民币因此在国际社会收获了广泛的关注和巨大的声誉。

对于政策机会类的创新，也是这样的吗？此类创新包括三种情况：一是闯红线，二是擦边球，三是合法合规。合法合规是创新的前提，合法合规下的创新监管部门当然鼓励。闯红线，那是犯规，绝对禁止。擦边球处于两者之间，即监管法规没有限制，也没有禁止，这一种创新，监管部门主要持事后规范的态度。典型的如 2005 年境内机构到境外直接叙做 NDF，这是擦边球；2006 年后监管部门一纸文件下来规范了，不允许直接叙做 NDF，之后如果照做显然就是闯红线。请注意，目前客户叙做境外 NDF，往往通过境外的平台公司间接实现，从境内监管的角度看，这理应是合规的，因为 2006 年的规范文件适用于境内机构，而不适用于境外平台公司。业内关心的是，为什么监管部门对擦边球的业务持事后规范的态度呢？我们认为，如果说擦边球业务的出现是一种市场创新，那么，监管部门的事后规范，完全可以理解为一种监管创新。换言之，正是由于2005年之前境内机构的市场发现和创新——直接到境外去叙做NDF居然可以规避汇率风险或者说有理财收益，才引起了监管部门的关注和规范——不允许境内机构直接到境外去叙做NDF。退一步说，如果没有境内机构的市场创新，监管部门可能很难推出规范NDF的监管创新，从而堵住跨境资金流动的一个漏洞。这也印证了一个颠扑不破的道理：市场的创新，引发监管的规范，而监管的进步会促进市场在规范的前提下进一步创新。

结语

流贷贸易融资化势不可挡。流贷贸易融资化意味着无数可能。银行同业和监管部门一直在以创新的姿态迎接即将到来的贸易融资新时代。

14.贸易融资 2013 年展望

作者：林建煌

2013年,贸易融资将如何发展？首先,需要关注利率市场化和新资本框架双重因素推动下流贷贸易融资化趋势向纵深发展。去年央行六七月份重启的存贷款不对称调息,意味着"十二五"规划的利率市场化进程将加速推进,从而必将引发金融加速脱媒,一年来国内外监管层和银行业对中国影子银行的热议就是一个缩影。显然,银行体系的传统流贷需要探索新的生存空间。贸易融资由于具有高资本收益率的比较优势,必将成为银行流贷未来转型的一个重要方向。今年正式实施的中国版巴塞尔协议Ⅲ——新资本框架对银行信贷提出了更高的资本要求。去年国内重启因2008年金融危机而中断的资产证券化进程,就是应对新资本框架的一个极重要的侧面。无疑地,这一切将强化流贷贸易融资化的趋势。

其次,建议关注几个贸易融资产品热点。这里不涉及颇为另类的票据融资。具体包括：

代付：从"代付入表"到替代创新

去年8月份中国银监会办公厅《关于规范同业代付业务管理的通知》（银监办发〔2012〕237号文）出台,规范了国际和国内同业代付的会计处理,要求委托行向客户提供代付,按从代付行拆入资金后向客户发放表内贸易融资处理。规范之前,委托行大多则按向客户提供担保——表外贸易融资处理。代付业务在委托行入表之后,实质上提高了委托行的信贷规模占用、资本消耗和拨备计提。文件出台之后,代付市场立马停滞,同时代付替代产品市场启动了新一轮创新。

国内代付量大幅萎缩,新业务几乎停顿,旧业务去年底前到期的自然到期,跨年度到期的必须占用信贷规模,还必须加大资本消耗和拨备计提。由于消化压力过大,据了解,监管部门在去年年底之前对过渡期的要求最终有所放松,使得银行业有惊无险暂时度过一劫。然而,这一文件的影响是长期的。为应对不利变化,银行业纷纷加紧研发和推广替代产品,如国内偿付、福费廷、参付金、再保理、受益权转让等,则成为去年下半年国内贸易融资领域一道亮丽的风景,无疑它们还将在2013年继续发展。这些替代产品或者可以短期规避管制风险,或者需要占用信贷规模但可以腾挪信贷规模,或者节约资本占用,或者可以豁免信贷规模但明显抬高融资成本,不一而足。

国际代付由于外围市场行情波动导致需求减少,所以短期影响不大,但长期影响不容置疑。"城门失火,殃及池鱼。"明眼人一看就知道,银监会文件出台的背景是近年来爆发式增长的国内代付的确需要规范,而早已通行多年的国际代付一并纳入规范范围则大大出乎意料。然而,世事常变,市场常新,明年一旦出现新的利率市场机会和汇率市场机会,势必会再次激发国际代付的大量需求。那么,2013年的国际代付还将如何发展呢？去年下半年以来,银行业一直就没有闲着,诸多替代产品已经登场,如假远期、偿付、保付、风险参与、NRA账户融资等。这些替代产品的组合变幻颇有奥妙。这些替代产品的研发和推广,仍然需要国内外银行同业的联动。代付行千万不要以为,银监会文件只涉及委托行,事不关己。这是认识上的偏差。试想,委托行如果没有业务做,哪需要什么代付行？

跨境本外币避险组合:从市场变化到交易背景

国际和国内贸易融资,对利率和汇率波动都很敏感。过去的几年里一度高企的国内人民币利率促进了国内代付的快速发展,几乎与供应链融资、保理融资、票据贴现一争高下,因为任何一种管制都会内化为融资价格呈现出来。而多年以来一直盛行的跨境本外币避险组合,更是因境内外利率和汇率的波动而生。其中,热门的跨境人民币产品组合所基于的跨境人民币结算,随着人民币国际化的稳步推进,业务量从启动之初——2010年6月19日二次汇改前一年几乎可以忽略不计的零头,到2010年下半年5 000多亿元,再到2011年的每季5 000多亿元,去年则进一步发展到每季7 000多亿元,势头依然迅猛。

美联储的四轮量化宽松一再压低了境外美元利率。境内美元利率在去年则经历了一轮过山车,年初突然高企,美元揽储成为一场激战;下半年一度低于境外美元利率,美元过剩,出现了境内全额存人民币融资美元即有理财收益的奇观。然而,去年初异常增长的巨量美元存款,将在2013年的上半年陆续集中到期,到时境内美元势必减少,境内美元利率恐怕会重新上升到正常水平。同时,去年以来,人民币汇率加大了震荡波幅,上半年一度贬值,下半年则反转升值。

银行最怕的是不变,最不怕的是变化。市场变化对于基于国际贸易或类似国际贸易背景的跨境本外币避险组合来说,都意味着机会。机会面前,银行需要准备的是因时而变的产品及组合,客户需要准备的则是贸易背景。去年的进出口贸易一改长期的20%～30%的高速增长势头,转折进入10%以内的中速增长通道,据估计全年增幅可能只有8%;有意思的是,去年银行业的国际结算量依然高歌猛进,据保守估计增长率至少为20%。其中多出来10%增长率应该不在话下。令人好奇,这多出来的国际结算量会基于什么背景呢？除了居民个人收支背景和企业"走出去"步伐的加快催生的如内保外贷或外保内贷等资本背景外,据业内估计很大一部分可能是企业入境和不入境的转口贸易背景。换言之,银行业对转口贸易背景国际结算的争夺好戏,在2013年,乃至未来很长一段时间里可能会日益激烈。

供应链融资：从风险暴露到电商挑战

传统的供应链融资，主要指银行供应链融资。多年来，供应链融资有了比较大的发展，据估计，2012 年末全行业供应链融资余额将近 7 万亿元之巨。与之相伴随的是，去年供应链融资风险也有了比较充分的暴露，比如国际国内宏观经济周期下行的系统性宏观风险和行业风险，比如钢材价格低位运行下大面积的钢贸商资金链断裂后所反映的假仓单、仓单重复质押等操作风险和法律风险。这些足以警醒银行同业，理性看待供应链融资发展。事实上，这反而吸引了多家银行逆势进军供应链融资市场，因为先知先觉的银行经过这么一轮周期对供应链融资的风险看得更清楚了，银行历来不打无把握之仗。供应链融资借助于贸易中形成的自偿性资产缓释了信用风险，但也因此加大了操作风险。为了有效规避操作风险，也为了有效提高操作效率，供应链融资的线上化在去年几乎成了银行业共识，多家银行正着手开发系统，希望与核心企业、物流公司充分共享交易信息、物流信息和账款信息。个别先行的银行系统已投产，大多银行系统尚未投产，宣传已经先声夺人。

然而，供应链融资绝不专属于银行，也不一定基于贸易形成的自偿性资产的自动信用风险缓释。电商供应链融资异军突起，必将重新定义供应链融资的内涵和版图。

电商供应链融资的始作俑者应该算阿里信贷。去年 8 月一经推出，曾引发市场热议。阿里信贷的经营模式无疑值得传统的银行供应链融资借鉴，其风险控制基于海量的电子交易数据分析，类似于信用保险，而且一诞生即为线上供应链融资。热议之余，最终银行业几乎一致认为，阿里信贷只是局限于小微企业或个人，对银行供应链融资影响不大。但是，随后推出的京东商城供应链融资，由于其兼具阿里信贷的类信用保险模式和银行供应链融资中的控货模式，再冷静的银行都无法完全淡定，后者实际上与银行供应链融资市场已经重叠了。如果没有意外，专注于 B2B 的电商势必于不远的将来陆续加入供应链融资市场的争夺，它们的优势在于电商身兼核心企业和"影子银行"双重角色，控制了贸易流程，也控制了融资流程，可以实现融资和贸易的无缝衔接。显然银行需要正视电商供应链融资的冲击，更需要未雨绸缪。当然，银行有的是机会，多家银行参与京东商城供应链融资，就是一个方向，但绝不限于此。

值得一提的是，电商供应链融资由作为核心企业的电商主导，主动整合供应链财务资源，以打造和提升供应链核心竞争力。这与国际供应链融资的发展和现状相似，但与国内银行供应链融资不同。国内行业供应链管理参差不齐，核心企业对供应链管理的认识高度和执行力度也不同，这是事实。所以，除了少数行业具有比较严谨的供应链管理外，大多数银行提供供应链融资，更多是流贷贸易融资化大势下银行出于业务转型、解决中小企业融资批量开发中小企业客户的需要，因为国内核心企业对于供应链上下游中小企业的资源整合常常很勉强。去年钢铁行业供应链融资中大量钢贸商资金链断裂所暴露的假仓单、仓单重复质押等操作风险和法律风险，或许就是国内供应链管理现状在融资领域上的一种反映。

此外，建议关注大宗商品融资。实务中，供应链融资和大宗商品融资常常混为一谈。严格地说，供应链融资主要指基于供应链资源整合的循环批量贸易融资，主要是国内贸易融资,还涉及少数的国际贸易融资。而大宗商品融资主要指基于大宗商品控货、保值的一次性贸易融资,可以是国际贸易融资,也可以是国内贸易融资。钢铁行业的钢贸融资,除了以供应链融资形式叙做外,还有大量使用大宗商品融资的形式,所以,去年大量钢贸商资金链断裂的影响还包括国内大宗商品融资。国际大宗商品融资,历来是外资银行,特别是有着完善的全流程控货机制、全牌照保值增值机制和灵活的货物处理机制的多家欧洲银行的强项。去年中国银行先后与芝加哥商品交易所结成战略协作伙伴关系,加入伦敦金属交易所;上海期货交易所重启原油期货计划,中东石油大国沙特可能加盟人民币原油期货计划,所有这些都在为中国银行业未来大规模开展大宗商品融资注入正能量。

15. 神奇的国内证代付

作者：林建煌

今年 8 月份银监会《关于规范同业代付业务管理的通知》（银监办发〔2012〕237 号文）的出台，无疑是贸易融资领域的一件大事。这一文件的核心内容是代付下委托行必须纳入表内融资，占用信贷规模，连带占用较高的经济资本，计提较高的损失拨备。这一文件起因于 2007 年起迅猛增长的国内代付，特别是国内信用证代付，出乎意料的是，还波及了历史久远、常年发生且数量庞大的国际代付。

让人好奇的是，国内证代付为什么需要规范呢？为什么以前可以不占用信贷规模呢？而最近的市场上又出现了什么样的新变化呢？这里以曾经的代付市场上最为热门的一个产品组合——国内证买方押汇代付为例，试作分析。

不占信贷规模

国内证具有信用证的基本结构，即"一手交单，一手付款"。实务中，最简单的国内证是即期信用证。即期信用证下卖方交单后买方立即付款，两者之间的债权债务关系两讫，国内证交易结束。

如果卖方交单后，买方觉得手头资金紧张怎么办？有两种办法：一种办法是改开远期信用证，卖方交单后，买方先承兑，再到期付款，这算是卖方给买方提供的商业融资了；另一种办法是即期信用证之外买方向开证行申请一笔融资，即为买方押汇，开证行放款后在信用证下对外支付，一旦支付信用证下的债权债务关系两讫，国内证交易结束，到期买方向开证行归还押汇款。当然，如果开证行不愿意直接提供融资，常常会推荐另一家银行提供融资并代为支付，这就是国内证买方押汇代付组合了。

那么，国内证买方押汇代付何以不占用信贷规模呢？因为该组合下，开证行记的是表外融资，代付行记的是同业拆出，二者均没有纳入贷存比考核。

这合理吗？进行信贷规模监管呢和贷存比考核，一言以蔽之，无非就是为了控制市场的资金流动性。换言之，只要一笔资金，从银行体系出去进入实体经济，就必须纳入贷存比考核，从而占用信贷规模。如果超脱一点看，国内证买方押汇代付下，不管开证行，还是代付行，银行作为一个整体的确已经向买方提供了一笔实实在在的资金，相应地，买方也向卖方付出了一笔实实在在的货款，按理应该有一家银行必须占用信贷规模，不管是开证行，还是代付行，反正有一家是要占的。有意思的是实务中的操作效果，开证行不占用信贷规模，代付行也不占用信贷规模。

账务处理

事出原因。既然国内证买方押汇代付下,开证行与代理行无须占用信贷规模,是因为会计入账的原因,那么,会计入账模式的选择无疑是症结所在。那么,为什么国内证买方押汇代付下,开证行可以记表外融资,而代付行可以记同业拆出呢?

会计处理有两个常识:一是有借必有贷,二是交易均有对手。前者是为了确保账务的内部勾稽平衡,后者是为了确保账务的外部勾稽平衡。按照每一张会计传票必载有交易对手的规则,如果愿意,我们把国内证买方押汇代付下多方当事人的账务进行核对,将会发现一些非常奇怪的现象:

——开证行记表外融资,即为融资提供担保。担保什么呢?当然是融资了。由谁向谁提供的融资呢?显然应该是银行向买方提供的融资。哪一家银行呢?既然不是开证行,那只能认定是代付行了。奇怪的是,提供资金的代付行,并不认为自己在向买方提供融资,而是认为自己在作同业拆出,即向开证行提供融资。

——代付行记同业拆出。既然有人拆出,必定有人拆入。向谁拆出资金呢?谁在拆入资金呢?显然是另一家银行。什么银行呢?当然是开证行了。奇怪的是,开证行并不认为自己是同业拆入,而认为自己在为买方融资提供担保。

进一步,买方会记什么账呢?不管怎么记,都应该记表内负债。如果愿意,把同一笔交易下开证行、代付行和买方的账务进行汇总,会是一个什么样的结果呢?总账必定无法对应,即无法实现勾稽平衡。为什么呢?国内证买方押汇代付下三方当事人的会计处理没有勾稽关系!

此外,实务中还有一种入账模式非常另类,但效果相似。具体如:开证行部分,一方面入表外担保融资,一方面入表内"应付结算款项";代理行部分,不入表内"拆出",而入表内"应收结算款项"。

业务定性

账务是为业务服务的。银行会计入账模式的不同,与业务处理模式有关。换言之,国内证买方押汇代付下各方当事人的总账无法实现勾稽平衡,也仅仅是表面原因,更深层的原因理应在业务处理中。

规范通知出台之前,市场上银行理解的国内证买方押汇代付的业务处理模式是有分歧的,主要有两种:一是开证行"担保"下融资,二是开证行"拆入"后融资。显然这两种模式是不能并存的。比如:第一种开证行"担保"下融资模式中,开证行担保的是融资,理应由提供资金的代付行向买方发放融资,从而占用代付行信贷规模。此时,代付行便不应该理解为自己在拆出资金给开证行。这是开证行最喜欢选择的模式。还比如:第二种开证行"拆入"后融资模式中,开证行向买方发放融资,从而必须占用信贷规模。开证行在融资之前必须先拆入资金,而代付行只是拆出资金无须占用信贷规模。这是代付行最喜欢选择的模式。

规范通知出台之前,由于理解上的分歧,不管是开证行,还是代理行,均按对自己最有利、最喜欢的业务处理模式来处理国内证买方押汇代付。如此一来,开证行几乎都处理成"担保"记账,代理行几乎都处理成"拆出"记账。两种水火不容的业务处理模式,居然能在同一笔国内证买方押汇代付业务中并存,堪称神奇。

业务处理模式之不同,由什么决定的呢?答案是协议,即开证行与代付行之间的委托代付协议所给出的国内证买方押汇代付的"法律定性"。

市场上的国内证买方押汇代付协议签订有三种,但都运用不多:

第一种,没有代付协议。2007年之后的很长一段时间,许多银行之间都没有签代付协议。

第二种,明文规定"开证行担保下融资模式"的代付协议,通常由开证行提供。实务中,有些开证行拟出了这样的版本,结果几乎没有一家代付行愿意签。

第三种,明文规定"开证行拆入后融资模式"的代付协议,通常由代付行提供。实务中,有些代付行拟出了这样的版本,结果同样也是几乎没有一家开证行愿意签。

神奇协议

市场上流行的协议文本,通常是上述第二种和第三种的变形,并可以兼容"开证行担保下融资模式"和"开证行拆入后融资模式"。这会是个什么样的协议呢?说来也不复杂,协议描述代付的流程和责任时,包括两个部分的内容:

第一部分:放款。代付协议中会有类似的规定:"开证行受申请人(即:买方。这里没有提供买方信息)的委托,向代付行申请代付。代付行应在收到开证行的指示后,根据指示对外代为付款。"

第二部分:还款。代付协议中会有类似的规定:"代付到期,代付行可以向开证行要求还款,也可以要求申请人还款。如有需要,开证行会如实及时披露申请人信息,并提供相关资料。"

从协议第一部分可以看出,代付行是在代理付款。代理谁呢?是开证行,还是买方,都有可能。从协议第二部分可以看出,不管是开证行,还是申请人都有责任还款。谁先还?谁后还呢?照样都有可能。实务中,开证行往往理解成为买方融资提供担保,而买方是代付申请人,代付行在向买方发放融资;代付行往往理解成拆出,而开证行是拆入,买方是在为拆借提供担保。因为担保通俗意义上对应于一个选择权,即担保人为债务人提供担保,债权人将因此获得了向担保人要求还款和向债务人要求还款的选择权。该协议下代付行要求还款,具有选择权,可以找开证行,也可以找买方。

这样,就出现了同一笔国内证买方押汇代付业务下,开证行"担保"和代付行"拆出"并存的情况。

至于水火不容的两种业务处理模式,为什么能并存于一个协议之中呢?或许市场上从来就没有一个统一明确的国内证买方押汇代付,乃至代付的定义,是重要原因。

替代创新

目前神奇的国内证代付得到了监管部门的规范,并给出了统一明确的定义,这无疑是及时的,必会受到业内的欢迎。

然而,欢迎之余,业内同时感受到的是银监会 237 号文出台后代付市场的快速萎缩。这不仅影响到国内证业务的发展,也影响到实体企业的融资需求的满足,同时还影响到银行中间业务收入目标的实现。

如前所述,代付业务包括两个方向:本代他和他代本。他代本业务的压力是直接的,首先需要转型和创新。而本代他业务的压力是间接的,因为唇亡齿寒,委托行没有业务做的话,代付行也好不到哪儿去。

为应对不利变化,银行同业间共同协作,纷纷加紧研发和推广替代产品,如国内证偿付、福费廷、参付金、再保理和受益权转让等,则成为国内贸易融资领域一道亮丽的风景。这些替代产品或者可以短期规避管制风险,或者需要占用信贷规模但可以腾挪信贷规模,或者节约资本占用,或者可以豁免信贷规模但明显抬高融资成本,不一而足。实际上,这些替代产品,在银监会 237 号文出台之前就已存在,只是与代付系列产品相比,量明显小了点。

国内证偿付

什么是国内证偿付呢?国内信用证偿付业务,是指一家银行作为国内信用证的开证行,应申请人的申请,在开立的可议付的延期付款信用证中,授权另一家银行作为第三方偿付行进行偿付。议付行收到受益人的交单并议付后,在向开证行寄单的同时,向信用证规定的第三方偿付行发电立即索偿。偿付行收到议付行的索偿电文后,凭开证行的承兑电文和授权付款的指示,向议付行即期付款。开证行在付款到期日归还第三方偿付行偿付款项本息。

对比发现,国内证偿付与国内证代付相似,但实际上不同。

相似之处在于:不管是偿付,还是代付,都属于贸易融资,都在为国内贸易的买卖双方提供短期融资便利,卖方可以立即获得货款,而买方均可根据手头资金情况推迟一定的付款期限。融资之时,都涉及两家银行,偿付下一家为开证行,一家为偿付行;代付下一家为委托行,一家为代付行。

不同之处如下:(1)融资期间不同。偿付只能叙做 6 个月,因为在现行的中国人民银行《国内信用证结算办法》1997 版下,偿付所基于的可议付延期付款信用证的最长期限只能为 6 个月;而代付,由于是国内信用证以外的融资,最长可以做到 1 年。(2)融资的结算基础不同。偿付只能基于国内信用证,因为偿付首先必须基于可议付延期付款信用证下的远期承兑,汇款或托收并无远期承兑一说;代付无须基于远期承兑,所以,可以适用于汇款和托收,当然还可以基于汇款和托收延伸至保理等。(3)开证行会计处理不同:偿付下开证行对偿付行的责任是表外责任,即开证行在延期付款信用证下的远期承兑并到期付款的责任;代付下根据银监会 237 号的规定,开证行对代付行的责任是表内责任,并不存在开证行在延期付款信用证下的远期承兑的说法。

国内证福费廷与受益权转让

福费廷,最早来源于国际业务,是为改善出口商现金流和财务报表的无追索权融资方式。"无追索权"一词的法语原文为"forfeiting",音译即为"福费廷"。福费廷下,福费廷资金提供方通常是银行,即包买商从出口商那里无追索地购买已经承兑的并通常由进口商所在地银行担保的远期汇票或本票的业务。所以,福费廷也叫作包买票据。

就国内证而言,福费廷指延期付款信用证下银行提供资金,无追索权地买断卖方持有的经开证行承兑的应收账款,卖方获得融资的行为。

国内证福费廷的包买商与国内证代付,特别是卖方代付下的委托行相似,承担表内责任。但是,国内证福费廷与代付有一个明显的不同,前者有发达的二级市场,后者没有。换言之,福费廷包买商在融资时,需要占用信贷规模,如果手头信贷规模紧张,则可以通过二级市场转卖出去,转由二级包买商占用信贷规模。这相当于可以腾挪信贷规模。而代付委托行由于没有二级市场,则无此便利。

此外国内证福费廷,仍然只限于延期付款信用证,代付无此限制。所以,前者融资期限最长不超过 6 个月,后者可以做到 1 年;前者通常只限于国内证下,后者可以适用于汇款、托收等。

国内证受益权转让,指转让银行为提高其国内证下贸易融资类资产的流动性,向信托公司或证券公司等非银行金融机构转让其合法持有的卖方押汇、卖方代付、福费廷等贸易融资类资产。而信托公司作为受托人,以受托的信托资金一次性或分期受让购买相关资产;或证券公司直接作为受让人购买相关资产,并可择机转手。转让银行对已转让的相关资产对应的开证行的信用风险不承担责任。到期由开证行直接归还信托公司或证券公司债务。受益权转让下,转让银行既不承担表外责任,也不承担表内责任。而开证行只承担远期承兑对应的表外责任。

16.假远期是买方融资吗?

作者:林建煌

解决信用证下进口商资金短缺问题,除了进口押汇外,实务中还常常通过远期信用证实现。远期信用证又分为真远期和假远期。真远期信用证下,实际上看,进口商从出口商处获得了一笔商业融资;假远期信用证下,表面上看,进口商则将从开证行处获得了一笔银行融资。

首先,什么是远期信用证?

远期信用证,指信用证付款期限为远期付款。它主要是相对于即期信用证而言,准确地说,也是和预支信用证相对而言。

我们知道,信用证的基本功能之一就是结算功能。但是,请注意,单纯的结算功能其实只要即期信用证就够了。换言之,远期信用证和预支信用证一定意味着结算功能以外的其他功能。那会是什么呢?它是融资功能,既不是结算功能,也不是担保功能和控货功能。远期信用证下,进口商只需作一个到期付款承诺便可赎单提货,待货物销售一空货款回笼之时到期对外付款,实际上相当于进口商从出口商处获得了一笔远期的商业融资。而预支信用证下,出口商在出货出单之前就可以预支货款,待正式出货出单货物回笼之时可直接抵销,实际上相当于出口商从进口商处获得了一笔商业融资。所以我们说,远期信用证和预支信用证一样具有与生俱来的融资功能,准确地说,指商业融资功能。远期信用证和预支信用证略有不同,它是在开证行以信用证的方式对进口商进行信用增级的情况下,实现商业融资功能。

在商业融资的意义上,预支信用证与汇款下预付货款极为相似。不同的是,预支信用证下进口商可能不需要提前付出资金,而完全由开证行提供。而远期信用证与汇款下的信用销售 O/A(Open Account,也称赊销)和托收下的承兑放单 D/A(Delivery Documents against Acceptance)也极为相似。不同的是,远期信用证进口商的信用自动加了开证行的信用增级。实务中,O/A 和 D/A 下,也可以另外加进口商银行的信用增级,如保理的坏账担保、托收票据保付加签、付款保函或备用信用证等。

当然,商业融资是可以转化为银行融资的,只要进出口商愿意且有需求。对于出口商来说,可以把远期信用证下已经开证行和进口商承兑的应收账款转化为应收账款贴现,甚至福费廷。对于进口商来说,可以转化为即期信用证加进口押汇。而在进出口双方的配合下,还可以把远期信用证,即默认的真远期信用证,转化为假远期信用证。

那么，什么是假远期信用证？什么又是真远期信用证？

假远期信用证，是与真远期信用证相对而言。二者对于进口商来说，均为远期付款。但对于出口商来说，前者是提前付款，表面上看由进口商发起，利息由进口商承担，类似于即期付款；后者是到期付款，是远期付款，可由出口商申请贴现或福费廷，利息由出口商承担。前者看似远期实为即期，故得名"假远期"信用证；后者看为远期实亦为远期，故得名"真远期"信用证。

在真远期信用证下，出口商给了进口商一个商业融资便利，如果出口商想立即变现，则须自行联系出口方银行叙做融资。

我们认为，在假远期信用证下，表面上看，是进口方银行给了进口商一个银行融资便利，这是买方融资。实务中，确实由买方参与假远期融资合同的签订。

果真如此吗？

我们认为，不尽然。假远期信用证作为一个银行融资便利，实际上是进口商受出口商的委托，而代向进口方银行申请完成的。因为进口方银行向出口商付款，属融资性的提前付款，信用证本身付款还没有到期，即出口商持有的应收账款还没有到期。在这个意义上，进口方银行提供的假远期融资已经与福费廷无异。准确地说，进口方银行就是在以无追索权贴现的方式，买进了出口商持有的已经自己承兑的未到期应收账款。这是典型的福费廷，这是卖方融资。

当然了，假远期信用证下进口方银行付款，可以以开证行自己的资金完成，也可以以代理行的资金完成，这就是实务中司空见惯的"第三方假远期"了。

"第三方假远期"可以有三种操作模式：一为"开证行中介＋代理行福费廷"，二为"开证行一级福费廷＋代理行二级福费廷"，三为"开证行福费廷＋代理行福费廷代付"。"假远期代付"由第三种操作模式而得名。无论哪一种操作模式都表明了假远期归根结底是一个福费廷或福费廷组合。

正是在这个意义上，我们认为，假远期信用证不管是否"代付"，均暗含着福费廷融资安排。显然，与平时看到的福费廷利息由出口商承担不同的是，假远期信用证中的福费廷利息由买方承担。

17. 人力资本产权边界优化与
国有商业银行改制"上市"
——国有商业银行改革系列之一

作者：林建煌　杨朝晖　林文来

一、引言：一个典型案例

一天，在银行人民币私人汇款柜台，一名员工向主管开了一个玩笑：什么时候由他个人承包人民币私人汇款业务，他要求，超出预定任务多收取的邮电费和汇费扣除成本后，按月提成作为个人奖励。主管想了想，这个主意不错，如果人民币私人汇款以邮电费和汇费作为基数下达任务的话，应该可以考虑。你看，承包之后，员工的积极性调动起来了，主管也省心，能多完成任务多提成，也为银行多创利润，利银行员工，利国家出资人，何乐而不为呢？与其业务平平淡淡发展，不如大家痛痛快快干一番。既然主意不错，主管也就开始前期工作，考虑到权限问题，首先去说服行长。行长怎么回话？这个主意是很好，不过难度也不小。因为难度不小，这件事也就一直拖着，遥遥无期，不知道何时会是个尽头。

从这个案例，基本上可以看到国有商业银行改革的现状。随着国际国内银行业经营环境的变化，中国国有商业银行的经营陷入了前所未有的困难，国有商业银行的活力日益低下。为什么国有商业银行普遍缺乏活力？如何激发，乃至长久保持国有商业银行的生机和活力？这两个问题已经摆在关注国有商业银行前途的每一个人面前。我们试从以上的案例出发，从合约经济学和产权经济学的角度回答这两个问题。

二、作为金融企业，国有商业银行是财务资本产权与人力资本产权之间的一组合约

上述案例中，承包是一份合约，一份以银行的名义与员工签订的业务收益分成合约（张五常，《佃农理论》）。分成的对象是扣除成本之后的业务收益，分成的依据是拥有人力资本产权的员工投入的人力资本占全部资本的比例。在经济学意义上，产权是财产当事人对于财产进行有关自由选择的一组权利义务关系（张五常，《经济解释》），这一组有关自由选择的权利义务关系，也就是该财产的产权边界。在一定的产权安排下，产权所对应的游戏规则将引导当事人在产权边界内进行自由选择，充分运用财产以实现自身的最大经济利益。人力资本产权是员工对个人的人力资本进行有关自由选择的一组权利义务关系。案例中，以分成合约的形式确定了银行员工的人力资本产权边界，而分

成合约,仅仅是国有商业银行各种各样合约中的一种。推而广之,产权经济学有一个结论,企业本身就是人力资本产权和财务资本产权之间的一组合约(周其仁,《真实世界的经济学》)。由此,从产权的角度看,国有商业银行作为一家金融企业,它实际上是国家作为出资人提供的财务资本产权和员工提供的人力资本产权之间的一组合约。

三、国有商业银行目前产权安排下的"囚徒"困境

一种产权安排是为了实现一定的目标。国有商业银行的最高目标是"企业价值最大化"。国有商业银行的前身是国有专业银行,为了战略的需要,国家把国有银行定位为政府的一个附属部门,是政府的"大会计"和"大出纳"。但是,随着形势的变化,我们国家已经把国有商业银行定位为金融企业,从而实现"企业价值最大化",也就自然成了国有商业银行的最高目标。当然,国家也可能借助于国有商业银行实现自身的政策目标或社会目标,但这绝不意味着国有商业银行的最高目标可以不是"企业价值最大化"。因为如果为了满足政府的施政需要,国家完全可以把目前的国有商业银行改造为国有政策性银行,或者通过公开招投标的方式,以市场合约的形式委托国有商业银行办理政策性业务。

国有商业银行目前的产权安排是:国家是财务资本出资人,政府受国家委托享有法律意义上对财务资本的完整产权,并不时根据自身施政的需要,超出作为出资人的身份,越出法律法规所确定的财务资本的产权边界,随意干预银行的经营管理。历史上,由于国有银行是政府的一个附属部门,它所需要且普遍实行的可以说是"国营"的产权安排。而国有商业银行虽然已是法律意义上的金融企业,但其目前的产权安排仍然具有非常浓重的"国营"色彩。在目前的产权安排下,国有商业银行不是完全市场化意义上的"企业",它是国家与银行员工之间一组不完整的合约(周其仁,《公有制企业的性质》)。

"囚徒"困境是国有商业银行目前产权安排的必然结果。两名"囚徒"在"坦白从宽,抗拒从严"的压力下,出于各自利益最大化的考虑,由于互不信任,往往会独自选择"坦白"的对策,以求得从单个"囚徒"来看是"从宽"的处罚;而不选择共同"抗拒",因为没有证据而无罪释放,虽然这可以实现整体利益的最大化,但往往无法做到。在国有商业银行的目前产权安排下,顺着"国营"产权安排的历史惯性,政府基于施政的需要,不时干预银行的经营管理,必定限制乃至剥夺了银行员工就其人力资本所作出的种种可能选择,必然以侵犯银行员工对其自身人力资本产权为代价,从而造成事实上银行员工人力资本产权严重"残缺"(尽管在法律意义上银行员工享有完整的自身人力资本产权)。显然,国家作为出资人对银行的干预,是出于对银行管理层和广大普通职工的不信任而不得已为之。但是,面对人力资本产权"残缺"的事实,由于人力资本天生属于个人,作为国有商业银行人力资本出资人的管理层和广大普通职工,想摆脱国家的干预也无能为力,自然想方设法逃避,乃至拒绝对其人力资本的合理开发和利用,这实际上是员工人力资本的非生产性或反生产性开发(周其仁,《公有制企业的性质》)。首先是国家对银行员工的不信任,接着引发银行员工对国家不信任,从而国家对银行的干预就越显得必

要,银行员工对人力资本的反生产性开发随之也日益严重。于是,在目前产权安排下的国有商业银行,一步一步陷入了"囚徒"困境。(孙章伟,《国有银行所有权安排的经济分析》,引自《国际金融研究》2002年第12期)

四、"上市"作为一种改变财务资本产权的产权安排,一定能激活国有商业银行吗?

"上市"能激活国有商业银行吗?针对国有商业银行普遍陷入"囚徒"困境的事实,有人开出改制"上市"的药方,矛头直指国有商业银行与生俱来的财务资本"公有产权"。改制"上市",显然是从财务资本产权主体多元化的角度考虑问题,以为引入外部股东,就可以牵制乃至避免政府越出法律赋予的财务资本产权边界对国有商业银行妄加干预,并完全以市场化的方式来运作。从股份制发展的历史来看,"上市"的主要功能还是筹集资金,而不是激发企业的活力。相反,一个企业富有生机和活力是"上市"的前提,而不是"上市"的结果。按理,一家国有商业银行没有生机和活力,在正常的资本市场上很难成功"上市"。如果在中国目前的资本市场上,国有商业银行真的成功"上市"了,就中国目前的情况,即使国家放弃绝对控股权,也很难摆脱国有股东"一股独大"的局面。也就是说,即使成功"上市",在不改变人力资本产权的前提下,国有商业银行的外部股东,仍然很难牵制国有股东,乃至避免政府的干预。何况,不管是在国内不太成熟的资本市场上,还是在西方发达国家成熟的资本市场上,"上市"公司运作效率低下,仍然比比皆是。"上市"能够在一定程度上改变国有商业银行的命运,但是没法激活国有商业银行僵化的躯体,也就是说,它仍然无法摆脱"囚徒"困境。

我们并不反对国有商业银行改制"上市"。我们只是认为"上市"所能解决的问题非常有限,包括摆脱国有商业银行所面临的"囚徒"困境,"上市"这一剂药方也于事无补。可以说,国有商业银行要摆脱"囚徒"困境,与是否"上市"无关。同样的道理,一个产权安排是否合理,能否激发国有商业银行的活力,与财务资本产权主体是否多元化也无关。当然,如果改制"上市"的过程中实现了人力资本产权边界的优化,这个时候确实能激发国有商业银行的活力。那也只能说,国有商业银行充满生机和活力,是人力资本产权边界优化的直接结果,而不是改制"上市"的直接结果。在这种情况下,我们也可以说,国有商业银行富有活力,是改制"上市"的间接结果。但是,我们同时也可以说,当国有商业银行改制"上市",如果无法实现人力资本产权边界的优化,自然也就无法激发国有商业银行的活力,那种情况在现实中常常发生。这就是说,为了摆脱"囚徒"困境,国有商业银行的改制"上市",必须致力于优化人力资本产权边界,否则必定事与愿违。

五、在不改变财务资本"公有产权"下,只需充分优化人力资本产权边界,国有商业银行仍然可以充满生机和活力

进一步,我们认为,在一元财务资本产权主体的情况下,一个产权安排是否合理,能否激发国有商业银行的活力,还与"公有产权"无关。事实上,不管是国内还是西方都存

在着许许多多运作得非常成功的公有制企业，比如瑞典、新西兰的大部分国有企业，比如国内的浙江横店集团等等。有人可能会说，瑞典和新西兰的市场环境与国内的国有商业银行不一样，换言之，不同的环境，造就了同样的公有制企业，不一样的活力。其实事在人为，市场环境也是人为的。没有一个现实的环境，我们是否可以考虑创造一个模拟的市场环境呢？而且这种模拟市场环境，已经有成功的范例，那就是同为公有制企业的海尔集团的"市场链"模式，以及沿着"市场链"模式，海尔集团所孜孜追求的"SBU"模式。有人也可能说，浙江横店集团虽然运作得很成功，但目前存在着领导人"交接班"的问题。我们认为，领导人"交接班"问题，不是公有制企业所特有，包括千千万万的民营企业，乃至股份制企业都存在这个问题，所以不足为怪。也可以说，这个问题与"公有产权"无关。

现在回过头来考察第一部分的案例。案例中，员工是人力资本的出资人，主管和行长是受合约雇用，并代表作为财务资本出资人的国家，分成一事其实是一纸以合约形式确定的，一种保留"公有产权"的改变人力资本产权的产权安排。这一种产权安排可行吗？首先，这一种产权安排具有合约的形式。国家和银行员工的权利义务关系，以合约的形式确定，国家和银行员工各自的权利与义务对等。这一种产权安排，不仅能够激发国家作为财务出资人投资的积极性，还能激发员工进行人力资本投资、开发和利用的积极性，因为在确保业务存量稳定的情况下，由于多创造了业务增量，国家和银行员工都得到可观的合理的确定预期的回报。有了这个预期，银行就可以引导国家和银行员工，有计划地进行相关资本的再投资。其次，这一种产权安排会在其自身建立的机制中得到自我强化，从而在激发国有商业银行的活力的基础上，使国有商业银行保有持久的生机和活力。显然，这种产权安排对于国有商业银行的大部分领域都是可行的。这一种产权安排其实已经在国有商业银行的内部诸多领域实行，比如公司存款和储蓄存款促销等等。虽然在实行的过程中各有不同程度的变调，但总体而言，可以说效果立竿见影。

但是，这么好的一种产权安排为什么没有推广呢？是普通员工没有兴趣，还是管理层觉得不足以解决问题，还是国家作为出资人无心解决这一问题？这种种问题，都值得每位关心国有商业银行改革前途的朋友深入研究。当然，也有可能这一产权安排不适合个别的业务运作，但我想这种情况为数极少。起码，我们可以看到这种产权安排。还是挺适合于人民币私人汇款业务的运作的，但是我们很少看到人民币私人汇款领域按照这种新的产权安排运作。

我们只是认为，在不改革财务资本产权安排的情况下，对于当前国有商业银行急需提高效率的许多领域，"分成"方案作为一种改变人力资本产权的产权安排具有比较优势。我们并不认为，"分成"方案适合国有商业银行的所有领域。我们完全有理由相信，在任何领域一定存在一种改变人力资本产权的产权安排，比目前流行的任何一种产权安排都更具有比较优势。

六、国有商业银行是否"冗员"

如果有人说国有商业银行"冗员"，恐怕没有多少人会反对。如果说改革越深入，国有商业银行必将大量"裁员",恐怕也没有多少人会提出异议。但是经过分析,我们觉得这一个观点很值得商榷。是的,到各级分支行去走一遍,整天闲着喝茶、聊天、看报纸的员工比比皆是,这好像是表明了银行员工太多了,人浮于事。细心的朋友可以问一下,有多少事需要上级行上级领导提供帮助,如果没有顾忌的话,十有八九的员工会罗列出一份长长的清单。一方面人浮于事,另一方面,多少事没人做。这是为什么?我们知道,这种现象是国有商业银行陷入"囚徒"困境的侧面反映。我们认为,只要能充分激发国有商业银行的活力,业务得到充分发展,再多的人员都能够吸纳。到那时,国有商业银行"冗员"、"裁员"问题,也就不成其为问题了。

  我们设想一种试点的方式,即在现有的国有商业银行内部选择典型的几个部门,特别是业务部门,推行新的产权安排。由于新的产权安排能充分尊重银行员工的人力资本产权,作为人力资本产权所有者的员工,总是想方设法去实现自身人力资本产权的价值,这样,一方面闲人会大大减少,另一方面,没人做的事也会大大减少。随着新的产权安排在试点部门日益发挥作用,新的运行机制将在试点部门诞生,日益成长并自我完善。由于新机制的作用,在目前国内银行业务发展还算比较宽松的空间里,银行的业务自然是突飞猛进。进一步,试点部门的业务日益发展,也反过来将吸纳更多的员工进入新部门按照新的机制运作,而这更多的员工可以来自未实行试点的部门,也可以来自银行外部。这样,在试点部门新机制的推动下,一方面非试点部门会受到来自试点部门各种各样工作需求的挤压,另一方面,试点部门的全新机制,会强烈吸引非试点部门的员工流向试点部门,从而使非试点部门受到员工流失的挤压。在双重挤压下,非试点部门也会被形势所逼,走上改革的大道。最终,一种全新的机制就在国有商业银行内部从无到有、从小范围到大范围、从局部到整体,一天天生长起来。

  试点的方式有一个非常明显的好处。试点工作往往是由一个行的最高管理层发起,而方案的执行对象仅局限于试点部门。最高管理层完全有能力,也应该集全行之人力、物力、财力于试点部门,直接指挥,直接监控,确保关于新的人力资本产权安排的试点方案在试点部门不断自我完善。即使出了一时难以解决的问题,最高管理层也完全有能力控制问题所造成的一系列不良影响限于试点部门这一局部,而不至于蔓延。同时,由于试点工作是一个行的最高管理层发起的,在执行试点方案的过程中,试点部门可能受到的社会各方面压力将会大大减轻。

七、结论

  从以上的分析,我们知道,作为金融企业的国有商业银行,为追求"企业价值最大化",必须充分尊重银行员工的人力资本产权,合理确定人力资本产权的边界。正是历史上对银行员工的人力资本产权的不尊重,或者说是尊重不够,乃至不承认,导致了人力资本的非生产性或反生产性开发。由于不适应企业价值最大化目标,银行的机制日益僵化,运作效率日益低下,银行发展陷入了"囚徒"困境。为了摆脱"囚徒"困境,银行必须改变人力资本产权的产权安排。这种产权安排下,国有商业银行能否摆脱"囚徒"困境,与财务资本产权无关,与是否改变财务资本产权的产权安排无关,也与财务资本产权主体是否多元化无关。在保持财务资本"公有产权"下,只要能合理界定人力资本产权,仍然可以激发,以至长久保持国有商业银行的生机和活力。我们甚至可以断言,只要能激活国有商业银行,就可以很轻松地在发展中解决国有商业银行的"冗员"问题。进而,我们认为,一个合理的人力资本产权安排,往往要求对财务资本产权安排作相应的调整,但这种调整往往是以合理界定人力资本产权为目的。换言之,即使是为了摆脱"囚徒"困境而进行的改制"上市"——这种改变财务资本产权的产权安排,也应该服从于合理确定人力资本的产权边界的目的,否则无异于南辕北辙、缘木求鱼。

18.国有商业银行改革中的
利益集团
——国有商业银行改革系列之二

作者：林建煌

一、引言

　　分清利益集团中的支持者和反对者，这是国有商业银行改革的首要问题。改革，是中国发展的时代主题。加入世贸组织后，经济全球化的趋势，已经把国有商业银行推向了不深化改革，就无以求生存，更谈不上谋发展的境地。我们的党，高举改革的大旗。一切有识之士，踊跃投身改革，已经还将继续汇聚成一股日益巨大的改革洪流。回首过去，国有商业银行的改革为什么步履蹒跚，为什么踯躅不前？我想，很大程度上，是因为没有或不愿意分清谁是改革的真正支持者，谁又是改革的真正反对者。

　　为追寻进一步改革的力量源头，本文试从制度经济学的角度，对目前中国国有商业银行包括国家、员工群体和经营者群体在内的核心利益集团的治理地位、治理利益，及其对改革的态度进行一番分析。我们认为，在公有制企业内，由于不承认人力资本产权天然私有性质，作为财务资本唯一所有者的国家承受不起人力资本的非生产性或反生产性开发利用而造成的各种各样的资源严重浪费，果断地发动了初期的改革，得到了包括员工群体和经营者群体在内的人力资本所有者的大力支持。但是，在进一步的改革中，员工群体和经营者群体的态度发生了严重的分化。经营者群体作为一个整体，一方面获得了巨大的既得利益，另一方面既得利益却得不到法律的完全承认，从而在改革面前态度将摇摆不定。而员工群体由于与国有商业银行的整体发展同呼吸共命运，必将成为改革的坚定支持者。进而，我们认为，国家希望进一步推动改革，必须紧紧依靠员工群体的力量。

二、国有商业银行的改革

　　经济学上有一个结论：企业是利益集团之间互相联系而形成的一个网络。中国的国有商业银行也不例外。作为财务资本所有者的国家与作为人力资本所有者的员工群体和经营者群体是企业最重要的三个利益集团，从而也是公有制企业的核心利益集团，他们承担着企业的治理责任，行使着企业的治理权力，他们是企业的治理主体。而利益集团之间的联系，可以是合约性安排，也可以是指令性安排（周其仁，《公有制企业的性质》)。利益集团联系的演化,可以是诱致性变迁,也可以是强制性变迁(林毅夫,《财产权利与制度变迁》)。利益集团联系的原始指令性安排,以及联系演化的原始强制性变迁,是中国目前公有制企业的特点。中国国有商业银行的改革,就是相关利益集团联系的强制性变迁。

改革之前的国有商业银行,法律上,财务资本的所有权是公有的,人力资本也是公有的。但是财务资本是被动资本,人力资本是主动资本,财务资本作用的发挥依赖于人力资本作用的发挥,而人力资本天然附着于个人身上,人力资本作用的发挥则依赖于个人的主观能动性。在改革之前的封闭环境中,人力资本所有者的主观能动性的调动,依赖于计划信号的引导。但是,在改革初期,环境发生巨大变化,计划信号被严重扭曲,个人极度缺乏主观能动性,引导效率低下,这已经无法满足国有商业银行价值最大化目标的要求。与此形成鲜明对照的是,在封闭环境之外的西方世界,法律上承认人力资本产权私有性质,依赖市场信号引导,却能充分调动人力资本所有者的主观能动性,并产生了经济高效率。为什么会出现这种情况呢?归根结底,是由于环境存在不确定性,而国有商业银行的人力资本产权状态不适应环境的变化所致。

为了适应环境的变化,国有商业银行开始了改革,需要从法律上逐渐承认人力资本的私有性质。而对人力资本私有性质的承认,最后必然落实到其转化成果——财务资本所有权私有性质的承认。

未来的成果,是在全新的条件下形成的,可以预先以合约的形式事先确认其私有性质。而过去的成果是在传统公有制条件下形成的,仍然保留了公有性质。这个公有性质,本身意味着在现有条件下公有的财务资本仍然需要对在职员工承担部分的社会保障义务。这个义务可以按照传统的"企业办社会"的方式来进行,也可以以分解公有财务资本到个人的方式来进行。前一种方式,在现有条件下本身已经为实践证明是低效率的。而后一种方式,由于历史的原因,分解的难度也在发生着消长变化。一方面随着时间的推移,同样数量的财务资本,分解难度自然提高;另一方面,随着时间的推移,尚待分解的财务资本数量却在不断减少,反而日益消除了分解的必要,从而也就日益抵消了分解的难度。是否存在一种折中的方式,即不对这部分财务资本加以分解,却又能实现这部分财务资本的高效率利用呢?我们设想,可以把传统公有制条件下这部分财务资本转化为员工社团公有性质。这种方式下,显然无须分解,而如何利用这部分财务资本承担社保义务,完全是员工社团的事,与企业无关,自然不存在"企业办社会"的低效率问题。显然,这种方式,在很大程度上承认了过去成果所有权的私有性质。

三、改革初期,利益集团的治理地位

与千千万万的其他公有制企业一样,在改革的过程中,国有商业银行的治理主体可能是一样的,也可能是不一样的。如果是后者,就存在旧治理主体退出和新治理主体进入的问题。如果是前者,仍然可能存在企业几个治理主体之间地位此消彼长的变化。

改革之前,国有商业银行的治理主体是唯一的国家。这时的员工群体以及经营者群体是当然的人力资本出资人,但由于不享有人力资本产权,也不享有财务资本产权,没有独立的治理地位。经过改革,治理主体涵盖了国家、员工群体和经营者群体。这时员工群体和经营者群体,一方面由于在法律上获得了未来利用人力资本的私有产权,治理地位日益走向独立;另一方面,凭着利用过去人力资本转化而来又保留公有性质的财务资本,而成为财务资本员工社团所有制下的治理主体。

在改革的过程中,国家出于自利目的主动削弱了自己的治理地位,而员工群体和经营者群体相应获得了治理地位,并日益提高。但是,与员工群体和经营者群体日益膨胀的需求相比,国家所腾出的治理空间十分有限。这就决定了员工群体和经营者群体之间为占据有限的治理空间必将展开激烈的竞争。竞争的结果取决于员工群体和经营者群体之间的双方势力强弱对比。那么,双方势力谁强谁弱呢?

首先,从数量上看,员工群体所占比重大,但组织松散;而经营者群体所占比重小,但组织严密。其次,从质量上看,员工群体的人力资本相对处于一般的水平,且专用性相对较低,而经营者群体由于具有特殊的人力资本,专用性较高。再次,虽然双方都是"内部人",但是从双方在国有商业银行内部治理链条中所处的位置看,员工群体处于银行治理链条的最下游,处于相对劣势,而经营者群体由于处于国有商业银行治理链条的中上游,很容易借助于信息优势,挤占国家治理地位下降所腾出的治理空间。所以,整体来说,改革初期的竞争中员工群体处于下风,而经营者群体占尽上风。结果,员工群体所得到的治理地位相对较低,所得到的治理利益相对也较少;而经营者群体占据着较高的治理地位,从而不仅可以获得明面收益,还可以通过事实上的"内部人"控制,实现许多控制权收益,这些收益大部分属于灰色消费。

四、进一步的改革中,利益集团对改革的态度

国家。国家是财务资本出资人。不改革所造成的被动局面,意味着国家有着十分巨大的改革压力,而改革成功将带来的巨大利益,意味着国家还具有十分强烈的改革动力。改革过程中,需要不断排除利益集团之间联系的指令性安排,而国家这一方面的能力又最强,特别是改革初期,最有排除的必要。正是在这个意义上,改革具有了强制性变迁的特点。所以,国家是支持改革的,不管在改革初期还是在进一步的改革中,都将是改革的领导者。

员工群体。员工群体在目前的国有商业银行治理中,属于弱势群体。一方面,他们的治理地位较低,从治理中得到的利益也较少。不改革这一治理地位将长时间被挤占,他们的利益就会长时间无法完全实现。另一方面,不改革,国有商业银行将无法适应环境的变化,这就意味着,价值最大化目标也就无法实现,而在员工群体的待遇与全行绩效挂钩后,员工群体的利益必将严重损失。这双重压力,注定了员工群体一定是改革的坚定拥护者。与国家不同,员工群体是"内部人",他们对国有商业银行的改革方案具有更为深刻的了解,对国有商业银行内部的经营者中谁是最适合的改革人选,而谁又是改革的反对者也具有更为深刻的了解,这注定了员工群体还将是改革的最必要的参与者。

经营者群体。经营者由于在改革初期的竞争中取得了"内部人"控制的治理地位,即使不改革它仍然可以利用其事实上的治理地位,充分实现治理利益,而不管企业是否

能够在良好治理中实现价值最大化,所以他们没有改革的压力。何况,改革之后对于经营者来说不一定能得到实际利益,而如果改革失败却必须由他们承担失败的风险,也就是说,他们处于目前的治理地位也没有改革的动力,所以,在自利假设意义上的经营者群体,一般不会支持改革。但是,这并不排除还有许许多多的经营者将借助其特殊的创新能力利用改革,谋取更高一级的治理地位,在更高水平上实现治理利益。显然,经营者群体在国有商业银行的立足,凭借的是属于他们所特有的人力资本。而随着环境的变化和改革的深入,对人力资本的要求也在发生着变化。但是,与其他资本一样,人力资本具有专用性。能适应变化之前环境的人力资本,不一定能够适应变化之后的环境。正因为人力资本适应了变化之前的环境,这一部分经营者才在改革初期的竞争中,赢得了目前的治理地位。如果这一部分经营者的人力资本还能够适应变化后的环境,那就意味着,这一部分经营者还能推动进一步的改革,从而谋取更高的治理地位和治理利益。反之,如果经营者的人力资本不能够适应变化后的环境,那就意味着,在进一步的改革中,这一部分经营者将丧失其治理地位和治理利益。这样,经营者作为一个群体,在进一步改革面前就出现了重大分化。而对于赞成改革的经营者来说,由于改革存在风险,他们对改革的支持和参与往往是低调进行。

显然,在改革初期,经营者群体之所以能够轻松挤占治理地位,获取较高的治理利益,归根结底是其处于治理链条中上游位置所产生的特殊的信息优势所致。而在现实中,国家想推动进一步的改革,也必须抢占这一制高点,那就是借助于赞成改革的经营者和反对改革的经营者所占据的有利位置来发动改革。也就是说,赞成改革的经营者,在国家的领导下,想发动改革,必须征得反对改革的经营者的同意。但是,由于反对改革的经营者,在改革初期获得了庞大的既得利益,从而也就存在维护现有治理地位下的庞大既得利益的动力,所以在其他条件不变的情况下,反对改革的经营者是绝对不会同意的。这时,为了改变其他条件,推动进一步的改革,只有两种办法。一种是"强制"的办法,即利用利益集团之间的原始指令性安排,强制调高反对者的改革收益,或者强制调低改革成本,或者强制调低不改革的收益,调高不改革的成本。另一种是"赎买"的办法,即用一块改革费用,来补贴反对者,赎买反对者的赞成票,这是与反对者之间的一份经过充分协商的"赎买"合约。

所以,在推动进一步改革的意义上,一方面,有必要落实员工群体的治理地位,以遏制经营者群体对其治理地位和治理利益的挤占;另一方面,有必要放开经营者之间的竞争,以避免经营者上岗的逆向选择,以及经营者群体挤占治理地位和治理利益的冲动所造成的道德风险。

五、结论

改革是大势所趋。国有商业银行初期改革的推动,主要依靠作为财务出资人的国家。随着国家在国有商业银行中治理地位的自动削弱,在进一步推动国有商业银行改革方面,国家单纯依靠自身的力量,显得过分单薄,从而举步维艰。而在改革初期挤占了员工群体的治理地位和治理利益的经营者群体,已经分化为两类。其一为出于维护庞大既得利益而不思进取的一个利益集团;其二,由于具有超前的特殊创新能力,为谋取更大治理地位和治理利益而赞成改革的经营者,深感寂寞,只好观望等待。在这一个历史性的重大转折关头,国家有必要紧紧依靠员工群体的力量,强化经营者群体内部的竞争,优胜劣汰,挑选经营者,进一步推动国有商业银行的改革。因为员工群体的目前治理地位和治理利益已经被经营者群体挤占,加上银行绩效与员工群体的待遇已经挂钩,不改革将对员工群体造成巨大的压力,何况员工群体还是"内部人"?他们投身改革,天时、地利、人和。

19. 上市公司股权"分裂"问题的产权本质

——国有商业银行改革系列之三

作者：林建煌

一、引言

中国股市上，股权"分置"与股权"分裂"，一褒一贬，同义反复。在中国过去的股市发展中，股权"分置"功不可没。但是在中国股市的进一步发展中，股权"分裂"似乎成了中国股市所有问题的根源。为什么国有股估值普遍较低？为什么普通股估值普通较高？为什么"国有股减持并流通"将导致国有股估值提升，普通股估值却大幅度下降？笔者试用制度经济学的产权理论和企业理论，对这几个问题进行深入剖析。笔者认为，国有股与普通股并不"同权"，自然就不"同股"，也没有"同价"和"同利"。笔者进一步认为，目前国有控股上市公司普遍不高的治理绩效本身就反映了"国有股流通决策权"比较"值钱"，这一决策权比较"值钱"也体现了其归属国有股东，还是普通股东的重要，尽管事实上国有股和普通股，历史上是按照普通股东享有"国有股流通决策权"来估值。

由于法人股与国有股性质相近，为了讨论的方便，这里只分析国有股。

二、股权及其价值

经济学上有一个结论，企业产权是状态依存权。对于一个上市公司来说，在正常经营状态下，企业产权等同于股权，它包含剩余收益权和剩余控制权。笔者认为，剩余控制权与剩余收益权之间天然存在一一对应关系。业界有人认为，在企业里存在剩余控制权与剩余收益权不对应的情况，中国的国有企业就是一个典型。在中国传统意义的国有企业里，企业家凭投入人力资本所拥有的剩余收益权较低，但却有很高的剩余控制权回报（周其仁，《真实世界的经济学》），如在职消费、关联交易、恶意担保、虚假信息等。笔者认为，剩余控制权回报也是一种剩余，它是事实上的剩余，虽然不按照名义上的剩余——利润来核算，但是它按照剩余来分配，它符合剩余的定义。剩余是什么？经济学意义上，剩余是由于企业作为一组合约的不完全性产生的固定回报以外的回报。这么看来，包括在中国传统意义上的国有企业里的剩余控制权与剩余收益权之间事实上仍然存在一一对应关系。

事实上的这种对应关系动态地表现为,有什么样的剩余控制权就会有什么样的剩余收益权,剩余收益权的质量反映剩余控制权的内容。在企业产权的意义上,剩余控制权的设置是为了保障剩余收益权的实现。从数量看是同样的剩余收益,但是剩余收益权的质量却大不相同。这种不同,表现的是较强的剩余控制权,剩余收益权的质量高,同样数量的剩余收益暴露在风险中的敞口小,反之则反之。换句话说,剩余收益权,是由剩余收益和风险敞口两个因素决定的,剩余控制权的存在正是为了规避风险。

进而,笔者认为,股票的定价水平取决于股权中剩余收益权的内容,最终取决于剩余控制权的内容。资产的价值,更准确说是产权的价值,是一系列收益的贴现(费雪)。相应地,企业的价值或企业产权的价值,或者进而说股票的价值或股权的价值,是一系列剩余收益的贴现。由于剩余收益权与剩余控制权从来是一一对应关系,所以完全可以说就是股权中剩余控制权的内容决定了股票的定价水平。国有股也不例外。这里所说的股权内容是指事实意义上的,而不仅仅是法律意义上的(周其仁)。

三、股权"分裂"下,两种股权的剩余控制权内容及其价值

股权中的剩余控制权主要包括"用手"投票权——决策权和"用脚"投票权——流通权,中国股市也不例外。先看国有控股上市公司的决策权。这是公共物品,它由控股股东来掌握,但由其决策行为产生的治理绩效,却涉及所有的股东。由于公有制的固有缺陷,大部分的国有控股上市公司的治理不力,绩效低下,这本身就反映了对于所有股东来说,一般决策权的价值不高。相反,决策权的"廉价"却凸显了剩余控制权中流通权的价值,但这是私人物品,只有流通权股东才拥有,而且行使的结果涉及的也仅是流通权股东的利益。

在国有控股上市公司中,大致存在两类主要的股东,即国有股东和普通股东。这两类股东,基本上分享了上市公司企业产权的所有内容,当然也分享了股权中剩余控制权的所有内容。对于国有股东来说,国有股权的内容包括较强的决策权和较弱的场外流通权;普通股东享有的股权内容则包括较弱的决策权和较强的场内流通权。由于大部分国有控股上市公司中决策权趋于"廉价",流通权比较"值钱",所以国有股权场外转让往往估值较低,而普通股权场内转让往往估值较高。

尽管如此,仍然有许许多多非常优秀的国有控股上市公司,有着非常理想的治理绩效,这时的国有股往往转让价格较高。大部分的国有股场外转让往往是部分转让并保持控股地位,如果是全部转让或者部分转让同时让出控股地位,转让的价格还会进一步提高。这是根据上市公司良好的业绩表现,形成了对国有股东良好的治理绩效预期所致。当然,这并不排除存在国有股东转让控股地位,但转让价格却更低的情况,因为国家不控股的情况下上市公司可能会丧失许多明的和暗的国家政策优惠,无法形成那么理想的治理绩效预期。

四、股权"分裂"的本质是"国有股流通决策权"的归属问题

在股权"分裂"下,为什么国有股减持并流通,会引起普通股股价系统性下跌呢?股

权内容的变化,会相应改变股票的定价水平。国有股减持并流通会导致国有股权内容的变化,从而导致国有股定价水平的变化,相应地也会导致普通股权内容的变化,从而导致普通股定价水平的变化。国有股减持可以在流通之前,这是按场外价进行场外转让,也可以在流通之后,这是按市价进行场内转让。显然,国有股减持会引起普通股权的变化,但这主要是股权主体的变化而不是股权内容的变化,只会引起普通股股价的个别变化,而且可能是上升也可能是下跌。所以目前由于国有股减持并流通,导致普通股股价系统性下跌的根本原因绝不是国有股减持,而只能是国有股流通。

流通前的国有股享有几近完全的决策权和几近为"零"的流通权;流通后的国有股在享有几近完全的决策权的同时,享有了几近完全的流通权。在股权内容决定定价水平的意义上,流通后的国有股股价必然比流通前的国有股股价高。国有股流通,普通股股权是否也发生了变化？由于股票的定价水平反映股权的内容,国有股流通后普通股股价的系统性下跌本身就意味着可流通的普通股股权一定发生了变化。那么,普通股股权到底发生了什么变化呢？在企业产权的意义上,剩余控制权主要包括决策权和流通权。当流通成为决策的内容时,这里所说的决策权与流通权有重合之处。笔者认为,正是国有股流通决策权的转移,改变了普通股股权内容。

国有股流通前,事实上处于控股地位的国有股东,并没有享有国有股本身的流通决策权,虽然法律和合约上这一点没有明确。如果国有股东享有流通决策权,那等同于国有股本身享有准流通权,只不过是暂时不予流通而已,这一点上市公司上市之时事先没有明确。没有明确的这一点,事实上相关利益集团又是如何理解的呢？一方面是场外国有股按"不流通"的方式发行、申购和转让,从国有股场外的定价水平上可以得到证明;另一方面是场内可流通的普通股按国有股"不流通"的方式发行、申购和买卖,从普通股场内的定价水平可以得到证明。也就是说,不管是国有股东还是普通股东,事实上都在按照国有股东并不享有"国有股流通决策权"的方式来理解。既然"国有股流通决策权"并不掌握在国有股东手里,而这一决策权又不会凭空消失,那么,到底是谁事实上拥有着"国有股流通决策权"呢？究其实是可流通的普通股股东。可流通的普通股股东享有"国有股流通决策权",不仅事实如此,不容置疑,而且合理合法,因为他们是动用了合法的资源,通过合法的渠道,才买来了这一决策权,并得到了各方利益集团的默认。

现在,按照市价减持国有股并流通,其实是在转移"国有股流通决策权",由可流通的普通股股东手里转移到国有股东手里,而这种转移基本上不创造价值。正是由于"国有股流通决策权"的转移,国有股定价水平系统性上升了,可流通普通股定价水平却在系统性下降了。在制度变迁的意义上,"国有股减持并流通"是一个制度变迁的过程。制度变迁有两种方式,可以是强制性变迁,也可以是诱致性变迁(林毅夫)。不管是强制性变迁,还是诱致性变迁,获得决策权的一方都存在一个付出合理代价的问题,也就是,获得决策权的一方向失去决策权的一方的补偿。只不过强制性变迁下的补偿由非市场化的方式来完成,诱致性变迁下的补偿由市场化的方式即合约来完成。这种补偿可以是合理的,也可能是不合理的,而不合理补偿的后果,最严重者以股票市场的萎缩为代价。近年来股票融资额的连年急剧下降就是铁的事实。

五、股权"分裂"下的国有控股上市公司决策权"廉价",是中国股市问题的根源

什么情况下未流通国有股的价格会与普通股持平？一类是按明确享有"国有股流通决策权"估值的国有股价格将基本与普通股持平。这一类国有股,所包含的股权内容中,一般决策权比可流通的普通股大,虽然短期内只能在场外转让,但由于其享有"国有股流通决策权",且与可流通的普通股一样大,加之国有股东处于控股地位,使得国有股价格将基本与普通股持平,甚至超过。另一类是公司治理绩效优秀的上市公司,其国有股价格将接近甚至超过普通股。对于上市公司而言,治理绩效优秀本身就说明股票一般决策权价值很高。相比之下,不管是国有股还是可流通的普通股,"国有股流通决策权"和流通权的相对价值却较低,甚至可以忽略不计。这时,国有股的价格将与普通股持平。上述两类公司,未流通的国有股进入流通状态,不仅会提升国有股本身的价值,也会提升普通股股东价值。因为获得了流通权,国有股价值提升,这不言自明。而由于流通盘扩大,提高普通股的流通性,扩大了流通权的质量,这还会引起流通股价值的提升。

如此说来,与股权"分裂"问题相比,上市公司治理绩效普遍低下才是中国股市更深层次的问题。这意味着,中国股市日后发展的一个很重要的目标是,明确上市公司国有股东的剩余控制权中决策权的边界范围,严厉约束国有股东在这个边界的"红线"内行事,确保国有股东的剩余控制权,特别是决策权发挥最大的作用,最大限度规避风险,最大限度创造价值,全面提高上市公司治理绩效。

六、"国有股减持并流通"方案的评论

为了解决股权"分裂"问题,争取多赢局面,我国许多专家对国有股减持问题进行了探讨,提出了大约 4 000 多个方案。中央财经大学教授贺强认为,有价值的方案主要有 12 种(贺强,搜狐网站)。其中上市公司回购国有股方式、大型国有投资公司买进国有股方式、股权转债权方式、协议转让方式、国有股权相对退出方式等 4 种,仅涉及减持并不涉及流通;将国有股转让给社会保障基金持有方式、发行可交换债券方式、缩股流通方式等 4 种,涉及初始统一定价,这不是市场化的方法,所以并不合理;最后,剩下 4 种方案,即向 A 股市场配售方式、定向认股证加配售方式、将国有股转让给新设立基金持有方式、对 B 股市场进行配售方式。

先看,将国有股转让给新设立基金持有方式。该方案虽然是以国有股东与基金之间竞价的方式来进行初始定价,但却在不知不觉中,转移了流通决策权,即以基金流通代替股票流通,却未考虑对流通股东进行补偿。

其次,向 A、B 股市场配售方式,显然,这两种方案比上述方案具有明显的优势,即不仅解决了竞价,而且扩大了竞价的参与主体范围,还考虑了对流通股东进行补偿的问题,即流通股东拥有优先配股权,但这种补偿并不全面。因为,对于流通股东来说,其"国有股流通决策权"的行使,包括优先认股权,但不限于此。优先认股权体现的是权利的使用,却没有涵盖权利的转让。

最后来看定向认股证加配售方式,笔者认为,只有这种方案体现了最为充分的补偿。认股证的价值体现了"国有股流通决策权"的转让价值。

七、结论

在企业产权的意义上,剩余控制权与剩余收益权一一对应,剩余控制权主要包括"用手"投票权——决策权和"用脚"投票权——流通权,正常经营状态下,企业产权就是股权。正是剩余控制权的内容决定了股权的价值,反之股权的价值也相应反映了剩余控制权的内容。由于传统国有企业的固有缺陷,国有控股上市公司治理绩效普通低下,这注定了国有股东所享有的剩余控制权中的一般决策权趋于"廉价",反而凸显了剩余控制权中的流通权和"国有股流通决策权"的较高价值。由于股权"分裂"基础上的"国有股流通决策权"——准流通权归属不清,于是,国有股东借助其控股地位,企图瞒天过海恣意挤占本属于普通股东事实上用真金白银换取的合法的"国有股流通决策权"。在没有合理补偿的情况下,国有股东一厢情愿推出的"国有股流通"必将也已经成为中国股市上最大的利空因素。反之,一家具有良好治理绩效的国有控股上市公司的"国有股流通",即使按照市价估值,也可能成为利好,因为流通盘的扩大本身也可能大大提升普通股流通权的价值。但是,此时国有股东可能反过来由于不合算而不乐意按市价推出"国有股减持"了,自然也就不存在"国有股流通"这一问题。

20. 人力产权与银行业操作风险管理
——银行发展与改革系列之四

作者：林建煌

一、引言：从一个典型的工作案例说起

银行业的竞争日趋白热化，国有商业银行许多机构网点正面临着生存考验，而网点是否撤并的决定性指标就是存款量。今年年初，一个正苦苦挣扎在死亡线上的网点——已经进入省行直接监控的"黑名单"——向全行再次发出了紧急求援。一天，一名员工向这个网点介绍了一个客户，手里拥有一笔金额极其可观的存款，目前存在别的银行。转移过来不难，但有一个条件，要求银行开一个活期一本通存款账户，这个账户不留密码，只凭印鉴取款。在普通人眼里，这一笔存款金额极具诱惑力，而条件也不苛刻。与普通人一样，这个网点主任一听首先是满口答应，讲到开户条件的时候却开始犹豫起来了，后来想了想还是心痛、委婉但断然拒绝。原因很简单，风险不容易控制。活期账户一般都是凭存折及凭密码支取；凭存折支取须存款人前来，这很好控制，没有存折，自然就不能取款，这符合习惯；凭密码支取也须存款人前来输入密码，这也很好控制，没有密码，电脑自动会拒绝取款；凭印鉴支取就不一样了，万一经办人员责任心不够疏忽大意，那是天大的麻烦。正好，这个网点的经办人员就是这个情况，网点主任心知肚明，自然放心不下。

这个案例反映的是银行业发展中普遍存在的一对矛盾——业务拓展和风险管理之间的矛盾。这笔业务到底是做还是不做？如果不做，那么当前的银行业需要做的到底是什么？笔者首先提出"风险价值"理念——规避风险与实现价值——对应，进而引申出一个结论——银行的全部工作归根结底就是风险管理，用以分析这对矛盾，并回答这两个问题。进一步，笔者采用新制度经济学的人力产权理论，深入分析，并得出结论：操作风险是当前银行业风险管理的重中之重，银行职员操作权归属不清是操作风险产生的根源，整合IT平台清晰界定操作权是国有商业银行的当务之急。

二、"风险价值"理念：规避风险与实现价值——对应

价值是什么？资源的价值是相对于投资而言。这里指的是广义的投资，即投入资源，包括狭义的投资——投入资金。价值，是"代价所值"（张五常），是耗费的效用（恩格

斯)。投资,在耗费价值的同时实现价值。成本,即"代价",是"耗费"的价值;收益,即"所值"、"效用",是实现的价值。成本和收益,都是价值的表现形式(费雪)。耗费的价值和实现的价值,是资源价值一个硬币的两面。平常所说的价值,一般指实现的价值。

　　风险是什么?风险就是未来的不利的不确定性,更准确说,指具有概率事件的不利的不确定性。经济学上有一个结论,风险与收益对等。笔者认为,这是指规避了一定的风险,就会实现一定的收益。高风险高收益,意味着规避了高风险,就能实现高收益。由于收益是实现的价值,笔者认为,风险究其实是实现价值的障碍,它是实现价值过程中的不利的不确定性。投入资源的过程,就是规避风险的过程,也是排除障碍的过程,也是实现价值的过程。所以说,投资过程中,规避风险与实现价值一一对应,这就是笔者所定义的"风险价值"理念。

　　现实中是否存在"无风险"价值呢?笔者认为,理论上绝对的"无风险"价值不可能存在,现实中也不存在。但这并不排除理论上存在形形色色的相对"无风险"价值。作为"无风险"资金价值的银行存款利率在现实中的存在就是一个例子。价值的存在,相对于投资,即投入的资源而言,而资源却存在于特定的时间和空间范围之内。理论上,可以假定特定时空范围以外的世界是确定不变的,也就是系统风险为零。这时,可以集中精力研究资源所处特定时空范围内的不确定性,即只存在特定风险。这时,投入资源实现的价值——收益,实际上是规避了现实中客观存在的两类风险——系统风险和特定风险而发生的。相应地,收益也分化成两类——系统风险收益和特定风险收益。由于理论上假定系统风险为零,对应的这一块收益——系统风险收益就是"无风险"收益,即投资的"无风险"价值。但是,"系统风险为零"这一理论上的假定,并不等于现实中存在,现实中只能表现为一种极限——趋近于零,无法抹杀系统风险的客观存在。所以,现实中只存在相对的"无风险"价值。而实务中,作为"无风险"资金价值的银行存款利率,实际上是假定银行业系统风险为零的情况下形成的,它是一种相对的价值。当在特定的时空范围外的环境发生巨大变化时,系统风险就无法忽略不计了,这时相对的"无风险"价值也无法存在了。比如,20世纪90年代末东南亚金融危机中,东南亚主要国家货币的银行存款利率,这时就不是"无风险"利率了。

　　在实务中,风险总是面向未来,它总是包括可控风险和不可控风险。规避了可控风险,即实现了预期收益。但这个预期收益是不确定的,因为资源仍然暴露在不可控风险之下。不可控风险体现为平常所说的预期收益的调整系数。所以,直观而言,实务中的风险指的就是实现预期收益的不利的不确定性。综合来看,相应地,资源的价值,即未来收益由预期收益和调整系数两部分组成。

三、产权价值理念:控制权与收益权一一对应

　　在制度经济学的意义上,资源的价值归根结底是资源产权的价值。在经济学意义上,资源因人而存在。正因为有了人,才有资源的价值。然而,在现实中,人不是一个个孤立的存在,而是生活于社会之中。经济学正是由于人生活于社会中变得复杂而美妙。在多人组成的社会中,资源的存在,依存于每一个人对资源的支配。由于资源存在于多

人组成的社会中,资源的存在也相应地由这个多人社会中的相关个人共同支配。在制度经济学意义上,每一个人对一份资源的支配被定义为产权,即一个人对一份资源所能支配的权利边界。由于权利和义务对等,产权同时也意味着一个人对一份资源所承担的义务边界。从而,资源的价值其实就是资源产权的价值。

产权理论认为,资源产权包括控制权和收益权。在资源的投入既成事实的情况下,一个人对资源的控制权,意味着在一定的成本已经"沉没"的基础上,利用资源规避风险的能力和规模。由于规避风险和实现价值一一对应,相应地,控制权自然也与利用资源实现价值的程度一一对应。这后者,就是资源的收益权,它体现了个人利用资源实现价值的程度。这里的控制权,包括"用手"投票权——使用权,和"用脚"投票权——转让权。由于资源的转让本来就是基于资源本身具有价值而发生,而资源具有价值归根结底是由于资源的使用可以规避风险,从而实现价值。笔者认为,资源转让权的内容,实质是资源使用权的转让。但是,转让权不仅仅是使用权的转让,因为转让行为本身为资源在不同的个人之间的配置提供了机会,机会将影响规避风险的能力和规模,从而影响乃至决定了资源的价值。所以,转让权究其实是使用权基础上的机会选择权。由于选择权本身具有价值,相应地,资源转让的价值由使用权的价值和选择权的价值共同决定。换个角度看,如果说使用权就是"用手"投票权的话,相对应的"用脚"投票权就是机会选择权,它是名副其实的转让权。可以说,使用权和转让权构成了控制权的全部,从而与收益权一一对应。

然而,自由转让权,因为交易费用的存在,并不意味着转让必然会发生。换句话说,在真实的世界里,转让权从来就不是充分自由的。由于转让权涉及多个主体的利益交换,它受制于特定的环境各方面条件的约束。在一定的环境中,转让权的价值基本趋于稳定,这时资源价值的变动将主要取决于使用权的发挥。

四、操作风险是中国当前银行业风险管理的重中之重

与所有企业一样,银行的运作过程是一个投资过程。银行的最高目标是创造价值,即在投资过程中,银行追求实现的价值弥补耗费的价值有余,即创造价值最大化。由于"风险价值"理念上,实现价值和规避风险一一对应,可以说银行的全部工作,归根结底就是"风险管理",即整合资源、规避风险。分解来看,它包括两个方面的内容,一是整合资源,提升避险能力;二是整合资源,做大避险规模。实务中,前者对应的是狭义的风险管理,后者对应的是业务拓展。笔者认为,在银行的运作过程中,风险管理必须与业务拓展相适应,即避险能力和避险规模相适应,否则无法创造价值。换言之,当避险规模增长过快时,应适当控制业务拓展的节奏,同时努力提升避险能力,以使风险管理与业务拓展相适应。

银行业的风险主要包括三大类:信用风险、市场风险和操作风险。第一部分引言中案例,涉及的风险主要是操作风险。特定网点的操作风险避险能力处于一定的水平,当一笔交易的风险超越了这一避险能力时,银行的资源实际上暴露在风险之下,形成资源的风险敞口。这时,如果银行实施了交易,投资中风险被规避的部分,实现的价值弥补

耗费的价值有余,从而创造了价值;风险敞口部分,不仅没有创造价值,反而要耗费价值。当这笔交易敞口部分耗费的价值超过投资中风险规避部分创造的价值时,从逐利的角度综合考虑,银行并没有必要去办理这一笔交易。

在实务中,不管是狭义的风险管理——提升避险能力,还是业务拓展——做大避险规模,不管是规避信用风险,还是市场风险,银行都需要投入资源,包括人力资源和非人力资源。然而,人力资源天然附着于职员个人身上和个人具有主观能动性的特点,注定了人力资源是一种主动资源,非人力资源是被动资源,而非人力资源只能在人力资源的支配下发挥作用。所以,规避风险关键在于投入人力资源。换言之,归根结底,作为银行工作全部的风险管理必将落实到银行职员的具体操作上。笔者认为,银行每一个职员的操作行为,都是职员投入人力资源、规避个人风险、实现个人价值的过程。

在这个操作过程中,银行需要职员投入人力资源去规避银行风险,实现银行价值。而银行职员自身却希望通过投入人力资源去规避个人风险,实现个人价值。由于个人价值与银行价值的要求不可能完全一样,还可能完全不一样,这将造成银行职员操作过程的目标冲突。这时,由于人力资源天然附着于职员个人身上,出于"经济人"的自利本性,职员首先会去想方设法规避个人风险,实现个人价值。这时,银行的操作风险就发生了。换言之,职员操作失当将给银行带来操作风险。

按照巴塞尔银行业委员会的估计,在银行业所有风险中,由于操作风险所造成的损失已经发展到仅次于信用风险的地位,举足轻重。笔者认为,不仅如此,在当前中国的银行业经营环境中,如果能有效规避操作风险,信用风险和市场风险几乎很难转化为实质的损失。根据笔者的观察,几乎找不到没有操作风险而使得信用风险和市场风险能转化为损失的例子,而不管是市场风险导致巴林银行的倒闭,还是蓝田事件中由于信用风险而遭殃的大大小小的各色银行,无一不是银行内部操作风险酿成的大祸。所以,笔者认为,操作风险管理是当前银行业风险管理的重中之重。

五、银行职员操作权归属不清,是操作风险产生的根源

那么到底什么是操作风险呢?巴塞尔银行委员会定义:"操作风险就是指由于内部程序、人员、系统不充足或者运行失当,以及因为外部事件的冲击等导致直接或间接损失的可能性的风险。"然而,不管是内部原因,还是外部冲击,"与市场风险和信用风险不同的是,操作风险中的风险因素是内在于银行的业务操作的"(巴曙松,《论操作风险管理在金融机构中的引入》)。所以,与所有的风险一样,对于银行而言,操作风险可以说,就是职员操作过程中银行预期收益实现的不利的不确定性。由于"单个的操作风险因素与操作性损失之间并不存在清晰的、可以定量界定的数量关系"(巴曙松,《论操作风险管理在金融机构中的引入》),这意味着操作过程中操作风险与预期收益没有直接的对应关系。实务中,银行的预期收益于是往往体现为操作目标,即银行内部的各项操作规程,这是银行对职员操作的要求。这意味着,银行业操作风险实际上就是银行职员违规操作的可能性。

银行职员的违规操作有两种情况,无意失误和故意作案。如果是无意失误,这仅仅

是由于能力所限操作不当酿成失误,不存在道德风险。而如果是故意作案,性质则完全不同,那是道德风险。由于银行职员的操作,是一个投入人力资源、规避人力风险的过程,能力所限造成的无意失误,究其实是人力资源的素质问题,而道德风险造成的故意作案,对应的是人力资源的产权问题。笔者认为,操作风险归根结底是银行职员的人力产权问题。因为产权是一种制度,在经济学自利假设的意义上,好的制度可以使有败德动机的职员,不敢滥用人力资源故意作案,还可以使好的职员往银行要求的方向,进行人力资源的再投资,提升人力资源的素质;而不好的制度却可能使有败德动机的银行职员滥用人力资源,好的职员怠用人力资源,做不了好事,也失去道德动机去防范败德职员的败德行为。当然,好的制度在规避操作风险方面并非万能,因为人力资源作用的发挥在特定时空范围内有它的极限。这是经济学的需求定律的含义,即:与所有的经济资源一样,在特定时空范围内投入的人力资源边际产出效率递减。换句话说,在人力资源边际产出效率递减规律作用下,操作风险源于银行赋予职员个人的操作"目标",即制定的各项操作规程,超出了职员个人人力所能及的范围,这归根结底是决策风险所致。考虑到此类由决策风险而来的操作风险与日常所涉及的操作风险有明显不同的特点,另文论述。

那么,当前银行职员的人力产权问题到底是什么？银行职员的人力产权,是职员人力资源的产权,与别的产权一样,它包括控制权和收益权,而控制权包括使用权和转让权。在实务中,职员的人力使用权对应于操作权,人力转让权对应于换岗权,而收益权对应于收入权。控制权与收益权一一对应,这意味着有什么样的职员换岗权和职员操作权,就有什么样的职员收入权。笔者认为,职员操作过程中,个人目标与银行目标冲突时,银行职员之所以首先会选择个人目标,违规操作,形成银行的操作风险,归根结底是因人力产权中的职员操作权边界不清而起。

职员操作权边界不清,是酿成银行操作风险的根本原因。职员操作权边界不清,这意味着,操作过程中银行职员责权利无法充分匹配。在这个背景下,银行职员行使操作权出于"经济人"的自利目的,在利益一定的情况下,会极力怠工,不使用或少使用操作权,或者"反生产性"使用操作权,极力推卸责任;而在责任一定的情况下,会极力越出操作规程的规定,滥用操作权,极力追求私利。前者是"怠用"操作权,后者是滥用操作权:这是职员操作权边界不清的两种表现形式。现实中,这两种情况俯拾皆是。信贷员的调查报告做花样文章。多少笔信贷资金在这花样文章中走完了形式的合规而流出银行。反过来呢,作为有效防范信用风险而使用的财务分析工具和SWOT分析工具,多数是小摆设。也就是说,为有效防范操作风险而通过信贷所做的调查失去意义。这是银行职员"怠用"操作权的典型。与此不同的是,滥用操作权却是在特定岗位上职员为了实现个人目标,利用拥有操作权的便利,"设租"以牟取私利,置银行目标于不顾,或多或少妨碍了银行目标的实现。无原则的利率、汇率和费率优惠,一味放松信贷条件放款、放松重组条件清收贷款,往往背后隐藏着"滥用"操作权的见不得人的原因。综合来看,当前中国银行业庞大的不良资产,不能不说是银行职员长期、普遍"怠用"操作权和滥用操作权酿成的严重后果。

在职员收入权一定,或者说人力资源整体控制权一定的情况下,银行容忍职员"怠用"操作权和滥用操作权,意味着操作权的廉价,这凸显了另一类控制权——换岗权的价值,从而将激励职员对换岗权的争夺。这样,一旦职员有了一个好的岗位,就不愿意下来,别的职员试图竞争,也不容易得手,国有商业银行"岗位能上不能下,员工能进不能出"的局面,就这样发生了。因此,每一回换岗都需要银行高层以管制方式干预。过度管制的弊端不言而喻。进一步,由于银行内部人力资源的不充分竞争,做得好没有动力、做得不好没有压力,银行职员在岗位上无法充分利用操作权,这意味着职员操作权价值的"生产性"低水平开发。但是,作为天然拥有人力产权的银行职员,总会想方设法去实现操作权的价值,这样会进一步激励银行职员对操作权的"非生产性或反生产性开发"(周其仁,《真实世界的经济学》),加剧粗率"怠用"和拼命滥用操作权,形成恶性循环,最终必将恶化银行操作风险。反过来,如果在事先就能明确界定操作权边界,滥用职权是越权,"怠用"职权则是失职,都需要承担相应的责任。好的岗位,自然责任就大,职权也大,没有相应的能力谁还敢去争好的岗位。这时,一个好的岗位那就不是人人敢去争的,因为岗位首先意味着责任,想去争的人自然得三思而后行。

六、整合 IT 平台,清晰界定操作权,是国有商业银行的当务之急

当然,操作权的界定首先是一个竞争的过程。因为环境多变,没有竞争体现不出在多变的环境中,每一个岗位操作权的相对价值。所以需要放开管制,需要在银行内部和外部形成充分竞争的人力资源流动机制。

然而,操作权的界定过程需要界定费用,笔者进一步认为,在放开竞争的同时,整合 IT 平台,清晰界定职员操作权,是当务之急。这是因为 IT 平台具有高效、客观、统一、规范的特点,它在界定操作权方面的费用相对低廉。

第一,高效。IT 技术的反应速度、处理速度,处理准确性,多人多业务并行处理方式,大规模处理能力,通信速度,注定了 IT 技术在界定银行职员操作权方面无与伦比的高效率。

第二,客观。IT 技术可以不间断处理,处理标准一经设定,不容易更改,也不是哪一个人就可以改的,更改时需要经过一整套严密的程序,不容易受到人为的干扰。对于一个职员来说,什么是可以做的,什么是不可以做的,什么先做,什么后做,应该做一些什么,不应该做一些什么,这一切都一清二楚。所以,可以说 IT 技术在界定银行职员操作权方面,是非常客观的。

第三,统一。IT 技术的实现,可以全系统一个标准,或者一个地区一个标准,整齐划一。标准统一的操作权,不仅有利于在系统内部进行具可比性的定价,并在此基础上实现充分的竞争,又可以统一对外产品及服务 CI 形象。

第四,规范。IT 技术在界定操作权的过程中,究其实是实现了制度功能,即规范的功能,什么该做,什么不该做,后果怎么样,会得到什么奖惩,可以在职员心目中形成稳定的预期,也有利于形成稳定的银行绩效预期。操作风险自然就可以控制在力所能及的范围之内了。

在整合IT平台之后,银行职员还需要做些什么?一是IT平台维护和优化,二是IT平台无法实现的工作,还需要银行职员的手工操作,但这绝不是简单的机械操作了,而必须提升理财知识含金量。前者是IT平台对银行职员手工操作的智能化替代,这是银行业务的自助化。后者是银行业务的理财化。鉴于此,笔者认为,知识经济时代下,自助化和理财化必将成为银行业务发展的两大方向。

七、结论

风险与价值都是相对于资源投入而言。成本是耗费的价值,收益是实现的价值。经济学有一个结论,风险与收益一一对应。也就是说,规避风险和实现价值一一对应,笔者定义它为"风险价值"理念。进而笔者认为,广义的风险管理是银行工作的全部,它包括狭义的风险管理——即提升避险能力,以及业务拓展——即做大避险规模。换句话说,银行的工作,就是整合银行资源,规避银行风险,实现银行价值的过程。而在银行的工作中,业务拓展必须与风险管理相适应,当避险规模增长过快时,应适当控制业务拓展的节奏,同时努力提升避险能力,以使风险管理与业务拓展相适应。银行的工作最后必将落实到银行职员的具体操作。银行职员的操作过程,就是投入人力资源,规避个人风险,实现个人价值的过程。然而,职员操作绩效却未必如银行所愿,对于银行,这就产生了操作风险。笔者认为,操作风险是当前国有商业银行三大风险的关键领域,如果没有操作风险,信用风险和市场风险很难转化成损失。笔者进一步认为,银行职员的人力资源的素质问题和产权问题,是操作风险产生的两个基本原因,而归根结底,银行职员人力产权中的操作权归属不清,则是操作风险产生的根源。整合IT平台,高效、客观、统一、规范界定银行职员操作权,最适合于当前国有商业银行的操作风险管理。笔者进一步推论,整合IT平台之后,自助化和理财化将是知识经济条件下银行业务发展的两大方向。

21. 为什么看好贸易融资?

作者:林建煌

中国企业的短期融资,主要使用银行的流贷和贸易融资(点评:企业的短期融资,除了银行的流贷和贸易融资外,还包括了商业企业之间的商业信贷和资本市场上的短期债券等),一度以流贷为主(点评:传统意义上,以流贷为主的融资结构,造就了传统中国金融行业以银行为主的金融体系,以存款为主的负债结构,以贷款为主的资产结构,以贷存比为唯一工具的流动性管理,以存款为主的成本支出、以贷款为主的资本占用和收益支撑。所有这些,既是利率管制的结果,也是利率管制的原因),而贸易融资主要集中于国际领域,占比极小(点评:贸易融资,最早来源于国际领域,继而传入国内领域。请注意,贸易融资在国内领域的发展,最终反过来深刻影响了国际贸易融资产品的设计和理念。比如,最早出现的是进口代付,之后出现国内证买方代付,继而是国内证卖方代付,最后才出现出口代付。换言之,现在在市场上逐渐多起来的出口代付,并不是直接从进口代付而来,而是绕了一个大弯才正式登场。从传播路径来看,中国市场上的贸易融资,实际上具有非常浓重的本土化色彩,也就是说,中国市场上的贸易融资,除了传统贸易融资之外,还出现了两类中国特有的贸易融资。而这三类贸易融资中,传统贸易融资的比重不到三分之一且死气沉沉,而两类中国特有的贸易融资占了三分之二,且生机勃勃,蒸蒸日上。那么,这是哪两类贸易融资呢?静待分解)。1995年《票据法》的实施推动了流贷票据融资化,票据融资得到了迅速发展,国内贸易融资规模由此壮大。(点评:这是第一波流贷贸易融资化,主要的方向是基于国内贸易的票据融资,一枝独秀,背后其实是票据利率市场化的结果。票据算是最早进行利率市场化的领域之一。在这个意义上所说的票据,指的是基于国内贸易信贷背景的短期票据,包括银行承兑汇票和商业承兑汇票等。从这里开始,后来也发展出了纯粹用于融资的中长期各类票据和电子商业票据等。如今,票据融资实际上相对独立于传统的贸易融资产品体系发展。尽管如此,实务中基于国内贸易信贷的票据融资仍占有非常高的比重,特别是在供应链融资和二级市场融资中有着非常巧妙的运用。准确地说,目前的票据融资仅局限于国内票据融资。有理由相信,日后国际票据、国际国内福费廷向票据融资靠拢,将发展出一个规模更为庞大的大票据融资业务。)新世纪以来,国际国内贸易规模的稳步上位和贸易金融创新环境的改善(点评:哪里有贸易,哪里就有贸易融资。新世纪以来,也就是中国加入世贸组织以来,国际国内贸易规模的稳步上位,为贸易融资规模的稳步上位提供了土壤,事实上,贸易和贸易融资规模的上位也为产品的丰富多彩提供了可能,包括贸易产品的多样性和贸易融资产品的多样性。贸易融资产品的多样性意味着创新。当然,贸易融资作为贸易金融的核心产品,其创新基于特定的环境,包括实体的需求、银行的动力和监管的态度。入世后,几乎濒临破产的中国银行业,在更大的全球化环境中面对外资银行业的正面竞争和实体企业的苛刻需求,不得不重新审视陈旧的理念。值得庆幸的是,重新审视的结果是迎来了中国银行业的黄金十年,银行规模快速发展,银行产品全面迸发,包括国际国内贸易融资产品。如今,在全球银行排名十强,中国已有其三),进一步推动了流贷贸易融资化,以供应链融资解决方案的兴起和大宗商品融资解决方案的引进为标志,国际国内贸易融资得到了广泛运用。(点评:这是第二波的流贷贸易融资化,表面上看是中国入世之后加速全球化和中国银行业严格监管间接推动的结果,实质上仍然是利率市场化的产物,其特点是贸易融资整体规模进一步上位,国际国内两个领域贸易融资,票据类、信用证类和非信用证类贸易融资,一级市场和二级市场贸易融资,全面开花,颇为壮观)据不完全了解,如今全行业贸易融资整体规模正在逐步逼近流贷。

那么,流贷的贸易融资化趋势将如何发展?流贷的当前困境是什么?(点评:归根结底,一是高资本消耗,二是如果客户不变的情况下利差收入将受到严重挤压)未来出路在哪里?(点评:流贷可以被贸易融资替代,这是在商业银行的传统领域的发展。如果进入投资银行领域,流贷仍有其广阔的发展空间。这是后话。当然,贸易融资也可以与投资银行牵手,这本就是贸易融资未来的最新发展方向之一。)与流贷相比,贸易融资到底好在哪里?本文将从银行评价的一个综合指标——资本利润率出发(点评:这是财务视角对流贷贸易融资化的分析。资本利润率,是银行资本配置、资产管理和产品研发,包括贸易融资产品研发的最原始,也是最纯正的逻辑起点。言外之意,如果研发贸易融资产品,从资本利润率出发,进而研究产品的利润形成和资本占用以及背后的原因,才是正道,其他则难免挂一漏万,捡了芝麻丢了西瓜。),探讨贸易融资的三个特性,即贸易融资的流程性、自偿性和组合性(点评:这是微观视角对流贷贸易融资化的分析。什么是流程性?什么是自偿性?什么又是组合性?这三个特性之间是一个什么的关系?这三个特性是如何支持资本利润率,和流贷贸易融资化趋势的?静待分解),进而分析流贷贸易融资化的趋势在当前金融加速脱媒、转轨和新资本监管标准下,将如何强化(点评:这是宏观视角对流贷贸易融资化的分析。金融加速脱媒和转轨意味着什么?新资本监管标准又意味着什么?这三个方面是如何支持资本利润率和流贷贸易融资化趋势的?静待分解)。

(点评:简言之,看好贸易融资,就是看好其在当前利率市场化和流贷贸易融资化背景下的历史性机会。本文希望通过厘清过去20年两波流贷贸易融资化的财务、宏观和微观原因,试图为中国银行业寻找办法把握机会提供理论基础。)

流贷的贸易融资化趋势

银行是干什么的?(点评:有人说经营资金,有人说经营风险)答案或许就在司空见惯的银行产品中(点评:以小见大)。凡为银行产品,一涉及财务(点评:资产、负债、权益、收入、支出、利润,均是财务),二涉及风险(点评:风险是损失的可能性),归根结底,还是财务,因为风险可能造成的损失(点评:风险可能造成的损失,包括平均水平的预期损失和超过平均水平的非预期损失,以及极端损失),便是财务上成本无法弥补的,并最终会转化由财务收益或资本来覆盖(点评:前者预期损失和非预期损失,对应于由产品定价和坏账拨备来覆盖;后者是极端损失,由资本来覆盖)。正是在这个意义上,传统看法认为,银行的职能是经营货币(点评:准确地说,是经营资金);现代看法则认为,银行的职能是经营风险(点评:既然银行的职能就是经营风险,那么一家银行的核心能力就是风控能力)。

(点评:完整地说,银行是经营资金风险的行业。)

银行经营的最高目标是什么?银行价值最大化(点评:银行本身就是企业,所以银行的最高目标与任何一家企业没有两样)。什么是价值?简言之,投入最少的资源,产出最大的回报(点评:在经济学上,价值,顾名思义,即"代价所值"。对于一家企业来说,代价即投入的资源,所值即产出的回报)。无疑地,利润是最直接的回报,资本是最重要的资源(点评:在财务上如此,这是银行的企业本性使然。银行没有资本会有麻烦的,银行没有利润也会有麻烦的。资本是逐利的,无利不起早,银行不赚钱,客户不放心,员工不放心,股东更不放心。逐利必须基于一定的资本,同样地,银行没有资本,股东不放心、员工不放心,客户更不放心)。资本利润率=利润/资本,显然是银行价值最大化的最综合的指标之一(点评:把银行最重要的资源——资本和最重要的回报——利润,合而为一,就是资本利润率。毫不夸张地说,资本利润率就是银行价值最大化目标的财务化身。这个指标,是杜邦财务分析体系的领头指标,其他所有指标都可能从这里分解而来,其他指标也只有在以资本利润率指标为塔尖构成的金字塔体系中才有完整的意义,可见资本利润率指标的地位。正是在这个意义上,我们说,资本利润率是资本配置、资产配置、产品分析和设计,包括贸易融资产品分析和设计最原始也是最纯正的逻辑起点。这个指标是中国人民银行货币政策执行报告中使用的说法,各家银行有时也称净资产利润率、净资产收益率、权益利润率或权益收益率等,不一而足)。这一指标不仅反映了银行的规模(点评:如资产规模、业务规模等)和利润水平,还反映了资本和风险水平(点评:如风险暴露水平、风险控制水平、风险抵御能力,如拨备覆盖率、资本充足率等)。

(点评:我们认为,从资本利润率开始是产品研发的唯一正道。)

长期以来,中国银行业的利润贡献一直以存贷款利差为主,而资本占用一直以贷款包括流贷为主,这是不争的事实(点评:这是传统银行业的生态,屡为业内所诟病。诟病什么呢?一方面是银行服务跟不上实体需求,另一方面是存贷款利差保护下银行躺着也赚钱)。然而,这一事实,将很快被改写(点评:很快,准确地说,是"已经并正在"被改写,而且"还将"被进一步改写)。什么原因呢?

一是"十二五"规划下人民币利率加速市场化,将导致银行存贷款利差收入对利润贡献明显下降(点评:这里主要点明利率市场化对利润的影响。准确地说,人民币利率市场化将导致银行存贷利差收入的收窄基于以下前提,即:客户结构和业务结构维持不变。但是,不变是不可能的。所以,笼统地观察利率市场化的影响,将会发现利差并不会收窄,反而有可能上升。这是因为客户结构和业务结构发生了变化。实际上,金融市场化包括利率市场化和汇率市场化,二者互相作用,协同推进。换言之,没有利率的市场化,就不会有汇率的市场化;没有汇率的市场化,也不会有利率的市场化。要说金融市场化和金融综合化、国际化,也是互相作用,协同推进。金融转轨,便对应着金融市场化。金融脱媒,便对应着金融综合化)。

二是中国版巴塞尔协议Ⅲ——商业银行新监管标准的实施,将导致银行资本消耗加大(点评:这里主要点明新监管标准对资本的影响。中国版巴塞尔协议Ⅲ对银行业的影响,从贸易融资的角度看,主要集中于两个方面:一是流动性风险系数,二是信用风险系数。后者直接指向了资本充足率。从资本充足率的整体水平来看,新监管标准提高了要求,即从巴塞尔协议Ⅰ和Ⅱ的8%提高到了10.5%或者11.5%。换言之,在整体信贷规模不变的情况下,一家银行为了达标必须新增2.5%至3.5%的资本。这还不考虑可能新增的信贷规模。不新增信贷规模,这对处于中高速发展的中国经济环境下的中国银行业来说,显然是不现实的)。

前者对应于资本利润率的分子——利润回报下降,而后者对应于分母——资本占用上升。两个因素综合作用的结果,必将导致流贷的资本利润率快速下降。

(点评:这是宏观视角下流贷的财务劣势,进而对流贷贸易融资化的趋势形成"推动"支撑。)

然而,资本总是稀缺的,利润也总是宝贵的,资本市场的反应足以说明问题(点评:银行业宏观环境的些微变化,资本市场往往先知先觉。对于一家高明的银行来说,资本市场的先知先觉,往往会转化为产品研发的先行先备。走在市场的前面,才不会被市场牵着鼻子走。掌握市场的主动权,这是任何一家银行都孜孜以求的)。2011年5月3日A股市场一片飘绿,全线深度下挫。因为期待已久的中国版巴塞尔协议Ⅲ——银监会《关于中国银行业实施新监管标准指导意见》当天正式公布。由于巴塞尔协议Ⅲ大幅提高了资本充足率标准,银行业本来就紧张的资本将更显得无法满足中国银行业特有的多年以来资产高速扩张的巨大需求。巨量的资本补充需求下引发的银行业再融资的冲动已经在所难免,市场对此形成了几乎完全一致的利空预期,于是A股应声大跌。可以想象,银行业资本稀缺到什么程度(点评:从三年之后的今天回头来看,银行业的一而再再而三的再融资冲动,再融资之后又频频告急的资本紧张状况,一再印证了当年资本市场的提前反应)! 同样地,今年6月7日周四晚间,央行启动了"十二五"规划预定的人民币利率加速市场化步骤,下调利率同时不对称扩大存贷款利率浮动区间,存款利率浮动区间上限调整为基准利率的1.1倍,贷款利率浮动区间的下限调整为基准利率的0.8倍,存贷利差明显缩小。8日周五全天A股市场一时间风声鹤唳,担心银行业绩受冲击,银行板块再一次全线深度下挫(点评:2013年7月22日贷款利率浮动幅度完全放开后A股开盘的第一天,资本市场再一次以银行股普跌诠释了对利率市场化的理解。据说,7月22日,Z大学已经发放的一笔巨额项目贷款立即要求银行下浮30%计息,否则就转户,贷款银行为了留住大户还是满足了大学的要求)。

那么,流贷的出路在哪里呢?有没有办法提高综合回报?有没有办法节约资本占用?实践证明,贸易融资就是一个非常好的方向。

(点评:流贷的出路,贸易融资是一个非常好的方向,投资银行也是一个非常好的方向。利率市场化过程中,欧美银行业的历史印证了这一点,中国不应该例外。这一点与不绝于耳的银行业重心向微笑曲线两端转移——向高端客户上移和向中小客户下沉没有冲突。贸易融资由于其"短频快"的特点,适用于高中低端、大中小所有类型的客户。)

贸易融资与流贷相比,具有相似的背景——贸易背景和相似的效果——短期融资,这是共同之处(点评:相似的背景,为产品转换和替代提供了最重要的前提。相似的效果,为产品转换和替代提供了最重要的依据。后者是系统论哲学的基本结论,即:任何一个系统都有结构也有功能,任何两个系统只要功能相似结构不同,就可能互相替换。替换的奥妙在哪里呢?那是不同系统的不同结构产生的奥妙,那味道是春江水暖的味道——冷热自知)。什么是贸易融资?贸易融资即围绕国际国内贸易流程而提供的一系列融资(点评:这是我们的定义,完整地说,贸易融资是基于贸易背景围绕贸易流程而提供的一系列融资。贸易流程的存在,必定基于贸易背景的前提。事实上,流贷也常常基于贸易背景而提供。请注意,是否围绕贸易流程而提供融资,即贸易融资特有的流程性是其与流贷的最根本区别)。贸易融资服务于贸易(点评:众所周知,"金融服务实体"是中国金融市场发展、行业创新和当局监管的总基调。贸易融资,一端连着贸易,一端连着金融。在这个意义上,贸易融资是"金融服务实体"的最直接也是最重要的方式之一)。贸易是永恒的,贸易也是庞大的,凡有贸易就有贸易融资(点评:贸易是永恒的,所以,贸易融资几乎也可以说是永恒的;贸易是庞大的,所以,贸易融资也可以说是庞大的。显然,由此可以想象贸易融资的时间和空间边界到底有多大)。据世贸组织近期的一项数据表明:"全球90%以上的贸易,都有贸易信贷、保险和担保。"(点评:显然,世贸组织的统计指向了国际贸易和国际贸易融资。换言之,对于中国来说,更大量的国内贸易和国内贸易融资的空间,值得我们尽情想象。我们还可以猜测,世贸组织的统计似乎指向了国际货物贸易和国际贸易融资。换言之,对于中国来说,还有大量的国际国内服务贸易和国际国内服务贸易融资,还是一片广袤的待开发的处女地)这里提及了表内外贸易融资工具,都算贸易融资(点评:贸易信贷,应该是指表内贸易融资产品;贸易保险和担保,应该是指表外贸易融资)。这里提及的为国际贸易,对于国内贸易领域的未来发展来说也绝不为过(点评:从国际贸易和国际贸易融资,可以延伸到国内贸易和国内贸易融资。对于中国来说,贸易融资的本土化特点,更多的是首先体现在国内贸易融资。虽然国内贸易融资来源于传统的国际贸易融资,但是,由于国内贸易和国内贸易融资的规模太庞大了,中国的市场环境和政策环境太特殊了,庞大和特殊到足以支持国内贸易融资的产品和产品研发自成体系,进而还反过来深刻影响了国际贸易融资,如此便产生了一系列具有中国本土化特征的国际贸易融资产品和产品组合)。这意味着流贷能做的,贸易融资几乎都能做,贸易融资的空间非常广阔(点评:最后一句,承接着第一句"贸易融资与流贷相比,具有相似的背景——贸易背景和相似的效果——短期融资,这是相似之处。")。

不同之处是（点评：为什么是流贷被贸易融资替换，而不是相反地，贸易融资被流贷替换呢？显然，这是因为二者有不同之处，准确地说，是因为二者不同，且在特殊的市场环境和政策环境下，贸易融资优于流贷）：

——流贷：高资本占用和单一存贷差（点评：前者对应于资本占用，后者对应于利润回报，二者合而为一，这两点决定了流贷的资本利润率相对较低。那么，多低呢）；

——贸易融资：低资本占用和高综合回报（点评：前者对应于资本占用，后者对应于利润回报，二者合而为一，这两点便决定了贸易融资的资本利润率相对较高。那么多高呢）。

从资本利润率的分母——资本占用的角度来看，银监会新发布即将于2013年1月1日实施的《商业银行资本管理办法（试行）》与现在实施的是一样的标准：流贷的风险系数为100%；表外贸易融资以信用证为代表，其风险系数为20%（点评：准确地说，票据承兑的风险系数是100%，信用证的风险系数20%，非融资性保函50%，融资性保函100%等。显然，这是标准法）；而表内贸易融资以国内一家排名比较靠前的股份制银行Z银行为例，以近似内部初级法计算的2011年风险系数仅为37%（点评：准确地说，使用标准法时，表内贸易融资与流贷的风险系数都是100%。而使用内部初级法时，其有非常明显的资本节约效果。如果使用内部高级法，通常来说，资本会进一步节约，风险系数会进一步下降。请注意，如果贸易融资规模本来就很小，使用内部初级法和高级法的资本节约效果不会很明显，因为基数低，本来所要求的资本就少。换言之，如果贸易融资达到相当的规模，则使用内部初级法和高级法，则有非常明显的资本节约效果。显然，对于贸易融资有相当规模的银行来说，应该有非常大的动力去使用内部初级法或高级法）。笼统而言，表外贸易融资的风险系数只有流贷的1/5，而表内贸易融资的风险系数，则只有流贷的约1/3（点评：虽然这不完全准确，但已经说明问题，所以，只是"笼统而言"，千万不要当真哦！）。换言之，同样一笔资本，叙作的表外贸易融资金额，可以是流贷的5倍，而表内贸易融资金额可以是流贷的3倍。显然，贸易融资是资本节约型产品（点评：这是贸易融资的第一个亮点）。

从资本利润率的分子——利润回报，以及资本占用和利润回报综合之后的资本利润率指标的角度来看，国内另一家排名比较靠前的股份制银行M银行披露的2011年贸易融资日均资产收益率超过5%，资本利润率超过40%；而中国银行业的2011年信贷平均资产收益率为1.4%，资本利润率约20%（点评：引自《中国外汇》杂志2012年6月期下半月刊）。显然，贸易融资也是综合回报型产品（点评：这是贸易融资的第二个亮点）。

（点评：如果面对客户的融资需求，使用流贷可以实现，使用贸易融资也可以实现，那么，一家银行的客户经理首先应该向客户推荐什么融资产品呢？显然，只要银行和客户经理是理性的，那么这个答案便是不言自明的。）

总之，贸易融资具有流贷一样的广阔空间，却具有流贷无法比拟的优势，这最终将推进流贷的加速贸易融资化。

（点评：这是宏观视角下贸易融资的财务优势，进而对流贷贸易融资化趋势形成"拉动"支撑。）

贸易融资的自偿性和组合性

为什么贸易融资能节约资本占用?为什么贸易融资能提升综合回报呢?我们认为,这与贸易融资的特性有关。

(点评:这是贸易融资的微观特性对其财务优势的支撑,反之,则衬托了流贷由于缺乏贸易融资的微观特性而凸显财务劣势,进而对流贷贸易融资化趋势形成最终支撑。请注意,不应该止步于流贷贸易融资化和贸易融资的微观特性本身,而更进一步,从贸易融资的三个微观特性可以推导出贸易融资的三个规律。)

首先看自偿性(点评:自偿性是贸易融资与流贷相比的第二个特性)。要问贸易融资最大的特性是什么,业内人士恐怕十有八九都会想到贸易融资的自偿性。要问自偿性到底是什么呢?答案则可能五花八门(点评:最习以为常的地方,往往蕴孕着最深刻、最简单又最不容易注意到的道理)。自偿,即自我清偿、自动清偿,简称"自偿"(点评:任何一个融资,包括贸易融资,不管是表内贸易融资,还是表外贸易融资,都包括放款和还款两个环节。贸易融资的自偿性直接着眼于还款环节,间接也着眼于放款环节。简言之,贸易融资"源于贸易用于贸易"或"从贸易中来到贸易中去")。这意味着一笔贸易融资的放款去向确实用于贸易,那么其还款将由贸易正常实现后的回笼货款自动清偿(点评:前者是放款用途,后者是还款来源)。换言之,只要卖方履约交货真实(点评:这是指贸易背景真实性,直接指向卖方或卖方的卖方履约交货,也间接指向了买方或买方的买方履约购货),贸易下货物的价值(点评:即贸易现金循环中存货的价值)、交易对手的资信(点评:即贸易现金循环中应收账款或预付账款的价值),将为贸易融资自动提供担保或反担保(点评:自动担保对应于表内贸易融资,自动反担保对应于表外贸易融资。这是贸易融资自偿性的法理意义),从而实现自动的风险缓释(点评:为什么呢?风险指信用风险。为什么是信用风险?为什么不是别的风险,如操作风险?静待分解。这是贸易融资自偿性的风控意义)。所以,我们认为,自偿性本质上是自动担保或反担保。一笔贸易融资自动获得担保或反担保,当然比没有自动担保或反担保的流贷的风险要低了(点评:有担保或反担保的,风险要低,准确地说是信用风险要低,这便是信用风险缓释,在贸易融资下是自动的风险缓释。贸易融资的风险低,系数就低,相应地,资本占用就少。流贷可能也会有松散性质的自偿性,但总是不够紧凑。为什么?静待分解)。

(点评:贸易融资的自偿性,最终支撑了资本利润率分母——资本的改善。)

那么,贸易融资中会用什么来提供自动担保或反担保呢?远在天边,近在眼前(点评:远,是因为最不容易注意到;近,是因为人人触手可得,自动的)。这与企业在贸易现金循环的不同阶段的不同流动资产形态有关(点评:流动资产所处的阶段不同,形态也不同,特征不同,相应的风控方式也不同),具体包括:

——现金:贸易开始的时候,企业手里持有现金,在贸易融资中可能呈现为保证金,在贸易融资中可用以支持部分保证金或全额保证金类融资(点评:中国市场上出现了大量的全额保证金的贸易融资);

——预付账款:贸易的第一阶段是采购,将用去现金,但如果货物还没回来就会形成预付账款,在贸易融资中支持预付账款类融资(点评:卖方市场下会有大量的预付账款);

——存货:采购货物一旦入库,预付账款就会消失,转化为存货,在贸易融资中支持存货类融资(点评:存货类融资不是完全意义上的贸易融资,因为其可以单独叙做,而无须嵌在贸易融资之中);

——应收账款:贸易的第二阶段是销售,如果是赊销,货物已经出去货款还没回笼,就会形成应收账款,在贸易融资中支持应收账款类融资。货款一旦回笼,应收账款将进一步转化为现金开始一个新的现金循环(点评:买方市场下会有大量的应收账款。由于目前中国市场的大部分商品是买方市场,少部分商品才是卖方市场,所以应收账款的量按理会远远大于预付账款)。

换言之,正是贸易现金循环中的现金(点评:价值)、预付账款(点评:价值和卖方信用)、存货(点评:品质、数量和价值)和应收账款(点评:价值和买方信用)为贸易融资提供自动担保或反担保。

(点评:贸易融资中的四种自动风险缓释的手段。)

相应地,由于自动担保或反担保的流动资产的形态不同,不同的贸易融资的风险缓释效果和风险监控要点就会有差别。比如:应收账款类融资的还款来源,是买卖双方之间形成的应收账款真实且能够正常清偿,所以应收账款的主债务人即买方的资信,以及回款账户的控制,卖方的履约交货能力就特别重要,如票据贴现、保理融资、出口押汇(点评:第四种,应收账款)。存货类融资的还款来源,是存货的销售款回笼,所以存货的价值就特别重要,如存货质押融资、存货抵押融资、进口押汇(点评:第三种,存货。准确地说,进口押汇,是基于买方的买方、买方和卖方的连环交易而叙做的贸易融资。存货的风控要点在于盯货和盯市。存货在贸易现金循环中是应收账款之前的环节,所以存货融资也包括了部分未来应收账款融资)。预付账款类融资的还款来源,主要取决于采购货物的正常交付后再出售的货款回笼,如果无法正常交付则取决于卖方的退款,所以卖方的交付能力和资信、未来存货的价值都特别重要,如先票后货、打包贷款(点评:第二种,预付账款。准确地说,打包贷款和订单融资是基于买方、卖方和卖方的卖方的连环交易而叙做的贸易融资。预付账款在贸易现金循环中是存货和应收账款之前的环节,所以预付账款融资也包括了未来存货融资和部分未来应收账款融资)。保证金类融资的还款来源,则是保证金本身,只要监控好保证金即可,如保证金开票或保证金开证等等(点评:第一种,现金)。显然,这种不同实际上为产品的转换指出了一个方向(点评:从贸易融资的自偿性,可以推导出贸易融资独有的第二个规律——任何一个贸易融资产品,根据自偿流动资产的不同,可以区分为现金类融资、预付类融资、存货类融资和应收类融资)。

其次看组合性(点评:组合性是贸易融资与流贷相比的第一个特性)。组合,指贸易融资产品组合(点评:正是由于贸易融资的组合性,现在更为新潮的说法是"贸易金融",即涵盖了与贸易相关的所有金融产品)。组合性,意味着贸易融资几乎总是以产品组合的形式现身,实务中几乎找不到单一产品的贸易融资(点评:即将提到,任何一个贸易融资组合,必定包括两个产品:一是核心产品——表内贸易融资或表外贸易融资产品,二是基础产品——结算产品。静待分解)。贸易融资产品组合,围绕贸易融资产品(点评:

天九湾政策及汇市问答 2014 年度汇编

贸易融资产品包括表内和表外两种。表内贸易融资产品也简称融资产品,表外贸易融资产品也称担保产品,这是必选项),前必定依托于贸易结算产品(点评:结算产品是必选项),后往往附带有资金避险产品(点评:包括利率产品、汇率产品和大宗商品避险产品,是可选项),还会产生可观的保证金存款和结算存款(点评:存款产品是属于结算产品或担保产品或融资产品的前端,现在还常常见到理财产品)。我们知道,凡与贸易有关的金融业务,都是贸易金融业务。而在贸易金融系列产品中,结算收费标准比较透明,竞争比较激烈,几乎是不赚钱的,而真正赚钱的是融资,以及融资带动的资金和存款产品(点评:贸易融资的新潮说法是贸易金融,贸易融资的传统说法是国际业务。众所周知,国际业务包括两块——国际结算和贸易融资。真正赚钱的是贸易融资,国际结算赚钱很少。贸易融资的精彩在于产品和产品组合,国际结算的精彩在于技术,特别是最灵活、最丰富多彩且最具有挑战性的单证技术。请注意,技术是产品的底层支撑。实务中,国际业务的说法有点狭隘,现在更多的说法是贸易金融)。比如:据了解,国内一家贸易融资做得比较好的股份制银行——S 银行,其供应链融资的派生保证金存款和结算存款常年以来基本上都在 100%,高者甚至达 120% 以上(点评:这一数据发表在"贸易金融网"上)。所以,对于银行来说,贸易融资的价值,不仅仅在于自身天地,更在贸易金融的大境界之中(点评:换言之,对于任何一家银行,看待贸易融资一定要放在贸易金融,乃至交易银行的更大境界中观察和思考)。这一效果,流贷显然没有如此直接,也不可能如此直观(点评:流贷产品可能也会有组合,但总没有贸易融资产品组合那么自然,而且其效果没有贸易融资产品组合那么明显直观。为什么?静待分解)。

(点评:贸易融资的组合性,最终支撑了资本利润率分子——利润的改善。)

贸易融资,必定依托结算。而在实务中,贸易结算产品丰富多彩(点评:相比之下,结算产品的丰富多彩,与融资产品的丰富多彩不在同一个层面),且有结算工具和结算方式之分(点评:这种区分,对于理解不同结算产品的特点有着非常大的用处。现在的书或文章中,一般不做如此区分,混同使用),前有商业承兑汇票和银行承兑汇票等,后有信用证、托收和汇款等。不同的结算产品所实现的流通性(点评:流通性对应于二级市场的发达程度。流通性比较好,市场报价往往比较透明,敏感性也高;反之,则报价往往是一对一报价,敏感性偏弱)和所担当的功能并不相同(点评:尽管结算产品的功能并不相同,但其都包含了基础功能——结算功能,所以才得以归类为结算产品),具体包括:

——商业承兑汇票:结算功能(点评:准确地说,对于持票人来说,还有商业担保功能。请注意,这里的担保功能仅仅指向担保效果,而不是完全担保法意义上的担保)。流通性强(点评:与银行承兑汇票的差别是,这里是商业担保功能,所以流通性强但不是特别强)。

——银行承兑汇票:结算和担保功能(点评:准确地说,对于持票人来说,这是指银行担保功能。请注意,这里的担保功能仅仅指向担保效果,而不是完全担保法意义上的担保)。流通性特别强(点评:与商业承兑汇票的差别是,这里是银行担保功能,所以流通性特别强)。

——汇款:结算功能。低流通性。
——托收:结算和控货功能(点评:这里的托收特指跟单托收。控货功能与跟单有关)。低流通性。
——信用证:结算、控货(点评:这里的信用证基本上都指跟单信用证。同样地,控货功能与跟单有关。请注意,这里的控货功能,不等同于控货开证中的"控货")和担保功能(点评:这里的担保,指银行担保功能。请注意,这里的担保功能仅仅指向担保效果,而不是完全担保法意义上的担保)。低流通性(点评:这不是绝对的。大量基于信用证的福费廷产品,可以构造类似票据的高流通性市场)。

相应地,贸易融资产品与不同的结算产品的组合密切程度则千差万别,风险控制效果(点评:信用风险、操作风险、市场风险和政策风险)、市场效果(点评:从市场风险到市场机会)和政策效果(点评:从政策风险到政策机会)也会有很大的不同。比如:商票承兑属于商业承兑无保证金而银票承兑则要求较高的保证金,商票主债务人的资信通常比银票要低,商票贴现的风险要高于银票贴现,银票的流通性明显好于商票(点评:目前票据类融资自成体系,且已经超出了贸易融资的范围);与托收下出口押汇相比,银行更容易接受信用证下出口押汇或出口议付,而与汇款下出口押汇相比,银行更容易接受托收下出口押汇(点评:这都算非信用证类融资,二者的差别主要在于是否跟单);信用证下要求了代表货权的单据,所以,通常来说开证的风险比银行承兑汇票的承兑风险要低,从风险控制的角度看,市场各方和监管当局更容易接受;由于流通性不同,票据贴现价格的市场敏感性,明显高于国内证代付的价格等等(点评:信用证类融资和票据类融资不同)。显然,这种不同,实际上为产品的转换又指出了一个方向(点评:从贸易融资的组合性,可以推导出贸易融资独有的第一个规律——任何一个贸易融资产品,根据基础结算产品的不同,可以区分为票据类融资、信用证类融资和非信用证类融资)。

综合来看,与流贷相比,贸易融资基于自偿性,会降低风险,自然可以节约资本占用;而基于组合性,其产品线长,产品带宽,自然可以提升综合回报。资本利润率的分子上去了,分母下来了,二者共同作用下,贸易融资的资本利润率的优势显而易见(点评:流贷的资本利润率则相形见绌)。

(点评:这是微观视角下贸易融资的财务优势和流贷的财务劣势,进而对流贷贸易融资化趋势形成坚实支撑)

贸易融资的流程性

贸易融资凭什么具有自偿性,凭什么具有组合性呢?这涉及了贸易融资与流贷相比更实质的一个特性(点评:与流贷相比,流程性是贸易融资的根本特性,而自偿性和组合性只是表层的特性)。

贸易金融与产业金融和消费金融相比有着明显的区别。我们认为,这个区别主要是源自贸易背景(点评:顾名思义)。众所周知,贸易就是一项买卖,而且主要指有形货物的买卖(点评:贸易为贸易融资撑开空间,从2012年开始中国进出口贸易进入中速增长通道,相应地,传统贸易融资将进入中速增长通道。换言之,贸易融资需要寻找新的

天九湾政策及汇市问答 2014 年度汇编

方向,比如:前景大好的基于跨境人民币的跨境本外币贸易融资,还没有完全发育的国内贸易融资,刚刚起步的无形的服务贸易融资和环境贸易融资等)。贸易、贸易金融、贸易结算与买卖双方都有着直接或间接的关系,比如:贸易总是在买卖双方之间完成,贸易结算总是买卖双方之间的货款结算。相比之下,产业金融和消费金融的交易背景中,只有单一的主体,通常不会有买卖双方存在(点评:严格地说,产业金融有上下游,消费金融有商家和消费者,也具有与贸易融资类似的双主体结构。正是在这个意义上,产业金融和消费金融的发展,从贸易金融上也多有借鉴)。

贸易融资产品,根据发起方的不同,在实务中本来就有一个常用也很重要的分类(点评:从贸易融资的流程性,可以推导出贸易融资独有的第三个规律——任何一个贸易融资产品,根据发起人的不同,可以区分为买方融资和卖方融资):

——买方融资:即由买方或进口方发起的融资(点评:最典型的如进口押汇);

——卖方融资:即由卖方或出口方发起的融资(点评:最典型的如出口押汇)。

贸易融资下,如为买方融资,表面上看由买方发起,但是请注意融资的款项是直接划给卖方的,这控制了放款用途,而由买方来负责还款(点评:如进口押汇,放款时买方不沾钱,否则便意味着流程失控。流程失控意味着什么呢?静待分解)。反之,如为卖方融资,表面上看是由卖方发起,且融资的款项直接支付给卖方,却由买方来负责还款,这控制了还款来源(点评:如出口押汇,还款时卖方不沾钱,否则便仍然意味着流程失控。流程失控意味着什么呢?仍静待分解)。

然而,同样几乎都适用于贸易的流贷也涉及买方和卖方,其融资款项的发放和归还则不是这样(点评:某种意义上,流贷也区分为买方融资和卖方融资,但其与贸易融资还是不一样,其只需要单方发起人介入全贸易融资的放款和还款全流程即可)。流贷如由买方发起,则向买方放款,到期由买方还款(点评:全流程由买方介入);而如由卖方发起,则向卖方放款,到期由卖方还款(点评:全流程由卖方介入)。

那么,到底是什么把贸易融资与贸易的买卖双方如此紧密地捆绑一起呢?我们认为,是贸易融资的流程性(点评:正式引入流程性)。流程,既指贸易流程,包括付款流程和交货流程(点评:贸易结算和贸易融资,直接从贸易中的付款环节而来,间接从贸易中的交货环节而来),也指贸易结算流程(点评:贸易结算流程,包括买方付款环节和卖方收款环节),还指贸易融资流程(点评:贸易融资流程,包括放款环节和还款环节)。流程性,意味着信用证融资本身是在一个流程中完成的,而这个流程又总是紧贴贸易流程和结算流程(点评:紧贴很重要,信息量最大,采集量也最大)。这一点,为流贷所没有(点评:所以说是独有的)。所以,可以简单地说:

"贸易融资≈流贷+贸易流程"。

(点评:贸易融资到底是什么?这就是。它并不复杂,只是比流贷多了贸易流程。)

流程在贸易融资中的作用是什么?简言之,流程是利益输送的纽带,也是风险输送的纽带。这一点,对于买卖双方成立,对于买卖双方的银行、买卖双方银行所处的金融市场和监管当局一样成立。

(点评:金融服务实体,贸易融资服务贸易。贸易融资天生的一手搭贸易一手搭金

21. 为什么看好贸易融资？

融,毫不夸张地说,贸易融资是"金融服务实体"的最好金融产品之一。显然,贸易融资的流程性居功至伟!)

我们认为,正是贸易融资的流程性,实实在在地支持了其自偿性的实现(点评:所以说,自偿性仅是贸易融资的表层特性)。自偿性,利用了贸易现金循环中的不同阶段形成的不同形态的流动资产,以自动为贸易融资提供担保(点评:如为表内贸易融资,便是自动担保。请注意,这是担保功能,不一定是完全担保法意义上的担保方式)或反担保(点评:如为表外贸易融资,便是自动反担保。请注意,这仍是担保功能,不一定是完全担保法意义上的担保方式)。这种自动担保或反担保,必须基于银行对流动资产实施自动的有效控制(点评:通过什么控制呢?通过控制放款还款、交货付款的流程)。显然,贸易融资与生俱来的流程性,把买卖双方的利益和风险联系在一起,支持了这种控制的有效性和自动实现(点评:天下没有免费的午餐。控制流程的结果是利益和风险捆绑,而控制流程的代价又是什么呢?静待分解)。分解来看,这个流程,就是实务中的资金流、货物流和信息流了(点评:这三种流,流质不同、介质不同,所以控制的方式不同,效果各异)。而流贷中也涉及现金循环的不同流动资产,但就是由于没有自带的流程性,所以没有自偿性(点评:严格地说,流贷也可以借鉴贸易融资,流程嵌入,封闭融资,同样可以获得一定程度的自偿性。那时的流贷几乎就是贸易融资了)。

我们认为,也正是贸易融资的流程性,实实在在地支持了其组合性的实现。(点评:所以说,组合性也仅是贸易融资的表层特性)流贷可能也会与其他产品进行组合,但那是简单的松散型的组合。贸易融资产品组合中的产品要远比流贷丰富,组合也远比流贷紧密,这是紧密型的组合。(点评:换言之,流贷的组合往往是外生的,拉郎配的,难免生硬;而贸易融资则是内生的,青梅竹马,两小无猜。当然,一见钟情的事,那是天生的缘分)比如:同一贸易背景下,流贷要么在买方银行做,要么在卖方银行做,其价格也只能适用当地利率;而贸易融资可以在当地银行做,如买方银行可以做进口押汇,如卖方银行可以做打包贷款、议付、出口押汇、福费廷、保理融资(点评:贸易融资产品的丰富程度是流贷无可比拟的),其价格适用当地利率,但明显比流贷低(点评:贸易融资是最早利率市场化的产品之一);贸易融资还可以做进口押汇代付、出口押汇代付、福费廷转卖,这相当于可以随时在全球全国询价,其便利和优惠可想而知(点评:贸易融资二级市场,也是流贷无法比拟的);而银行如叙做了贸易融资,则还会自动带来贸易结算、保证金存款和结算存款;而有了贸易结算的通道,整体贸易融资组合自然可用于博取境内外两个不同的市场机会和政策机会(点评:这已经从贸易融资,延伸到了贸易金融,进而还可以延伸到包括现金管理在内的交易银行)。近年来市场上借着跨境人民币东风(点评:先是跨境人民币,后是上海自贸区,这都是人民币国际化进程上的历史性机遇),基于跨境人民币结算和贸易融资而呈现的各种各样的跨境本外币理财组合,就是一个很好的例证(点评:没有跨境人民币,就没有跨境本外币理财组合;与此相似,有理由相信,没有上海自贸区,就没有上海自贸区的境内外、区内外、离岸半离岸组合)。显然,这是流贷及其简单的松散型的组合远远做不到的(点评:这是笼统而言,虽然并不严谨)。

因此,实务中的流贷,或者产业金融和消费金融涉及融资时,为获得类似贸易融资的组合转换和风险控制效果,常常会借鉴贸易融资的流程性特点进行流程化设计,从而实现封闭式运作(点评:天下文章一大抄,不同领域的金融也没有例外)。

正是贸易融资的流程性,孕育了贸易融资的自偿性和组合性。而目前流行的供应链融资、采购链融资、项目链融资,以及大宗商品融资,归根结底,都是着眼于特定贸易结构下独有流程所孕育的与众不同的自偿性和组合性,以开掘机会,构造方案,赢得客户。

(再点评:总之,与流贷相比,流程性是贸易融资的根本特性,而自偿性和组合性只是表层的特性。)

贸易融资迎合市场和监管

流贷贸易融资化的大势已成(点评:我们的看法,流贷贸易融资化趋势初步成形于 2012 年,论规模有规模,论产品线有产品线,论产品带有产品带,论参与的银行数量中国大地上几乎所有的银行都参与其中,乐在其中),随着利率市场化的快速推进(点评:"十二五"规划,2012 年以来初步放开存款利率上浮幅度,2013 年完全放开贷款下浮幅度)和新监管标准的正式落地(点评:巴塞尔协议Ⅲ,银监会《商业银行资本管理办法(试行)》于 2013 年 1 月 1 日正式实施),还将日益强化(点评:过去仅仅是初步成形,正式完成还需要说长不长说短也不短的一段时间,这个过程将是日益强化下直至定型的过程)。无疑地,发展贸易融资是银行业的一个好机会(点评:夸张地说,今天不做贸易融资,明天恐怕连流贷也没得做)。

这一点也获得了市场和监管的认可。贸易融资基于自偿性的特征带来低风险,相应地,企业的融资门槛(点评:低风险带来低门槛,这为客户重心下沉打开空间)和融资成本将降低(点评:低风险带来低成本,这为让利实体经济提供可能),基于组合性的特征将有效提高与银行的综合议价能力(点评:综合议价能力的提高,进一步带来低成本),基于流程性的简洁的手续也将贴身满足企业"短、频、快"的融资需求(流程性会带来一定的操作手续,而贸易融资是贴身融资,将会支持操作手续的便利化设计)。贸易融资基于自偿性和流程性的特征,天生就是受托支付,与银监会的"三个办法一个指引"的精神高度一致(点评:"三个办法一个指引"规范的是信贷。严格地说,"受托支付"是针对买方贸易融资,而卖方贸易融资根本就不需要"受托支付");而基于组合性的特征,银行获取存款和中间业务收入的机会就很多了,根本就不需要去刻意触碰银监会"七不准"的红线(点评:"七不准"的红线,规范的是收费和吸存。这是针对利率市场化导致利差收窄和贷存比严格约束的适应性规范)。

贸易融资的前提是真实的贸易(点评:没有贸易背景的真实性,贸易融资的流程性、自偿性和组合性都将扭曲变形)。2010 年底,中国人民银行、商务部和财政部发布了《关于进一步促进贸易融资发展的通知》(银发〔2010〕354 号文,2010 年 12 月 20 日发布,各地转发在 2011 年初),堪称前所未有(点评:该通知的主体内容,一是"鼓励创新"贸易融资产品,二是"促进发展"贸易融资业务。为什么呢?因为在国际金融危机之后,中国外贸需要恢复增长,更需要转型升级,而中国外贸的恢复增长和转型升级,理所当然地,需要强大的本土化的贸易融资的持续支持)。如今,在"金融服务实体"总基调下("金融服务实体"的总基调,实际上,是观察未来中国银行业发展的立足点,也是观察未来银行业监管政策和宏观调控政策变化的出发点),倡导"服务型银行",倡导回归商业银行本质,显然发展贸易融资是不错的选择,因为支持了国际国内贸易,不就是实实在在地服务实体经济吗(点评:还是那句话,因为贸易融资一手搭贸易,一手搭金融,是天生的"金融服务实体"的产品之一)?

(总评:贸易融资的组合性、自偿性和流程性,迎合了银行业宏观环境的深刻而巨大的变化,银行业的流贷贸易融资化大势所趋不可阻挡,市场如此发展,监管也如此认可。银行做贸易融资产品研究、产品研发、产品营销、产品操作和产品管理的朋友,幸运的是,我们生逢充满想象的中国贸易金融大时代。现在不做贸易融资,更待何时?)

22. 贸易融资 2013—2014 年回顾与展望（全文点评版）

作者：林建煌

编者的话：

历史上的流贷贸易融资化趋势有哪两波？各有什么特点？2013 年贸易融资有哪些热点？有哪些市场热点和政策热点？上海自贸区对于人民币国际化意味着什么？这些热点寓示着未来贸易融资的哪些发展方向？钢贸融资能给中国银行业的供应链融资和大宗商品融资的风险管理提供什么教训？2014 的钢贸融资又将会如何发展？2014 年的转口贸易融资将会如何发展？2014 年对于上海自贸区又意味着什么？流贷贸易融资化的趋势还将持续多长时间？为什么？这对中国银行业意味着什么？

中国的贸易融资市场，既有蛋糕又有陷阱，既有创新也有规范。《贸易融资 2013—2014 年度回顾与展望》一文，原题名为"贸易融资的方向"，发表于《中国外汇》副刊—《金融与贸易》2014 年 3 月第一期，有增补。该文试图全景式地回顾过去 20 年中国贸易融资的发展脉络，也希望系统性地展望未来 10 年中国贸易融资的发展方向和各种可能。人民币国际化和市场化的背景下，中国流贷贸易融资化的趋势正在成形，或许，这是一个千年一遇的大机会。

机会就在面前，是迎之呢，还是拒之？选择不易，选对尤难，且低头拉车且抬头看路，且行且思量！与君共勉之。

摘要：

流贷贸易融资化趋势，是中外利率市场化的必然产物。中国的流贷贸易融资化所持续的时间，应该与中国利率市场化进程同步并略长，如业内所预测的，或许还有十年多一点的时间。这更大的背景与人民币市场化和国际化，中国经济和中国外贸的转型升级，以及错综复杂的国际政治博弈和国际货币危机的演化有关。

贸易融资的未来发展方向主要有三个：一是基于账户结算，与现金管理结合，发展成交易银行业务；二是与投资银行业务结合，发展投行性质的贸易融资；三是利用互联网的物联网、大数据和云计算技术对贸易融资进行线上线下整合发展互联网贸易融资。此外，中国外贸转型升级背景下的服务贸易融资和"美丽中国"生态文明建设下的环境贸易融资，可能也是贸易融资未来发展的重要方向。

钢贸融资所暴露的贸易融资风险,不仅涉及行业风险和信用风险,还涉及操作风险和道德风险。或许,行业风险是供应链融资的首要风险。

流贷贸易融资化趋势下,不管是票据融资、信用证融资,还是保理融资,总是在创新中发展,创新中规范,也推动监管创新和创新监管。

上海自贸区是人民币国际化的升级版,也是银行国际业务的一大福音。其中,蕴藏着转口贸易融资、离岸半离岸及离在岸一体化贸易融资、大宗商品融资、二级市场贸易融资、全球现金管理和全球供应链融资、租赁保理融资的巨大商机。

正文:

(1)流贷贸易融资化

(点评:流贷贸易融资化是大势所趋。)

2013年(点评:2012年,对全球政治和经济,对中国政治和经济,包括中国的银行业来说都具有非同一般的意义。这一年是全球的大选年,也是中国的换届年,是全球经济最为困难的一年,也是中国经济、中国外贸和中国银行业开始感受到压力的一年。这一年,中国经济和中国外贸分别正式步入8%和10%以内的中速增长通道,中国银行业的平均利润增长率正式步入20%以内的中速增长通道。这一年,中国银行业不得不重新审视传统的发展模式和未来的发展方向。2013年,十八届三中全会的全面深化改革蓝图宣告了中国正式开始转型升级。这一年,中国银行业经历了有史以来的连续三次"钱荒",中国银行业全面倍感内外转型升级的巨大压力。)越来越多的人(点评:言外之意,越来越多的人倍感巨大压力,从银行业的最高层董事长、行长们到最基层的客户经理们,全面倍感巨大压力。)问同一个问题(点评:言外之意,越来越多的人已经对这一问题的重要性形成共识,从而越来越多的人迫切希望找到这个问题的答案。笔者在与国内银行业的各个层面、各个地域、各类银行、各色人等、各种场合、各种形式的密集交流中,感受尤为深刻),中国的流贷贸易融资化会持续多久(点评:持续多久,意味着对于银行和个人,需要承受多长时间的风险和可能找到多大的机会。为此,我们需要回顾历史,参照欧美,探究根源)?这与当前中国银行业转型期的微妙处境有关(点评:转型期的中国银行业,变化得很快,一点小小的变化,可能便预示着未来的发展大方向。而为了把握住流贷贸易融资化的未来发展,不管是身在其中的银行,还是个人,都需要见微知著,未雨绸缪,把握先机,以立于不败之地)。中外银行业的流贷贸易融资化趋势,严格地说,都是利率市场化的产物(点评:中外银行业的利率市场化,决定了流贷贸易融资化的趋势。欧美银行业是我们的标杆,她们的流贷贸易融资化的过程走在我们的前面。新加坡、香港和台湾的银行业也是我们的标杆,她们的流贷贸易融资化的过程也走在中国大陆银行业的前面。要问其中根本原因,则都是利率市场化的产物。当然,中国大陆银行业正在经历的流贷贸易融资化,利率市场化是主导因素,而中国版巴塞尔协议Ⅲ的落地和推动是辅助因素,二者共同作用,具有明显的叠加放大效应。类似的叠加效应,实际上,同样存在于欧美银行业、新加坡、香港和台湾银行业的流贷贸易融资化过程中)。与利率市场化同步,中国银行业的流贷贸易融资化,经历过两波(点评:据笔者所观察,

天九湾政策及汇市问答 2014 年度汇编

中国银行业已经经历过两波利率市场化,相应地,中国银行业也已经经历过两波流贷贸易融资化。这个过程,始于上个世纪 90 年代中后期,止于何时？笔者预计是本世纪 20 年代中后期。静待分解）：

第一波是上世纪 90 年代中后期的票据融资的发展。在这个过程中,大量的流贷被票据融资,特别是银行承兑汇票的表内外融资所替代（点评：这一波,准确地说,是流贷票据融资化。这一波的流贷贸易融资化的特点是"单一性",即单一的产品门类,单一的几家银行做得不错。由于票据主要基于贸易背景而产生,所以,也称第一波的流贷贸易融资化,或称流贷贸易融资化的 1.0 版）。

第二波发端于新世纪之初（点评：2002 年发生了"爱立信"保理事件。该事件的起因是,南京爱立信需要出表保理融资,而中资行爱莫能助只能提供保理融资但无法出表,爱立信最终放弃中资银行而"倒戈"选择了能够提供无追索权保理融资的汇丰银行。),特别是在 2007 年（点评：2007 年在中国银行业具有里程碑的意义。据笔者观察,正是这一年中国银行业全面性真正走上多样化发展的路,特别是贸易融资。)。在票据融资进一步向纵深发展的同时（点评：据估算,截至 2013 年应收账款/票据余额在 20 万亿元以上,其中商票余额在 8 万亿元以上,商票贴现余额在 2 万亿元以上。应收账款,有广义和狭义之分,广义的应收账款包括应收票据,狭义的应收账款与应收票据并列。中国目前的会计处理取狭义的应收账款。应收账款/票据量基本可以反映一国一地的商业贸易信贷水平。商票量基本可以反映一国一地以票据形式呈现的商业贸易信贷水平。商票贴现量基本可以反映一国一地以票据形式呈现的商业贸易信贷转化为银行贸易融资的水平),国际国内所有贸易融资产品都竞相迸发（点评：目前国内许多银行把贸易融资余额统计在供应链融资之中,据估算,截至 2012 年供应链融资余额在 6.9 万亿元,而 2013 年供应链融资余额在 8 万亿元左右。此外,还有大量的未统计的在供应链融资以外的贸易融资量。国际国内、中外资大中小银行、授信类和机会类、票据信用证和非信用证等各个门类的贸易融资都有长足发展,都具备相当规模）。这一方面体现为,各家银行贸易融资业务已经达到相当的规模,在对公短期信贷资产中的占比明显提高,据披露,最高的一家股份制银行达到 1/3 以上（点评：可以猜是哪一家,这一家做得还不错),而一家国有大行居然达到 45%（点评：还可以再猜是哪一家,这一家做得也还不错）；另一方面则体现为,市场上贸易融资产品门类齐全、琳琅满目（点评：这是产品的丰富性),随市场、政策（点评：这是随市场环境变化而产生的市场机会类产品和随政策环境变化而产生的政策机会类产品。此外,还有随信用环境变化而产生的授信类产品)和客户需求（点评：金融服务实体,客户就是上帝,客户有什么需求银行就推出什么产品,包括贸易融资产品及各种组合和模式。)的变化层出不穷、常变常新（点评：这是产品的创新性),授信类产品和机会类产品市场热点一个接着一个,你方唱罢我登场（点评：产品的创新,体现为热点的轮动。这一波,准确地说,才是真正的流贷贸易融资化。这一波的流贷贸易融资化的特点是"全面性",即全面性的产品门类和全面性的银行非银行机构参与。这一波,也称第二波的流贷贸易融资化,或称流贷贸易融资化的 2.0 版。

还有第三波吗？或许,十八届三中全会所指明的方向就是第三波的利率市场化,也意味着第三波的流贷贸易融资化。)

(2)那么,这个趋势会延续多久呢?答案是可能只剩下十年多一点的时间(点评:为什么是十年多一点呢?十年之后会怎么样?十年的过程中会发生一些什么样的故事呢?在这十年多一点的时间里,银行应该做一些什么?对于中国贸易金融事业的有志有识之士,需要去做一些什么?这会不会是第三波的流贷贸易融资化,或称流贷贸易融资化的3.0版呢?这一波会有什么特点呢?笔者猜测或许是"战略性",即越来越多的银行将贸易融资视为战略性业务。请拭目以待。)。

为什么呢?银行是个经营资金(点评:这是传统的看法。狭义说法是:银行是经营货币的行业)和风险的行业(点评:这是现代的看法。准确地说,银行是经营货币资金风险的行业。银行最高目标是价值最大化,即以最小的投入创造最大的产出)。抵御风险的终极手段是消耗资本(点评:资本是一家银行最重要的资源,因为资本是抵御风险的终极手段。准确地说,这个风险指的是风险可能产生的极端损失。而对于预期损失和非预期损失,则使用定价和拨备来覆盖。所以,在成熟的市场化环境中,一家银行风险管理水平高则同等产品的定价低,在市场上就比较有竞争力,反之亦然;而一家银行的拨备水平高抗风险能力就强,资本规模大则实力也强),规避风险的直接目的是创造利润。消耗最少的资本创造最大的利润,这就是所有银行孜孜以求的价值最大化目标(点评:利润和资本合而为一,便是资本利润率指标。这是观察一家银行整体经营水平的最综合的一个外部指标,也是杜邦财务分析体系金字塔尖的唯一指标)。当前中国银行业的环境下(点评:放在一个前20年和后10年的大跨度中去看会更清楚),利率市场化进程加速推进(点评:利率市场化一直在推进,"十二五"期间明显加快)和巴塞尔协议Ⅲ的正式落地——《银监会商业银行资本管理办法》于今年元月1日实施(点评:指是2013年1月1日。严格地说,巴Ⅲ之前的巴Ⅰ和巴Ⅱ已经明确了资本要求;而巴Ⅲ则进一步大幅度抬高了资本要求,并增加了流动性等要求),双重因素夹击下将极大地降低传统流贷的资本利润率(点评:双重因素,一个直接冲击分子——利润,一个直接冲击分母——资本,显然,如果传统信贷的业务结构和客户结构不变的情况下,资本利润率只能往下走)。这其中,利率市场化是主导因素(点评:主线。利率市场化直接冲击资本利润率的分子——利润,也严重考验一家银行的风险管理水平,从而间接冲击分母——资本,所以,它是主导因素),新资本协议无疑起到了推波助澜的作用(点评:副线。严格地说,巴Ⅲ新资本协议之前的巴Ⅰ和巴Ⅱ的资本充足率,在过去的几年里一再面临着中国银行业高速规模扩张带来的挑战。二者的作用具有明显的叠加效应。正是由于明显的叠加效应的存在,中国的流贷贸易融资化的趋势会格外不同)。今年7月,央行取消金融机构贷款利率0.7倍的下限,对银行传统流贷的短期影响不大,但长远的冲击是显而易见的(点评:这个长期的冲击,直接指向一家银行的风险管理水平,因为风险管理水平提高不是一蹴而就的)。而新资本协议的实施对市场的影响则立竿见影,几乎所有上市银行的资本状况都频频告急(点评:从一再风传的上市银行再融资传闻导致银行股大起大落,可见一斑。新资本协议要求银行同等资产,资本充足率从原来的8%提高到10.5%~11.5%。银行资产证券化,也是解决资本充足率的一个方向)。中国银行业跑

天九湾政策及汇市问答 2014 年度汇编

马圈地的时代渐渐远去,中国银行业从来没有像今年这样重视内涵式发展和差异化发展(点评:以往的说法,可能是狼来了,但狼迟迟未来。2012 年则是狼真来了,这一年中国银行业初感压力的一年,而 2013 年则是中国银行业倍感压力的一年。其实,压力是相对的,一家银行按传统的理念去经营去发展一直都会有很大的压力,而一旦在理念上获得新生则会倍感轻松。因为玩法不同,境界也不可同日而语。过去是跑马圈地,圈到了就有利润。日后没有太多的地可以圈了,只能是精细发展,与过去相比是内涵式的发展,与同业相比则是差异化的发展)。贸易融资对传统流贷的替代(点评:这就是流贷贸易融资化趋势),由于其与生俱来的组合性特点能明显提高综合回报,又由于其与生俱来的自偿性特点能明显压低经济资本,整体上将大大改善传统流贷的资本利润率,从而有望迎来充分发展(点评:组合性,指产品组合。产品组合能相对提高综合回报。请注意,这是相对而言;自偿性,指自偿资产。自偿资产能缓释风险,自然压低经济资本。贸易融资的这两个特性和流贷贸易融资化的这一趋势,迎合了银行业环境的变化,也迎合了银行业精细发展的方向)。

(3)据了解(点评:源于兴业银行首席经济学家鲁政委先生的专题研究报告),"利率市场化前后美国非金融企业的融资结构发生了巨大变化,贷款和标准债券的融资占比相对下降,而离岸融资、贸易融资和其他融资的占比却大幅上升。"30 年前(点评:准确地说,应该是 30~40 年前)的欧美银行业和 15 年前的香港、台湾和新加坡银行业曾经走过的流贷贸易融资化之路是一面镜子,或许足以为中国银行业贸易融资的未来发展提供借鉴。(点评:利率市场化非中国独有,同样地,流贷贸易融资化也并非中国独有。那么,仅此而已吗?显然不是。中国的政治、经济太特殊了,中国的国际国内贸易体量太大了,中国的利率市场化和流贷贸易融资化的路子,一定会带有非常浓重的中国本土化的色彩。)

对于中国来说,利率市场化的更大背景则是人民币市场化和国际化(点评:笔者理解的利率市场化,实际上与汇率市场化协同推进,共同构成了人民币市场化的内容。而人民币市场化和人民币国际化仍然是相依相随,协同推进。所以,要看清楚利率市场化的走向,首先得理解人民币市场化和人民币国际化的逻辑)、中国经济和中国外贸的转型升级(点评:中国经济和中国外贸自从 2012 年进入中速增长通道,不得不转型升级。人民币市场化和人民币国际化,归根结底,是为中国经济和中国外贸转型升级保驾护航),以及错综复杂的国际政治博弈(点评:国际政治的格局,在实力与地位的动态匹配中获得平衡。新兴经济体的国力增长,需要谋得与其相匹配的地位。而发达经济体的国力停滞,频频爆发债务危机,需要为新兴经济体出让一定的空间。国力消长变化,自然意味着政治地位的激烈博弈)和国际货币危机的演化(点评:国际主流货币危机,源于货币与实物的生产和消费严重分离形成的张力,所以国际货币危机一再出现。当然,这也给中国的人民币国际化腾出空间。或许,国际货币的主要生产国与全球实物的主要生产国的国际政治博弈达到一个平衡的时候,国际货币危机才谈得上消停)。或许,如业内普遍预测的,基本解决所有这些问题都还需要至少十年的时间(点评:国内外经济学家对人民币市场化和国际化有一个预测。如,著名经济学家成思危先生于近期预测,从现在起十年之后,基本完成人民币国际化)。或许,那也是中国银行业的流贷贸易融资化进程完成的时间节点(点评:这是笔者根据经济学家的预测所作的推论。这意味着什么呢?显然,接下来的十年之内,贸易融资的未来规模、产品创新性和丰富性,将会超出许多朋友的想像。有理由相信,下一个十年也是最需要有识之士有志之士去做一点什么的时候,因为中国国际国内贸易融资的大发展需要大量的人才、扎实的技术、自己的规则、有效的产品和创新的商业模式)。当然,由于政策环境(点评:政策因素多如牛毛,在逐渐释放)和市场环境(点评:市场因素少,非常单调,市场化的产品很少,但在逐渐增长和加码)的不同,中国银行业的贸易融资带有非常浓重的本土化色彩(点评:中国市场上的贸易融资产品的本土化特点到底体现在哪里?如何理解并看待这一特点呢?这一本土化特点对中国银行业市场的贸易融资产品研发又意味着什么?这完全可以通过回顾2007年以来的国际国内一系列贸易融资产品的历史得知。这与国内贸易融资发育不充分有关,也与跨境人民币贸易融资的渐进发展过程有关。留待分解。)

(4)市场走向

(点评:流贷贸易融资化大趋势下,2014年乃至未来十年的贸易融资发展方向在哪里?)

2013年中国银行业贸易融资预示了什么样的未来发展方向呢?(点评:显然,贸易融资的未来发展,应该放在中国银行业发展的更大视野中考察)欧美银行业的历史表明(点评:因为欧美银行业的发展走在我们的前面。事实上,新加坡、香港和台湾的银行业发展轨迹也是印证),银行应对利率市场化最佳实践,从业务上看,一方面着重发展基于账户交易的包括现金管理和贸易融资在内的交易银行业务(点评:有人说:"未来金融之争将是账户之争。"准确地说,账户交易,本身指向了支付结算清算业务。而现金管理业务和贸易融资业务,本身就是基于账户交易。贸易金融业务,以贸易融资业务为主,实际上还涵盖了部分支付结算清算业务和部分现金管理业务,已经有了交易银行业务的雏形。这是商业银行以创新的姿态继续巩固传统优势业务),增强与客户的黏性(点评:这是银行与客户贴身共舞,因为这些业务都是基于交易、基于流程。贸易融资由于紧贴客户的贸易流程,所以最便于发现机会,也最便于预警风险。正是在这个意义上,笔者认为,流程性才是贸易融资与流贷最大的区别,而组合性和自偿性只是流程性的自然推论),另一方面,着重发展包括资管和投行业务(点评:在欧美,资管业务属于大投行业务的范围,所以,归根结底,这还是投资银行业务。这是商业银行以创新的姿态勇敢进入投资银行业务领地,寻找全新机会),顺应金融脱媒趋势(点评:利率市场化是金融市场化;金融脱媒是金融综合化。金融市场化和金融综合化,仍然是互动中协同推进);从客户上看,一方面客户重心上升,专攻高端客户提供高附加值服务(点评:财富银行、私人银行、投资银行,便属于此类。虽然,银行面对高端客户的利率议价能力不高,但可以发挥所长,通过对高端客户提供精细服务,来提高中间业务收入,从而维持客户关系,也维持综合回报水平。这是"客大欺店"下的银行对高端客户的基本策略),另一方面,客户重心下沉,大力发展中型企业、中小企业、小微企业和零售客户,提高议价能力(点评:客大了欺店,那么,银行就想办法去寻找吃得消的客户,议价能力自然就上去了,这是银行对普通客户的基本策略)。如今,中国银行业应对利率市场化的同时,还必须积极正视互联网金融的挑战和机遇(点评:这是再次叠加。个别朋友在研究一番欧美银行业的互联网金融历史后,对中国当前正在经历的互联网金融的冲击不以为然。他们认为,互联网金融是一阵风,过了就消停了。笔者认为,中国的这一阵风与欧美不一样,因为中国的互联网金融的发展与利率市场化有显著的叠加效应,而欧美二者是分离的)。相应地,未来中国银行业的贸易融资,将在全面覆盖大中小客户的基础上(点评:贸易融资"短、频、快"的特点,不仅适用于大客户的临时性资金需求,更适用于大量的中小客户的普遍短期融资需求。所以,贸易融资面前,大中小客户通吃),呈现三个主要发展方向(点评:请注意,这是三个主要的发展方向。主要的发展方向,与主要的环境变化有关。还有非主要的发展方向吗?当然有。静待分解):

第一是交易银行业务(点评:欧美银行业的发展,已经预示了这一方向)。这个方向体现为银行贸易融资业务与现金管理业务的融合(点评:这还只是业务融合。业务融合是和风细雨的量变,背后还只是策略性的变化)。比如,国内股份制 A 银行已经把供应链融资升级为供应链金融,涵盖贸易融资、支付结算、公司理财、现金管理等业务(点评:可以猜一猜这是哪一家银行。这家银行资产规模不靠前,但素以供应链融资闻名于业界。这其实是"贸易金融"业务,冠以"供应链金融"的名头。当然,这一供应链金融所涉及的公司理财和现金管理,仅限于供应链体系之内)。这个方向还体现为部门职能的整合(点评:这是职能整合。部门整合是狂飙突进的质变,背后战略性的变化)。比如,国内股份制 G 银行,已经把贸易融资、贸易结算和资产托管职责并成一个大部——GTS 环球交易服务部(可以猜一猜这又是哪一家银行。这家银行资产规模不靠前,但国际业务可圈可点。请注意,这一家银行的交易银行部门,还涵盖了资产托管的职责。已经带有投行的内容了。有意思)。又比如,国内股份制 P 银行,已经把贸易融资中心、贸易服务中心和现金管理部并成一个大部——贸易与现金管理部(可以猜一猜这又是哪一家银行。这家银行资产规模在股份制银行中算第一梯队,国际业务量也算靠前。请注意,贸易服务中心,是一个单证后台集中的范畴。贸易融资中心,是一个产品中台研发和管理的范围。目前这一家银行的内部三项职能正在初步整合中。国内一家排名比较靠前的城商行,去年底几乎照抄了这一个组织架构。有意思)。显然,部门整合(点评:去年底今年初开始,国有五大行之一、国际业务领先的 Z 银行和股份制银行排名靠前、国际业务领先的 S 银行,以国际业务部为基础作出重大调整,紧跟潮流,更名为"贸易金融部"。这是业内的两桩大事)会促进业务融合(点评:当然了,部门整合所意味的战略转向,势必会影响到业务融资的策略转向)。至于为什么会出现交易银行业务的融合,则与这几类业务都基于银行的支付结算传统优势息息相关,这个融合很好地契合了企业现金循环不同阶段的需求(点评:未来的金融业,账户为王,流量为王,平台为王,值得期待),从而会明显提高银行与客户的黏性(点评:贴身利于肉搏巷战、无缝衔接,贴身可以最快速最准确最全面地捕捉住机会,也可以最及时最充分最完整地随时预警风险)。

(点评:以上是在商业银行传统领域寻找出路。交易银行业务很好,既可以节约资本,又可以提高利润。)

第二是投资银行业务(点评:欧美银行业的发展,无法确知是否已经预示了这一方向。但是,总觉得中国贸易金融的玩法,有点青出于蓝而胜于蓝的味道)。传统的银行贸易融资业务,资金往往由客户的开户银行提供,如押汇、贴现、一级福费廷。如果资金由第三方银行提供,则自然转化为贸易融资的二级市场业务,如代付、转贴现和二级福费廷等(点评:这还是传统的玩法,但已经有资金产品的新意了)。而如果资金由非银行金融机构提供(点评:非银行金融机构,当然不是银行本身了。非银行金融机构参与到贸易融资中来,严格地说,也不是使用自己的资金。那会是谁的资金呢),那么实际上就是投资银行业务(点评:严格地说,既指包括资管的"大投行",也指没有包括资管的"小投行"),银行在其中只是扮演中间人或直接或间接担保人的角色(点评:显然,这些角色是可以交叉的。相应地,一家银行在同一笔投资银行性质的贸易融资业务中,所扮演的角色越丰富,承担的风险责任也会越丰富,而获取的盈利机会也会越丰富)。这一类业务往往单笔金额较大(点评:所以,银行爱做),集合了贸易融资和投资银行的各自业务优点(点评:贸易融资的优点,是流量业务,具有流程性、组合性和自偿性,低资本占用高综合回报。投资银行业务的优点是大宗,精细服务,低资本占用乃至免资本占用,高中间业务费收入。双剑合璧,精妙绝伦。多爽),对客户来说是贸易融资业务(点评:对客户来说,就是一笔贸易融资,没什么实质性差别,由于是一揽子价格,报价说不定会更优惠),对于银行来说是投资银行业务(点评:如果说,企业金融是批发业务的话,投资银行就是企业金融批发业务中的批发业务,夸张一点说,那是飞机中的战斗机。而贸易融资能够与投行业务联手,显然效果值得期待)。

(点评:以上是在投资银行全新领域寻找出路。投资银行业务也很好,既可以节约资本,又可以提高利润。)

(5)第三是互联网贸易融资业务(点评:欧美银行业的发展,从掌握的资料来看,并没有预示这一点。中国银行业转型,利率市场化是主要推手,巴Ⅲ实施是推波助澜,互联网金融的冲击,则是进一步推波助澜。所以,中国银行业与互联网金融共舞,一定会很精彩。互联网贸易融资业务值得期待)。互联网金融无疑是2013年中国金融业的一个焦点(点评:2013年是中国互联网金融元年),其对贸易融资业务有重大影响(点评:互联网对中国金融业的冲击是全方位的,贸易融资也没有例外。银行贸易融资所要做的是主动拥抱互联网,引互联网技术为我所用,引互联网思维为我所用),原因是互联网技术(点评:互联网技术,包括大数据、云计算、物联网等,所涉及的平台包括一对一交互的交易平台、一对多交互的媒体平台、多对多交互的社交平台等)可以支持对贸易融资流程(点评:贸易融资的流程性,决定了账户为王、流量为王、平台为王。互联网金融,同样是账户为王、流量为王、平台为王。所以,二者的热烈拥抱,是冥冥之中天定的缘分)中包括交易(点评:贸易融资对应的交易,即是贸易背景本身。任何一笔交易,涉及两个方面,一是货如何交付,二是款如何支付)、融资(点评:款项支付时,使用别人的资金,就是融资)、结算(点评:款如何支付,即是货款结算)、存款(点评:款结算和融资前后,会形成保证金存款沉淀和结算存款沉淀)、仓储(点评:仓储,即货物在仓保管)和物流(点评:物流,即货物在途运输、派送等)等海量信息的全面捕捉、系统分析、实时跟踪和友好互动(点评:互联网贸易融资,可以是媒体平台式的,也可以是交易平台式的,还可以是社交平台式的),从而支持授信技术创新(点评:是什么呢?一指对贸易融资的自偿资产转换、移动、变化的流程跟踪和控制,二指对贸易融资的交易、融资、结算、存款、仓储和物流的流程跟踪和大数据分析、运用)和产品服务创新(点评:又是什么呢?指贸易融资产品、组合和模式的创新)。这主要体现为:自偿性授信技术和大数据授信技术的交叉运用(点评:这两种技术本来就是对传统授信技术的创新。这两种技术的交叉运用,也是创新)、电商供应链融资的线下整合和银行供应链融资的线上升级(点评:这两种供应链融资,都是基于供应链体系的贸易融资。目前的供应链融资主要是两种,一是电商供应链融资,二是银行供应链融资。前者是电商供应链的延伸,后者是相对独立的供应链融资。准确地说,实务中还有由物流平台提供的物流供应链融资、由交易平台提供的交易市场/交易所供应链融资和由企业平台直接提供的直接供应链融资。供应链融资本身就是个平台,所以与互联网金融一拍即合)。比如,多家银行开始考虑引进大数据授信技术解决中小企业贸易融资成本和效率问题(点评:据了解,国内股份制A银行两种技术及交叉运用的探索都走在了银行同业前面),而多家电商则直接谋求与银行建立战略合作关系,完善电商供应链金融的自偿性(点评:这个不用举例,各种新闻消息俯拾皆是)。比如,阿里金融推出菜鸟网络利用智能云计算和物联网技术(点评:有人说,物与物信息交互的物联网是移动互联网之后的下一个热点,如智能电网、智能物流。据了解,顺丰物流就是典型的智能物流)以整合线下物流(点评:阿里供应链金融,使用的是大数据授信技术,即"阿里小贷"。线下物流是阿里供应链金融的短板。或许正是由于这一短板,阿里供应链金融首先选择了大数据授信技术,无须控制直接自偿资产),京东商城(点评:京东的电商平台价值、电商供应链及融资的价值,在2014年3月刚刚宣布的腾讯以巨额收购的方式结盟京东,就是一个印证。日后京东供应链金融,是不是应该称"腾讯供应链金融")自建线下物流并与多家银行开展电商供应链金融合作的同时(点评:这是合作)于2013年12月推出"京保贝"自营供应链融资品牌(点评:这是自营,既使用自偿性授信技术,又使用大数据授信技术。京东商城不久前推出的"京东白条",其实也是一个自营供应链融资品牌)。苏宁云商2013年初改名之后开始布局"物流云"项目,以线上线下结合的智能物流,支持打造包括供应链融资在内的大金融品牌(点评:最新进展,值得期待)。又比如,多家银行加快推进在线供应链金融系统的研发,没有推出的陆续推出,已经推出的开始升级以保持行业优势,乃至推出可视化、全流程、平台式的在线供应链金融系统(点评:可以猜猜都是哪些银行。显然,银行已经意识到,必须用互联网技术和思维来武装供应链金融体系,否则寸步难行)。

此外,中国外贸转型升级背景下的服务贸易融资(点评:2012年起中国外贸步入10%以内的中型增长通道,准确地说,指的是货物贸易。眼下,服务贸易高速增长正当时,所以服务贸易融资的前景值得期待。据了解,已有银行开始探索如运费、工程款等方面的服务贸易融资)和"美丽中国"生态文明建设下的环境贸易融资(点评:国际商会2013年春季里斯本年会上曾有专门议题讨论,引发现场热烈讨论。准确地说,环境贸易,如碳排放权交易,所涉及的仍是服务贸易),可能也是贸易融资未来发展的重要方向。前者如今年银行业的一大焦点话题的转口贸易融资在规范中强劲发展(点评:转口贸易一手买一手卖,两头在外,国内中间商收差价,非常近似于服务贸易。那么,转口贸易融资为什么会被规范?为什么规范之后仍然强劲发展?静待分解)和近年饱受追捧的租赁保理融资。后者如今年9月具有中国首家"赤道银行"之称的兴业银行,创造性地以项目服务性应收账款为质押向安徽菱电节能科技服务公司提供的冷却塔节能改造合同能源管理融资项目(点评:兴业银行,好样的)。

(点评:贸易融资就是一个大熔炉、一道大杂烩。什么东西有价值,什么东西都可以往里装,而装完之后,将发觉常常是别有洞天。于是,谁能玩转贸易融资,谁就成了大杂家。)

(6)银行风险

(点评:贸易融资所涉及的银行风险,主要包括:国家风险,如外汇管制、国际制裁等;政策风险,如行业政策变化、监管政策变化等;市场风险,如利率价格、汇率价格、商品指数变化等;行业风险,如行业产能过剩、行业性企业倒闭;信用风险,指企业违约无力或不愿还款;操作风险,如人员失职、文本缺陷、流程缺陷、IT系统中断、天灾人祸不可抗力导致营业中断等;流动性风险,如无法满足借款人融资需要、无法满足存款人提款需要等。严格地说,流动性风险来源于信用风险和市场风险。其中,实务中的法律风险、合规风险、技术风险、IT风险、道德风险、天灾人祸不可抗力,均属于国际清算银行巴塞尔银行委员会的定义的大操作风险。大操作风险或许翻译为"运营风险"更恰当。小操作风险通常只局限于人员、流程、系统等内部原因产生的风险,如道德风险。)

2013年银行业不良信贷首数钢贸融资(点评:钢贸融资风险,既是钢贸行业的行业性风险,也是长三角为主的区域性风险,同时也是企业主体之间互相关联的系统性风险)。钢贸融资的正常运转,不仅取决于钢贸供应链系统内部贸易流程的健康周转(点评:这需要供应链内部管理),也取决于供应链与外部环境的良性互动(点评:这还是需要核心企业对行业发展形势的预判)。后者涉及供应链外部环境的行业风险,前者涉及供应链成员的信用风险、成员间贸易流程的操作风险和银行操作人员的道德风险。

钢贸融资曾经一度在银行供应链融资(点评:钢贸融资的一种形式是供应链融资。请注意,供应链融资,都基于供应链体系,但核心企业的供应链管理能力可能强,也可能比较弱,还可能根本就没有。那么,供应链管理,对于供应链融资意味着什么?静待分解)和大宗商品融资(点评:钢贸融资的另一种形式是大宗商品融资。因为钢贸本身就是大宗商品贸易。实务中,供应链融资和大宗商品融资有着明显的区别:前者通常是非标准化半成品、产成品交易,流通性弱,供应链体系上下游之间有着或强或弱的依存关系,交易金额小、笔数多;后者主要是标准化能源、矿石、原料、农产品、半成品或产成品,流通性强,上下游之间通常使用标准化市场合约交易,交易金融大、笔数少)中,占有相当的比重(点评:到底多大比重,没有掌握到确切数据)。在2009年的"4万亿"刺激政策后(点评:中央"4万亿"加上配套,据说共"18万亿"资金,大量流入了地产和基建,自然催生了钢材行业的旺盛需求),钢贸融资可以轻易地从银行获得几倍于2007年的信贷额度(点评:经济上行整体行业资产价值自然上升。钢材行业需求非常旺盛,银行自然趋之若鹜,极易导致过度融资)。2011年达到顶峰,全国钢贸融资1.89万亿,同时也积聚了巨大的风险(点评:这还只是潜在风险。过度融资,意味着泡沫)。当年开始,地产调控和信贷紧缩导致钢材价格进入下行通道,银行收紧对钢贸企业的信贷支持(点评:行业性的政策风险预警推动经济下行,经济下行推动钢材价格下行。价格过度下行意味着市场风险,而市场风险直接指向了钢贸融资的债项信用风险,也间接指向了钢贸融资的主体信用风险)。2012年接连发生当事人"跑路"、自杀事件,钢贸融资风险逐渐暴露(点评:这指钢贸企业的主体信用风险)。2013年,政府(点评:去平台)、金融(点评:"钱荒")、产业(点评:去地产、去过剩产能)全面去杠杆,钢贸融资进一步恶化,钢贸融资纠纷案件呈现井喷式增长,长三角地区多家银行深陷诉讼漩涡(点评:这是钢贸企业的信用风险向区域扩散和系统扩散)。在银行惜贷和催贷的情况下(点评:系统性的过度融资之后的过度收贷,这是雪上加霜),钢贸商普遍转入民间融资(点评:这是饮鸩止渴。此外,信用卡套现也成了一个门道),为了还贷,也为了维持行业正常的融资需求(点评:经济发展需要钢材,钢材是有价值的,无论价格怎么下滑。不知道是不是矫枉过正,如果是,则反过来抑制了钢材的实体性需求)。

钢贸融资的主流模式是"保兑仓"(点评:"保兑仓"融资模式,适用于供应链的分销商在采购环节中,以"存货"或"未来存货"担保商业汇票银行承兑并到期付款。标准的"保兑仓"融资模式中,"仓"指的是仓库中的"存货"或"未来存货","保"指的是"担保","兑"指的是商业汇票银行"承兑"。准确地说,"保兑仓"融资模式,来自物流金融)。这个融资模式下,由钢厂、钢贸商和银行三方合作,钢贸商向银行交纳保证金后,银行开出承兑汇票,钢厂收到银行承兑汇票后发货,货到了仓库后,转换成仓单质押。钢贸商追加保证金,银行通知仓库按比例向其释放货物。如果钢贸商到期无法补足银行承兑汇票保证金,则钢厂负责回购质押货物。正常情况下,这个融资模式可以帮助钢厂开拓市场、减少应收账款,加速钢贸商销售周转,解决购货资金难题,由于钢厂的信用和提供回购担保,大大降低了银行的融资风险。

(点评:这一段描述,引自"贸易金融网",有删节,不完全准确,但能说明问题。

按理,如果"保兑仓"融资模式出现信用风险,供应链体系中的核心企业——钢厂,对已发货的钢材存货会担保回购,对未发货的银票差额会承诺退还,银行绝大部分融资本金可以收回,而不会有实质性损失。2009年的包钢案和2012年的山钢案,就是例子。静心分析,笔者觉得,钢贸供应链融资的风险暴露,可能主要不是"保兑仓"融资模式。

那么,到底是什么模式触发了钢贸风险暴露呢?笔者觉得,很可能是供应链的分销商在存货环节使用"存货"融资模式,这样才有机会与仓储公司合谋操作重复质押和空单质押,最终导致信用风险暴露之后,银行无法启用救济手段处置对应的风险缓释资产,如核心企业的存货回购、差额退还、存货转卖等。

严格地说,"存货"融资模式,可以独立于贸易上下游关系或供应链体系单独运用。而"保兑仓"融资模式不同,其运用必须基于贸易上下游关系或供应链体系,因为其涵盖了采购环节。)

(7)请注意,钢贸融资"保兑仓"模式(点评:钢贸融资的"存货"融资模式也相似。这两种都是供应链融资的典型模式。其实,钢贸融资的大宗商品融资也同理)基于一个前提(点评:如果漠视了这一前提则一切免谈),即宽松的外部经济环境(点评:外部环境是大前提。前面提到的内部周转是小前提)。否则,这一模式也会失灵,这就是供应链融资的行业风险(点评:如行业产能过剩、行业性企业倒闭)。在这个意义上,可以说,行业风险是供应链融资的首要风险(点评:因为外部环境是"大前提",所以行业风险是"首要"风险。那么,何出此言呢?静待分解)。2009年"4万亿"的刺激政策对钢贸融资无疑是个巨大的机会(点评:这是好事。行业没有风险,怎么做都很难出信用风险)。只是物极必反,当2011年地产调控和信贷收紧的时候,外部经济环境便不再宽松,钢材价格进入下降通道,整体行业空间被一步步挤压,银行的钢贸融资便一步步陷入被动的境地(点评:这是不好的事,所谓"过犹不及"是也。而从好到不好的转变过程是缓慢的,所谓"温水煮青蛙"是也。行业风险来了,信用风险也逼近了)。话说回来,在整体钢贸行业价值大幅缩水的情况下,任何一家银行即便操作万无一失,也很难全身而退,幸免于难(点评:泰坦尼克号撞上冰山,大船漏水,小船也只能救几个人逃命)。因为不管是承载着债项信用的钢材本身(点评:债项信用决定了违约损失率),还是承载着主体信用的钢厂(点评:主体信用,间接信用,最终会转化为融资主体在预付款和应收款下的债项信用,决定了违约损失率)和经销商的整体资产(点评:主体信用,直接信用,因为经销商是融资主体。主体信用决定了违约率),都在快速贬值(点评:这意味着作为融资主体的经销商,其主体信用和债项信用都可能出问题)。这是行业风险在倒逼信用风险(点评:信用风险,包括主体信用风险和债项信用风险。对于贸易融资来说,授信的着力点在于债项信用风险是否可控可以承受)。为什么不说正是银行业野蛮激进的羊群行动,自己吹起了钢贸融资的泡沫呢(点评:行业风险来临前,企业在温水煮青蛙,银行也在温水煮青蛙。事实上,从信用风险暴露的情况来看,几乎所有的钢贸企业都有过度融资的嫌疑,大多数提供钢贸融资的银行都有过度放贷的嫌疑。过度融资和过度放贷的结果是什么?不言自明,基本上都会挪作他用,进入其他高风险领域)?为什么不说正是"4万亿"的刺激政策诱发了银行业扎堆的过度融资行动(点评:"4万亿"有利有弊。对银行而言,这是后遗症),从而酿出钢贸行业风险呢(点评:对企业而言,这也是后遗症)。那么,到底是银行的过度放贷纵容了企业的过度融资,还是企业的过度融资诱发了银行的过度放贷呢?这是"鸡生蛋"还是"蛋生鸡"的问题,已经不重要了。无论如何,最后的钢贸融资在自弹自唱中脱离了实体需求,进入了自我膨胀的恶性循环。其中危险,不言而喻?显然,面对行业风险,如何做到准确预判形势(点评:这是前瞻性。显然,专业研究极其重要),如何做到适时进退(点评:这是操作性。显然,专业研究仍然极其重要),对于任何一家银行来说都是无法回避的选择,也是颇具艺术的高难度决断(点评:研究创造价值,在产品研发领域如此,在授信风控领域也如此。这里指具有前瞻性和操作性的实务研究)。钢贸融资"保兑仓"模式如此,供应链融资如此,贸易融资如此,银行融资又何尝不是如此(点评:行业研究将支撑快速的产品研发,也将支撑精准的授信风控。行业风险之重要,行业研究之重要,可见一斑。钢贸融资如此,之前的棕榈油融资、化学品融资、铜融资,去年末渐渐火起来的铁矿石融资,显然也不例外)? 2009 年以来的船舶融资出现行业风险便是印证,至今冬天仍未过去(点评:船舶融资需要船舶行业研究,也需要船舶保函技术研究,否则,很容易糊里糊涂就陷入了风险漩涡。钢贸融资也是)。正是在这个意义上,有两家股份制银行(点评:可以猜猜是哪两家)分别提出了"全产业链金融"和"区域特色产业链金融"的理念并以行业事业部的架构加以实践(点评:这两家银行理念相近,风格也相近,贸易金融做得可圈可点),与其基于核心企业的供应链管理下为上下游企业做供应链融资(点评:标准的供应链融资,不仅基于供应链体系,还基于供应链管理。钢贸融资是标准的供应链融资吗),不如从行业发展的高度(点评:一个行业,通常有多个核心企业,相应地就有多条供应链。显然,行业的高度要高于供应链体系和供应链管理。为什么呢? 站得高,看得远,也看得清楚)直接审视整个行业金融需求(点评:笔者认为,行业金融需求,就是产业金融需求,也是产业链的金融需求。这已经高于供应链的金融需求了),以产业链类经营方的身份(点评:什么叫"产业链经营方"? 直接在产业链之中起核心作用或主导作用的一方。银行为整个产业提供融资,无法直接参与产业,但由于融资对产业的发展又极其重要,银行对产业链起核心作用或主导作用,所以说,银行是"产业链类经营方")为各个企业搭建公共的综合金融、产融结合、产业联盟、数据和咨询服务平台,做产业链金融,完整地把握风险,捕捉机遇(点评:显然,产业链金融下,银行已经不是行业风险的被动承受者,而是主动管理行业风险,乃至经营行业风险的一方。产业链金融的玩法与供应链金融相比,境界之高下昭然若揭)。

(8) 当然,钢贸融资也暴露了银行融资的两类内部风险(点评:准确地说,都属于小操作风险。因为道德风险属于小操作风险的一个细类):

第一为操作风险(点评:这指狭义的操作风险,即因人员、系统、流程等内部导致操作失误而造成的风险)。贸易融资风险有一条基本规律(点评:请注意,是"基本"的,甚至可以说是"根本"的,贸易融资授信中无法逾越的一条基本规律):信用风险下降的同时,操作风险会上升(点评:信用风险与操作风险的转换,这是贸易融资风控中独有的一个跷跷板规律,一下一上。贸易融资风控中,还有一个跷跷板规律——政策风险与市场风险的转换,也是一下一上。对中国银行业所有产品研发都适用。请注意,平常业界所谈论的"贸易融资风险低"的说法并不严谨。准确地说,它指贸易融资的信用风险低,而操作风险反而是高了。当然,即便是贸易融资的信用风险低,也只是泛泛而谈。如果需要,贸易融资的信用风险到底高低与否,低多少,仍然适用个案分析)。因为信用风险下降源于贸易现金循环提供的自偿性资产的有效支持(点评:信用风险包括主体信用风险和债项信用风险。贸易融资的自偿性决定了债项信用风险的下降,进而引发贸易融资整体信用风险的下降),而代价是在贸易流程中对自偿性资产的有效控制,这意味着操作风险的上升(点评:贸易融资的流程性,指向了操作风险的上升)。据披露,一些钢贸企业货主为了利益,与仓储企业联合进行重复质押或者空单质押(点评:仔细想了想,这应该指"保兑仓"融资模式转"存货"融资模式或"存货"融资模式本身。因为如果是"保兑仓"融资模式下,银行与核心企业一对账,经销商和仓储公司便无法自圆其说。"存货"融资模式下,仓储企业的资信决定了仓单的资信,也决定了仓单的价值)。造成的后果是一票多押,多次质押把贷款额放大至多倍。而这已是公开的秘密之一。空单质押又被业内称为第二个公开的秘密(点评:一票多卖,一房多卖,存货已经沦为套现融资的工具)。比如一个钢贸商手里只有价值500万元的货(点评:自己的货,当然有权质押。票据贴现与此同理,自己的票才能卖出申请贴现),而他又从别家借调500万元的货(点评:他人的货,怎么会有权质押?票据贴现与此同理,别人的票怎么会有权卖出申请贴现),一并放到第三方仓库(点评:不知道仓储企业的仓单会开给谁?这应该和提单类似,谁托运就开给谁,谁存仓就开给谁),要求仓单质押(点评:对于融资的银行来说,只认仓单,不管仓单和存货的来路,够了吗?如果要管来路,应该看什么?一是合同,二是发票,三是结算凭证)。这一切源于银行之间质押信息不互通(点评:这指的是存货作为动产的公示问题)和仓库监管漏洞(点评:什么漏洞?静待分解)。第三方仓库由于仓储费利益,多数会偏向钢贸商(点评:仓储企业本来是银行的质押监管代理人,与货主合谋,这相当于仓储企业监守自盗,这也相当于银行没有监管或放松监管,当然麻烦就来了)。"如今,为何这些手法行不通了?要说真正转变,就是钢贸商不正经做钢贸生意,角逐高收益项目为资金链断裂埋下了伏笔(点评:过度融资导致资金外溢,资金流向势必成为问题。高风险高收益,资金外溢之后流向的所谓"高收益"项目,通常也意味着是"高风险"项目。银行授信时按一般风险的钢贸融资来审查审批,而资金实际流向"高风险"项目,这首先是钢贸企业自己骗自己,也是企业在骗银行。出来混总是要还的,归根结底,钢贸企业还是在骗自己!与其说这是钢贸融资,不如说,这是"融资钢贸"。实务中的铜融资和"融资铜"、铁矿石融资和"融资矿",也存在过度融资的可能,只是"融资铜"和"融资矿"通常都作了套期保值,只要没有敞口,存货监管没有失控,融资银行便不存在实质性的市场风险和债项信用风险。但是,钢贸融资不同,目前国内几乎没有太多的风险对冲工具)。只有少部分投回到钢铁行业中(点评:严格地说,如果资金在钢贸行业中封闭循环,加上仓储企业对存货或未来存货的有效监管,那么,"保兑仓"融资模式和"存货"融资模式的实质性风险并不高。为什么呢?因为钢贸企业如果不需要这么多资金,便没有动力主动找银行融资,从而反过来,会自动纠正企业过度告贷的可能和银行过度放贷的考核压力),大部分则是流入到期限较长的民间借贷中(点评:一类"高风险"项目),且以投向房地产为主(点评:又一类"高风险"项目)。事实上,所谓"其他收益"是最容易出现断裂的环节(点评:"高风险"与资金链易断裂,同义反复。俗话说:"不熟不做。"至理!)。显然,放款环节的存货质押(点评:贸易融资的流程失控,导致存货形态的自偿性失控)和资金流向(点评:贸易融资的流程失控,导致预付款形态的自偿性失控),以及还款环节的回款监控(点评:贸易融资的流程失控,导致应收款形态的自偿性失控。以上所谓的自偿性失控,只是泛泛而言,与相应的环节并不完全对应),已经形同虚设(点评:贸易融资的流程性,已经名存实亡。贸易融资的自偿性也已经名存实亡。那么,银行还玩什么贸易融资?严格地说,银行还是可以玩贸易融资,只是授信时需要主动转向考察钢贸企业的主体信用,而不是银行自己骗自己)。换言之,如果有严密的流程操作控制,不可能出现完全的信用风险暴露,因为银行所控制的存货本身是可以覆盖大部分的融资本金。这是贸易融资与流贷所不同的流程性的根本要义(点评:为什么说是"根本"呢？因为看不见的自偿性最后必须落实为看得见的流程性来实现）。简单地说，正是贸易融资的流程性支持着贸易融资的自偿性（点评：贸易融资的流程性，支持着授信的自偿性，也支持着产品的组合性）。

（点评：贸易融资操作风险的上升，意味着什么？这凸显了贸易融资运营的专业性，也凸显了贸易融资技术和法律的专业性。）

（9）第二为道德风险（点评：这指小操作风险中，人员的恶意操作等原因形成的风险）。钢贸融资流程操作控制的形同虚设（点评：名义上有，实际没有。这就是形同虚设），背后有着更加深刻的原因（点评：会是什么原因呢？表面上看是个人的原因，实际上应该在中国当前银行业和社会的大环境中寻找答案）。据披露，"2013年江苏全省因钢贸市场融资黑洞被撤职或被追究法律责任的支行行长多达十名左右（点评：银行内部人员的道德风险）。如此多的支行行长因经营中的同一种风险而断送前程，这在江苏金融发展历史上较为罕见（点评：银行内部的道德风险，也具有系统性。显然，这已经不能完全归咎于一个行长、两个行长的道德败坏。这是系统性的道德环境沦丧）。2013年1—6月，江苏新增不良贷款182亿元，成为同期全国新增不良最多的省份，而钢贸市场则成为这些不良贷款的主要集中领域。截至2013年上半年，江苏钢贸市场不良贷款余额为213亿元，不良贷款率为42.3%，较年初上升23.3个百分点，且尚有部分贷款为关注类。特别是，在江苏的5家大型银行上半年新增不良贷款中，钢贸贷款占到55.8%，预计后期新的不良仍会继续增加。（点评：江苏是重灾区，钢贸是重灾区）""据江苏金融维稳办官员称，钢贸市场的投资者对银行放贷人员和负责人采取了诸多'软措施'，有不少人被对方捏住了把柄（点评：道德风险）。因此，只要领导点头，银行的信贷审核也就形同虚设了（点评：还是道德风险）。"贸易融资信用风险的控制，很大程度上依赖于贸易流程中操作风险的控制（点评：这是前面提到的贸易融资风险的基本规律，也是贸易融资信用风险管理的基本规律，放之四海而皆准，供应链融资也没有例外）。然而，实施贸易融资操作的银行人员的操守出问题的情况下，信用风险没有暴露几乎就是一种可怜的奢望（点评：因为银行相关人员的操守出了问题，不管是流程、系统等，都会出问题）。2008年的宁波王伟案和宁波史明案，这两组信用证贸易融资的大案，都说明了这一点（点评：当事的银行要管好员工）。今年几个保理融资案件、信保融资案件和转口贸易融资保证金案件，也暴露了相似的问题。

（点评：对于银行来说，请切记：

一要 KYB——了解你的客户的交易；

二要 KYC——了解你的客户；

三要 KYCC——了解你的客户的客户；

四要 KYCRM——了解你的客户经理。

千万不要以为，银行审单通常只是表面审核即可，那是结算和合规下的尽职责任。如果涉及信用风险，银行仍必须对自己负责，对资金的安全负兜底责任，而不只是表面审核而已。）

2014年开春以来尽管钢贸行业和相关银行的利空消息不断，风声鹤唳（点评：诉讼、跑路、不良等。请注意,"物极必反",好消息马上就来了),但是中国经济的发展离不开大量的钢贸,也离不开大量的钢贸融资,这是事实(点评:举一个例子,3月17日刚刚发布的《中国新型城镇化2014—2020规划》,城镇化建设的住房、厂房、交通、基础设施等方方面面都需要钢材。比如,规划提出,"到2020年,普通铁路网覆盖20万以上人口城市,快速铁路网基本覆盖50万以上人口城市;普通国道基本覆盖县城,国家高速公路基本覆盖20万以上人口城市;民用航空网络不断扩展,航空服务覆盖全国90%左右的人口"。安邦评论认为,"新型城镇化进程中最大的受益领域是交通建设。""新型城镇化对经济的拉动作用,交通网络建设将成为重要的载体,也会成为投资充裕的领域。交通网络建设对相关产业的拉动作用,将充满想象空间。""交通建设在未来六七年的作用,甚至可能相当于过去十年房地产发展的地位。"最终分析结论说,"整体来看,新型城镇化规划被寄予了很多的改革与发展期望,它是中国新时期改革与发展的一步大棋。未来十年内,新型城镇化在中国将形成一轮新的建设潮,一个重要的市场题材和增长点。")。在这个意义上,或许今年末钢贸融资的风险暴露有望见底(点评:新一轮的内需拉动,钢贸融资的见底回升,值得期待。请注意,这里是"或许",仅仅猜测而已。近期珠三角重镇顺德的钢贸融资风险暴露,表明了钢贸融资的风险蔓延可能),银行业对钢贸融资,特别是以供应链形式叙做钢贸融资的重新审视和风控规范将进入新的轨道(点评:忘记了历史就意味着背叛,泡沫过后是汲取教训,加强规范,提升管理。俗语说:"塞翁失马,焉知祸福。"在这个意义上,未来的贸易融资,包括供应链融资和大宗商品融资发展,将会更健康)。

(点评:准确地说,钢贸融资是没有"供应链管理"的供应链融资。钢材本身是标准化产品,上下游之间并不存在,也不是太需要严格意义的供应链管理。所以,银行的责任重大,要么引导企业使用"保兑仓"融资模式,主动捆绑核心企业的主体信用;要么,就是参照大宗商品的控货融资,加强存货监管,干脆忽略"供应链管理"。事实上,实务中还有大量的钢贸融资的"联保"模式形成的风险暴露,这仍然回避了"供应链管理"的问题,也没有办法解决钢贸行业风险的问题。值得庆幸的是,业界并没有放弃钢贸融资的创新和探索。上海宝钢在2013年报中披露,正在和上海钢联投资建立统一的动产质押登记平台,旨在提高动产质押的透明度,降低重复抵押带来的风险,挽回钢贸行业的信誉。

(10)监管规范

(点评:银行业的发展,监管环境的变化是最直接的政策风险。当然,弄明白了,这也是最直接的政策机会。在应对监管环境的变化中,市场创新是一个永恒的焦点话题,而监管部门对创新的态度也是一个永恒的焦点话题。

对于贸易融资来说,监管部门到底是鼓励创新,还是抑制创新呢?

对于贸易融资来说,所涉及监管部门是三个,各有分工:

一是人行:负责作为贸易融资基础的各种结算业务的监管、各项跨境人民币业务的相关政策的监管(跨境办);

二是外汇局:负责各项跨境本外币结算的国际收支申报、各项外汇业务的相关政策的监管;

三是银监会：负责各项业务的信用风险、市场风险、操作风险和流动性风险等的监管。

从现存的文件来看，三个监管部门的态度应该是整体一致，略有不同。

所谓"整体一致"，指三个监管部门对于贸易融资的基本态度都是规范创新，即：市场创新推动监管规范，在监管规范中实现市场创新，市场创新推动监管创新，监管创新引领新一轮市场创新。因为中国当前的银行业，包括贸易金融都面临创新不足，所以，实体经济和金融市场的发展都需要大量的市场创新。然而，市场创新必须坚守基本原则，即：金融服务实体，而不是"自拉自弹自唱自说自话"。这是监管规范的宗旨。同时，市场创新必须严守最后底线，即：贸易背景真实性，而不是构造虚假的贸易背景骗取贸易融资，这也是监管规范的底线。

所谓"略有不同"，指三个监管部门由于所担当的职责不同，监管态度会结合自身职责略有侧重，宽严有度。比如，同样是跨境业务的监管，外汇局与跨境办不同。当然，这与外汇局肩负把守外汇资金有序进出国门有关，也与国际热钱以外汇形式冲击国门有莫大的关系。而跨境办则力推人民币国际化，这首先是力推人民币由原来的国内使用，转为大量地跨境进出国门在国际使用。比如，同样是国内信用证业务的监管，人民银行依据《国内信用证结算办法》（1997版）侧重于结算业务的合规风险，而银监会则侧重于融资业务的贸易背景真实性审查和信用风险。）

2013年贸易融资产品的监管规范，几乎都与代付业务有关（点评：准确地说，是直接或间接都与代付业务有关。要么是由代付业务引发的相关业务规范，要么是引发对代付业务本身的规范，包括所谓的"新型代付业务"的规范）。与金融综合化（点评：金融综合化，包括非银行金融机构的发展，银行与非银行金融机构、非金融企业的合作，银行可以跨界办理传统非商业银行业务，非银行金融机构和非金融企业可以办理传统银行业务。金融综合化，也称"综合金融"、"混业经营"等）和国际化（点评：金融国际化，包括银行国际业务的分量上升，走出去到海外开展业务，走出去到海外设立分支机构，发展离岸业务等）相伴前行的金融市场化（点评：金融市场化，包括金融企业的市场化机制体制，市场化的产品创设和定价，资产、资金和货币价格的市场化等），包括利率市场化（点评：这是资金价格的市场化）和汇率市场化（点评：这是货币价格的市场化），是个从管制向市场转轨的过程（点评：市场化，就是金融资源配置中，市场的成分多一点，管制的成分少一点，最终实现十八届三中全会报告中所提到的"市场在资源配置中起决定性作用"，这是大势所趋，也是一个逐步转轨的过程），也是个政策风险逐步释放（点评：因为管制少了。相应地，贸易融资的未来发展中政策机会类产品将会越来越少），市场风险逐渐加码（点评：还是因为管制少了。相应地，贸易融资的未来发展中市场机会类产品将会越来越多。这主要体现为，客户的市场避险需求多起来，市场资金类产品在贸易融资产品组合中的地位会上升，比重也会上升）的过程。面对风险（请注意，政策是风险，市场是风险，金融转轨的过程本身就是风险），银行首先本能地会去寻找规避的办法（点评：避险和逐利，人的本性使然，人格化的资本的本性使然），当然，找到了办法，想清楚了自然明白这本就是业务创新的机会（点评：风险和机会，本是一个硬币的两面。没看清楚的时候,处处是风险,看清楚了则处处都是机会。套利和避险也是。跨境理财组合中,不要以为企业都赚钱不赔。刚刚过去的2月份的人民币汇率五连跌导致市场哀鸿遍野,这告诉我们,企业在套利的同时也需要避险。否则,就是在与央行对赌,胜算几何后果自负,利益自取,损失也自担),对市场风险如此(点评:市场价格的变化如此),对政策风险也如此(点评:政策因素的变化也如此)。显然,贸易融资也不可能例外。(点评:所以,产品研发不怕变化,只怕不变。当然,市场化之后与市场化之前,产品本身的价值也会有所变化,或上升或下降)

根据所基于的结算产品(点评:贸易融资的组合性表明,贸易融资呈现于世人眼前的是一系列产品组合。在贸易融资产品组合中,结算产品和融资产品都是基础产品)的不同,贸易融资产品分为票据融资、信用证融资和非信用证融资(点评:银行业的这三类贸易融资产品及其研发,自成体系,又互相影响。相应地,监管政策也各不相同,又互相作用。那么,如何不同呢?又如何作用呢?静待分解)。

(11)2011年银监会对票据融资的规范(点评:票据融资的特点是,一高流通性,二高价格敏感性。背后的原因是,票据融资有着非常成熟的二级市场。票据融资的每一次规范,都伴随着票据融资的市场创新。20世纪90年代中后期开始的第一波流贷贸易融资化的过程中,票据融资是唯一获益因此独立发展的贸易融资门类。相应地,监管的规范也比较早,也比较成熟。该时期的票据融资创新不多,主要是做量,用银承替代流贷,同时也促进票据贴现、转贴现和再贴现市场形成规模。新世纪以来开始的第二波流贷贸易融资化时期,票据融资规模进一步发展的同时,票据融资创新产品开始丰富起来:一级市场出现了的协议付息票据、商票保贴、票易票、电子银行承兑汇票等产品;二级市场还出现了票据卖断、票据回购、票据买入返售和卖出回购、票据信托、票据受益权转让等产品。2011年银监会对票据融资的规范,主要集中于部分农信社的票据转贴现产品及其会计核算。规范的结果会是什么呢?静待分解),促进了信用证融资(点评:在第二波流贷贸易融资化之前,传统信用证融资就已经存在。信用证融资,涉及国际国内两个市场。传统信用证融资几乎就等同于国际信用证融资。而传统国际结算几乎就是等同于外币结算。所以,传统信用证融资也几乎就等同于外币国际信用证融资。新世纪以来的第二波利率市场化催生了两种新的信用证融资:一是虽然诞生于1997年但实际自2007年起大发展的国内信用证融资,二是诞生于2009年但实际自2010年下半年起大发展的跨境人民币信用证融资。这两种新的信用证融资的充分发展,也反过来促进了传统信用证融资以新的姿态往前发展。比如,跨境理财模式下的交错币别国际信用证融资;还比如,证易证模式下的国内信用证易国际信用证融资和国际信用证易国内信用证融资等)和非信用证融资业务(点评:在第二波流贷贸易融资化之前,非信用证融资就已经存在,比如国际保理、国内保理,但是量不大,非常零星。真正的非信用证融资大发展,应该是新世纪以来,特别是2007年以来,先是国际保理的成规模发展,接着是国内保理的成规模发展,反过来又促进了国际保理的成规模发展,同时汇款和托收押汇也开始出现并成规模发展),特别是国内代付业务的快速发展(点评:这就是当时票据融资规范的结果。为什么呢?因为票据融资、信用证融资和非信用证融资,三者之间具有替代和转换的关系。实体经济的高速发展对资金需求非常大,票据融资一规范就满足不了,自然是把需求往信用证和非信用证融资方向上赶。票据融资主要用于国内贸易领域。于是,国内贸易融资各种形式的替代品,一时间如雨后春笋般,纷纷出笼,特别是国内代付类产品获得了巨大的发展空间,包括国内证买方代付、国内证卖方代付、国内保理代付等,后来也出现了票据代付、汇出汇款代付、汇入汇款代付、打包贷款代付、订单融资代付和流动资金贷款代付等新面目的产品。代付规模到底有多大呢?静待分解)。有意思的是,票据类融资本身并没有因此减少,反而继续以创新的姿态向前发展(点评:规范来了,票据融资并没有乖乖地束手就擒。票据融资,是拍不死的小强。哈哈。或许,票据融资是个好东西,所以依然倔强地向前发展。当然,这一回是新姿态,披上了新的马甲)。比如,2013年末,国内一家国有大行(点评:可以猜一猜是哪一家银行)为破解银行票据业务发展瓶颈(点评:哪里有瓶颈,哪里就是痛点。实体有需求,市场有需求,接下来就看银行怎么做了)正式推出了票据资产托管业务——"票据综合服务平台"(点评:显然,这是互联网金融的平台思维),为客户提供票据保管、票据审验、票据交割、交易清算、票据托收和信息查询等一体化管家式服务,几乎包括目前国内商业汇票所涉及的各项基础业务功能(点评:票据电子化的最高阶段是电子票据,对于中国来说,商业银行和人民银行都在大力推广,但出于使用习惯和中国市场的特殊性,一时半会儿可能还不能完全实现电子票据。那怎么办呢?银行完全可以放下身段,放低目标,同时做票据影像化。显然,这在中国依然是一个待开发的广阔市场)。据报道,"未来票据资产托管系统在相关政府部门的有效监管下还可成为票据业务及票据市场改革的试验田(点评:银行发展与行业使命结合,利己利他,寓利于义。有雄心!),并通过其建立权威的信用评估机制,如对托管票据进行统一评级、对参与主体进行信用评估(点评:这又是一个可观的市场。有雄心),同时尝试推行票据标准化产品、票据与其他相关业务的融合产品、票据衍生品、票据资产证券化产品等各类创新产品(点评:这是一个比票据融资更大也更丰富多彩的市场。有雄心)。"(点评:好大的一盘棋,好样的,赞一个!显然,这离不开该银行现成的庞大票据融资规模,也离不开监管部门的创新监管和有力支持)

(点评:作为贸易融资一大门类的票据融资创新,乃至票据业务创新,还有吗?值得期待。)

(12)2012年8月份银监会237号文(《银监会关于规范同业代付业务管理的通知》银监办发〔2012〕237号)对同业代付业务进行规范(点评:自2007年国内代付业务开始发展,2011年进入发展的快车道。据媒体报道,2012年初的时候国内证代付存量余额就已经达到1.1万亿~1.3万亿元。237号文规范的是代付业务。那么,为什么代付业务会被规范呢?众所周知,贷存比是用来控制银行表内信贷规模的一个监管指标。代付业务无论如何是一笔对企业的表内融资,但是所涉及的两家银行,一家定性为担保,一家定性为拆借,均没有计入贷存比。这就奇了怪哉!237号文的出台就是用于针对性地解决这一个问题,要求委托行必须入表,占用信贷规模,计入贷存比;而代付行则可以豁免)。于是,国内代付业务量立马萎缩(点评:237号文要求代付下委托行入表,占用信贷规模,计入贷存比。这相当于占用资源,从而势必抬高代付资金成本,如此,其市场利率优势就一下子被抹平了。相应地,国内代付业务量的萎缩也就是分分钟的事),而各种替代创新业务迅速涌现(点评:当然,银行仍不会坐以待毙,替代创新产品早就准备好了。规范早期最简单的创新,就是国内证代付业务事先在代付指示中约定由代付行占用信贷规模。这有一个好处,可以在委托行与代付行之间腾挪信贷规模。因为237号文归根结底是为了针对性地解决信贷规模问题,尽管文中提供了会计入账方案,但该方案有一个极大的弊端就是无法在委托行与代付行之间腾挪信贷规模。除此之外,还有别的创新吗？静待分解),包括国内证偿付(点评:国内证偿付,要点不在于"偿付"二字,而在哪呢？应该是在背后的"假远期"三个字。假远期国内证是什么？即带假远期融资条款的国内证。证中的假远期融资条款,包括一句话:前半句是"开证行承诺即期付款无须理会远期期限",后半句是"即期付款的利息由申请人承诺"。实务中,假远期国内证有两种,一种是资金由开证行直接提供,一种由开证行以外的一家银行提供。后一种,也有许多银行称之为"远证即付"。哈哈,名字起得不错！试着想一想,国内证偿付与代付不同在哪里)、国内证福费廷(点评:国内证福费廷,是国内证下应收账款叙做的无追索权贴现。试着想一想,国内证福费廷与代付不同又在哪里)、国内再保理(点评:国内再保理,指的是两家银行之间对卖方的应收账款提供预付价金融资。这是银行与银行之间的合作。实务中,还有一种国内再保理,指的是银行承接商业保理公司从卖方处受让的应收账款而提供预付价金融资。这是银行与商业保理公司之间的合作。试着想一想,国内再保理与代付不同又在哪里)等。而今年3月份(点评:指2013年3月份)银监会8号文(《银监会关于规范商业银行理财业务投资运作有关问题的通知》银监办发〔2013〕8号)对非标理财业务进行规范(点评:"非标",指一对一协议价格的非标准化资产。既然是一对一协议价格,那么,二级市场便不发达,价格透明度低,收益则往往是比较高的。"理财",指理财资金。俗话说:"你不理财,财不理你。"资金是逐利的,如果风险水平相差不大,收益又比较高,当然最好的理财资金投向就是"非标"资产了。8号文规定:"商业银行应当合理控制理财资金投资非标准化债权资产的总额,理财资金投资非标准化债权资产的余额在任何时点均以理财产品余额的35%与商业银行上一年度审计报告披露总资产的4%之间孰低者为上限。"显然,这一规定限制了理财资金直接投向非标资产),进一步把市场资金赶往各种国内代付替代创新业务(点评:怎么赶,见仁见智,反正就是赶。准确地说,国内代付形成的资产,也属于非标资产,但是,该资产基于贸易背景,又不同于一般的非标资产。如果进一步观察将会发现,2013年的理财规模并没有因为8号文的出台而减少,反而是加速度扩大,或许,只是赶可能不是一个办法。请注意,即便在8号文的框架内,据业内人士分析,"非标资产的定义存在操作空间,例如将承兑汇票设计成可在银行间市场交易的买入返售类票据即可变成标准化债权资产,同时在银行间市场/证券交易所的信贷资产证券化产品也不受限制")。今年5月末(点评:指2013年5月份)银监会监管二部提示函(点评:这个文件的"名称"很有意思),把以上三种业务视为新型代付业务列入237号文进行规范监管(点评:这个文件的内容也很有意思)。事实上,237号文明文指向的是买方发起的贸易

天九湾政策及汇市问答 2014 年度汇编

融资业务(点评:举一个例子,文中一再提到的"受托支付"字样可以为证。贸易融资的流程性决定了,其根据发起人不同区分为买方融资和卖方融资。事实上,"受托支付"只与买方融资有关,而与卖方融资无关),而这三种替代创新业务则是真真切切的卖方发起的贸易融资业务(点评:举一个例子,国内证福费廷只会由卖方发起,而不会由买方发起),所以,如此提示函只让业内感觉到左右为难(点评:左右为难,自然也哭笑不得)。目前规范的国内证福费廷业务(点评:国内证福费廷业务,其实非常规范),由于其独特的价值和独特的结构,在国内贸易融资市场中占有相当比重(点评:目前国内证代付几乎没有了,国内证偿付和国内再保理也少见了,唯有国内证福费廷业务,因其规范而硕果仅存。国内证融资还有别的产品吗?静待观察)。

(13)准确地说,237号文规范的起因是国内代付(点评:准确地说,这指的是国内贸易项下代付。贸易融资的代付产品,根据贸易背景的不同,分为国内贸易项下的代付和国际贸易项下的代付。237号文规范的起因是国内贸易项下的代付。国内贸易项下的国内代付一系列产品,最早出现的是2007年诞生的国内证代付,这是借鉴了国际证代付产品的设计。国际贸易项下代付(包括国际证代付、国际汇款代付、国际托收代付)的出现,比国内贸易项下代付要早十多年,大概在20世纪90年代中后期就有了。最早出现的国际贸易项下代付,资金来源于海外,对应于外汇局的文件也称为"海外代付"。后来,国际贸易项下代付也发展出了国内代付,资金来源于国内代理行),其出台却同时波及了早已存在的大量国际代付业务(点评:准确地说,这指的是国际贸易项下代付。2010年下半年起随着跨境业务的快速发展,国际代付量也突然加速扩张。国际代付已经出现了十几年就没事,直到出现了国内代付,就一同成为被监管规范的对象。俗话说,"城门失火,殃及池鱼。"国际代付是也)。显然,银行业不可能坐困其中,而会积极寻找替代创新(点评:没有创新,就没有活路。为了活路,银行自然会想方设法。国内代付如此,国际代付也如此)。目前的银行业市场的确出现了许多规范的国际代付替代创新业务(点评:请注意,是"许多",而且也是"规范"的。看来规范的办法不是没有,逼着银行去想,总是会想出来的,这不得不归功于银监会237号文的出台。赞一个!),有力地支持了去年以来颇为困难的国际贸易的发展(点评:对于银行来说,创新是为自己寻找活路。对于企业来说,创新是"金融服务实体",也是"贸易融资服务贸易")。有意思的是,这些替代创新业务的政策效果(点评:既指政策风险,也指政策机会),已经与国内代付业务所适用的237号文的范围不太一样(点评:为什么会不太一样呢?最基本的原因是,一个是国际,一个是国内。在当前中国的政策环境中,国际业务和国内业务的监管本来就不一样)。值得一提的是,与国内代付一下子几乎销声匿迹不同(点评:为什么?国内代付的优势几乎一夜之间荡然无存,而所剩不多的好处,也被替代产品所涵盖。所以,237号文一出台,2012年的过渡期一结束,国内代付几乎就销声匿迹),国际代付尽管需要入表处理,占用信贷规模,但由于其便利性仍在国际贸易融资市场中拥有很大的市场份额(点评:为什么?国际代付有其操作上的便利性和接受上的通用性。国际代付的量有所下滑,但2年之后的今天,其存量仍然不小)。

(点评:贸易融资业务的发展取决于两个授信:一是企业授信,二是同业授信。代付业务,不管是国内代付业务,还是国际代付业务,很直观地诠释了这么一番道理,即:涉及企业授信,也涉及同业授信。代付业务,从产品的构成来看,其实融合了一级市场产品和二级市场产品于一体。一级市场,是对企业来说的;二级市场,是对代理行来说的。如果一定要问,代付业务到底是一级市场产品,还是二级市场产品。笔者的看法是"一级半"市场,因为它不完全是一级市场产品,也没有二级市场产品的良好流通性。)

(14)非信用证融资最为典型的属保理融资(点评:当然,非信用证融资除了保理融资之外,还有传统的汇款和托收融资、BPO融资等。请注意,保理与保理融资并不是一回事。保理,作为金融服务方案,涉及四个产品:应收账款催收、分户账管理、坏账担保和保理融资。国内银行业说保理,往往重融资,而不重其他产品。笔者非常认同一种看法,做保理的精髓是做其他产品,而不是做表内融资。显然,这已经是贸易金融的大境界了。且不论目前中国对内对外的应收账款规模,单从境界看,中国保理的未来空间真的很大)。据报道,2012年国际国内保理业务量达到2.8万亿元,同比增长26.9%。今年(点评:指2013年)上半年中国银行业协会25家成员单位的国内保理业务量达1.2万亿元,同比增长115.7%;国际保理业务量594.3亿美元,同比增长176.1%(点评:用"飙升"二字,毫不为过。这里的数据可能都不包括近年热火起来的商业保理业务)。

(点评:迅速飙升的保理融资,意味着一系列产品创新,如再保理。哪里有创新,哪里就会有监管的眼睛。2013年,保理融资很快就引起了监管部门的注意。那么,监管部门会如何规范保理融资呢?静待分解。)

银监会35号文(《中国银监会关于加强银行保理融资业务管理的通知》银监发〔2013〕35号)对卖方保理(点评:为什么卖方保理多呢?因为卖方需要融资。所以,准确地说,是卖方保理融资多),特别是单保理业务(点评:为什么卖方单保理多呢?因为卖方单保理融资手续特别便利。所以,准确地说,是卖方单保理融资多)的规范,并没有改变保理融资高速发展的势头(点评:中国保理,关键在于银行、企业、商业保理公司的观念蜕变和提升。换言之,一旦观念到位,规范的保理融资就做不完,所以,监管规范并没有改变保理融资的高速发展势头)。总体来看,这个文件更多的是强调对保理融资贸易背景真实性的合理审查(点评:强调贸易背景真实性。这是贸易融资的前提)和风险控制(点评:如内部控制、架框设置、环节审核等)作出要求,本意在于规范保理融资的市场创新,以防范信用风险(点评:指买方信用风险)、欺诈风险(点评:指买方欺诈风险和卖方欺诈风险)和合规风险(点评:如禁止五种保理融资:不合法基础交易合同、代理销售合同、未来应收账款、权属不清的应收账款、因票据或其他有价证券而产生的付款请求权等。保理基于应收账款转让。基础交易合同不合法,应收账款便不合法,本来就禁止叙做保理,这算再次强调;代理销售合同,应收账款本来就是委托人的,代理人无权转让,这也算再次强调;未来应收账款,实际上应收账款还没有形成,具有不确定性,此时叙做保理融资信用风险很大,这算提醒,"禁止"则有点意思,因为应收账款还没有形成之前也需要融资,如订单融资、打包贷款;权属不清的应收账款,卖方可能转让的不是自己的应收账款,这也算再次强调;基于票据和有价证券而产生的付款请求权的保理融资,不好理解,是担心空头票据、空头有价证券吗?这个也有点意思)。因为市场力量作用下的流贷贸易融资化是大势所趋(点评:流贷贸易融资化,是金融市场化下银行自然选择的结果),贸易融资代表着传统流贷的发展方向(点评:包括保理融资在内的贸易融资,是这个发展方向的代表),而包括贸易融资在内的任何一项业务要发展(点评:发展意味着,一量的扩张,二质的提升)必定伴随着一个又一个创新热点的轮动(点评:发展,不管量的扩张,还是质的提升,都意味着创新,从而意味着围绕创新而展开的热点。这些热点,总是一个又一个,所以是轮动往前推进贸易融资的市场发展),显然,这需要因势利导下的创新监管(点评:"让市场在资源配置中发挥决定性作用",意味着市场规律的主导作用。市场在发展,市场在创新。相应地,监管也需要与时俱进,因势利导,创新,从而能动地适应市场规律的主导作用。在这个意义上,总体感觉35号文还是在"规范创新",而不是在棒杀保理融资的各项创新)。

2014年,已经发布的国办〔2013〕107号文《关于加强影子银行业务若干问题的通知》(点评:107号文具有中国影子银行"基本法"之称。文中对三类影子银行的分类,对贸易融资有直接影响的是理财资金投向和融资性担保的规范,既意味着机会,也意味着风险)、银监会〔2014〕2号文《商业银行流动性风险管理办法(试行)》(点评:中国版巴塞尔Ⅲ主要涉及两个内容:一是资本充足率管理,二是流动性风险管理。前者体现在银监会2012年发布的《商业银行资本管理办法(试行)》文件中,提高了资本充足比率的要求,也调整了银行资本的分类和风险资产的计量。后者主要体现在今年刚刚发布的《商业银行流动性风险管理办法(试行)》,新增了四个流动性比率要求,包括流动性覆盖率、存贷比、流动性比例和杠杆率等。对贸易融资的影响,前者更直接一点,对表内外贸易融资的影响都很大;后者间接一点,主要影响表外贸易融资的长远发展)和正在征求意见即将发布的外汇局《跨境担保外汇管理规定》(点评:该征求意见稿中,外汇局初步形成以下跨境担保外汇管理方案:"在内保外贷方面,大幅度缩小内保外贷的数量控制范围。仅保留金融机构融资性'内保外贷'的规模控制,并将事前指标核定改为'比例自律'(如金融机构对外担保余额不超过上年末经审计净资产的50%);取消非金融机构(企业)融资性和非融资性对外担保的事前审批或指标核定,并取消所有形式的数量控制。同时取消大部分资格条件限制。除个别适用于所有机构的一般性限制条款外(如担保资金用途限制),取消针对特定主体(担保人、被担保人资产负债比例或关联关系要求)或特定交易(如非融资性担保)的资格条件限制。在'外保内贷'方面,实行适度的业务资格限制。债权人须是境内金融机构,债务人须是非金融机构,被担保的债务只能是本外币普通贷款或信用额度。同时实行债权人集中登记,即由债权人(即境内金融机构)通过资本项目信息系统向外汇局集中办理数据报备。"对贸易融资的影响,一是涉及表内贸易融资与融资性担保的组合和捆绑模式,二是涉及贸易融资中表外贸易融资产品的运用空间将大为释放,操作便利性将大大提高),既有促进之举(点评:征求意见稿,是促进为主),也有规范之意(点评:流动性办法,是规范为主),无疑地,这都将对贸易融资市场的发展产生重大影响(点评:影响意味着什么?既是风险,也是机会)。

(点评:中国正处于金融转轨的过程中,创新不足将是很长一段时间的常态。金融市场的发展需要贸易融资的市场创新,实体经济的发展需要贸易融资的市场创新。贸易融资的发展和创新呼唤理性监管。在这个意义上,对待贸易融资的市场创新,在未来很长一段时间里,中国银行业监管的主流将是"规范创新"。)

(15)上海自贸区

(点评:上海自贸区2013年9月正式挂牌以来,12月央行30条发布,至今已经运作整整半年。

那么,上海自贸区对于中国贸易意味着什么?对于中国金融又意味着什么?

与国际上传统自由贸易区(FTA)不同的是,传统自由贸易区是多个国家一起玩,游戏规则多国共同制定;而上海自由贸易实验区(FTZ)是一国在自己的地盘玩,自己地盘自己做主,游戏规则自己制定。

上海自贸区是中国改革开放进入深水阶段的一个缩影。自贸区的核心功能是金融,同时也涵盖航运和商务功能。毫无疑问,自贸区是在探索把上海建成国际经济中心、国际航运中心和国际贸易中心的基础上,探索建设上海国际金融中心的路,探索改革开放深水阶段的中国金融发展之路。

贸易金融,一手搭贸易,一手搭金融。显然,上海自贸区的贸易金融机会,值得想象,也值得期待。)

2013年,最让人看不明白的是转口贸易融资的前景(点评:转口贸易融资由来已久,而2013年转口贸易和转口贸易融资的发展,让人看不明白。看不明白的连锁反应是:到底做,还是不做?为什么做,又为什么不做?如果不做,银行国际贸易融资到底做什么好呢?静待分解)。转口贸易融资基于转口贸易(点评:正因为此,要看明白转口贸易融资的前景,首先要看清什么是转口贸易背景,转口贸易的前景如何。这还是应了那句话,金融服务实体,贸易融资服务于贸易。相应地,转口贸易融资归根结底需要服务于转口贸易)。关于转口贸易(点评:什么是转口贸易呢?居民从非居民处买入货物再卖给另一非居民,对于居民来说,货物暂时入境作或不作简单加工,这体现为转口,因此得名"转口贸易"。这是传统的"转口贸易"。实务中,居民从非居民处买入货物再卖给另一非居民,而货物不入境,也称为"转口贸易"。在外汇局国际收支申报的新口径中,二者都算一般贸易,并没有"转口贸易"的专门说法,前者称为一般贸易中的"海关特殊监管区域及保税监管场所进出境物流货物",后者称为一般贸易中的"离岸转手买卖"。提示一下,本文中只是笼统地使用"转口贸易"这一说法),2013年有两件事值得认真关注(点评:两件事影响都很大,一短一长,都既有政策的影响,也有市场的影响),一是外汇局20号文的出台对转口贸易的紧急刹车(点评:这一影响相对会短一点。但至今,业界和监管都念念不忘),二是上海自贸区的设立却预示着转口贸易的未来广阔空间(点评:这一影响相对会长一点,十年二十年不为过)。

(点评:先看第一件事,外汇局的20号文。)

2013年5月份,外汇局20号文(《国家外汇管理局关于加强外汇资金流入管理有关问题的通知》汇发〔2013〕20号)出台以规范转口贸易真实性审核(点评:20号文的内容涉及两个方面:一是外汇贷存比单独计算,并与结售挂钩;二是强调分类监管和转口贸易融资的背景真实性审核。俗话说:"守土有责。"外汇局肩负着把守跨境资金以外形式进出国门的重任,从文件的名字可以看出,当时国际热钱冲击国门的严重程度和当时外汇局应对国际热钱冲击的重视程度),缘于2012年国庆节后(点评:显然,这需要敏感性。那时候数据还没有出来,但银行的从业人员天天都在处理业务,所以"春江水暖鸭先知")转口贸易和转口贸易融资井喷式增长(点评:井喷到什么程度?据公布,2013年1—2月份进出口贸易中,中国对香港、台湾出口分别同比增长92.9%及44.9%。那么,到底是什么贸易会增长这么快呢?事后众人皆知,原来是转口贸易),贸易数据过度扭曲(点评:扭曲到什么程度?静待分解)。在这个文件的影响下,贸易数据和转口贸易数据快速压缩(点评:压缩到什么程度?静待分解。为什么呢?外汇贷存比和结售汇受到制约,转口贸易做也不是不做也不是。20号文强调贸易背景,特别是转口贸易背景的真实性,而转口贸易两头在外,到底什么是虚假转口贸易,什么又是真实转口贸易,众说纷纭,企业和银行都小心谨慎,都在犹豫观望)。据估算,6月份转口贸易量减少90%(点评:这就是压缩,说高度压缩也不为过)。据披露,6月份外贸增长几近于零(点评:这就是扭曲,说高度扭曲也不为过),这是真实的,没有水分的增长,以致有人反推中国外贸上半年也接近于零增长,以致有人惊呼:中国外贸增长可能已经进入"零时代"(点评:市场上的企业如惊弓之鸟。显然,反应过度了)。准确地说,从2012年(点评:这一年对国际政治、国际经济、中国政治、中国经济和中国银行业,都是非常重要的一个年份)起,中国外贸增长已转入10%以内的中速增长通道(点评:那么,相比之下,高速增长是多少呢?静待分解)。外贸2012年增长6.2%(点评:2012年初商务部预测10%应该没有问题,到第四季度的时候预测8%应该没有问题,实际上当年连8%都不到),2013年如果按8%的增长速度来看(点评:2013年实际增长7.6%),放在全球任何一个经济体也都不低,只是与往年20%～30%的增长速度(点评:这就是高速增长)相比,差距太大了,国人一时还不适应,而更多的是感受到外贸增长的巨大压力(点评:有压力就有动力。动力在哪?中国外贸的转型升级。转型升级的方向在哪?静待分解)。其实,从转口贸易下跨境人民币结算量来看,2013年6月和7月两个月的结算量有比较明显的下滑(点评:下滑是暂时的),8月和9月则出现了恢复性增长(点评:恢复性增长,马上就来了),并达到2012年和2013年转口贸易量的月度峰值(点评:实际上,2013年的11月和12月的转口贸易量,达到了历史最高水平)。显然,这表明转口贸易具有努力向上突破的强大生命力(点评:转口贸易是又一个拍不死的小强。显然,银行和银行的转口贸易融资也不可能置身事外)。

(点评:为什么转口贸易有如此强大的生命力?)

(16)2013年9月份,上海自贸区成立是人民币国际化进程(点评:直接来看,上海自贸区与人民币国际化进程息息相关;间接来看,也与人民币市场化进程息息相关。因为,对于中国金融改革和发展来说,二者的协同推进,具有特殊的意义。)中一个举世瞩目(点评:人民币国际化不只是中国自家的事情,还具有全球影响)的历史性事件(点评:人民币国际化历史上的一个里程碑事件,甚至是中国金融发展历史上的一个里程碑事件。何出此言呢?静待分解),也是银行国际业务的一大福音(点评:银行国际业务主要包括国际结算和贸易融资两块,当然决不限于此,如全球现金管理、跨境投融资、离岸金融等。上海自贸区,利好国际结算,也利好贸易融资)。或许,从上海自贸区的功能定位(点评:按照笔者的理解,上海自贸区重在扩大服务业开放,包括金融、航运、商务、专业、文化和社会服务,与上海国际经济中心、金融中心、航运中心和贸易中心建设联动,探索改革开放深水阶段的中国金融发展之路。那么,如何实现国际金融中心的功能呢?静待分解)中,可以找到转口贸易生命力的源头(点评:远在天边,近在眼前。转口贸易和转口贸易融资,就是触手可及的一个抓手)。人民币国际化的一个重头戏和上海自贸区的一个重要任务,就是人民币对大宗商品定价权的争夺(点评:请注意,货币具有五大职能:一是价值手段,二是流通手段,三是支付手段,四是储备手段,五是世界货币。人民币国际化直接指向第五个职能——世界货币,即人民币的境内使用推向跨境和境外也一起使用,人民币成为国际货币。具体怎么使用呢?这是前四个职能,其中第一个职能——价值手段,是虚的,形而上的;第二至第四个职能——流通、支付和储备手段,是实的,形而下的。人民币国际化中,形而下的流通、支付和储备手段职能是支撑,形而上的价值手段职能才是最终的目的。价值手段职能,通俗一点说,就是计价手段或定价职能。人民币国际化下要实现定价职能,首先就意味着,必须与当前国际主流货币的定价竞争。显然,这是国际货币定价权的博弈。具体而言,任何一种国际货币的定价权,包括人民币,涉及三个方面:一是对货币的定价权,这对应于人民币的汇率主导权;二是对资金的定价权,这对应于人民币的利率主导权;三是对资产的定价权,尤其是大宗商品的定价权,这对应于大宗商品的人民币价格)。全球大宗商品市场严重依赖中国的需求(点评:怎么依赖呢?中国经济感冒,全球大宗商品市场就低迷;中国经济发烧,全球大宗商品市场就疯狂),但中国在国际市场的价格影响力十分微弱,"话语权"缺失(点评:"话语权"的一个重要方面,就是定价权)。据报道,目前中国市场消费了全球铁矿石的一半以上、有色金属的三分之一(点评:不愧为"世界工厂")。"中国既是大宗商品的消费大国(点评:"世界工厂"创造的大宗商品需求),也是生产大国(点评:同时,中国也生产和出口大宗商品),中国有庞大的商品市场(点评:大宗商品市场,包括各种各样的大宗商品交易所和让人眼花缭乱的大宗商品交易市场。请注意,目前还几乎都只是限于国内交易,所以最多只能算"国内"大宗商品交易市场,自然谈不上国际话语权和定价权了)。上海自贸区建立后,不仅会大大提升转口功能(点评:转口贸易)和物流功能,从而吸引大量高端制造、加工、贸易、仓储物流企业在此落户,同时,上海更有望成为泛亚地区的供应链枢纽(点评:供应链贸易),建成世界领先的大宗商品交易中心(点评:大宗商品贸易),这将为大宗商品贸易提供新的机会(点评:大宗商品贸易,包括大宗商品的国内贸易、跨境贸易、离岸贸易和转口贸易)。"显然,这意味着日后国际大宗商品贸易将出现大量的人民币定价(点评:人民币国际化,不是要争夺定价权吗?所以上海自贸区的国际大宗商品贸易势必会出现大量的人民币定价),也意味着相当规模(点评:规模不同,意味着话语权和定价权的轻重不同)的大宗商品的交易地点(点评:在上海自贸区交易,买家和卖家有国际又有国内。这意味着什么?静待分解)和交割地点(点评:在上海自贸区交割,买家和卖家有国际又有国内。这又意味着什么?静待分解)的转移,从遥远的伦敦、纽约,到周边的新加坡、香港和釜山,向上海转移。当大量的国际买家和国际

天九湾政策及汇市问答 2014 年度汇编

卖家集聚上海进行大宗商品交易的时候,很自然地就会出现大量的以中国企业为中间人的"狭义"的转口贸易(点评:在外汇局国际收支申报的新口径中,这是一般贸易中的"离岸转手买卖"),也会出现大量的以中国上海为货物交割地的"广义"的转口贸易(点评:在外汇局国际收支申报的新口径中,这是一般贸易中的"海关特殊监管区域及保税监管场所进出境物流货物")。值得期待的是,上海自贸区的成立势必会迎来一波转口贸易的快速发展,因为转口贸易本就是人民币国际化的应有之义。

(点评:这就是转口贸易融资顽强向前的生命力之源头。)

相应地,转口贸易结算和融资、大宗商品融资和离岸贸易融资,或许会成为中国银行业国际业务继跨境人民币结算和融资之后迎来的又一次历史性机遇(点评:显然,这需要足够的前瞻性)。据 SWIFT 组织发布的报告,今年 10 月,人民币已取代欧元成为世界第二大常用贸易融资货币(点评:雄关漫道真如铁,而今迈步从头越。这只是万里长征第一步。)。

(点评:在整体外贸进入中速增长通道的背景下,未来中国银行业的国际业务,如果不做转口贸易融资,你想好做什么了吗?试看新加坡和香港转口贸易的繁荣,便知中国未来转口贸易的空间广阔。)

(17)在这个意义上,准确地说,外汇局 20 号文是转口贸易及转口贸易融资发展大戏中的一个插曲(点评:什么叫插曲?就是转口贸易向前蓬勃发展,而 20 号文只是规范一下,并没有改变大方向)。那绝不是叫停转口贸易(点评:"叫停"与规范相差甚远),更不是封杀转口贸易(点评:"封杀"与规范也相差甚远),而是在打击虚假的转口贸易和规范真实的转口贸易,以引导(点评:请注意,是"引导"。因为"叫停"和"封杀",只会适得其反)转口贸易及转口贸易融资的规范发展(点评:显然,这需要理性)。今年 12 月,外汇局 44 号文(《国家外汇管理局关于完善银行贸易融资业务外汇管理有关问题的通知》汇发〔2013〕44 号)及外汇局综合司发布的《国家外汇管理局综合司关于完善银行贸易融资业务外汇管理具体操作事宜的通知》(汇综发〔2013〕94 号)(点评:前者是原则规定,后者是具体事宜)就是一个印证(点评:的确,44 号文和 94 号文的业内反响很大。44 号文"叫停"转口贸易了吗?94 号文"封杀"转口贸易了吗?没有,找不到类似字眼。其针对近期外汇流入压力(点评:这是阶段性的压力,贸易界和银行界理应都能体谅监管的难处,并努力配合解决。),再次强调了银行对转口贸易和转卖贸易背景真实性和合法性(点评:真实存在的转口贸易背景,可能是合法的,也可能不合法的。准确地说,监管打击虚假的转口贸易,也打击真实但不合法的转口贸易)的"合理审查"和"尽职调查"(点评:合理审查的"理"在哪?尽职调查的"职"在哪?平心而论,不管是"理",还是"职",都意味着一定的标准。换言之,在一定的标准之内,银行合理审查了,尽职调查了,在合规上理应免责。近期的监管相关文件中,开始出现了二合一的说法——"尽职审查"),同时也明确了银行审查标准(点评:主要指 44 号文)和操作流程(点评:主要指 94 号文),大大提高了银行操作性,这是可喜的监管进步(点评:监管一直就在与时俱进)。当然,这两个新文件由于提高了审查力度(点评:规范总是必要的),也势必会影响正常转口贸易融资的可获得性和便利性(点评:这是规范的代价。因为天下没有免费的午餐)。针对此,今年 12 月,国家外汇管理局在召开银行贸易融资检查暨政策通报会上,通报了外汇局 2013 年开展的"打击虚假转口贸易专项行动"(点评:虚假贸易,当然要打击)工作情况,并介绍了近期发布的贸易融资外汇管理政策,旨在强调"督促银行严格执行政策,积极支持实体经济真实贸易融资需求(点评:真实贸易,当然要支持),防止企业虚构贸易背景套取银行融资(点评:虚假贸易,套取融资要防止在前,打击在后)",并特别强调"积极贯彻落实三中全会精神,大力推进贸易投资便利化,加大对守法合规经营企业的便利化支持力度。"(点评:打击虚假贸易,对象是谁呢?从通报公布的 25 亿美元涉案金额的虚假转口贸易,均指向了企业。为什么?企业是虚假贸易的当事人,是否虚假,心知肚明,这涉及的是实质真实性。相比之下,银行只能在尽职审查的框架内谈贸易背景真实性。当然,各地外汇局实际上也先后通报了一些银行违规操作的案例,合规风险值得高度警惕)显然,外汇局的监管是理性的(点评:这是监管的理性),也是明智的(点评:没有理性,谈何明智)。

(点评:那么,怎样算真实贸易,怎么又算虚假贸易呢?监管文件并没有统一的标准。通常,银行审核时需要确保两点:一是货权,即考察相关货权凭证,如果货物处于运输中考察运输单据,特别是提单,如果货物存放在仓库中则考察仓单。因为买方没有货权,按理不可能销售货物。二是货权转移,即考察真实存在的货权转移凭证,主要看购销合同和发票。实务中,为了套利而构造的转口贸易,往往发生于合伙人或关联企业之间,所以,货权转移凭证可以轻易取得,几乎都是真实的。但是,货物运输的运输公司或货物存放的仓储公司,往往是独立第三方,其出具提单或仓单便不容易取得。换言之,如果相关货权凭证是真实的,那么基本上可以据此认定贸易背景的真实有效。

上述是银行业广为流传的标准。这是个极其谨慎的标准。这一标准背后说明了一点,即业内不鼓励贸易上没有真实货物的买空和卖空。然而,在国际大宗商品交易所中,买空卖空机制是大宗商品价格发现的基本条件。此时,大多数情况下,货物根本就不存在。有理由相信,在上海打造国际金融中心的过程中,未来一定会出现大量买空卖空形式的以人民币定价的大宗商品贸易,包括大宗商品的转口贸易。

请注意,贸易实务中,存在大量的构造贸易,而构造贸易并不等同于"虚假"贸易。在跨境人民币出现之前,香港、新加坡的转口贸易中有很大一部分就是构造的贸易,出发点各不相同,或为避险或为避税或为赚取差价,不一而足)

(点评:笔者觉得:要正确看待转口贸易和转口贸易融资,不管是企业还是银行,不管是市场还是监管,都需要高度的敏感性、理性和前瞻性)

(18)进一步看,大宗商品(点评:大宗商品是指可进入流通领域,但非零售环节,具有商品属性用于工农业生产与消费使用的大批量买卖的物质商品。在金融投资市场上,大宗商品指同质化、可交易、被广泛作为工业基础原材料的商品,如原油、有色金属、农产品、铁矿石、煤炭等。显然二者略有差别。在这里主要指后者,大体包括能源、工业原料和农副产品三类)的国际定价权的争夺方式有两种(点评:这个争夺会非常激烈,因为美元不会轻易吐出嘴里的肥肉,主动腾出国际大宗商品定价的市场空间)。一是"引进来"到家门口。比如,2013 年 11 月上海国际能源交易中心正式挂牌(点评:大宗商品中的能源类商品)。还比如,2012年底香港交易所收购全球最大的非铁金属交易所——英国伦敦金属交易所(点评:金属属于大宗商品中的原料类商品。非铁类金属交易量,数伦敦金属交易所最大。铁矿石交易,则相对比较分散,分散在各个产地国、转运国、使用国和一些综合商品交易市场,指数品种和期货品种诞生的时间也都比较晚,集中于2008年之后)。而伦敦金属交易所为争夺大宗商品在华定价权,正在与中国银行合作推出人民币计价合约,并以人民币结算(点评:这是大买卖。既然人民币一定要获得与中国综合国力对等的大宗商品定价权,那么,与其百般阻挠,不如顺应潮流,放下身段,和中国合作,和人民币合作,还卖给中国一个人情。中华民族是有情有义的民族,中国是"滴水之恩,涌泉相报"的国度)。"这就意味着依托着大宗商品构建的金融产品将从某种程度(点评:大宗商品既具有商品属性,也具有金融属性。香港的离岸人民币定价商品,还只是"某种程度"的,因为只是与人民币沾上边。上海的在岸人民币定价商品,将是"实质性"的,因为直接影响国内外的大宗商品供求)避开美元的'特权'挂钩人民币(点评:这是货币博弈,背后则是金融博弈和政治博弈),毫无疑问这将为将来的人民币国际化战略提供一个非常关键的核心,即人民币在国际交往中清算和结算项目下的约束更少(点评:人民币国际化中,为什么说这是"关键",又是"核心"呢? 一国货币的定价权高于一切)。"还比如,2013年4月,中国人民银行正式批准天津渤海商品交易所开展现货商品(点评:这还只是现货)跨境交易人民币结算业务(点评:好歹是跨境人民币结算),这意味着境内外企业可以通过交易所平台(包括跨境电商平台)买卖现货商品,如天然橡胶、铁矿石等工业原材料、油菜籽等生活资料,并以人民币直接贸易、定价、结算和清算,"相当于开辟了面向全球的线上自贸区"(点评:一个"线上自贸区"。如果愿意关注,近期浙江义乌也在推"线上自贸区")。

二是"走出去"到全世界。2008年国际金融危机后,欧美大型金融机构正在面临日益加大的监管压力(点评:国际金融危机和欧美债务危机下,加强银行监管,特别是衍生品监管是共同的呼声。如2013年12月美国的"沃克尔规则"主张:一是禁止商业银行从事高风险的自营交易,将商业银行业务和其他业务分隔开来;二是反对商业银行拥有对冲基金和私人股权基金,限制衍生品交易;三是对金融机构的规模施以严格限制),而大幅缩减大宗商品业务(点评:如摩根大通、德意志银行等退出大宗商品业务。当然也有另类,如花旗银行和巴克莱银行反而逆势进军大宗商品业务。总体趋势是,欧美银行业逐渐腾出一部分大宗商品市场),便为中国金融机构的国际大宗商品业务拓展了空间(点评:此消彼长。有人腾出市场,总得有人出接。中国不去接,他国也会染指。所以,顺势而为,对于中国金融机构来说,是一个很好的机会)。比如,继2012年中国银行先后与芝加哥商品交易所(点评:全球最大的衍生品交易市场)结成战略协作伙伴关系和加入伦敦金属交易所(点评:全球最大的非铁金融交易市场)之后(点评:前者是中国银行总行,后者是中银香港),2013年中国工商银行正在通过收购南非标准银行以间接获得伦敦金属交易所交易资格。还比如,继2011年山东祥光铜业登陆伦敦金属交易所之后(点评:这是企业。好样的),2013年广发证券收购法国外贸银行旗下的商品期货部门,也已获得伦敦金属交易所交易资格(点评:这是证券公司。好样的)。有理由相信,将来国际大宗商品交易所(点评:包括中国的和外国的)和国内大宗商品交易市场(点评:包括国内的商品交易所和国内的许许多多的商品交易市场)能够顺利打通实现无缝衔接,中国银行业的大宗商品融资业务的空间一定会更上一层楼(点评:因为大宗商品贸易,包括境内贸易、跨境贸易、转口贸易、离岸贸易,包括现货品种、期货品种,包括定价机制和交易规则,都将更上一层楼)。比如,2012年工商银行在收购南非标准银行而获得伦敦金属交易所交易资格的基础上,已经在传统仓单质押融资业务的基础上推出了具有美元融资功能的大宗商品回购业务(点评:想象一下,这类似大宗商品的卖出回购/买入返售业务。据报道,"所谓大宗商品回购业务,通俗讲就是,现货企业需要融入一笔资金,银行用全额的资金买下这批货,然后在约定的时间内,企业再用约定价格买回。现货企业需要先与和银行有合作关系的商贸公司签订销售与回购协议,协议价格参照市场情况,该商贸公司从现货企业买入商品。随后商贸公司为规避市场风险,与银行叙做大宗商品套期保值交易,卖出等量的远期合约,以锁定到期商品卖出价格。现货企业在销售商品时也要与银行叙做大宗商品套保交易,买入等量的远期合约,以锁定到期回购价格。回购协议到期后,现货企业参照市场现货价格,加上回购交易手续费,并针对商贸公司持有货物期间的升贴水收入或成本进行调整,购回标的商品。")。比如,2013年11月兴业银行在国内大宗商品市场融资领域与期货公司合作,率先推出国际通行的"套保动产质押融资业务"(点评:赞一个。大宗商品融资,通常都需要套期保值。请注意,市场上传言的2月份"人民币七连跌"导致铜融资损失惨重,这是由于个别企业没有做套期保值和汇率避险形成商品价格和融资头寸的敞口风险暴露所引发。换言之,如果做了套期保值和汇率避险,人民币汇率的变动对铜融资并不会产生实质性的影响。俗话说:"吃一堑,长一智。"或许,中国央行正是在引导企业和银行建立市场避险意识。如此,也凸显商品套期保值的重要性。套期保值,准确地说,属于资金产品的范畴。或许,在人民币国际化和市场化的背景下,在国际国内贸易融资产品组合中,未来资金产品会越加丰富,其分量也会日益加重)。

(点评:显然,国际国内的大宗商品融资的未来空间值得期待。)

(点评:国内银行界的大宗商品融资,常常和供应链融资混为一谈,其实二者的信用捆绑和产品组合差别很大。大宗商品适用于标准化商品的贸易融资,供应链融资产生于非标准化商品的财务供应链优化的需要。前者通常在对手方之间是一次性交易,单笔交易金额大,且有成规模集中撮合交易市场,包括现货和期货交易,产品通用性好,变现能力强,市场价值比较透明,还可以做套期保值。后者则通常是对手方之间连续循环交易,单笔交易金额小,基本上没有成规模集中撮合交易市场,产品通用性差,变现能力差,市场价值非常依赖于核心企业基于供应链管理需要而提供的担保,如差额退款、退货、回购、调剂销售,乃至直接的核心企业信用担保。所以,大宗商品贸易融资中,多数使用信用证、保函等产品;而供应链融资中,多数使用票据、汇款或托收、保理等产品。此外,实务中还有一类贸易融资——大型设备融资,也容易与供应链融资、大宗商品融资混同。大型设备融资与供应链融资的相似之处在于,产品通用性差,变现能力弱,市场价值不太透明,基本上没有成规模的集中撮合交易市场,对对手方的依赖性强;大型设备融资与大宗商品融资的相似之处在于,通常与对手方是一次性交易,且单笔交易金额大,多数使用信用证、保函等产品。

无论如何,不管是大宗商品融资,还是供应链融资,更或是大型设备融资,都算交易平台融资。大宗商品融资,通常与大宗商品交易所或交易市场合作,这是一个集中撮合交易和货物监管的平台。供应链融资,通常与核心企业合作,这是一个供应链贸易和管理的平台。大型设备融资,通常与厂商合作,这是一个设备供应、质保、售后服务、融资、二手设备交易的平台。平台融资有诸多优点,可以批量开发客户、全面提供产品组合、充分提供信用捆绑、系统跟踪行业发展,最终实现上下游企业、银行、仓储企业和交易平台的多方共赢。)

(19)事实上,上海自贸区的全球总部经济(点评:总部经济,是指某区域通过创造各种有利条件,吸引跨国公司和外埠大型企业集团总部入驻,通过极化效应和扩散效应,形成企业总部在本区域集群布局、生产加工基地通过各种形式安排在成本较低的周边地区或外地,从而形成合理的价值链分工的经济活动的统称。显然,总部经济势必伴随着供应链的深度整合),还将为全球供应链融资(点评:财务供应链的深度整合,自然包括供应链融资方案的重构。这是筹资方向)和全球现金管理(点评:财务供应链的深度整合,同时也包括现金管理方案的重构。这是投资方向)带来机会,比如,2013年12月,多家银行最新落地的跨境人民币双向现金池业务(点评:现金池业务,是指属于同一家集团企业的一个或多个成员单位的银行账户现金余额实际转移到一个真实的主账户中,主账户通常由集团总部控制,成员单位用款时需从主账户获取资金对外支付。"现金池",指的是主账户,用以积蓄成员单位多个账户的现金的池。"双向",指境内人民币资金可以流向境外,而境外人民币资金也可以流向境内。"双向现金池"业务,需要在境内外各开立一个人民币资金池汇总账户,境内外主账户之内通过轧差结算)和跨境人民币境外借款业务(点评:跨境人民币境外借款业务,指境内企业从境外金融机构直接借款,并以跨境人民币形式放款和还款。显然,其间的境内银行只起中介作用,最多就是协助向境内企业放款和并要求到期还款。当然,哪一天国内人民币利率低于国际主流货币利率的时候,理应还会出现境内金融机构反向境外企业提供跨境人民币境外贷款业务,或许,美国量化宽松退出到一定程度就会看到。这势必是中国银行业的又一个业务机会);上海自贸区的全球汇票交易平台(点评:全球汇票交易平台是国际贸易融资资产交易二级市场。"在上海自贸区搭建汇票交易平台,将促进海外贸易的人民币融资。届时,信用证等贸易融资工具都可在该平台进行交易。该平台的市场交易主体将主要是各大银行,包括外资银行和中资银行。""汇票交易平台的构建,是培育以人民币计价的金融市场体系的一个重要内容,有助于加速人民币国际化进程,同时也有利于推动上海国际金融中心建设。过去美元成为国际货币的时候,也得益于其在纽约有一个汇票交易平台。"),将为二级市场国际贸易融资产品带来机会(点评:贸易融资的二级市场,空间广阔,特别是当哪一天人民币利率低于国际主流货币市场利率的时候。国际国内福费廷、票据二级市场的发展,就是一个非常好的观察窗口);上海自贸区的融资租赁税收和工商优惠政策(准确地说,还包括外债等优惠政策。这都是些什么政策呢?2013

年开春以来融资租赁特别火,具体都是哪些产品火呢?为什么火呢?留待观察。最新发布的《2013年中国融资租赁》蓝皮书显示,2013年全国融资租赁合同余额21 000亿,比2012年底增加5 500亿元,增幅达35.5%),将为包括租赁保理产品带来机会(点评:融资租赁所涉及的贸易融资,包括大型设备融资和租金保理融资两段。融资租赁,对于承租人来说是融物;对于租赁公司来说则是融资。二者归根结底都是在融资);上海自贸区的离岸金融中心,将为离岸半离岸贸易融资和离在岸一体化贸易融资带来机会(点评:国内银行的上海自贸区分行,对于境外企业来说,相当于离岸分行;对于区外企业来说,相当于半离岸分行。上海自贸区的离岸半离岸贸易融资、离在岸一体化贸易融资的很大一部分,到底怎么做,将与上海国际金融中心的建设相适应,仍然留待进一步观察)。

或许,上海自贸区和传言中全国各地正在报批的各种各样的自贸区"立足当地,辐射全国"的能量全面释放和使命全面完成的一天(点评:这要多久呢?大概是十到十五年的时候。如业内经济学家所预测,到那时,人民币国际化和人民币市场化,或许就基本实现了),也就是流贷贸易融资化趋势下国际国内贸易融资全面成熟的一天(点评:或许,上海自贸区的建成,将为中国的流贷贸易融资化的画上圆满的句号。贸易融资全面成熟之后,会怎么玩?成熟的过程中又会怎么玩呢?所有这些,都值得有志于中国贸易金融事业的朋友们,细致观察,努力探索,勇敢实践)。在这个意义上,上海自贸区不啻为人民币国际化的升级版(点评:上海是人民币国际化的升级版,意味着什么?前景如何?升级版,是相对于前一个版本而言。前一个版本是什么呢?笔者认为,跨境人民币当之无愧是人民币国际化的初级版。且看过去五年初级版的跨境人民币的风风火火,便知来日升级版的上海自贸区的繁荣和自贸区贸易融资的无尽空间,有理由相信,升级版的上海自贸区将一定会是有过之而无不及)。

2014年,上海自贸区无疑地将正式迎来第一波的境内外、区内外、离在岸转口贸易融资和大宗商品贸易融资发展的高潮(点评:或许吧,国际大宗商品交易中心的建设、培育和发展,是一个精致而漫长的过程,需要耐心)。

(点评:上海自贸区到底意味着什么?笔者认为:往小了说,上海自贸区是人民币国际化的升级版;而往大了说,上海自贸区承载着中国从贸易大国到贸易强国转变的梦想,也承载着中国从金融大国到金融强国跨越的梦想。)

(总评:中国的贸易融资市场,既有蛋糕又有陷阱,既会有持续创新也会有不断规范。过去印证了这一点,未来还将继续诠释这一点,并注入新的内涵。

本文与其说是着墨于2013—2014年,不如说是在以小见大,以短见长,试图全景式地回顾过去20年中国贸易融资的发展脉络,也希望系统性地展望未来10年中国贸易融资的发展方向和各种可能。中国流贷贸易融资化的趋势正在成形,或许这是一个千年一遇的大机会。"过了这个村就没了这个店",因为人民币国际化和市场化本就是千年一遇的历史性大事件。)

23. 转口贸易融资热点是如何形成的？

作者：林建煌

天九湾按语：

本文发表于《中国外汇》副刊《金融与贸易》，2013年第3期9月1日出刊。

文章应景而作。转口贸易融资成为热点是在一年之前。一年之后的今天，事实告诉我们，转口贸易及转口贸易融资并没有消失，也没有减少，反而迅猛增长。这说明了什么？

（一）西方哲学巨人黑格尔说："存在即合理。"显然，业界需要深刻反思，包括贸易界、银行业和监管层都需要多问问为什么，"理"到底在哪儿。或许，这是献给中国金融业"钱荒"一周年的最好纪念。

（二）套利的起因是：市场不平衡，政策不平衡。平衡与套利是一对跷跷板，这一端是平衡，那一端就是套利。哪里不平衡，哪里就有套利；平衡了，套利自然就消失了。

（三）转口贸易融资，从来就没有离开过业界的视线，只是因中间商从中国香港和新加坡转移到中国大陆的时候，才引得一片惊呼。转口贸易有一部分是天然贸易，有一部分是构造贸易。构造贸易可能是假的，也可能是真的，千万不可一概而论。转口贸易背景的审查，建议紧跟监管部门的"理性"标准——"尽职审查"、"合理审查"和"尽职调查"。为什么呢？任何一项贸易，都是"一手交货，一手付款"。在信用证开立之时，开证行绝无可能知道事后的交单和交货会发生欺诈，只是因为交单和交货相对于开证而言是未来事件，而未来总是具有不确定性。

（四）趋利避害，天经地义。避险和套利是一个硬币的两面。避险的起因与套利一样，都是不平衡。哪里不平衡，哪里就有套利，哪里就有避险。市场有风险，便会出现市场避险工具，政策有风险，同样，会出现政策避险途径。中国金融转轨的现实，注定了金融市场不成熟，所以，市场风险相对小，但不可小觑，因为容易麻痹大意，而市场避险工具也少，2013年2月初人民币"七连跌"下巨额亏损的教训历历在目。中国金融转轨的现实，也注定了金融政策不断在变化，所以政策风险相对比较大，政策避险就很有必要。政策套利与政策避险，同义反复。等到转轨到位的一天，政策套利与政策避险自然烟消云散，因为无利可套，也无险可避。

（五）俗话说："你不理财，财不理你。"跨境理财是流量理财，不同于传统银行柜面的存量理财。提高收益是理财,降低成本也是理财。跨境理财既有提高收益之功,也有降低成本之效。跨境理财与跨境套利、跨境避险,还是一个硬币的两面。

2013年以来,转口贸易融资一度成为热点话题,原因是利用转口贸易来融资可以实现跨境套利,而过度的跨境套利又反过来拉动转口贸易和转口贸易融资的异常增长。如此一来,既扭曲了贸易数据,也扭曲了货币政策,进而也就引发监管部门的专项检查和严控,高压打击虚假转口贸易。一下子市场上风声鹤唳,银行和企业人人自危,转口贸易和转口贸易融资因此急剧萎缩。

转口贸易有真有假。鱼龙混杂下,银行到底应该如何审核转口贸易背景真实性?虚假贸易背景会导致转口贸易融资主合同无效吗?监管部门是在打击虚假转口贸易,还是在打击跨境套利?未来的转口贸易和转口贸易融资又将如何发展呢?

一、关注、行动和"钱荒"

转口贸易引起媒体和市场的关注,开始于2013年1—2月份进出口贸易数据的公布。其中,中国对香港、台湾出口分别同比增长92.9%及44.9%。商务部对此作了一番解释,但语焉不详,于是,舆论更有理由认为贸易数据存在"水分",这进一步催生广泛热议。中国海关新闻发言人在2013年4月10日的发布会上表示,已注意到舆论关注的一些企业通过货物出口带来资金的流动,来套取内地与香港人民币利差的现象。据分析,"中国的外贸异常主要来自广东,更确切些来自与香港毗邻的深圳。这样的聚焦颇耐人寻味,因地缘上的接近使得深圳恰好可以成为热钱借道的基地。"

准确地说,转口贸易的突然增长,是在2012年10月份前后。先知先觉者是银行,因为银行的国际结算数据出现了离奇增长。2012年的进出口贸易一改长期的20%～30%的高速增长势头,转而进入10%以内的中速增长通道,全年增幅只有6.2%;有意思的是,2012年银行业的国际结算量依然高歌猛进,据保守估计增长率至少为20%,比贸易增长率多出来10个百分点以上。令人好奇的是,这多出来的国际结算量会基于什么背景呢?除了居民个人收支背景和企业"走出去"步伐的加快所催生的资本背景外,据业内估计,很大一部分可能是企业货物入境和不入境的转口贸易背景。换言之,转口贸易量的异常夸张增长已经从2012年起至2013年4月前后持续了超过半年时间。

监管部门对转口贸易的关注,立即转化为一系列严控转口贸易结算和转口贸易融资,打击虚假转口贸易的监管行动。2013年5月初,国家外汇管理局发布《关于加强外汇资金流入管理有关问题的通知》(汇发〔2013〕20号),矛头直指跨境套利,同时也指向了作为跨境套利基础的转口贸易和作为跨境套利重要形式的转口贸易融资。这前后各地外汇局、跨境办和银监会出台了各种各样的政策,对转口贸易加以严控。

对转口贸易结算和转口贸易融资严控,效果立竿见影,首先是转口贸易、转口贸易融资、跨境套利突然萎缩。据说,连一向人头攒动的深圳口岸及地下钱庄,繁忙的生意也因此一下子清淡了。2013年6月份,中国进出口同比下降2%。如此反推,上半年中国进出口数据在挤出贸易"水分"之后,实际上近乎零增长。于是,一种保守声音说,"我们或许已经迎来外贸进出口零增长甚至负增长的时期。"

另一方面,严控转口贸易与转口贸易融资的行动与其他因素叠加,最终导致了银行业难得一见的"钱荒"。人民币快速升值下,提前结汇推迟购汇,持有人民币资产借用外币负债,是企业避险的自然选择。这么一来,央行的外汇占款就必定快速增长。"外汇局20号文要求银行调头寸的背景是因为年初以来外汇顺差很大,外汇占款增长很快,有套利资金流入的压力,是针对套利资金流入渠道采取的措施。5月外汇贷款增加量比前四个月平均水平下降180亿美元,降幅是很大的。"央行的外汇占款,意味着人民币的投放。但是,"外汇占款,在人民币对美元汇率总体较强的情况,竟然从前几个月的2 000亿~3 000亿突然降到600多亿,这恐怕是不容易预想到的,因为过去一般人民币汇率升值,外汇占款都不会很少。"

二、套利动机及套利模型

那么,为什么转口贸易和转口贸易融资会突然增长呢?简单地说,就是跨境套利。

转口贸易融资由来已久。企业利用转口贸易融资来实现跨境套利的内心动机,起码包括三种:结算动机、理财动机和融资动机。2009年人民币国际化进程启动以来,利用转口贸易融资来套利,曾经成为国内外关注的热点,特别是在2010年6月19日"二次汇改"启动之后。这期间,一改之前的境内企业和国外客商之间的直接贸易,大量置换为通过香港贸易融资平台的转口贸易并进行融资,在银企共赢中实现了中国政府梦寐以求的跨境人民币结算进程的快速推进。人行设计跨境人民币政策的初衷主要看重企业的结算动机,结果推出后,市场普遍叫好但并不买账,所以,"二次汇改"之前的跨境人民币结算量少得可怜,一年时间里区区不足百亿元,市场不急,可中国政府和人行着急。"二次汇改"之后,市场立马启动,跨境人民币结算量一飞冲天,半年5 000亿元,再之后一季度5 000亿元,再之后一季度到了七八千亿元,企业高兴,银行高兴,央行也笑逐颜开。原因是企业更看重的是跨境套利的理财动机,即全额保证金下利用转口贸易融资和跨境人民币结算来理财。企业是逐利的,更是精明的,转口贸易融资既然可以用于理财,为什么不可以直接用于融资呢?于是,在跨境人民币刚开始红火的时候,就出现了零星的融资动机,即部分保证金,乃至免保证金下利用转口贸易融资来套取资金。之后,部分转口贸易的中转地渐渐延伸到中国大陆,部分转口贸易融资也渐渐发展成也可以在大陆完成,部分转口贸易融资所基于的跨境结算扩展为跨境本外币结算,乃至跨境本外币交叉币种结算。这个过程中,转口贸易融资的结算动机反而渐渐被市场淡忘了。

当前市场、媒体和监管关注的转口贸易融资,便是基于通过中国大陆中转的转口贸易,利用人民币快速升值的市场机会,为理财动机和融资动机实现跨境套利。以理财动机为例,据国内一家知名的民间智库发布的一份研究报告所载,有家外资银行总结发现,转口贸易融资套利模型可以有几种,原文如下:

第一种是利用离岸与在岸人民币进行套利。例如,套利者在内地借取100万美元,按6.20的在岸汇率获取620万人民币,然后从香港进口黄金等低物流成本的货物并用人民币支付,这样620万人民币就流到了香港,成为离岸人民币,之后,其再通过香港的合伙人，以6.15的离岸汇率换成美元，得到100.813万美元。最后，其再将原先进口来的黄金出口给香港合伙人并用美元结算，完成获利8130美元，流程结束。根据香港海关数据，今年第一季度，内地对香港的黄金出口量同比大涨300%，内地从香港的黄金进口量也飙升了175%，这可以成为内地与香港之间黄金跨境套利流动的强有力证据。

第二种模型是利用离岸与在岸人民币的利率差进行套利。如套利者在内地以年利率6%借入1亿元2周，再以3%的利率存到银行，借此要求银行发出信用证。用该信用证，套利者的香港合伙人或关联公司可以从香港银行拿到1亿元一年期人民币贷款。然后套利者再从内地出口一些低体积、高价值的货物给其香港合伙人，并收款1亿元，然后他把这1亿还给银行。如何获利？人民币存款利率和离岸人民币融资成本之差，就是盈利。目前，扣除各项成本后，利差70基点，则1亿元两周毛利70万，再扣除贷款一个月的成本是25万，最终获利45万。

第三种模型是在利差与人民币升值之间套利。这是最复杂的模型，需要在在岸人民币与离岸美元，以及在岸人民币/美元和离岸人民币/美元之间进行。如在内地贷款1亿人民币、利率6%，贷两周，把1亿元到银行存成一年定期存款，利率3%，再让银行发出信用证，假设离岸美元/人民币汇率6.15，境外关联企业可在香港以2%的利率借入1626万美元。境内企业通过出口黄金或高技术产品，将美元贷款回流。此时在岸汇率若为6.2，去除贷款利息，已获利56万元，将利润再放入定期存款中。一年后，定期存款总值1.036亿元，净利约360万元，若一年内人民币兑美元升值2%，利润可为59.2万美元。

以上总结说明了道理，虽然计算可能有出入。当然，现实中的转口贸易融资套利模型远不止这些。市场和政策在变化，必定会催生出不断变化的套利模型。

正常的转口贸易和转口贸易融资中，本就带有套利的基因，适度的套利无可厚非。然而，物极必反。让监管部门放心不下的是，套利会驱动转口贸易和转口贸易融资，这是为套利而来的构造贸易和构造融资，这已经不是原始意义上的贸易和贸易融资了。"鸡生蛋"，还是"蛋生鸡"，谁分得清楚？无论如何，如此短时间之内循环往复，转口贸易和转口贸易融资的突然增长也就不足为奇。

三、转口贸易形式和银行的困惑

监管部门的第一反应是，打击虚假转口贸易，要求银行确保转口贸易背景真实性。

那么，到底什么是转口贸易呢？国家外汇管理局国际收支司于2012年7月发布的《关于明确"转口贸易"、海关"转口货物"、"银行代客境外结汇"类业务国际收支间接申报处理原则的通知》中说："转口贸易"，指我国居民从非居民处购买的货物销售给其他非居民，且货物在整个销售过程中不进出中国国境的贸易。

"转口货物"，指海关货物贸易统计中的"海关特殊监管区转口货物"，即从境外进入我国海关特殊监管区暂时存放，随后暂时转口销售的货物。

日常实务包括外汇局20号文中所提到的转口贸易，属于广义的"转口贸易"，包括了国际收支申报口径的狭义的"转口贸易"和海关口径的基于"转口货物"的贸易。综合

来看,广义的转口贸易分为以下三种形式:

第一种,转口贸易而货物不动,一直都在海关境内特殊监管区域(有时也会转卖到境外或境内区外)。这实际上是基于"转口货物"的贸易。

第二种,转口贸易而货物不动,一直都在境外仓库。

第三种,转口贸易伴随着货物运输,从境外一个地方运往境外另一个地方。

相应地,什么是真的转口贸易?什么又是假的转口贸易?通常,银行审核时需要确保两点:一是货权,即考察相关货权凭证,如果货物处于运输中考察运输单据,特别是提单,如果货物存放在仓库中则考察仓单。因为买方没有货权,按理不可能销售货物。二是货权转移,即考察真实存在的货权转移凭证,主要看购销合同和发票。实务中,为了套利而构造的转口贸易,往往发生于合伙人或关联企业之间,所以货权转移凭证可以轻易取得,几乎都是真实的。但是,货物运输的运输公司或货物存放的仓储公司,往往是独立第三方,其出具提单或仓单便不容易取得。换言之,如果相关货权凭证是真实的,那么基本上可以据此认定贸易背景的真实有效。

请注意,上述理解仅是银行业广为流传参照掌握的标准,并不是监管部门对转口贸易审核的直接要求。外汇局20号文第三点"严格执行外汇管理规定"中要求:"银行应强化责任意识,提高执行外汇管理规定的自觉性和主动性,不得协助客户规避外汇管理规定;应加强对业务部门和分支机构的指导,保持贸易融资合理增长;应遵循'了解你的客户'原则,加强对虚构贸易背景等行为的甄别,主动报告可疑交易并积极采取措施防止异常跨境资金流入。"毫无疑问,银行必须"了解你的客户,了解客户的交易",是非常正确的原则。银行的困惑在于,对客户及交易的了解到底需要掌握到什么程度?事实上,即便是银行业广为流传的对转口贸易审核的参照标准,也难免挂一漏万。一方面,真实的转口贸易并没有完全涵盖其中。比如:货物通过空运或陆运,只有空运或陆运单据而没有相关货权凭证,这算确认了转口贸易背景真实性吗?提单或仓单作成了空白指示抬头,这算确认了转口贸易背景真实性吗?境外仓单下仓储公司没有提供网上核实渠道呢?另一方面,虚假的转口贸易对应的单据真实存在。比如:相同号码相同内容的提单或仓单经核实的确存在,但客户提交给银行的那一份是复制件,是假的。又比如:提单或仓单真实有效,但合同和发票金额虚构呢?须知道,银行并非万能。一家正常经营的银行放贷总是希望能百分之百收回,但这并不现实,因为真实的信贷中不可能没有不良率。同样地,一家合规经营的银行对合规要求的凭证审核也不可能百分之百准确无误,因为审核意味着成本。如果审核成本太高,银行就会被迫放弃业务,包括转口贸易结算和融资,这实际结果可能会伤害一部分真实存在的转口贸易;而如果审核过松,实际结果则会放过了一部分虚假的并不存在的转口贸易。前者是伤害了实体经济,后者则是纵容了贸易欺诈。

与其如此,倒是建议国家外汇管理局直接对转口贸易的审核标准作出明确且统一的要求,因为至今没有找到。否则,外汇局、跨境办和银监会之间,各地监管部门之间,必定存在不同的审核弹性。相信监管部门和银行一样,都不希望看到企业在不同地区之间、不同监管部门之间进行监管套利。

无论如何,监管部门对银行审核转口贸易的要求,理应有一个限度。2013年9月1日实施的国家外汇管理局《关于印发服务贸易外汇管理法规的通知》(汇发〔2013〕30号)中给出了银行的"合理审查"原则,这是非常明智之举,值得推广借鉴。外汇局30号文的附件1《服务贸易外汇管理指引》第6条规定:"经营外汇业务的金融机构(以下简称金融机构)办理服务贸易外汇收支业务,应当按照国家外汇管理规定对交易单证的真实性及其与外汇收支的一致性进行合理审查,确认交易单证所列的交易主体、金额、性质等要素与其申请办理的外汇收支相一致。"换言之,银行只要在审核转口贸易背景真实性时,尽了"合理审查"的义务,便可免责。退一步说,即便外汇局亲自审核转口贸易背景真实性,也只能尽到"合理审查"的义务,而不可能做到万无一失,除非有并不存在的神人相助。

真的假不了,假的真不了。在"合理审查"的原则下,银行经过合理谨慎尽责审查但仍有可能漏过虚假转口贸易。那么,事后如果发现虚假转口贸易背景,企业凭借虚假合同在银行办理融资,包括提供100%的质押或保证金办理低风险业务,会因为基础交易不真实导致担保合同无效,进而危及银行信贷资金的安全吗?答案见仁见智。固然,虚假转口贸易会由于欺诈导致贸易合同无效,但并不会导致转口贸易融资合同无效,因为借贷事实客观存在,欠债还钱天经地义。须注意,全额保证金对应的主合同是真实的转口贸易融资合同,而不是虚构的贸易合同。

四、套利与避险

转口贸易融资下跨境套利与跨境避险是一个硬币的两面。实务中,跨境套利总是基于外部机会。这样的外部机会主要包括两类:一类是政策机会,即利用政策空间,如跨境人民币结算的短债政策优惠等;另一类则是市场机会,即利用市场不平衡,如人民币汇率变化、本外币境内外利率差异等。通常来说,不同地域、不同银行、不同企业、不同市场、不同政策、不同币种,在市场和政策变化的不同阶段,都蕴含着不同的机会。其实,机会是一个乐观的说法,机会与风险总是形影不离,相伴相随。换言之,对于市场主体而言,在把握机会实现跨境套利的关头,同时也面临着风险;如果没有把握住机会便意味着风险的暴露,不仅会暴露在市场风险的风雨飘摇之中,还会暴露在政策风险的光天化日之下。在这个意义上,利用转口贸易融资来实现跨境套利,毋宁说,这同时是为了实现跨境避险。

相应地,跨境套利驱动下构造的转口贸易,与虚假的转口贸易并不完全等同。以铜融资为例。调查证实,"大量进口铜在保税区中就数度易主,同一批货物,不仅换了货主,还换了贷款银行。"大宗商品价格波动频繁,有人看涨有人看跌,看法不同本无可厚非。交易对手因为看法不同而成交,相应地,改变贷款银行也属正常。大宗商品贸易的健康发展,需要大量的投资商参与博弈定价,以分担风险,这本就属于国际商品交易所的惯常现象,因为投资商的生存模式就是套利。事实上,对于包括投资商在内的广大企业来说,跨境套利本就是全球风险管理和全球现金管理的应有之义。显然,此类跨境套利所基于的转口贸易和转口贸易融资,理应不是监管部门严查严控的目标所向。准确地说,监管部门严查严控铜融资,针对的是虚假铜贸易背景下用于理财或套现的融资套利或者是构造真实的铜贸易背景下铜融资并套现挪作他用,因为二者不仅挑战了微观监管秩序,也干扰了宏观调控秩序,乃至宏观经济秩序。

假的固然要打击,真的自然要鼓励。广义的贸易包括货物贸易和服务贸易。当前中国的外贸困难,准确地说,是货物贸易的发展进入中速增长通道,货物贸易需要转型升级。相对而言,服务贸易则是一片待开发的处女地,前景广阔,潜力无边。或许,这是中国外贸升级转型的一个重要方向。请注意,转口贸易涉及货物买卖,看似货物贸易,实质为服务贸易。因此,转口贸易和转口贸易融资的前景值得期待。

事实上,监管部门也注意到了,在贸易投资便利化成为基调的今天,对转口贸易和转口贸易融资的严查严控仅是权宜之计。2013年6月29日,外汇局国际收支司官员在上海陆家嘴论坛上表示,5月初外管局发布的关于加强外汇资金流入管理的20号文,是针对过度流入的临时性政策,如果形势发生变化,将会及时进行调整。

企业在转口贸易及转口贸易融资中实现正常的市场套利的同时,与"政策套利"擦边而过,这是难免的。因为当前中国还处于金融转轨的过程之中,金融转轨本身就意味着旧政策的退出和新政策的产生。然而,不管是旧政策,还是新政策,更或是新旧政策的转换,势必会有所不及。古人云:"道法自然。"政策本身的存在意味着管制,管制意味着作为,作为必有漏洞。政策有漏洞,就需要补丁,补丁的前提是发现漏洞和不足。企业的所谓"政策套利"行为,就是在发现政策漏洞,放大政策不足,在实现"政策避险"的同时,为监管部门改善监管的前瞻性和针对性提供可能。古人又云:"无为而无不为。"换言之,到了金融市场完全成熟、金融改革到位、金融转轨结束的那一天,"政策套利"行为自然会销声匿迹,因为完全成熟的金融市场中的政策无利益空间可套。试问:没有本外币的不同短债约束,企业怎么会变着法子使用跨境人民币结算呢?没有贷存比的红线,银行怎么会有那么大的动力接纳一笔又一笔超大金额超长期限的全额保证金转口贸易融资?显然,这不可思议。或许,在漫长的金融转轨过程中,规范操作和因势利导是不错的监管选择。

五、结语

中国外贸未来转型升级的一个重要方向,或许就在转口贸易。贸易融资未来发展的一个重要方向,或许包括了转口贸易融资,乃至服务贸易融资。企业利用转口贸易和转口贸易融资来跨境套利,同时也是为了跨境避险。监管部门打击虚假转口贸易,但监管部门没有理由不鼓励企业跨境避险。因为对于一家在国际大市场上奋勇搏击冲浪的企业,缺乏起码的敏锐的跨境避险能力,才是包括监管部门在内的国人所担心的。

附:编辑提问:

问题一:文中您提到的2013年以来,由于转口贸易监管的趋强,转口贸易和转口贸易融资出现了急剧萎缩。您能否为我们对比一下,监管前后铜融资、电子原配件融资、黄金融资这三种转口贸易融资的市场情况?

问题二:铜融资、电子原配件融资、黄金融资的融资原理是什么?监管的趋强如何对这三种融资产生影响?

答:严格地说,这三种贸易融资对应的贸易并不属于狭义的国际收支申报下不涉及货物出入境的"转口贸易"。

其中,铜贸易属于海关"转口货物"贸易,只能算广义的"转口贸易",铜贸易融资大多对应于非全额保证金,企业动机主要是利用其套现,套现所得资金往往挪用于其他用途,容易引发信用风险,干扰宏观调控秩序,这属于监管部门严查对象。据了解,外汇局20号文出台后,铜贸易和铜贸易融资业务量萎缩约90%,这也直接影响了近期国际铜期货的行情。电子原配件和黄金贸易属于一般贸易。电子原配件和黄金贸易融资大多对应于全额保证金,企业动机主要是利用其理财。在跨境本外币理财的市场机会好的时候,贸易背景就会显得很稀缺。在早期转口贸易监管一步步收紧的背景下,作为一般贸易的电子原配件和黄金贸易,前者标准化程度不高不易估价,后者体积小容易运输,二者均适用于构造真实的贸易背景,从而盛行一时。经过构造的电子原配件贸易,海关比较头疼,因为产品标准化程度不高,难以公平估价。经过构造的黄金贸易背景,可能在境内外多家关联公司之间发生多次循环,如"黄金一日游",尽管贸易背景可能是真实的,监管部门往往不太欢迎,特别是国际收支形势不好,出现热钱大进大出的时候。

问题三:您能否预判一下,铜融资、电子原配件融资、黄金融资的未来市场发展前景?您对银行进行这些融资有哪些建议?

答:建议银行多重视这一类融资的合规风险、信用风险和欺诈风险。

问题四:以理财产品质押为担保条件的跨境组合套利类业务,运作原理是什么?未来发展前景如何?

答:企业叙做标准的跨境本外币组合业务,通常对应于两种动机:一是理财,二是融资。企业手里缺钱,就是融资动机,对应于非全额保证金;企业手里有钱,就是理财动机,对应于全额保证金。在理财动机下,当市场机会比较好的时候,全额保证金不计息,企业都会有很丰厚的理财收益。然而,市场千变万化,当市场机会不是太好的时候,全额保证金不计息,企业就没有理财收益,银行为了促成交易,刚开始会适当对全额保证金予以计息,渐渐地,企业也明白了其中的道理便要求银行对全额保证金给予很高的利息。市场机会也有很不好的时候,即便对全额保证金给予很高的利息,企业也没有多少理财收益,银行就进一步创新组合,在全额保证金存款中注入理财的元素改进为结构性存款。如果更进一步,还可以把全额保证金存款改为购买银行发行的境内外理财资产,并为跨境本外币组合业务提供质押担保。

请注意,跨境本外币组合中的理财与为该组合提供质押担保资产的境内外理财并不等同。准确地说,跨境本外币组合中的理财,应该称之为"跨境理财",这是基于现金流量;作为质押担保资产的境内外理财,应该称之为"境内理财"或"境外理财",这是基于资产存量。相比之下,跨境本外币组合中的理财,极端一点说,是一本万利的理财,其杠杆作用远远高于"境内理财"或"境外理财"。而且,跨境本外币组合中的理财,由于市场风险事先可以锁定,所以实际上相当于无风险理财。总体来看,以理财产品质押为担保条件的跨境本外币组合类业务,这是企业全球现金管理和风险管理的内容,前景非常广阔。

问题五:您在文中也提到,转口贸易和转口贸易融资的前景值得期待。那么,对银行而言,如何才能更好地更为合规地开展转口贸易融资？

答:对于银行来说,在审核转口贸易背景真实性上,建议主要着眼于两点:一是货权的真实性,二是货权流转的真实性。

24.贸易金融视角下人民币国际化的银行机遇

作者：林建煌

人民币国际化主动拥抱世界经济，素有中国"第二次入世"的说法。2001年中国"第一次入世"之时，多少人惊呼"狼来了"，担心中国经济与中国金融完了，可能万劫不复。真实的情况是，正是得益于入世，中国经济一跃成为全球第二，中国外贸一跃成为全球第一，中国金融规模迅速扩张，实力大大增强，全球银行十强有其四。那么，中国"第二次入世"的人民币国际化的前景又会如何呢？从2009年跨境人民币推出以来至今五年了，许多朋友还在想着，那不是海内外中资企业和华人企业玩的游戏吗？那能长久吗？可能不尽然。或许，与"第一次入世"相比，人民币国际化给中国银行业所撑开的空间，将有过之而无不及，如此方不愧于"第二次入世"的盛名。

"第一次入世"后的中国经济黄金十年，事实上，也造就了中国银行业黄金十年。对于中国的大中小银行而言，有的银行刚开始高唱高打，中途一不留神打了个盹就掉队了，没影了；而有的银行刚开始默默无闻，埋头苦干，审时度势，因地制宜，做出特色，踩准了每一个重大节奏，稳稳拥有了中国银行业的一席之地。

那么，对于银行来说，"第二次入世"的人民币国际化又会意味着什么样的机遇呢？粗略考虑，起码包括以下三个方面：

一、人民币国际化为国际业务提供空间

如果判断没错的话，人民币国际化实际上经历了两个阶段：

——跨境人民币时期，从2009年至2013年，这是人民币国际化的1.0版，主要目标是初步做大跨境人民币结算量；

——上海自贸区时期，从现在开始，这是人民币国际化的2.0版，主要目标是在进一步做大跨境人民币结算量的基础上，做实人民币国际定价权。

对于中国银行业来说，传统的国际业务是外币业务，传统的国际结算是外币结算。2009年跨境人民币刚刚推出来的时候，很多朋友天真地以为：

"跨境人民币有什么难的？"

"不就是把原先的外币结算换成人民币结算，再换个马甲，那就是'跨境人民币'了？"

"真有这么简单吗?"

五年之后的今天,回头一看,"显然不是。"

跨境人民币的出现,完全超出国内外银行界和贸易界的想象,几乎重构了中国贸易融资和国际结算体系。其中最重要的原因,便是跨境人民币出现之后,贸易融资产品组合中的全条线产品,从资产、结算、担保、融资和资金,均可交错币种;而之前,贸易融资产品组合中的全条线产品中,除了极少数产品可以使用人民币错币外,其他只能使用单一的外币产品。如此,跨境人民币的出现,对于贸易融资产品组合来说,便意味着无限空间和无限可能。

在这个意义上可以说,在过去的人民币国际化 1.0 版的五年时间里,一家中国的银行的国际业务部门,如果不做跨境人民币,你会去做什么呢?

也正是在这个意义上可以问,在接下来的人民币国际化 2.0 版的未来十来年里,一家中国的银行的国际业务部门,如果要做,你会去什么呢?显然,银行需要高度关注上海自贸区业务和理念,因为一旦成熟,并"复制"和"推广"至全国,那就是全中国的银行都必须拥有的理念,那就是几乎全中国的银行都可以做的业务了。

提醒一下,这里并没有明确地区分国际业务与离岸业务。

二、人民币国际化为海外业务提供空间

如果说"第一次入世"是中国货物对外输出的话,那么,"第二次入世"的人民币国际化首先意味着中国货币的对外输出。相应地,也势必伴随着中国资本和中国产业的对外输出。中国货币、资本和产业的对外输出,无非就是两个方向:一是新兴经济体,二是发达经济体。二者对于中国银行业来说,就是所谓的"海外业务"了,都是重要的机会。

新兴经济体的机会,主要在于客户。中国的利率市场化将越走越快,利差收窄是必然的结果。这么一来,境内客户所能带来的利润自然趋薄。银行当然不会坐以待毙,而会提前做出反应,寻找新的高利润的领域,如尚未利率市场化的新兴经济体就是一个不错的方向。

银行到新兴经济体去寻找高利润的项目,通常是伴随着中国企业走出去而提供配套服务。此时,银行如果觉得有必要,往往会就地在业务集中的国家或地区开设分支机构。

不过请注意,欧美成熟市场的利率市场化过程表明了,利差收窄的说法并不完全准确。准确地说,利率市场化导致的利差收窄,必须基于一个前提,即:银行的业务结构、资产结构和客户结构没有变化。然而,这是不可能的,因为银行事先知道利率市场化会导致利差收窄的规律,必定会提前做好应对。而一旦提前应对,那么,业务结构、资产结构和客户结构相应地就会随之变化。所以,实际上,利率市场化的初期并不会导致银行利差的收窄。中国正在进行的利率市场化过程,自然也不会例外。

发达经济体的机会主要在于资金。发达经济体的资金集散功能,是新兴经济体所不能及的。银行完全可以在发达经济体建立资金平台,为自己的国内项目、海外项目,以及同行项目筹措低成本的巨额资金。显然,这也是一个机会,因为虽然平均加点不多,但是由于资金规模巨大,照样可以赚到不菲的利润。跨境人民币过去五年的发展,

已经证明了这一点。

此外,人民币海外同业清算业务,以及由此延伸的代理国际结算业务,也是不错的市场机遇。国内的欧美外资银行基本上可以分成两大阵营:欧系银行和美系银行。欧系银行,以做贸易融资特别是大宗商品融资见长;美系银行,以做美元清算和代理审单为长。为什么呢?因为美元占据了国际结算货币的绝对份额,美元清算和结算业务就够吃得饱饱的。欧系银行没有这个资源禀赋,怎么办呢?他们就主攻贸易融资,这也是一种活法。

三、人民币国际化为同业业务提供空间

人民币国际化给同业业务带来的机会,包括两个:一是同业合作业务,二是二级市场业务。

先看同业合作业务。的确,人民币国际化是中国银行业的一块大蛋糕。然而,中小银行参与跨境人民币业务,总是有这样那样的障碍,如城商行和农商行国内布局地域受限,而且通常海外布局较晚,海外网点极少。银行也都在想办法,形成各种同业合作,如城商行N银行的城商行联盟+股东法国巴黎银行战略,如城商行S银行的"两岸三地"战略。这实际上为中小银行的跨境同业合作业务提供空间。当然,并不是所有的中小银行都有条件直接建立跨境同业合作。

在这个意义上,为什么大银行不可以试着借助于直接叙做跨境业务的优势,开展与中小银行的国内同业合作业务呢?实际上,股份制银行X银行的"银银平台"战略,在国内业务的同业合作方面已经有口皆碑,如果利用得天独厚的这一现成条件,进一步延伸到国际业务领域,其效果显然值得期待。

再看二级市场业务。众所周知,银行贸易融资业务,包括一级市场和二级市场。前者是银行直接面向企业客户提供贸易融资,后者则是贸易融资资产或负债在银行间的交易。贸易融资与流贷有一个重大的不同是可以通过组合变换交叉询价,可以全国或全球询价,其表现就是不管是国际贸易融资,还是国内贸易融资,都具有天生的潜在或现实的二级市场。

通常来说,在国内贸易融资领域,其二级市场的资金来源为境内。那么,随着人民币国际化的推进,人民币跨境资本流动的逐步放开,有没有可能出现国内贸易融资的跨境二级市场呢?有理由相信会有这么一天。起码在当前的全球资金市场中,企业客户会普遍欢迎,因为境外主流货币美元的资金成本实在低廉。

通常来说,在国际贸易融资领域,其二级市场的资金来源可以在境内,也可以在境外,归根结底,还是在境外。为什么呢?还是因为境外主流货币美元的资金成本实在低廉。俗话说:"风水轮流转,三十年河东,三十年河西。"随着美元QE3的快速退出,有没有可能再次历史性地出现美元利率高于人民币利率的时候呢?或者,真有那么一天,到时的中国的国际贸易融资二级市场就会繁荣起来。

或许,上海自贸区正在筹建中的汇票交易平台,就是用来捕捉人民币国际化的贸易融资二级市场机遇。

25. 贸易融资视角下的127号文同业新规

作者：林建煌

（注：127号文及业内解读涉及方方面面，但直接着墨于贸易融资的不多。而事实上，127号文可能如业内所预料的重大利好标准债券业务，也可能重大利好投资银行业务和贸易融资业务。因为非标可以转化为标准债券，也可以由投资银行或贸易融资直接承接。

为何会利好贸易融资业务？显然，这一观点很敏感，所以，文中以曲笔处理。

这与贸易融资固有特点有关，也与贸易融资微观特性有关。

前者是"一手搭贸易，一手搭金融"，在贸易背景真实性的前提下，这吻合"金融服务实体"的宗旨。

后者是贸易融资的组合性、自偿性和流程性。贸易融资的许多产品有相对独立的二级市场，接近于标准化债券，它有不是第三方担保但近似于担保的增信结构。显然，这一点很敏感，所以，文中也以曲笔处理。）

当前中国银行业正轰轰烈烈地走在历史性的流贷贸易融资化的路上（注：这是事实。1995—2000年第一波，流贷票据融资化，特点是"单一性"。2000—2012年第二波，流贷贸易融资化，特点是"丰富性"。2012年至今第三波，特点是"战略性"）。贸易融资因其与生俱来的"一手搭贸易，一手搭金融"的固有特点，赢得了企业、银行和监管各方的普遍欢迎（注：这是立论的起点，不高也不低，希望恰到好处，希望各方都能接受。高者指"金融服务实体"，这是监管部门的共识，与结语呼应。低者指贸易融资的紧贴贸易流程的流程性特点。言外之意，监管部门是识大局的，银行和企业也是识趣的，贸易背景真实性是各方的底线）。众所周知，贸易融资的发展取决于两个授信：一是企业授信（注：没有好的贸易融资企业授信理念、体制和机制，贸易融资发展不好），二是同业授信（注：没有大的贸易融资同业授信资源，贸易融资发展不大）。2014年5月一行三会和外管局联合发布了银发〔2014〕127号文《关于规范金融机构同业业务的通知》（简称《通知》），无疑地，这一同业新规将对同业投融资业务产生重大影响，包括贸易融资的表内外同业授信业务（注：这是立论的入题，意指本文只就贸易融资谈127号文）。

25. 贸易融资视角下的 127 号文同业新规

为规范而来

（注：为规范非标同业而来，也仅仅是为规范而来。言外之意，不是叫停，不是封杀，只是规范而已，千万看清楚了。）

据业内解读，127 号文影响最直接的是同业买入返售（卖出回购）业务。《通知》第五点规定："买入返售（卖出回购）是指两家金融机构之间按照协议约定先买入（卖出）金融资产，再按约定价格于到期日将该项金融资产返售（回购）的资金融通行为。"简言之，即同业之间近端买入方买断（卖出方卖断）金融资产，远端买入方返售（卖出方回购）金融资产的同业融资行为。

票据融资是贸易融资的一大门类（注：根据基础结算产品的不同，贸易融资包括三个门类：票据融资、信用证融资、保理融资。这里不谈信用证融资，不谈保理融资，以避开敏感性）。为阐述方便，以票据买入返售为例，A 银行为直贴行和转贴贴出行或卖出回购方，B 银行为转贴贴入行或买入返售方，C 为企业持票人和贴现申请人。在 A 银行为 C 企业叙做直贴期间，则由 A 银行纳入贷存比和信贷规模管理。如果 A 银行流动性紧张，常用的有两种办法：一是向央行申请再贴现，二是向 B 银行申请转贴现。再贴现之后，A 银行不需要占用信贷规模（贴现规模），但会占用信贷规模（再贴现规模）。转贴现分为卖断式转贴现和回购式转贴现。卖断式转贴现转由 B 银行占用信贷规模（贴现规模），回购式转贴现仍由 A 银行占用信贷规模（贴现规模）。票据买入返售正好介于卖断式转贴现和回购式转贴现之间，看似卖断式转贴现，又看似回购式转贴现，其实是"四不像"。那么，票据买入返售到底怎么占用信贷规模呢？

127 号文出台之前，买卖双方都没有占用信贷规模。卖出方说自己不需要占用信贷规模，因为其金融资产已经卖断了，表内已经没有这一笔金融资产。买入方也说自己不需要占用信贷规模，因为看似买断其实卖方承担着回购的责任，相当于没有买断。

这合理吗？监管部门为什么要进行信贷规模监管呢？或者说，为什么要进行贷存比考核呢？一言以蔽之，无非就是为了控制市场的资金流动性。换言之，只要一笔资金从银行体系出去进入实体经济，就必须纳入贷存比考核，从而占用信贷规模。如果超脱一点看，票据买入返售下，不管卖出行 A 银行，还是买入行 B 银行，两家银行作为一个整体的确已经向持票人 C 企业提供了一笔实实在在的资金，相应地，贸易合同的买方也向卖方付出了一笔实实在在的货款，按理有一家银行必须占用信贷规模，不管是卖出行 A 银行，还是买入行 B 银行，反正有一家是要占的。有意思的是实务中的操作效果，卖出行 A 银行不占信贷规模，买入行 B 银行也不占用信贷规模。显然这是不合理的。

不合理自然需要规范，127 号文能不来吗？答案是显而易见的。来是一定的，只是早和晚。《通知》第五点接着规定："买入返售（卖出回购）相关款项在买入返售（卖出回购）金融资产会计科目核算。三方或以上交易对手之间的类似交易不得纳入买入返售或卖出回购业务管理和核算。卖出回购方不得将业务项下的金融资产从资产负债表转出。"如此，卖出回购方入表占用信贷规模，已经没有什么异议了。

（注：票据融资如此。信用证融资和保理融资与此相似，如代付，只是技术和结构上略有不同，不容易弄明白，但不便直接谈，以避开敏感性。）

为非标而来

（注：为规范非标同业而来，因为许多非标资产的确都投向了房地产、高利贷领域，投向了过剩产能、过高杠杆行业，前者背离了"金融服务实体"的宗旨，后者背离了去产能、去杠杆的宏观调控方向。但非标资产的存在有其合理性，不可一刀切。笔者理解，这是中国金融转轨时期特有的一些金融现象，只能通过规范引导和推进市场化来解决。）

据业内解读，127号文影响最为重大的是非标业务。同业融资中的买入返售业务和同业投资业务，大量对接非标资产。（注：这是业内共识，避开敏感性。）

什么是非标呢？非标全称即"非标准化债权资产"。2013年，银监会在银监发〔2013〕8号文《关于规范商业银行理财业务投资运作有关问题的通知》中定义："非标准化债权资产是指未在银行间市场及证券交易所市场交易的债权性资产，包括但不限于信贷资产、信托贷款、委托债权、承兑汇票、信用证、应收账款、各类受（收）益权、带回购条款的股权性融资等。"显然，非标资产直接涉及贸易融资背景的包括了前面七项的各种形式，面是很宽的，除了带回购条款的股权性融资。（注：说明非标资产与贸易融资形式的相关性，表面上看似压制了贸易融资类的非标资产，其实也为各类非标资产转换为贸易融资类的非标资产提供了巨大空间。）

《通知》第五点规定："买入返售（卖出回购）业务项下的金融资产应当为银行承兑汇票，债券、央票等在银行间市场、证券交易所市场交易的具有合理公允价值和较高流动性的金融资产。"127号文把买入返售的贸易融资背景非标资产限定在了"银行承兑汇票"一项（注：为什么银承会成为买入返售中独有的一类非标资产呢？笔者猜测，尽管银承是非标资产，但其本身有一个高流动性的二级市场，所以，具有相对合理的公允价值。实务中，贸易融资各种形式的福费廷资产和商票资产与银承相似，具有合理的公允价值和高流动性，是不是可以参照银承呢？需要进一步解读。笔者认为，或许这是127号文的败笔，即监管过头了。按照以往的经验，监管过头了一定会受到市场规律的惩罚，值得观察），看似直接约束了非标业务，包括贸易融资背景的大量非标业务的扩张。（注：这里仅仅是看似。言外之意，其实不然，因为不做买入返售还可以做别的，如商票和福费廷的各种转让。）

《通知》第七点规定："金融机构开展买入返售（卖出回购）和同业投资业务，不得接受和提供任何直接或间接、显性或隐性的第三方金融机构信用担保，国家另有规定的除外。"127号文似乎没有限定同业投资的非标资产，但如果没有第三方金融机构信用担保，同业投资非标资产的积极性显然值得观察。（注：这里仅仅是值得观察。言外之意，如何发展还不好说。关于第三方金融机构的信用担保的看法如下：

——第三方金融机构的担保不允许，那么直接担保是可以的，非金融机构担保也是可以的。这是业内的解读。

——第三方金融机构的担保不允许，这应该是指融资性担保，即担保同业投资或买入返售本身。如果是非融资性担保，如工程履约、合同付款、保理坏账担保，会不会与这无关呢？

25.贸易融资视角下的127号文同业新规

——第三方金融机构的担保不允许,因为担保是在为买入返售、同业投资提供增信,如果以其他方式增信呢?如贸易融资中的票据承兑、信用证承兑呢?会不会与这无关呢?

请注意,后二者是贸易融资的长项。)

总之,银承以外的贸易融资类非标资产,买入返售做不了。贸易融资类非标资产没有第三方金融机构信用担保,同业投资会不会愿意做将成为问题。(注:这里仅仅是"愿意不愿意"会成为问题。言外之意,是不是会成为问题还不好说,特别是在贸易融资有其他的增信工具的情况下。)

对贸易融资的影响

127号文名为规范同业业务,那么,规范了所有的同业业务吗?显然不是。(注:这里严格限定在同业投融资业务。非标资产,同业投融资业务做不了,可以做什么?非同业融资业务就可以,如投行的撮合交易,如民生的TRS,如招商的委托定向投资。)

《通知》第一点说:"本通知所称的同业业务是指中华人民共和国境内依法设立的金融机构之间开展的以投融资为核心的各项业务,主要业务类型包括:同业拆借、同业存款、同业借款、同业代付、买入返售(卖出回购)等同业融资业务和同业投资业务。

"金融机构开展的以投融资为核心的同业业务,应当按照各项交易的业务实质归入上述基本类型,并针对不同类型同业业务实施分类管理。"

这是指表内同业投融资业务,包括贸易融资背景的表内同业表内授信业务,但不包括贸易融资背景的同业表外授信业务。

这里的表内同业融资业务,很奇怪地,并没有涉及大量的贸易融资背景的票据转贴现业务。这是因为票据转贴现业务本身比较规范,特地排除在外?还是说票据转贴现本来就是属于上述六种同业投融资业务中的一种?不得而知。(注:这里也没有涉及福费廷。已做去敏感性处理。)

《通知》第四点说:"同业代付是指商业银行(受托方)接受金融机构(委托方)的委托向企业客户付款,委托方在约定还款日偿还代付款项本息的资金融通行为。受托方同业代付款项在拆出资金会计科目核算,委托方同业代付相关款项在贷款会计科目核算。

"同业代付原则上仅适用于银行业金融机构办理跨境贸易结算。境内信用证、保理等贸易结算原则上应通过支付系统汇划款项或通过本行分支机构支付,委托方不得在同一市、县有分支机构的情况下委托当地其他金融机构代付,不得通过同业代付变相融资。"

同业代付业务几乎都是贸易融资背景,包括境内贸易背景代付和跨境贸易背景代付。上述第一点与2012年银监会发布的银监办发〔2012〕237号文《关于规范同业代付业务管理的通知》的精神如出一辙,第四点新增内容限定了境内贸易背景代付,而并未限定跨境贸易背景代付。对于境内贸易背景代付,委托方不得在当地有分支机构的情况下委托当地其他金融机构代付,仍然可以委托当地分支机构或异地其他金融机构代付。事实上,境内贸易背景代付已经几乎销声匿迹(注:这里没有分析跨境贸易背景代付,实务中出现了许许多多不是代付但具有代付效果的产品。已做去敏感性处理)。所以,上述规定对国际国内贸易融资并无实质性影响。

《通知》第十四点说:"单家商业银行对单一金融机构法人的不含结算性同业存款的同业融出资金,扣除风险权重为零的资产后的净额,不得超过该银行一级资本的50%。"这里的表内同业融资业务,排除了贸易融资背景的各种结算性同业存款(注:这里没有说保证金存款。贸易融资收保证金存款,是长项。已做去敏感性处理)。

结语:

总之,127号文为规范非标业务而来,也殃及了贸易融资背景非标资产的同业投融资业务(注:127号文的出台,同业投融资渠道会收窄,金融机构也会有一段的观察期、决策期和适应期,所以,贸易融资会有影响,至于是正面是反面仍待观察。"殃及"是叫苦,哭穷)。

不过请注意,招商证券研究报告认为,"如果照着文件直观去看,似乎非标资产离灭亡也就不远了。但是不宜一厢情愿给出非标资产将快速下降并逐步消失结论,对于银行和实体经济而言,即使非标资产无法监管套利,相比标准化债券,仍具明显的好处。非标资产下降的幅度和速度都会低于市场预期。此外,监管和创新向来不断螺旋推进。"(注:这不是笔者所言。已做去敏感性处理)非贸易融资背景的非标业务将如何发展一时不好说(注:言外之意,这不是笔者所擅长的),但是,贸易融资背景非标资产的故事或许就将如此演绎(注:请注意,这里用的是"或许"二字),只因为贸易融资公认是"金融服务实体"的最好的方式之一,而127号文的本意就是通过规范同业非标业务最终实现"金融服务实体"(注:"金融服务实体",这是块好砖头,哪里好用哪里搬。与引言部分提到的贸易融资"一手搭贸易,一手搭金融"的固有特点相呼应)。

(本文发表于《中国外汇》2014年6月期上半月刊)

26.闲话贸易融资的创新

作者:仲昕
天九湾研究团队核心成员
澳新银行交易银行部金融机构销售总监

关于创新的定义,是仁者见仁,智者见智。在西方,人们认为创新的概念首先是美国经济学家熊彼特提出来的。他在《经济发展概论》中提出,创新是指把一种新的生产要素和生产条件的"新结合"引入生产体系。后来又有更多的关于创新的论述,包括技术创新、管理创新等。总结下来,创新应该是新的领域新的东西,应该是有创造性的思维,应该是具有实用价值的东西。

那么在贸易融资领域是否有创新?

关于贸易融资每个参与者都会有不一样的定义,但基本要素是在贸易过程中提供者对需求者提供的融资。参与者可以是商人、金融机构等。

票据是古人的贸易融资创新。

中国据说在唐朝就出现了票据。西方关于票据的起源,"一说始自古希腊和古罗马,公元4世纪时,希腊人就开始使用票据……一说源自阿拉伯国家,法文AVAL,从阿拉伯文的HAWALA而来,意即是票据背书,法文CHEQUE,则来自于阿拉伯文的SAKK,意即是书面化的票据。""但大多数学者还是认为票据起源于12世纪初叶的意大利及地中海沿岸的一些商业城市的兑换商所发行的兑换证书。"

信用证的出现,是贸易融资领域的另一创新。

关于信用证的起源,"有的说滥觞于希腊,有的说可溯源于罗马,但通说则认为始于12世纪。当时教皇或国王派人到远地采购物资,因为交通及治安的关系,不便携带金银,乃签发致商人的信函,交给特使携带。信函里……形式偿还,一般认为这种……这……信用证。19世纪末,伦……用证与背对背信用证,二战后,美国……备用信用证。这些都是贸易的发展带来的贸易融资的创新。

在贸易融资领域的另一重大创新是保理的出现与发展。

"一些研究保理历史的人发现其历史可以追溯到5000年前的巴比伦时代","英国的保理有两个主要来源:一是美国商业代理商的业务,一是欧洲大陆银行的有关业务。"

而美国的保理起源于19世纪上半叶。欧洲的保理来源于发票贴现业务。

今天中国银行界所热衷的福费廷业务，也是贸易融资中的一大创新。

"福费廷市场起源于20世纪50年代后期60年代初期世界经济结构发生变化之际。当时资本货物的卖方市场逐渐变为买方市场。国际贸易有了很大的发展，并出现了进口商日益要求延长传统的90～180天的信贷期限的趋势。"瑞士成为福费廷的发源地之一。后来伦敦成为福费廷业务的中心。

保函也是贸易融资领域中的一大创新。

传统的附属担保历史悠久，"如英国1677年颁布的《禁止欺诈法》中第四条给保函下的定义是：一个（担保）人承担另一人（主债人）对第三者（债权人）的偿债，违约或履约失败的义务的书面承诺。这三个人分别是受益人（债权人，通常是银行）、主债务人（通常是需要借款的客户）和担保人，即第三者（债权人和债务人以外的人）对债权银行讲，"如XX不能偿还你的债务时，将由我来偿付。"独立保函的产生比较晚。"在英国，由于其传统上就存在类似独立担保的'赔偿合同'，因此，它对作为现代担保合同的独立担保的接受并未出现在其他国家所遇到的法律障碍。而在欧洲大陆，尽管早在19世纪就出现独立担保的萌芽，但是，这种与传统担保存在较大差异的独立担保实践，直到20世纪60年代才在德国得到法院判例的认可；在法国，则到1982年才得到其最高法院的承认而成为合法。"与独立担保几乎同时代的是备用信用证。"相反，经过长期和广泛的争论，备用信用证终于在20世纪70年代的美国得到官方的认可而成为立法，使其成了由商事活动推动商事立法的典型例子。"

现在比较热门的大宗商品融资与结构性贸易融资、供应链融资也是西方银行界根据业务需求进行量身定制的贸易融资产品创新。

总结起来，在漫漫的历史长河中，伴随人类经济、贸易、社会的发展，适应时代发展的需要，人们创新了贸易融资产品。

中国由于长期以来，不是贸易强国，在贸易融资领域只能是拿来主义。所以，在今天国内真正的贸易融资创新的东西却少之又少。这不是中国人不聪明，而是由于当代中国人受赶超思维的驱使，使各行各业需要在短时间内出成绩，人们哪有时间思考与创新相干的东西？

如果冷静评论中国的贸易融资创新，唯一可称道的就是同业代付。

中国同业代付的历史，已经无从考证。国外目前可知的同业代付的类产品在印度有Buyer's credit（买方信用），美国有Banker's acceptance facility（银行承兑便利）。同业代付实际上是同业之间的拆借业务在贸易融资领域中的创新应用，就如同旅行信用证在贸易中的应用形成今天的商业信用证、商业信用证在担保中的应用形成了备用信用证一样。说它是创新，是因为在刚开始时，和许多国际性银行聊信用证、UCP，人家如数家珍，可一谈到代付，人家一脸茫然。可以说同业代付引领了世界银行业的产品革新。尽管2012年由于国内同业代付的过度使用，导致监管当局的反弹，直至今天127号文的严格规范，但同业代付作为唯一能打上中国创新标签的贸易融资产品，在中国贸易融资的创新发展史上必将成为一个里程碑。

27.品评青岛港事件

作者：林建煌

六一节后一上班,突如其来的青岛港事件搅得国内外银行业和国际国内大宗商品市场无法安宁。据说起因是青岛德诚矿业被调查引爆青岛港融资铜和融资铝问题,进而引发青岛港、国内外银行、仓储公司、国际资本市场和大宗商品市场的恐慌,查库的查库、收贷的收贷、抛售的抛售的,进口方银行在想有没有可能申请到信用证止付令,出口方银行也在想中资银行如果申请止付令怎么办。

过了这几天,惊魂稍定。有人开始问了:青岛港事件是孤立事件吗？为什么会发生青岛港事件？

先看第一个问题。青岛港事件是孤立事件吗？显然不是。青岛港事件的背后是融资金属,融资金属背后是融资贸易。融资贸易是一个现象。什么叫融资贸易呢？传统的贸易融资是为了贸易而融资。融资贸易则反其道而行之,是为了融资而贸易。以铁矿石为例,如果为了进口铁矿石用于销售、炼钢而叙做的融资,就是传统的贸易融资了;而如果为了融资而进口铁矿石,相应地就囤积铁矿石,则是融资贸易了。在中国银行业的历史上,融资贸易由来已久。青岛港的融资金属出现之前,曾出现过融资油、融资矿,还出现过各种各样的融资化学品、融资农产品、融资矿产品、融资贵金属。2007年的天津中盛粮油王伟案,2008年的宁波宁兴钢铁史明案,2012年发酵2014年集中爆发的长三角钢贸融资案,想必业内都不陌生。

再看第二个问题。为什么会发生青岛港事件？当然,这同时也在问融资贸易为什么会一次又一次轮番发生？直觉提示我们,这背后一定有着深刻的原因。换言之,如果是个别的原因,那么,最多只是个别发生,吃一堑长一智嘛,而不会屡次发生。

很多人会说,空单质押和重复质押是罪魁祸首。据报道,青岛港"铝的应有存量和实际存量相差8万吨,铜相差2万吨,也可能会更高。或许是一些金属失踪了,也可能是这些金属从来都没有存在过——只是仓单文件增长了三倍。"是的,表面上看,青岛港融资金属事件的确与空单质押和重复质押有关,所以,银行在查库,港口在查库,物流也在查库。因为大宗商品融资,严格意义上,银行是要控制住货权的,并凭货物未来的变现价值作为第一还款来源,所以,传统贸易融资中的大宗商品融资划归为资产支持型融资。显然,传统贸易融资中的大宗商品融资需要严格控制货权,即便融资主体信用恶化,即便市场价格下滑,只要大宗商品的变现价值足以抵补扣除预存保证金之后的融资风险敞口,到期还款便不会有实质性的债项信用风险暴露。

然而,目前市场上的贸易融资不满足于此,融资贸易便应运而生。

大宗商品融资贸易很大一部分只凭信用并没有控货,另外的一部分即便控货也往往怠于监管。前者是融资贸易的应有之义,因为贸易本身就是为了融资,而信用融资才会融得最多的资金,此时授信安全取决于融资主体信用,而如果是联保互保的话,将演化为一个又一个复杂的担保圈信用。后者是融资贸易的歪门邪道,为了融资而不择手段,丧失底线,此时银行精心构建的授信安全体系已经形同虚设,自以为授信安全取决于融资货物本身的变现价值,看似资产支持型融资,然而所提供的支持性资产——融资货物只存在于一纸空头的仓单文件之中。

显然,前一类大宗商品融资贸易,在贸易融资的意义上无可厚非。因为这一类大宗商品融资,本就是一笔普通的流动资金贷款,其审批放贷、货款回笼、到期还款,银行本就应该参照流贷来控制信用风险。换言之,这一类大宗商品融资,要出问题,本质上是流贷的信用风险管理出问题了,只是披了贸易融资的马甲,怪不得贸易融资。

而后一类大宗商品融资贸易不同,属于严格意义上的贸易融资操作风险暴露。众所周知,贸易融资与流贷最大的不同在于自偿性,自偿性指向了贸易融资背后的支持性资产的有效控制。一旦实现了对支持性资产的有效控制,贸易融资信用风险就会下降,其代价是有效控制本身带来操作风险的上升。换言之,这一类大宗商品融资,要出问题,那么贸易融资责无旁贷。

要问青岛港事件为什么会发生,恐怕与当前中国金融转轨时期畸形的信贷环境和信贷文化息息相关。

请问:为什么就不能做融资铜呢?人家银行做融资铜,不都没事,我们为什么不做呢?

请问:企业如果能正常融资,为什么一定要掩耳盗铃去构造贸易背景呢?银行如果愿意正常提供融资,为什么一定要乐此不疲去寻找贸易背景呢?

28.贸易融资中的制裁与合规：美酒还是毒药？

作者：金·辛德伯格 国际商会专家
来源：LCVIEWS.COM
译者：周晋 交通银行国际业务部国际结算中心

让我们回到制裁的话题。虽然制裁对于贸易融资来说是个相对新的话题（至少我刚从事贸易融资时没人跟我提及制裁和合规），似乎也有着某些固定的模式，深深地影响了我们的思考。

模式

我们来看一下这些几乎一成不变的模式：

1.合规专员

对于合规专员来说，贸易融资就像是个深不可测、令人生恶的"蛇窟"，里面满是致命的毒蛇。无人清楚里面的情形，所以必须把洞口严实堵上，这样蛇就跑不出来了。哪怕是最小的洞口也得堵上，因为只要敞开了一个口，一条小蛇就会钻出来，然后噬咬并毒杀整个部门！

换句话说，必须百分之百地"扑杀"可能违反制裁法律的任何风险。可能发生的事情必将发生！何况，贸易融资涉及互不了解的各方、遥远的国度、许多不同种类的风险，以及极其复杂法律的混杂。

从合规角度来看，制裁就是一杯致命的鸡尾酒。

2.贸易融资专员

对于贸易融资专员来说，合规和制裁简直就是毒药！贸易融资工具独立于贸易合同，甚至独立于世界上其他所有东西。所以，讨论制裁或者在贸易融资工具（如信用证）中解决制裁问题就好比在说只要唱吉恩·凯利（美国已故著名歌舞明星，《雨中曲》主演）的歌就有能量从一朵云跳到另外一朵云上。

3.使用贸易融资产品的企业客户

对于使用贸易融资产品的企业客户来说，银行是"坏蛋"！银行在贸易融资工具中加入佶屈聱牙的制裁免责条款，仅仅为了到时能够免除他们的付款责任！

谁对谁错，你说得清吗？这个世界不是非黑即白的。

角色

下面我们再细致地讨论一下各种角色：

在贸易融资部门内执行成功的合规检查需要合规部门和贸易融资部门，以及一两个其他部门的完美配合。每个部门必须尊重其他部门并相信对方是专业人士，并为同一目标努力：确保合规检查不会扼杀流程（即产品），确保其是可靠的，而且能识别并处理任何可能违反制裁法规的情况。当然，条条大路通罗马，相关方对于这一问题的认知却是成功的关键。

1.**贸易融资专员必须承认**，他们应严肃对待制裁问题。事实上，可靠的合规检查关系到他们自身的利益。

2.**合规专员必须承认**，贸易融资产品有着自身的特点，合规检查必须和这些特点相符合。例如，在开立信用证时要求第二受益人必须接受合规检查是不合情理的。同样，要求在开立信用证时对受益人进行完整的"了解你的客户"（KYC）检查也是不合情理的。

3.**合规专员还必须承认**，在贸易融资部门内，没有事情是轻松直达目标的。他们使用计算机，但是所有事都是人工完成的。所有材料都要靠人解读。这当然有其局限性，但这也意味着很大的优势。也许，这也是合规专员在执行合规政策时容易忽视的主要因素。除了系统自动的合规检查，人力因素是至关重要的（比如像我这样有贸易融资背景的人）。贸易融资专员是专业人士。他们审慎地检查每种情况。因此，他们很有可能捕捉到系统自动的合规检查所捕捉不到的东西！大多数专员通过检查品名、价值、措辞等等能嗅到异常情况，而自动化检查很难发现这些蛛丝马迹。

4.**贸易融资专员必须承认**，对于客户来说，问题很棘手。客户除了要管理交易情况：我们和谁做生意？我们能否装运产品 X 到 Y 国？还要了解贸易融资工具的复杂特性。例如，在不同于申请人和受益人国别的第三国可能存在一家保兑行，或者币种可能是美元，这意味着付款必须通过美国。这种情况下，保兑行和付款行或偿付行会依据他们所适用的法规进行合规检查。因此，贸易融资专员应该帮助并引导他们的客户安全航行通过这些"波涛汹涌的水域"。事实上，这才是"制裁条款"的用武之地：如果措辞恰当，条款将告知客户他们如何施行合规检查。

然而，我见到的大多数制裁条款文本是由律师起草的，其晦涩难懂，结果造成弊大于利。所以，相关银行承担着重大的职责。窍门就在于我们需要在采取必要措施和不损害贸易融资工具之间寻找一个平衡点。

5.**贸易融资专员必须承认**，制裁问题很复杂而且没有轻松解决的途径！所以当遇上制裁黑名单时，这并不意味着违反了制裁法规，而只意味着其必须认真核实这一问题，即相关银行必须认真调查是否能够执行交易，以及如何执行交易。仅仅因为遇上制裁黑名单而退单是错误的做法！

6.**使用贸易融资产品的公司客户必须承认**，银行理应处理制裁问题，别无他路。

制裁问题不是银行造成的，但是银行必须保证合规。如果不合规，银行可能面临更严重的问题，而不是像接到一个愤怒客户的投诉电话那么简单！所以，要想让银行不在信用证里加入制裁免责条款是疯狂的想法。然而,让银行将严重损害付款责任的制裁条款转变为用清晰、直接的语言解释其合规检查基础流程的制裁条款是值得考虑和合理的。

结语

我想说解决制裁合规检查问题的较好途径是:开放的头脑、良好的人际合作和互相尊重。这也恰好是我们创造美好生活的三个法则。

29. 贸易制裁:治病还是致病?

作者:金·辛德伯格 国际商会专家
来源:LCVIEWS.COM
译者:周晋 交通银行国际业务部国际结算中心

  多年前的某天,我看了罗姆尼和奥巴马的第三次总统选举辩论。很明显,罗姆尼先生计划对伊朗继续施加更大的制裁压力。欧盟也曾发布新的决定,采取进一步措施禁止伊朗向欧盟国家运输天然气,禁止油轮建造以及金属交易。贸易制裁似乎是易如反掌之事,只要有冲突就会被广泛接受。

  本文不趟政治的浑水,目的仅在于表达一下我对贸易和贸易制裁的一些想法。

  对我来说,贸易是多么美妙的事物啊!我必须说,自己毕生从事贸易相关工作,理所当然地热爱贸易。然而贸易生涯带给了我不少好的经验教训。最重要的一点是贸易的基础是关系和信任!你可能利用各种融资工具(比如信用证或见索即付保函),但是如果你不信任你的交易对手,你就不应当(也很可能不会)做这笔交易!在大多数情况下,买方和卖方愿意做这笔交易,因此他们想要诚实、可靠地行动。他们想把第一笔交易顺利完成,然后双方的关系就与日俱进,之后会做成许多好买卖,达到双赢结局。这就是贸易的核心,但是请记住以下同等重要的一点:**如果贸易是跨境的、跨国的、跨文化的,那么所构建的关系也是跨文化的**。关系意味着一方向另一方敞开心胸,反过来也如此。当不同的文化向对方开放,偏见就远离了,谅解和更为细致的了解就到来了。所以,从本质上说:贸易是不同文化间的桥梁!

  这当然是贸易的积极一面,我非常清楚还有其消极一面,例如:贸易障碍、保护主义,以及欺诈。世界是复杂的,不是非黑即白的。但我仍将坚持认为,贸易是不同文化间的桥梁。

  贸易是文化的"启瓶器"。如果人们做出努力,贸易能加强并促进国与国、文化与文化之间的关系和对话。

  这就是为什么我每次听到贸易制裁都会变得非常悲哀的原因。贸易制裁是"封箱带",只会导致冲突。我承认,当今世界上存在大量的冲突,我无法声称自己有解药。然而,冲突可以被定义为"冲撞、分歧、矛盾、对立的状态",一个巴掌拍不响,解铃还须系铃人。

  我认为,当今世界的主要冲突在于文化差异——文化间的冲撞。由文化差异导致的冲突往往是偏见和缺乏理解造成的,恰恰是这些对于解决问题至关重要。所以当贸易制裁施行时,化解或缓和冲突的最佳手段也被瞬时抹杀了。事实上,贸易制裁是背道而驰的:让冲突变本加厉了。一言以蔽之:贸易制裁是解决冲突的小儿科做法!

这就是我为什么每次听到贸易制裁都黯然神伤的原因。

请好好对待交易方和信用证吧!

30. 再评青岛港事件

作者：林建煌

融资贸易合理吗？ 黑格尔说："存在即合理。"显然，融资贸易也不应该例外。

据了解，"中国以大宗商品为担保品的贷款余额多达 1 600 亿美元,相当于中国短期外汇贷款的 31%。""近年来由于传统信贷收紧,中国企业越来越多地运用大宗商品作为取得信贷的工具。铜、铁矿石、橡胶、大豆及黄金,都扮演过担保品的角色。"显然,这里的"担保品"是一个笼统的说法,并不一定具有担保法意义上的大宗商品"担保"功能。

为了融资而出现的融资贸易,本就是希望利用贸易背景来融资,自然融越多的资金越好。当然更为重要的是,融资贸易希望融到资金投到贸易以外的项目,并以贸易以外的项目作为还款来源。显然,传统贸易融资基于自偿性,是绝对无法满足的。因为在传统贸易融资下,自偿性要求所融资金要么用于购货备货,要么用于提前兑现赊销形成的应收账款,前者资金无法用于他途,后者并没有新增资金。换言之,如果在传统贸易融资自偿性的封闭流程中操作大宗商品贸易融资,必定无法实现融资贸易筹措资金追逐高收益项目的初衷。

相应地,实务中的融资贸易,必定要以主动放弃或被动失去自偿性为代价。

主动放弃自偿性的情况,如部分保证金凭授信开证,也称"普通授信"开证。"普通授信"开证下,货到后银行不控货,货物变现的资金即为融资获得的资金。所获资金在信用证到期付款之前,企业可以用于他途。信用证到期付款时,收回所获资金对外支付。青岛港事件中的一部分案件,属于这第一类,相对正常,只是由于银行主动放弃自偿性,则增加了信用风险控制的难度。令人痛心的是,企业为了最大限度地实现融资贸易的初衷,则出现了通过虚构贸易合同,操作重复贸易和空单贸易,进一步放大了信用风险控制的难度。青岛港事件中的一部分案件,属于这第二类,不正常。

被动失去自偿性的情况,如部分保证金凭授信开证,货到后转为银行控货,所以,也称"控货授信"开证。银行控货中的货物变现的资金即为融资获得的资金。所获资金在信用证到期付款之前,只能提存或用于补足保证金,不得用于他途。信用证到期付款时,所获资金对外支付。此时,企业为了实现融资贸易的初衷,就有可能在银行控货下的存货和仓单上做文章,通过虚构仓单,操作重复质押和空单质押。青岛港事件中的一部分案件属于这第三类,仍不正常。

青岛港事件发生后,媒体评论涉及以上三类模式:第一类属于正常,第二类、第三类属于不正常。

显然,融资贸易之合理,便指向了第一类正常的情况,即:基于正常贸易背景的普通授信开证。而席卷起国际国内市场惊天骇浪,并广受业界诟病的是后两类不正常的情况。

那么,融资贸易的合理,到底体现在哪儿呢?对于一个企业来说,缺少资金便需要融资。不同的融资渠道,奥妙则各有不同,有的小额,有的大宗,有的便利,有的低息,有的需要受托支付,有的可以自由使用。资金有高地,也有洼地。同样是票据贴现,长三角会比珠三角便宜,珠三角会比京津冀便宜,欧美成熟市场会比新兴经济体便宜。相对而言,贸易融资的各项优势都比较明显,可以异地询价,可以全球询价,可以以全球最便宜的价格提供融资。融资贸易,便是借助于境外出口商的低成本融资,获得货物,进而以贸易背景进入境内变现补充流动资金。

市场经济下资本逐利,追求高收益投资项目,也追求低成本融资渠道,这便是基于真实贸易背景的融资贸易的价值。

31. 三评青岛港事件

作者：林建煌

俗话说："假的真不了，真的假不了。""金融服务实体"的本质要求，贸易融资必须基于真实的贸易背景。这是行业的底线，也是监管的底线。

融资贸易中的虚构贸易和伪造仓单，脱实向虚，背离宗旨，公然挑战了底线，破坏了贸易融资的正常秩序，当属过街老鼠，人人喊打。怎么打呢？暴露与惩罚。见不得人的，遮遮掩掩的，撕掉伪装，使之暴露于光天化日之下。明知故犯，违法违规，坚决惩处，以警醒后人，避免重蹈覆辙。银行主动放弃自偿性下的虚构贸易和被动失去自偿性下的伪造仓单导致的资金流向失控和还款来源失控，显然，属于严厉打击之列。

然而，仅仅打压是不够的。打的同时一定要看清楚了，千万不要把小孩和洗澡水一同倒掉。银行、监管、企业、物流和港口，是否需要反思一下，是否需要规范与引导？因为一个好的制度，会让坏人变好，一个坏的制度会让好人变坏。

银行被动失去自偿性下的伪造仓单导致的资金流向失控和还款来源失控，其本质是存货动产监管失控。融资铜、融资铝、融资油、融资钢材、融资矿本身，没有固有的物流标识，通常为混同存放，难以直接区分彼此的所有权人或质权人归属。此时，银行融资的安全将取决于存货所有权或质权的安全，而存货安全将取决于物流或仓储企业的监管信用。存货监管信用，归根结底，取决于完善且严谨的监管制度、作业流程和有效的内控体系。换言之，如果物流或仓储企业仅仅凭一句话就可以说，这是 A 银行的铜，那是 B 银行的铜，就可以随意出入库，显然，那就太把存货监管当成了儿戏。银行融资的贷前、贷中和贷后三查全过程的一次又一次巡库中，没有发现伪造仓单，显然，也同样出人意料。众所周知，青岛港事件不是第一个存货监管失控的案例。这说明了一点，单靠一个个物流或仓储企业，是不是很难建立起一个具有公信力的存货监管体系？因为单独一个物流或仓储企业，由于直接与货主接触，利益捆绑过于紧密，在没有第三方有效牵制的情况下，便很容易被货主收买，与货主合谋，肆意践踏银行利益。

据中国仓储协会保税仓储分会的有关人员介绍，"仓储业的'门槛'非常低，即便在保税区仓库，要注册仓储企业也很简单，有些企业没有场地，只要租借场地就可以注册。""大宗商品重复质押事件一般是贸易商与仓库经营者勾结，仓库为客户'打掩护'，因为有时候银行、有些机构可能拿到仓单要到仓库来查验，小仓库业主往往会配合贸易商客户提供一个虚假证明。"

车到山前必有路，办法总比困难多。今年以来，中国物流金融协会的物流金融服务平台、上海钢联的动产质押平台、东方钢铁的电子交易平台等的推出,就是希望打造一个具有公信力的平台,全程控制存货动产交易过程,以交易部门、仓储部门、资金部门的分工协作和互相牵制,来实现对资金的划拨、存货的存储和出入库等关键环节的有效监管。至于物流和仓储企业方面,在谁都可以提供仓储的情况下,显然,提供融资的银行对其进行业务资质认定和审核、准入准出,就非常重要。与此相似,有理由相信,银行业也一定会找到避免虚假贸易的办法,并积极践行。

整一整,更健康。或许,青岛港事件也不应该例外。

在这个意义上,为什么不说青岛港事件是当前中国银行业整肃市场纪律的系列行动的一部分呢?事实为证。今年3月的中国首例超日债违约事件,并发生了一系列小企业破产事件,部分投资者为此担忧,"中国可能将迎来自己的'雷曼时刻'——由于违约事件导致系统性金融风险爆发。"外媒唱空中国经济的声音不绝于耳,"狼来了",但狼始终没来。英国《金融时报》反思道:"在政府默许之下,一场宣传违约的运动拉开了戏幕,那些不具备系统重要性的金融问题被中国官方媒体大肆渲染,也不知不觉地被国际媒体加以放大。"

正所谓"风声鹤唳",然而,并不是所有的风声都是鹤唳。

32. 青岛港：2014 的夏季
——大宗商品贸易融资的终结抑或契机？

作者：仲昕

2014年的6月，颇不平静，虽说是初夏的时节，论天气，并没有盛夏的赤日炎炎，令人感到汗流浃背；但位于山东地界的青岛港，却提前宣告了盛夏的到来。这提前的盛夏，倒不是因为天气的原因，而是因为大宗商品贸易的欺诈案件的渲染，令这个原本可以舒服的初夏时节，持续升温。

事情的起因并不复杂，一家贸易商利用虚假仓单重复融资形成的黑洞，许多人被卷了进去，包括港口、仓储、银行、出口商等等，涉案货值越来越高，从起初的大约10亿人民币到100多亿人民币，于是中外媒体轮番轰炸，似乎牵扯的范围越来越广，气氛也越发紧张。青岛港的名气陡然大了起来，其知名度比它IPO时要高许多。

涉事的商品不是什么稀奇之物，是常见的大宗商品，铜、铝之类。是商品本身的罪恶吗？是商品本身具有诱人犯罪的基因吗？所有商品，不过就是商品而已，它们本身没有错，是使用的人过度贪婪。

涉及的大宗商品贸易结构复杂吗？其实信用证融资与仓单融资多少年来为贸易的发展作出了突出的贡献，信用证被视为商业的血液。但正如刀剑在正义者的手中可以施行正义，在邪恶者的手中可以犯下罪恶一样，内心险恶的人利用它们进行欺诈，祸害大众。

一时间，源于长三角钢贸融资造成的巨大漩涡对大宗商品贸易融资的讨伐没有停歇，青岛港仓单欺诈案再次将大宗商品贸易融资推到风口浪尖。

商业欺诈不是新鲜的事情，但人们总是好了疮疤忘了疼。尽管如此，在余波未平之时，人们还是要进行思考，也许在以后的业务发展的轰轰烈烈中，在漂亮的马甲下，欺诈事件还是要发生。

那么一个问题是：贸易融资以及大宗商品贸易融资究竟是为什么而生的？国内外利率的不平衡，人民币与美元等外币的汇率导致汇差、利差的存在，商人天生为逐利而生，利用汇差、利差合法套汇、套利，无可指责。银行为企业基于套利、套汇提供贸易融资，只要脑子里考虑到了相关的风险、并安排了风险防范措施，也会把风险降到一定的范围。但问题是：谁能保证商人的套汇、套利合法？谁能保证银行的风险防范措施到位？

英国学者菲利普·伍德讲得好："人类社会，正是在对于风险的恐惧，以及对于财富的贪婪中颠簸前行。"商人喜欢风险，银行在可以预见的范围内承担风险。但银行往往在生存、发展和风险之间,在讲究业绩大跃进的时代,将天平向生存、发展方向倾斜而忽视风险。一旦银行进入支持套汇、套利贸易融资的游戏,就会难以自拔,不会止下脚步。基于经验主义和侥幸心理的业务发展模式,银行会将所谓的KYC、KYB、尽职调查等像上台走秀一样玩上一遍。当欺诈来临之时,银行也会善良地闭上眼睛,如此下来,不出事情才不是正常的事情。

影子金融机构的爆发式发展要关注,渲染强调高利贷、短平快的好处要引起警觉。资金是否短借长用?信用证为何要开那么长期限?仓单融资靠谱吗?(目前存在三种仓单,标准电子仓单、标准纸质仓单还有非标准仓单,关于仓单的性质,目前国内还存在争议,但出事的往往是非标准仓单)关联交易及转口贸易是否要揭开它们神秘的面纱?

除了信用风险、价格风险、法律风险、合规风险等,我们了解信息风险吗?我们了解政商风险吗?(商人逐利,但往往会财大气粗,难免会向政治靠拢;政客一旦不甘清廉寂寞,就会权力寻租。如此,政商就会结合。政商风险就是政客与商人一荣俱荣,一损俱损的风险)

是时候开始管制大宗商品融资了,是时候该冷静地考虑如何规范业务发展了。切勿以创新之名,行规避法律、法规监管之实;勿强调自由化,而放弃边界管理。国人自古就有赌博的传统,而且赌性极强。如果对大宗商品贸易融资不严格规制,青岛港事件、类青岛港事件将会不断发生,也许不久的将来,大宗商品贸易融资将会真的被动终结。

33.四评青岛港事件

作者:林建煌

问一个常识性问题:"贸易融资与流贷相比,好在什么地方?"

"我知道,贸易融资因为具有自偿性,所以,风险比较低。"不管是银行的产品经理,还是客户经理,十有八九都会脱口而出。

其实,如此说法并不准确。

贸易融资因为具有自偿性,所以,信用风险比较低。但有一个代价,即必须通过封闭流程来控制住支持性资产,以实现自偿性。这意味着什么呢?**操作风险的上升,信用风险的下降:这是贸易融资的一条极其重要的风险跷跷板规律。**换言之,如果没有控制住操作风险,那么贸易融资的自偿性就会落空,从而势必会倒逼信用风险的暴露。

进一步,贸易融资因为具有自偿性,所以,信用风险比较低,准确地说,指的是整体信用风险比较低。贸易融资的整体信用,由主体信用和债项信用捆绑而成。主体信用,指的是以授信主体所拥有的全部资产作为还款来源构成的还款能力;债项信用,指的是以授信债项所对应的特定资产作为还款来源构成的还款能力。前者决定了违约率(PD),后者则决定了违约损失率(LGD)。贸易融资的主体信用风险,与流贷没有本质的区别,相应地,违约率没有本质的差别。贸易融资背后的自偿性,直接指向贸易融资的债项信用风险比较低,从而导致整体信用风险比较低,因为有自偿性在,违约损失率会相对较低。换言之,贸易融资操作风险的失控,直接触发的是债项信用风险的暴露,而如果债项信用风险可控,即便主体信用风险形成暴露,可能也不会有实质性的损失。

青岛港事件之严重,一在于虚构贸易,二在于伪造仓单。二者都指向了操作风险的暴露。前者否定了贸易融资的前提,后者架空了贸易融资的资产,自偿性因此落空,相应地,资金流向失控和还款来源失控,这是自然的结果。实务中,控制伪造仓单,主要是从仓储监管信用体系的建立入手,简单者如建立仓储企业评级体系并核定授信仓储限额,复杂者如建立动产质押平台,综合者如建立交易所平台和交易市场平台等。实务中,控制虚构贸易,关键是确认贸易合同的真实性,如使用BPO进行订单确认,如要求买方对卖方待转让的应收账款进行确认,如由银行直接送达预付票据给买方,如签订供应链融资三方协议等。

试想一下,如果贸易融资的操作严格控制,封闭流程,确保自偿性,青岛港会出现那么多融资贸易吗?显然这是不可思议的,因为低成本融资无法用于高收益项目,融资贸易便失去了大部分的动力。

"专业的人做专业的事。"在这个意义上,不得不说,贸易融资是一个高操作风险的领域。在利率市场化背景下从欧美成熟市场引进后日益本土化,同时需要逐渐与国际接轨的国际国内贸易融资如此,钢贸融资所涉及的供应链融资如此,青岛港事件所涉及的大宗商品融资尤其如此。

俗话说:"没有金刚钻,不揽瓷器活。"

奉劝一句:"人人都多一份自知之明。有什么样的金刚钻,揽什么样的瓷器活。"

34. 五评青岛港事件
——从深发展被并购说起

作者：林建煌

  青岛港事件背后的融资贸易，发生于当前中国金融转轨的特殊时期，所以，有其特殊性。相应地，只要是合理合规合法的融资贸易，便当正视其特殊性，并允许其发生，而不宜"一刀切"，因噎废食。遗憾的是，业内并不是所有人都能轻易做得到。反之，听风就是雨的朋友大有人在，谈青岛港事件而色变，谈融资贸易而色变，乃至谈贸易融资而色变。

  说到中国银行业的贸易融资发展史，显然，深圳发展银行不能无故缺席。尽管已经成为过去，深发展模式有太多的东西值得后人引以为镜，借鉴长远。

  试问：为什么深发展被平安并购？为什么不是深发展并购平安呢？如果一定要从贸易融资的视角去思考，或许，这与深发展一直以来没有找到符合中国本土特点的经营理念有关。

  众所周知，曾经是"银行A股第一股"的深发展多牛！然而，深发展直到被并购之前，已经远远被甩出股份制银行第一梯队。唯一值得业内津津乐道的，也唯一值得深发展上上下下念念不忘，并沾沾自喜的就是"供应链金融"。但也就只有"供应链金融"了。这么一来，出现的情况是对公业务中供应链金融中比重极高，其他业务几乎乏善可陈，因此整体资产规模扩张极慢。这在已经过去的"规模意味着利润，规模意味着实力"、"有了规模和实力，才谈得上最大限度服务实体经济"的中国银行业黄金十年里，显然极其另类。

  须知道，深发展一度由美国新桥集团控股，行长由控股股东委派。而传统的贸易融资本就是舶来品，从欧美成熟市场传进中国大陆。近年在欧美兴起的供应链融资本就是贸易融资的一个门类，以具有自偿性和低风险而著称，与成熟市场的传统贸易融资最为接近，所以容易为高管团队接受。

  然而，中国银行业处于金融转轨的途中，市场环境和政策环境不断在变化，阶段性地出现了大量的欧美成熟市场的银行价值观下无法理解的业务模式。深发展由于价值观的不同看不明白，自然对"供应链金融"以外的市场望而却步，故步自封，主动退出市场的争夺，乃至拱手主动让出市场，结果是眼睁睁看着银行同业在发展业务，扩大地盘，看着别人热闹而没有自己什么事。如此，为何不说深发展的成功是因为拥有了"欧美成熟市场的银行价值观"，所以"供应链金融"品牌名噪一时，而失败也是因为局限于"欧美成熟市场的银行价值观",所以整体业务、整体规模和整体实力并没有与中国银行业黄金十年共成长,而是不知不觉中滑向了被并购的穷途末路。

"识时务者为俊杰。"一个银行无法与时俱进,势必导致理念的偏差,从而必将导致战略的失误。简言之,由于理念的原因,深发展的成功,不过是一时一地一个门类的"术"的成功,而深发展的失败,则是一开始就注定的"道"的失败。

须知道,在过去中国银行业黄金十年里,银行规模的快速壮大,必然伴随着银行实力的快速增强,这本就是"金融服务实体"的应有之义。因为没有银行规模和银行实力,金融用什么来服务实体呢?如此,深发展的价值观似乎就有点狭隘了,不仅耽误了自己银行的美好前程,做空了"银行 A 股第一股"的历史声誉,也辜负了银行员工和实体客户的殷殷期待。

回到正题,青岛港事件中的融资贸易,既然有其合理合规合法的一面,是否算中国金融转轨时期的一个特殊现象,是否算中国金融转轨时期"金融服务实体"的一种特殊方式,从而需要以理性的眼光看待呢?显然,这是中国银行业、贸易界和监管层都无法回避的问题。

35. 六评青岛港事件
——信用证欺诈下可以申请止付令吗？

作者：林建煌

贸易融资总是基于贸易。虚假贸易和伪造单据，便意味着贸易欺诈，如果使用信用证结算，则意味着信用证欺诈。青岛港事件的贸易融资信用风险暴露案件中，有一部分与信用证直接相关。这一部分信用证已经承兑但尚未到期，而大多涉嫌信用证欺诈，已经没有什么悬念。

那么，信用证欺诈下可以申请止付令吗？申请人不申请，银行可以申请止付令吗？

信用证欺诈下可以申请止付令吗？"哪里有欺诈，哪里就有止付"，止付就是为欺诈而生的。这是个实体法问题。

这需要怀疑吗？的确，2005年出台的最高法《关于审理信用证纠纷案件若干问题的规定》（下称《最高法司法解释2005年版》或《司法解释》）的第8条规定，就诠释了国际通行的"哪里有欺诈，哪里就有止付"的道理。然而请注意，《司法解释》的第10条规定，还诠释了国际通行的"即便欺诈，如果存在善意第三人仍不可止付"的道理。如果事先止付了，事后发现善意怎么办呢？一个似是而非的小问题难倒了英雄汉，许多银行的判断因此举棋不定。实在是杞人忧天。这是法官考虑的问题，不是银行考虑的问题，银行只需执行止付令就行。

何出此言呢？信用证止付的完整说法是"停止支付"，简称"止付"。止付包括两种：一是临时性止付，《司法解释》中称"中止付款"；二是永久性止付，《司法解释》中称"终止付款"。事实上，法庭在审理信用证欺诈案件时，只要涉嫌欺诈，有人申请，满足法定要件，就会先颁发止付令，全称即"中止支付裁定书"。这一止付令，属于中止付款性质的临时性止付。之后，止付令申请人会在规定时限内提起诉讼，法庭将进行审理并作出判决，颁发"判决书"。判决结论无非就是两个：要么因为欺诈不存在或欺诈存在但存在善意第三人而解除止付令，要么转为终止付款性质的永久性止付。

正是基于此，《司法解释》第10条规定：

"人民法院认定存在信用证欺诈的，应当裁定中止支付或者判决终止支付信用证项下款项，但有下列情形之一的除外：

（一）开证行的指定人、授权人已按照开证行的指令善意地进行了付款；

（二）开证行或者其指定人、授权人已对信用证项下票据善意地作出了承兑；

（三）保兑行善意地履行了付款义务；

(四)议付行善意地进行了议付。

上述规定间接表明:无论如何,只要涉嫌欺诈,当事人是一开始可以申请止付令的,而无需有太多的顾虑。至于是否存在善意第三人,则是事后法庭审理和判决的事。这是个程序法问题。

进一步,申请人不申请,银行可以申请止付令吗?当然可以。

《司法解释》第9条规定:

"开证申请人、开证行或者其他利害关系人发现有本规定第8条的情形,并认为将会给其造成难以弥补的损害时,可以向有管辖权的人民法院申请中止支付信用证项下的款项。"

青岛港事件中,开证申请人由于陷入诉讼漩涡,由其出面申请止付令的可能性很小。

这么一来,难道银行就束手无策了吗?显然不是,境内开证行本身就可以直接申请止付令。只是国内银行主动去申请止付令的先例很少,所以自然少见多怪。至于国内银行主动去申请止付令的情况为什么很少,当然另有说法。青岛港事件中,涉案银行经过一番直接或间接的沟通,的确也没见到有人主动去申请止付令。或许是离得太近了,灯下黑。

除此之外,还有谁可以申请止付令呢?

青岛港事件中,据说出现了一例国有大行信用证,由开证申请人的担保人作为上述规定中的"其他利害关系人"去申请止付令,并成功获得止付,引发贸易界和银行界的纷纷议论。银行界的朋友大感意外,大家不都没有去申请止付,怎么突然间冒出一个止付令呢?原来是担保人也可以申请,也的确去申请了。

36. 七评青岛港事件
——议付行声称善意议付下还可以申请止付令吗？

作者：林建煌

青岛港事件中，境内开证行也有考虑申请止付令。为了避开无法把握的《司法解释》的第 10 条规定涉及的善意第三人的情况，也为了避免代理行之间对簿公堂，开证行几乎都主动发电，要求议付行确认是否议付。

可以猜一猜境外议付行的第一反应一定是什么？几乎没有例外地，议付行一致确认已经议付，且是善意议付。

如此一来，境内开证行都犯傻了，"这不是白问境外议付行了吗？"

"那么，到底是申请止付令呢，还是不申请？"于是，开证行就接着想办法，要求议付行提供议付合同和入账凭证等。

结果怎么样？几乎所有的境内开证行都吃了闭门羹，因为几乎没有一家境外议付行愿意提供相关凭证。

境外议付行的理由几乎一样得冠冕堂皇："不好意思。合规部门说了，这是内部资料，不得对外。"

境内开证行接着又回到了原点："那么，到底是申请止付令呢，还是不申请？"这一问题的实质是说："在议付行声称善意的情况下，境内开证行是否可以申请止付令？"《司法解释》间接表明："没有问题。还是可以申请止付令。"

为什么呢？因为信用证欺诈案件中，欺诈的认定和善意的认定，从来都是法院的事，他人无权认定。换言之，境外议付行声称自己的善意第三人地位，应该到案件判决阶段的法庭上向法官去说，对境内开证行来说仅供参考而已。同样地，即便境外议付行提供了议付合同和入账凭证，也仍然是仅供境内开证行参考而已，最终还是到案件判决阶段的法庭上由法官来认定才算数。

有法庭判例为证：

一是 1999 年的荷兰合作银行押汇入账案。案中涉及背对背信用证，香港银行接到中国内地国有大行的来证，进而向马来西亚受益人转开。母证开证行付款之前，接到止付令，香港银行立马声称自己已经善意议付，强烈要求开证行撤销止付令。开证行听进去了吗？没有。赞一个！明智的开证行也幸好没有听进去。为什么呢？专业人士应该知道，香港银行在背对背信用证下手里持有两个信用证，一个是大陆开来的母证，一个是自己开出去的子证。相应地，如果香港中间商有融资需求，香港银行可以在母证下叙做出口议付/出口押汇,也可以在子证下叙做进口押汇。在案例判决阶段,法官发觉香港银行没有在母证下叙做出口议付/出口押汇,融资合同和入账凭证表明,香港银行在子证下叙做了进口押汇。幸哉幸哉!大陆开证行回想起来,吓出一身冷汗。

　　二是2008年的宁波史明案。案中涉及信用证欺证,开证行涵盖了宁波、杭州、上海、合肥四地几乎所有的中资银行,而议付行,也是票据福费廷的包买银行指向了唯一的一家外资银行A银行。证下开证行大都已经承兑未付款。止付令颁发前后,中外资银行经过了一轮又一轮的交涉。要问外资银行A银行议付了没有,外资银行A银行死活咬定,自己做了善意议付,且是善意第三人,并极尽做代理行关系的能事,道德劝告加律师警告,再加向监管部门和政府部门,乃至国家机关轮番申诉。中资行也一直犹豫不决,到底是申请止付令呢,还是付款了事?几乎所有的银行都顶着巨大的压力,紧咬牙关,撑到了最后。2013年判决结果怎么样?外资银行A银行败诉,不是所谓的"善意议付行"。因为公安局的笔录显示,作为议付行的外资银行A银行的个别员工对信用证欺诈知情。

　　在这个意义上,议付行声称"善意议付",并不算数。而且,完全有可能言实不一。

　　议付行电文中声称善意议付,还可以申请止付令吗?还是可以。这是法律赋予开证行的不容置疑的权利!

　　当然了,如果境外议付行愿意向开证行提供真实的议付合同和入账凭证,开证行没有异议,完全可以法庭之外协商解决。

37. 八评青岛港事件
——止付令颁发后议付行可以强行扣款吗？

作者：林建煌

青岛港事件中，信用证止付令颁发之前，境内开证行都在犹豫要不要申请止付令。期间，境外议付行的威胁和恐吓少不了。威胁什么呢？加入黑名单，海外起诉。恐吓什么呢？影响不好，声誉不好。退一步，境外议付行也会好言相劝，说恐怕会得不偿失。因为止付令颁发之后，境外议付行的融资门槛和融资成本抬高是肯定的。据境外银行业估计，融资成本的上升甚至可能会超过止付令所涉及保全资产的价值。

得不偿失的说法是真的吗？换言之，境内开证行如果事先考虑到融资门槛和成本的上升，就不需要止付吗？恐怕似是而非。

融资门槛和成本的上升，表面上是因为信用证欺诈发生而颁发止付令的结果，其实是对操作风险和信用风险的重新评估所致。换言之，青岛港事件没有爆发之前境内外银行本就低估了操作风险和信用风险，现在的国际国内的资金价格重估，也只是恢复正常而已。而现在只要相关企业和银行的操作风险和信用风险没有改变，便一定会形成对应概率的风险暴露。换言之，融资门槛和成本的上升，与止付令无关。

试问：境内开证行不止付，难道就不需要重估风险水平，重定资金价格吗？根据"收益覆盖风险"的基本规律，显然这是不可能的。

信用证欺诈一旦确定，便意味着损失是一定的，也一定要有人为欺诈买单。如果企业无力买单，最终一定是由境内外银行来买单。"谁过错，谁担责。"止付令的出现，就是根据境内外银行在青岛港事件中的过错性质和程度，用来重新分配各自的责任。

在这个意义上说，如果不存在另外更全面的考虑，境内开证行本可以申请止付令而没有去申请止付令，实际上则纵容了境外议付行的可能过错，也姑息了境外议付行本该承担的可能责任。没有止付令，境内开证行愿意独自包揽青岛港事件的责任，境外议付行当然高兴了，说不定还会当面吹捧境内开证行几句。至于境外议付行心里面会怎么想，你懂得！

威胁和恐吓能有用吗？青岛港事件一爆发，境内开证行的影响和声誉不好必定成为事实，不止付就能挽回得了吗？境内开证行被境外议付行加入黑名单，在海外被起诉，由得了境内开证行吗？境外议付行是不是也需要考虑一下，境内开证行会不会也把境外议付行列入黑名单呢？境外议付行的影响和声誉就会好得了吗？没有境内开证行的开证，境外议付行会去融资吗？没有境外议付行的融资，境内开证行开证有用吗？没有境内开证行的开证和境外议付行的融资,青岛港事件会成事吗?

俗话说:"出来混总是要还的。"青岛港事件中,境内外银行之间,半斤八两,大家彼此彼此。或许,境内外银行之间更多的是要考虑如何公平分担损失,如何汲取教训以利长远。只是因为威胁和恐吓绝不是战斗!

在这个意义上,境内外银行都想得开点,该来的总是要来的,该起诉就起诉吧,就当做一场贸易融资领域的国际社会公益广告,说不定当事的银行还赢了呢?青岛港事件的代价就算是这广告费。因为如果没有这一场广告,可能大家还不知道什么是对的,什么又是错的。

当然,也有一些奇葩的境外议付行,没把法律放在眼里,止付令颁发之后,便"霸王硬上弓",强行扣划开证行账户款项。因为境内开证行正好就在境外议付行开户,或者,境内开证行指定境外议付行议付的同时,还指定境外议付行为偿付行。境外议付行自以为"近水楼台先得月","入袋为安",还得意着呢。

境外议付行如此行事,恐怕不要高兴得太早。理由如下:

一是境外议付行藐视中国法庭,藐视中国法律,藐视中国止付令。难不成境外议付行不想做中国业务?建议三思。藐视中国止付令看似事小。既然境外议付行敢藐视中国法庭,为什么就不会藐视当地法庭,为什么不会藐视第三个国家或地区的法庭呢?既然境外议付行敢藐视中国法律,为什么就不会藐视当地法律,为什么不会藐视第三个国家或地区的法律呢?

二是境外议付行"入袋"未必"为安"。既然中国止付令是强制命令,而境外议付行错误对抗命令,事后法庭审判结果表明欺诈成立,境外议付行不是善意议付行,那么,开证行享有向受益人追索权,也享有向境外议付行的追索权。换言之,此时的境外议付行仍有偿还境内开证行已扣划款项本息的义务。相比之下,相似的情况下,如果没有止付令,境内开证行主动付款之后,便只能向受益人追索,而不能向境外议付行追索。

38. 谈贸易融资的自偿性

作者：仲昕

谈到贸易融资的特点时，我们每每会讲到贸易融资具有自偿性的功能。在《巴塞尔协议Ⅲ》有关杠杆率的规定中，起初（2010年12月）规定贸易融资的信用转换因子规定为100%，如果这么规定并被执行（2018年），将对全球的贸易融资和贸易的发展造成不利的影响。经过了包括ICC，WTO等组织与巴塞尔银行监管委员会的多次协商讨论，最终在2014年1月有关《巴塞尔协议Ⅲ杠杆率框架与披露要求》中，巴塞尔银行监管委员会将源于商品流动的短期自偿性的贸易信用证的信用转换因子改为20%。ICC，WTO等组织反对将贸易融资的信用转换因子变为100%的主要抗辩理由之一就是贸易融资具有自偿性。

那么，什么是贸易融资的自偿性？是否所有贸易融资产品都具有自偿性？

首先让我们来看什么叫清偿？在著名的 *Black's Law Dictionary*（第八版）中，清偿（liquidation）具有三个含义：一是某物（作为债务或损失）在金额不确定之前，通过协议或通过诉讼的方式确定它的准确金额的行为[The act of determination by agreement or by litigation the exact amount of something(as a debt or damages) that before was uncertain]；二是通过支付或其他补偿结清一项债务的行为（The act of settling a debt by payment or other satisfaction）；三是将资产转换成现金，用来结清债务的行为或过程(The act or process of converting assets into cash, esp. to settle debts)。在Businessdictionary.com 中，自偿性贷款定义为：是短期（通常是流动资金）贷款，它的偿还来自融资的资产（原材料、种子、化肥）接下来转换成销售收益[short-term(usually working-ing capital)loan that is repaid from the subsequent conversion of the assets being financed(raw materials, seeds, fertilizer) into sales revenue]。根据上述定义，我们可以理解，针对贸易融资的自偿性的自偿（self-liquidation）的定义，可以取 *Black's Law Dictionary*（第八版）中的第三个含义，由此，我们可以定义贸易融资的自偿性为：贸易融资提供者在提供贸易融资时，通过一定的还款机制（产品工具本身具有的或通过外部设计），将贸易融资覆盖下的资产（商品、存货或应收账款等）转换成现金，达到自动偿还贸易融资贷款的目的。

贸易融资一般可以分为表内贸易融资和表外贸易融资。表外贸易融资在计算资本时，可以通过一定的信用转换因子转化到表内。

并不是所有的贸易融资产品都具有自偿性。如为客户需要的目的所开立的保函，无论是融资性质的,还是非融资性质的,都不具有自偿性;具有或有性质的跟单信用证,如议付行进行议付,在单证一致情况下,其对受益人提供的融资可以通过信用证本身具有的自偿性,也即开证行对相符单据的付款义务偿还;在预先融资(pre-finance)中,一个典型情况就是装船前融资(pre-shipment finance),在信用证下就体现为打包贷款(packing loan or packing credit)。我们知道,尽管从理论上讲,信用证可以作为担保品(collateral)来进行融资,但信用证本身具有的凭相符单据付款性质,使之不可以单纯作为质押物进行融资。所以,打包贷款贸易融资本身不具有自偿性特征。但通过还款机制的设计,该产品同样可以达到自偿性的目的。例如,国外银行在做打包贷款时,除了将信用证下的款项进行让渡,还将出口销售合同下的款项进行让渡,如此,无论进口商通过其开证行基于信用证的还款,还是绕过信用证,直接通过基础合同下的还款,都可以实现打包贷款自偿的目的。在打包贷款项下,通过产品更新,也可达到自偿的目的,例如,在打包贷款之后,出口商发运了货物,向打包贷款行交单,如打包贷款行是被指定银行,尤其是议付行,可以通过议付达到打包贷款自偿的目的,而议付行的议付的自偿,通过信用证本身的付款机制实现。

从广义上讲,大宗商品融资和结构性贸易融资属于贸易融资的一个门类,尽管《巴塞尔协议Ⅱ》将其归类到特殊融资(specialized lending)中。《巴塞尔协议Ⅱ》这样定义大宗商品融资:……是一种结构化的用于对储备、存货或交易所交易的商品的应收款(如原油、金属或农作物)进行的短期融资,在这种融资中,风险敞口通过大宗商品销售所得的款项偿还,借款人无独立的能力偿还风险敞口。这种情况就是借款人在其资产负债表上无其他活动及或其他实物资产。这种融资的结构性性质就是设计成对借款人疲软的信贷质量的一种补偿。风险敞口的级别反映了其自身的自我清偿的性质以及放款人在对交易进行结构化方面的技能,而不是借款人的信贷质量。

根据上述《巴塞尔协议Ⅱ》对于大宗商品融资的定义,可以看出,大宗商品贸易融资与结构性贸易融资紧密相连,如果一个借款人除了利用融资的大宗商品外,无独立能力去偿还敞口,那么这个敞口就会落入大宗商品的类别中,如果从另外一个方面,一家大的公司借款人分散经营,并具有独立的能力去偿还介入大宗商品融资中的敞口,有可能这一敞口就不会划入大宗商品融资的类别。

因此,我们可以总结:对于贸易融资自偿性,一种是产品本身具有的习性,一种是产品外构造的付款机制;并不是所有产品都具有自偿性;自偿性与结构化紧密相连,但自偿性不等于结构化。

只有正确地认识贸易融资的自偿性,才能在日常的业务操作、产品设计、风险管理、资本计量方面准确地规范它的边界,厘清它的流程与关系,为最终的产品服务于实体经济奠定良好的基础。

39."证易证"创新探究

作者:王栋涛

2007年前后,在国内宏观经济出现过热苗头,央行实行紧缩性货币政策的大背景下,银行的信贷规模日益收缩,国内货币市场资金日显紧缺,企业的融资需求被抑制;聪明的银行家重新拾起被冷落已久的国内信用证,利用其融资功能,通过以"即期国内信用证+同业代付"为典型代表的一系列国内信用证产品组合,达到了既为企业提供融资支持,又不占用银行信贷规模的效果。

然而,2012年8月银监会出台《关于规范同业代付业务管理的通知》(银监办发〔2012〕237号文),其在明确了同业代付法律定性的同时,也对同业代付业务的账务处理做出了规范。按此规定,开证行在"国内信用证+同业代付"这一产品组合下,需将同业代付业务纳入贸易融资表内核算,从而占用了开证行的信贷规模,并造成较大的经济资本占用,国内信用证业务也因此一度呈现快速萎缩的态势。

面对新的形势,一些银行充分借鉴国际贸易融资产品的流程和设计理念,在合规的基础上,有效发掘国内信用证在结算、担保和融资功能中的比较优势,创设了一系列国内信用证新产品,这些新产品集中体现了国际惯例、国际贸易规则和国际贸易融资对国内贸易融资的借鉴意义,值得深入探究。

创新模式1:出口信用证转国内信用证

案例背景。国内某出口公司(以下简称E公司)收到境外采购商银行向其开立的信用证,作为境外采购商向E公司购买电动自行车的结算工具,E公司则向境内供货商采购用以出口的电动自行车。由于缺乏采购资金,E公司急需向银行(以下简称B银行)申请授信额度,叙做出口信用证项下打包贷款或开立银行承兑汇票。B银行在分析了E公司的信用状况后,认为打包贷款作为一类风险等级较高的发运前贸易融资授信品种,其借款主体原则上应具备流动资金贷款的授信准入门槛,而E公司为一家资信状况较为一般的中小型进出口企业,又缺乏强有力的担保措施,故无法为其叙做打包贷款。

而银行如果仅凭E公司所持有的出口信用证这一信贷保障措施,就为其开立银行承兑汇票,本质上是将"有条件付款承兑(出口信用证)"转化为"无条件付款承兑(银行承兑汇票)",因为境外采购商银行的付款条件是E公司在信用证规定的时限内提交相符单据,而银行承兑汇票则是开票行B银行无条件兑付汇票的承诺。这无疑大大增加了开票行的信用风险敞口,根据 B 银行的信贷政策,对于像 E 公司这样的中小型进出口企业,该银行无法向其提供"证易票"(即出口信用证转化为银行承兑汇票)的表外贸易融资服务方案。

创新突破。既然"有条件付款承兑"转化为"无条件付款承兑"无法实施,那么可不可以将"有条件付款承兑"转化为"有条件付款承兑"呢?B 银行沿着这一产品设计思路,联想到了国际业务产品中的"背对背信用证":在国际贸易中,当中间商收到上游买方银行开立的以其为受益人的母证后,再向其银行申请开立与母证条款相匹配的子证给下游卖方,即背对背信用证。

在与 E 公司沟通后,B 银行为其提供设计了如下"证易证"(即出口信用证转化为国内信用证)融资方案:以出口信用证为信贷保障,向境内供货商开立国内信用证,并将出口信用证中关于提单、保险单据、原产地证明,以及有关欧美 CE 标准的检验报告等单据要求相匹配地列入国内信用证单据条款中,作为境内供货商在国内信用证项下凭以支款的必要单据,从而将国内信用证的兑付风险最大限度地转化为母证开证行的信用风险,达到有效控制 B 银行表外贸易融资风险的目的,具体流程见图 1:

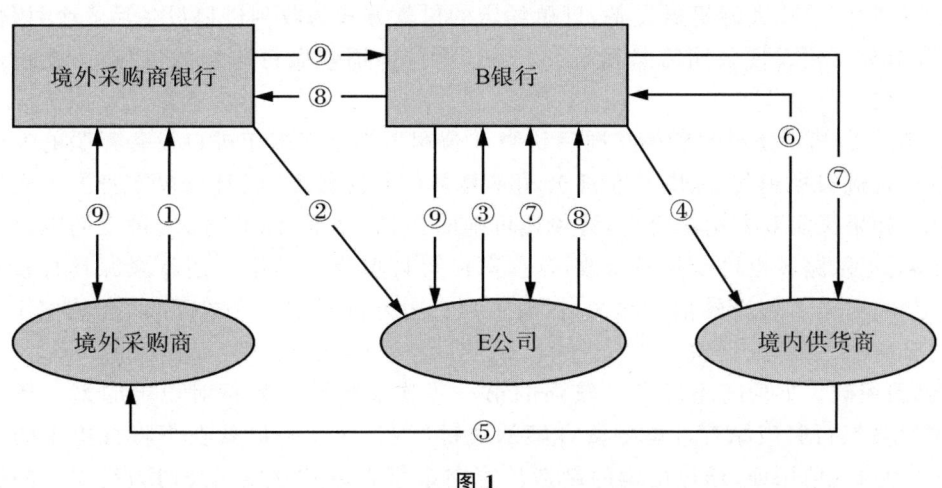

图 1

①境外采购商向其银行申请开立信用证,向 E 公司采购电动自行车。
②境外采购商银行应境外采购商要求,向 E 公司开立即期付款国际信用证。
③E 公司收到国际信用证后,立即向其银行(即 B 银行)申请开立即期付款的国内信用证。
④B 银行应 E 公司要求,向境内供应商开立即期付款国内信用证。
⑤境内供应商收到 B 银行开立的国内信用证后,根据国内信用证条款,组织生产并发运货物至境外采购商。
⑥境内供应商将发运货物后产生的货运单据,提交至 B 银行,作为国内信用证项下的交单。
⑦B 银行审核单据无误后要求 E 公司付款赎单,并把 E 公司支付的国内信用证项

下款项转付至境内供应商。

⑧E公司根据国际信用证的条款，替换境内供应商在国内信用证项下提交的部分单据后，通过B银行向境外采购商银行提交国际信用证项下的单据。

⑨境外采购商银行审核单据无误后要求境外采购商付款赎单，并将境外采购商支付的国际信用证项下款项通过B银行转付给E公司。

值得一提的是，业内对国内信用证最大的诟病是国内信用证项下提交的运输单据多为缺乏物权的运单或货物收据，这不仅不利于审查贸易背景真实性，更不利于国内信用证开证行掌控货权；而在该案例中，则不存在这一问题。因为国内信用证受益人向开证行B银行提交的运输单据为出口信用证所要求的全套海运提单，这样即使母证开证行无理拒付，B银行还可以通过出卖货物，抵补国内信用证下已支付的款项。

创新模式2：国内信用证转进口信用证

案例背景。国内某进口公司（以下简称I公司）为专业进口成套设备的进口商，凭借其丰富的进口渠道资源，收到其下游客户——多家境内制造厂家的大额订单，要求其向境外供货商采购大型机器设备，订单约定的付款方式为收到进口设备后6个月付款。由于订单金额较大，I公司需向其银行——B银行申请叙做订单贷款，用途为支付进口设备的货款。

B银行分析I公司的资信状况后认为，I公司虽为具有多年进口设备经验的专业进口公司，且进口渠道优势明显，但I公司本身资信状况较差，而且订单本身的真实性难以核实，如果买卖双方达成合意，订单还可随时撤销，金额、结算方式、付款期限以及订单贷款的汇款路径也可能随时修改，这些都使得订单贷款的第一还款来源具有较强的不确定性；根据B银行的信贷政策，在缺乏强有力外部担保的条件下，其无法向I公司提供金额庞大的订单贷款。

创新突破。如何将不确定性较强的第一还款来源转变为相对稳定的第一还款来源，成为B银行突破原有订单融资方案的关键所在；而突破口就在于将订单中的结算方式改为国内信用证，通过由境内制造厂家向银行申请开立以I公司为受益人的国内信用证，从而为订单这一商业信用加上一层坚实的银行信用保证。

于是，B银行建议I公司说服其下游客户——境内制造厂家向其银行申请开立以I公司为受益人、付款期限为6个月的延期付款国内信用证，并为其提供设计了"证易证"（即国内信用证转化为进口信用证）的融资方案，具体流程见图2。

①境内制造厂家向其银行申请开立延期付款国内信用证，用以向I公司采购机械设备。

②境内制造厂家银行应境内制造厂家的要求，开立以I公司为受益人的延期付款国内信用证。

③I公司收到国内信用证后，立即向B银行申请开立远期付款国际信用证，用以向境外供货商采购机械设备。

④B银行应I公司要求，开立以境外供货商为受益人的远期付款国际信用证。

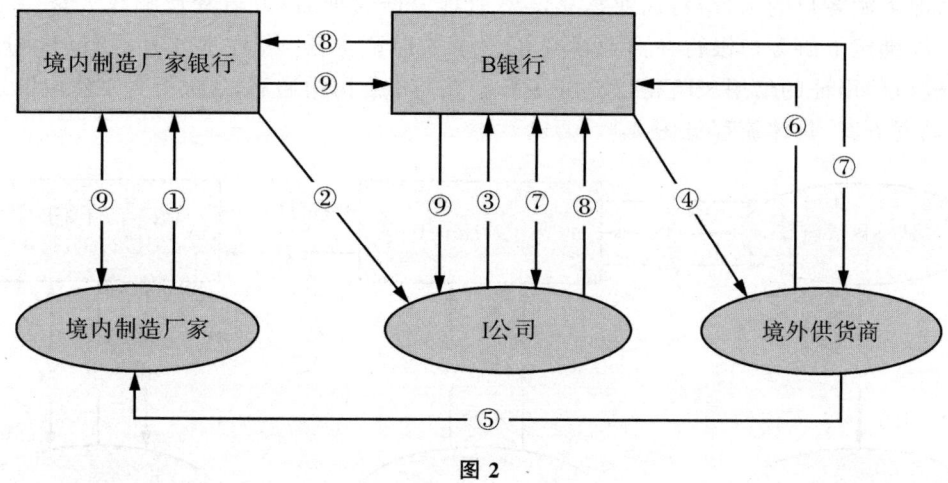

图 2

⑤境外供货商收到 B 银行开立的国际信用证后,根据国际信用证条款,组织生产并发运货物至境内制造厂家。

⑥境外供应商将发运货物后产生的货运单据,提交至 B 银行,作为国际信用证项下的交单。

⑦B 银行审核单据无误后,向 I 公司提示国际信用证项下的单据,I 公司向 B 银行承诺到期付款,B 银行对外承兑;至付款到期日,I 公司通过 B 银行向境外供应商支付国际信用证项下的款项。

⑧I 公司根据国内信用证的条款,替换境外供应商在国际信用证项下提交的部分单据后,通过 B 银行向境内制造厂家银行提交国内信用证项下的单据。

⑨境内制造厂家银行审核单据无误后,向境内制造厂家提示国内信用证项下的单据,境内制造厂家向其银行承诺到期付款,境内制造厂家银行对外承兑;至付款到期日,境内制造厂家通过其银行和 B 银行向 I 公司支付国内信用证项下的款项。

然而,如果 I 公司无法说服境内制造厂家向其银行申请开立以 I 公司为受益人的国内信用证,或者境内制造厂家不愿耗用其银行为其核定的授信资源,那么创新模式 2 将无法运作。但 B 银行仍有办法控制因开立进口信用证而带来的信用风险:在业务流程和授信方案中加入境内制造厂家的信用——在境内制造厂家获取进口机械设备之前,就使其承担支付货款的责任。而要实现这信用增级效果,可借助国内结算中常用的商业承兑汇票,并以 B 银行(H 分行)为善意持票人。

沿着这一思路,B 银行(H 分行)将国际结算中的 D/A(承兑交单)运用到国内结算中,并将 URC522(《托收统一规则》国际商会第 522 号出版物)作为约束国内 D/A 托收下各方当事人的游戏规则;同时,将商业承兑汇票内嵌入 D/A 流程中,从而绑定下游客户在商业承兑汇票下的付款责任。

如果无法把控下游客户的资信状况,或对下游客户的资信状况存有疑虑,B 银行(H 分行)还可以考虑借鉴国际贸易融资产品中的 D/A 保付加签,要求 D/A 项下的代收行(即下游客户的银行)对商业承兑汇票加具票据保证后,方可释放物权凭证给下游客户,以绑定下游客户银行在商业承兑汇票下的保证责任,从而使得B银行(H分行)开立进口信用证的信用风险得以充分缓释。在与I公司沟通后,B银行为I公司设计了备选融资方案,具体流程见图3:

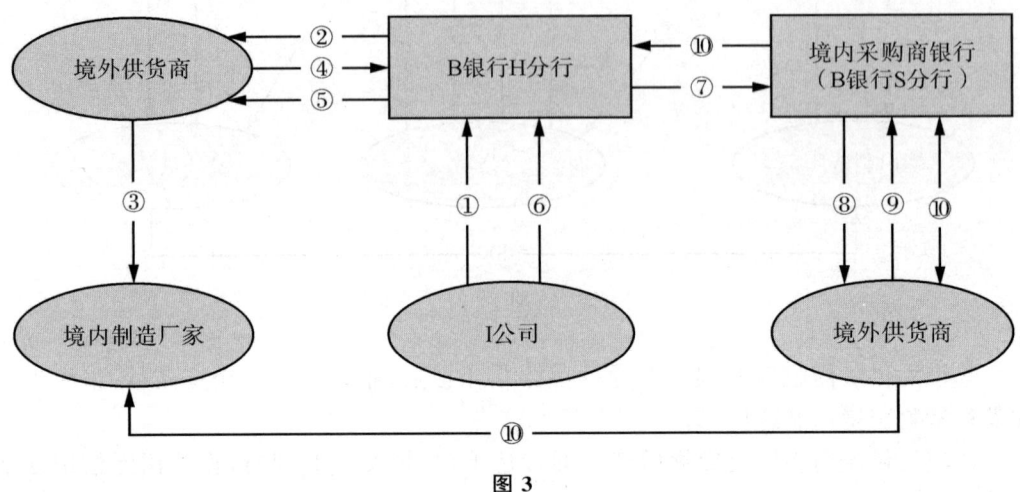

图3

①I公司向B银行H分行申请开立远期付款国际信用证,用以向境外供货商采购机械设备;I公司、B银行H分行与物流监管公司签署进口货物三方监管协议。

②B银行H分行应I公司要求,向境外供货商开立远期付款的进口信用证。

③境外供货商收到B银行H分行开立的信用证后,将货物交由物流监管公司发运至物流监管公司境内仓库。

④境外供应商将发运货物后产生的货运单据,提交至B银行H分行,作为信用证项下的交单。

⑤B银行H分行审核信用证项下的到单无误后,对外承兑,并于付款到期日对外付款。

⑥I公司向B银行H分行提交D/A托收单据(含有以境内采购商为付款人的商业承兑汇票),并指示代收行B银行S分行对经境内采购商承兑后的商业承兑汇票加具保付加签,作为B银行S分行向境内采购商释放D/A托收单据的条件。

⑦B银行H分行根据I公司的指示向B银行S分行发出托收指示。

⑧B银行S分行收到托收单据后,向境内采购商提示承兑。

⑨境内采购商在托收单据中的商业承兑汇票承兑人栏位处盖章后,将商业承兑汇票退还给B银行S分行。

⑩B银行S分行对经境内采购商承兑后的商业承兑汇票加具保付加签后,将商业承兑汇票退还给B银行H分行,而B银行H分行将经B银行S分行保证后的商业承兑汇设置为针对信用证的质押物;同时B银行S分行将全套托收单据交付给境内采购商,境内采购商凭托收单据中的仓单向物流监管公司提货;至商业承兑汇票付款到期

日,境内采购商通过 B 银行 S 分行向 B 银行 H 分行付款,以清偿商业承兑汇票项下的债务。

不难看出,该模式是创新模式 2 的变形,其实质是"控货模式下的国内 D/A 托收/国内商业承兑汇票保付加签"。虽然这种国内 D/A 托收方式与中国人民银行于 1997 年制定的《支付结算办法》中所描述的"托收承付"和"委托收款"不尽相同。但《支付结算办法》并没有类似的禁止性规定,而"法无禁止即自由"。并且"一切金融监管政策的最终落脚点都在于促进金融服务实体经济",而关于贸易融资的监管政策无疑应围绕"促进贸易便利化"来设置和实施;既然将 D/A 托收以及后续的保付加签运用到国内贸易中能解决现实中买卖双方的结算和融资需求,那么阻碍这类创新,也与"金融服务实体经济"的监管政策背道而驰。

创新启示

创新模式 1 和 2 均是借鉴了国际贸易融资中的背对背融资模式,创设了两种"证易证"模式——"出口信用证易国内信用证"和"国内信用证易进口信用证"的模式,将国内信用证作为衔接国际贸易和国内贸易的桥梁,有效防范了买卖双方的结算风险,进而增强银行对贸易融资风险的把控能力;实务中,还有另一种"证易证"模式——"国内信用证易国内信用证"的创新产品组合。而创新模式 2 的变形更是将国际结算中的 D/A 托收和国际贸易融资中的 D/A 保付加签运用到了国内贸易结算和国内贸易融资中,同时,又通过引入 URC522 这一国际惯例作为国内 D/A 托收的游戏规则,来确保国内 D/A 托收这一结算方式的安全性,这不仅大大拓展了国内贸易的结算方式,而且加强了国内商业承兑汇票的流通性。无疑,这些创新模式都体现了国内贸易融资对国际惯例、国际贸易规则和国际贸易融资产品机制的借鉴。

如果把视野放大,可以发现大多数国内贸易融资产品的运行机制都借鉴了国际结算产品及其项下的国际贸易规则和惯例,并带有国际贸易融资产品的影子。以下是在国内贸易融资实践中商业银行经常运用的五类产品:

(1)国内信用证。直接借用了国际信用证及其项下的国际惯例 UCP(《跟单信用证统一惯例》)和 URR(《跟单信用证项下银行间偿付统一规则》),并通过借鉴国际信用证项下打包贷款、出口押汇、出口贴现、福费廷、进口押汇、同业代付、同业偿付等产品,发展出国内信用证项下打包贷款、卖方押汇、福费廷、买方押汇、同业代付、同业偿付等一系列产品组合。

(2)票据融资。借鉴了国际贸易融资中的福费廷,创设了买断式票据贴现及转贴现;借鉴了国际信用证中的假远期信用证,创设了买方付息票据贴现。

(3)国内保理。直接借用了国际保理,并发展出国内单保理、国内双保理、租赁保理、"1+N"保理、保理池融资等一系列国内保理产品。

(4)动产质押融资。借鉴了大宗商品融资中的未来物权及动产质押或抵押,创设了国内动产质押类融资产品;近年来,国内动产质押融资还引入了大宗商品融资中常用的"套期保值"技术,实现融资银行对动产价值的有效掌控。

(5)背对背融资。借鉴了国际信用证中的背对背信用证,创设了背对背国内信用证和背对背国内保理。

之所以会有如此多的国内贸易融资产品去借鉴国际贸易规则、惯例和国际贸易融资产品机制,原因在于国际贸易惯例因其自身所蕴藏的"效率、公平、公正、合理性和善意"等特点,已被国际贸易项下各交易主体广泛接受,如适用于国内贸易,当无障碍;同时,国际贸易融资产品在国外银行中已运作多年,技术较为成熟,可操作性已广受检验。"善弈者谋势,不善弈者谋子";引入国际惯例和国际贸易规则,借鉴国际贸易融资产品机制,将成为未来国内贸易融资产品创新的一条重要发展途径。

40. 订单融资：从"价值链"到"大数据"

作者：王栋涛

相比于发运后贸易融资业务，例如出口发票融资、出口押汇、出口贴现、福费廷、出口保理，以及信保融资等，商业银行一般将属于发运前融资的订单融资视为高风险贸易融资业务，比照流动资金贷款设置融资准入门槛和担保条件。因自身财务状况受限，又无法提供充足的反担保，在传统银行流贷项下的授信评价体系中，多数中小企业均难以获得商业银行订单融资授信支持，导致其因资金受限而"有单不能接"，错失发展时机。本文从价值链的角度，分析订单融资项下银行所面临的风险，讨论银行可采用的风险缓释机制以及如何构建不同的订单融资创新模式，从而有效提升银行服务中小企业的能力。

价值链视角下的风险分析

商业银行一般认为，订单融资是发运前贸易融资业务，较发运后贸易融资业务风险更高。发运前贸易融资业务，即根据订单，先行注入资金，后才生产、发运及销售货物；简要地说，就是"先款后货"。而发运后贸易融资业务，即先有生产、发运及销售货物，而后办理应收账款融资；简要地说，就是"先货后款"。"先款后货"的融资风险之所以高于"先货后款"，其原因在于融资活动背后隐含的价值链。它由包括材料采购、生产作业和产品销售等一系列价值活动在内的环节组成，是企业生产对买方有价值的产品的基础。由于商品交易的基本结构是货款支付和货物交付，因此，价值链必然由物流和资金流构建起来。

越接近价值链末端——销售回款的环节，就越接近产成品和买方期望的商品价值，未来可实现的现金流入的确定性越强，其所体现的价值越大。因此，如在发货后办理应收账款融资，融资银行可充分凭借贸易的"自偿性"，以未来可预期的现金流入来抵偿融资本息，从而发运后贸易融资业务风险较小。

相反，在价值链的起点——接受订单环节，买方期望的商品价值几乎没有任何体现，未来可实现的现金流入也具有较强的不确定性，其所体现的价值流比较小。因此，作为发运前贸易融资业务的订单融资风险较大。

需要注意的是，除了物流和资金流，信息流亦贯穿价值流实现的全过程。广义的信息流应包括订单信息、采购信息、生产制造信息、货物运输信息,以及销售信息等。只有全面掌控信息流,才能实时了解每个环节的价值流是否有效形成,防止出现诸如无法完成货物生产、货物质量出现严重瑕疵、销售账期和融资期限不匹配导致销售回款被挪用、销售回款不封闭等"价值链断裂"及"价值流逸散"现象。贸易链中的"物流、资金流、信息流"以及底层的"价值流"之间的相互关系如图 1 所示。

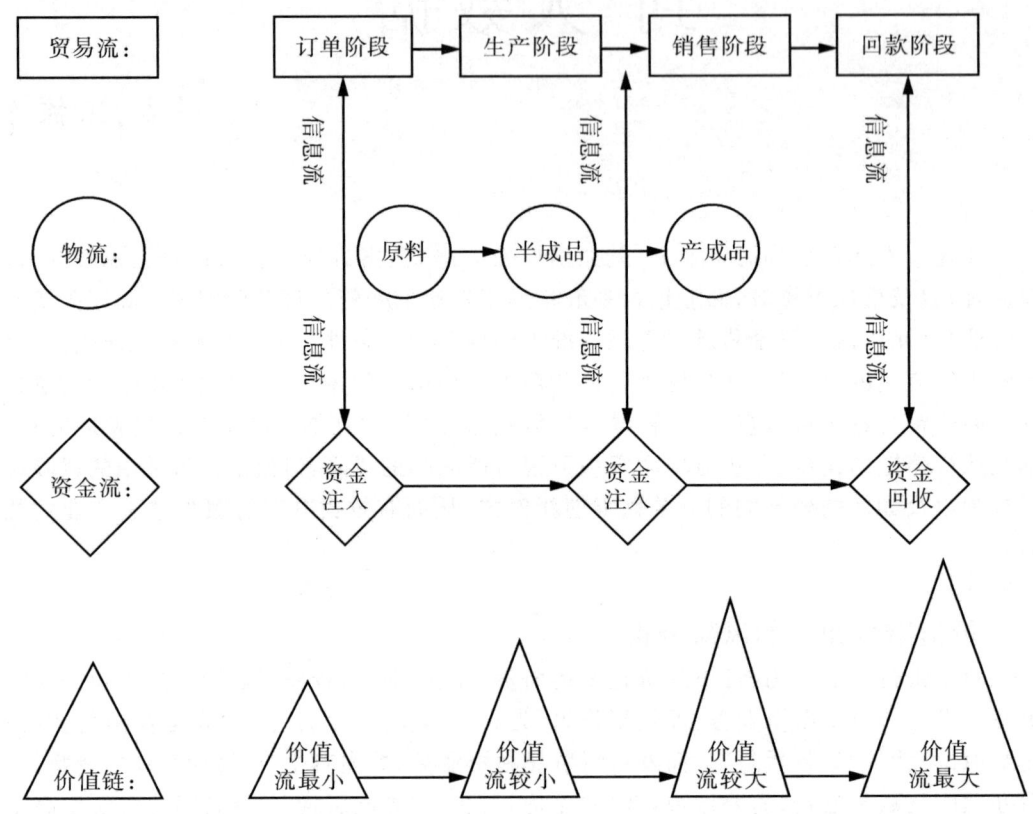

图 1　贸易链内部结构

由此可见,订单融资的风险在于"价值链断链"及"价值流逸散",相应的风险控制机制就是确保价值流的固化,其要点主要有以下四个方面:一是判断价值链中可实现的最大价值流的稳定性和强度;二是通过控制支付结算来确保价值流能为融资主体准确识别并及时捕捉;三是通过控制货物使贸易流中产生的物流为价值流的实现直接提供物质支撑,同时也为融资安全提供有价值的反担保;四是控制广义上的信息流,即及时获取能够真实、全面地反映企业贸易各个流程运作情况的信息。

单一价值链下的订单融资模式

从单一融资客体的价值链出发,可以从控制支付结算和控制货物两个方面来有效确保"价值流固化",防止"价值链断链"及"价值流逸散"。

控制支付结算的订单融资模式。支付结算是资金流通的管道。就贸易融资业务而言,控制支付结算的价值之一,在于通过锁定销售回款来实现资金流的锁定和价值流的固化。

最常用的控制支付结算的方式就是利用贸易结算内生的流程性,例如信用证结算内生的回款封闭机制。打包贷款作为信用证项下的订单融资,其风险系数比赊销项下订单融资更低的原因之一在于,打包贷款银行在叙做打包贷款时,均留存信用证,并要求受益人提交信用证项下单据给打包贷款银行,从而锁定了开证行的付款路径。实务中,一些受益人出于种种原因,可能会凭信用证副本将单据提交给非打包贷款行,从而导致打包贷款行对回款路径的锁定落空。为防止发生此种情况,打包贷款银行可以在信用证开立之前,要求受益人联系开证申请人,在信用证条款中明确指定打包贷款银行为唯一可兑用信用证的银行,或者在叙做打包贷款之前,要求开证行根据 UCP600 第39 条,将信用证项下的款项转让给打包贷款银行,从而锁定开证行的付款路径。

而另一种更为直接的控制支付结算的做法是订单接受方、订单发出方和订单融资银行签订三方协议,要求订单发出方将订单项下的款项支付给订单接受方开立在订单融资银行的监管账户。

控制货物的订单融资模式。贸易流项下的物流表现为原材料、半成品以及产成品等不同形态,它们不仅表征未来实现价值流的可能性,而且其本身就可转化为现金。在无法实现销售回款的情况下,订单融资银行可通过处理货物,实现对融资本息的补偿,因此,控制货物起到了风险缓释的作用。

实务中,从控制货物方式的角度看,控货机制可以分为虚拟控货和实际控货两种。虚拟控货是指通过控制提单、仓单等货权凭证,达到控制货物的目的;而实际控货是指直接控制货物实体,例如货物第三方监管等。

从控制货物内容的角度看,控货机制可以分为控制未来货权、全流程控货以及产成品控货三类。其中,未来货权质押开立进口信用证即为控制未来货权,而全流程控货是指控制企业从采购、生产以及销售全流程中所产生的原材料、半成品以及产成品各种物质形态的物流。

从流程的角度看,控货机制可以分为结算流程内生式控货和外嵌式控货。例如,凭借信用证结算内生的流程性,订单融资银行可实施即期进口信用证项下的控货。而外部嵌入式控货是指在支付结算流程以外,嵌入控货机制。实务中,还发展出内生与外嵌复合式控货机制。举例说明:采购公司接受订购公司的订单,订单融资银行为采购公司开立国内信用证用以采购订单项下的货物,并制定国内信用证项下以控货为主要风险缓释措施的订单融资方案,具体流程如图 2 所示。

①订购公司向采购公司下订单,采购货物。

②采购公司凭订单以 20% 保证金向其银行申请开立国内信用证向供货公司采购货物。

③订单融资银行根据采购公司的申请,向供货公司开立国内信用证。

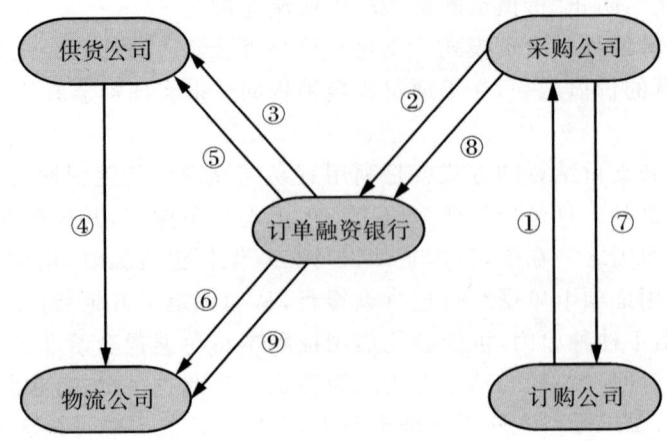

图 2 国内信用证项下的控货机制

④供货公司、物流公司、订单融资银行,以及采购公司签订四方协议后,供货公司向物流公司发运货物。

⑤货物发运后,供货公司根据国内信用证,向订单融资银行寄送单据索款;订单融资银行审核单据无误后,支付国内信用证项下的款项。

⑥订单融资银行根据采购公司指示,要求物流公司向订购公司释放20%的货物。

⑦订购公司收到20%货物后,将货款支付给采购公司。

⑧采购公司再向订单融资银行支付20%货款。

⑨订单融资银行根据采购公司指示,再次要求物流公司向订购公司释放20%的货物。如此反复,直至将货物全部发放完毕。

集合价值链下的订单融资模式

实施单一价值链下订单融资的前提条件是,通过价值链可实现的价值流强度和稳定性均较为可靠。如果这一前提条件无法满足,就需要从外部嫁接其他的风险缓释措施。集合价值链下订单融资模式突破了单一价值链融资下对订单融资对象的一对一考察,将订单融资对象纳入其上下游企业所构建的价值链网络,通过掌握价值链网络整体的健康程度和整合价值链网络中产生的正向价值流,为订单融资对象的单一价值链强度和稳定性提供保障,具体可分为嵌入供应链融资的订单融资模式和嵌入项目链融资的订单融资模式。

嵌入供应链融资的订单融资。嵌入供应链融资的订单融资利用供应链中核心企业本身较为健康的价值流,通过核心企业提供差额退款或货物回购等信用支持工具,有效提升订单融资客体在贸易链下可实现价值流的强度和稳定性。

最典型嵌入供应链融资的订单融资模式是"三方保兑仓",图3显示了"三方保兑仓"主要流程,可以看出核心企业以其良好的价值流有效保障了采购商价值流的强度和稳定性。

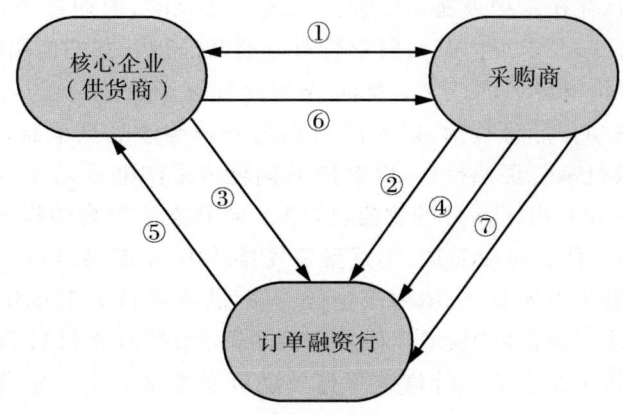

图3 "三方保兑仓"的主要流程

①采购商收到订单后，与核心企业（供货商）签订《货物购销合同》，约定以银行承兑汇票为支付结算方式。

②采购商凭订单，申请开立银行承兑汇票。

③订单融资行将银行承兑汇票提交核心企业。

④采购商交存提货保证金。

⑤订单融资行向核心企业签发提货通知书。

⑥核心企业发货给采购商。

⑦采购商在订单下实现销售后，归还订单融资行银行承兑汇票的敞口部分；当采购商提货发生逾期时，核心企业对银行承兑汇票的敞口部分承担差额退款责任。

嵌入项目链融资的订单融资。项目链融资为近年来出现的一种新型融资模式，是基于具体和单笔的货物购销或工程承包项目而开展的融资融信活动；通过货物购销合同或工程承包项目的执行，使项目交易的条件和基础进入更为确定和可以信任的状态，进一步促使未来不确定的价值流转化成客观确认的已有事实，从而提高价值链的针对性、效率性，以及真实性，并提高价值流固化的成效。

项目链融资的主要特点：一是项目链融资中单个交易主体的价值流强度和稳定性往往不够可靠，且不存在核心企业以其良好价值流为价值链网络的上下游企业做支撑，但特定项目整体形成的价值链网络较为健康；二是项目链融资需要依靠融资银行综合运用订单融资、发运后贸易融资、保函等一系列表内外金融产品，促使交易履约的完成，以固化项目下可实现的价值流抵偿融资银行对项目链下各交易主体发放的融资本息；三是项目链融资往往还需要控货和控支付结算，实现风险缓释。

嵌入项目链的订单融资可通过特定项目下强大的价值链网络来实现风险缓释。例如，贸易公司A从非洲客户B获得出口大批电脑的大额订单，结算方式为信用证，开证行为非洲某银行，A向其银行C提出叙做打包贷款的申请，以满足其订单项下采购液晶显示器和电子元件的需求。考虑到 A 本身存在较多房地产投资项目，C 银行担心其叙做打包贷款后，存在款项被挪用等价值流逸散的风险，因而提出以下改进方案，以置换打包贷款。第一，要求境内某法资银行对非洲开证行开立的信用证加具保兑，以增强销售回款阶段的价值链强度；第二，将向 A 发放打包贷款，置换为向其上游液晶显示器供应商 D 提供进口信用证授信，以支持 D 向境外采购液晶显示器，向 A 上游电子元件供应商 E 提供银行承兑汇票授信，以支持 E 向境内采购电子元件；第三，监控 D 和 E 向 A 交付液晶显示器和电子元件的物流，监控 A 向 B 发运货物的物流；第四，留存出口信用证以及修改的原件。可以看出，上述融资安排从为 A 提供打包贷款这一单一价值链下的订单融资，进化为涉及 A、境内保兑行、上游供应商 D 和 E 的集合价值链下的订单融资，通过定向使用融资款项、增强回款来源可靠性、控制原材料和产成品物流等综合措施的运用，有效缓释了单一价值链下订单融资所带来的单一融资客体"价值链断链"及"价值流逸散"风险。

大数据支持下的订单融资模式

阿里巴巴小额贷款已走过 3 个年头，业已形成在 B2C 平台下为淘宝和天猫客户提供订单贷款和信用贷款，以及在 B2B 平台下为阿里巴巴企业提供信用贷款这两种电商融资模式。不少银行纷纷进军电商融资业务，借助电商平台，延展并巩固自身的传统业务。相比于传统的订单融资模式，电商融资模式具有独特的优势。

一是便于实现对信息流的有效控制。基于价值链的订单融资实现风险控制的关键在于固化价值流，防止"价值链断链"及"价值流逸散"，其前提条件是能够及时且准确地捕捉贸易链下的各种贸易信息流，包括订单信息、采购信息、生产制造信息、货物运输信息，以及销售信息等。一旦信息流失控，单一/集合价值链下订单融资便易出现价值流逸散以及价值链断链。例如，在前述项目链下订单融资的案例中，C 银行在为上游液晶显示器供应商 D 办理进口信用证业务时，需核实一条关键信息，即 D 进口液晶显示器的目的是满足 A 在出口订单下生产电脑的需求，D 进口的液晶显示器数量和质量均需与出口订单中要求的电脑数据匹配。如果 D 通过开立信用证而进口的液晶显示器，并非用于 A 在出口订单下生产电脑之需，则项目链项下的价值链将出现断链，价值流将出现逸散。

但在纷繁复杂的实务中，获取及时、准确的贸易信息流，对以金融为主业的商业银行来说，不仅成本巨大，而且有时异常困难。商业银行对授信方案进行贷前信用风险评价就是对客户经理取得融资客体信息的真实性和完整性艰难博弈的过程。

而信息流控制正是大数据支持下订单融资模式有别于单一/集合价值链下订单融资的独特风险缓释措施。以阿里小贷为例，其将阿里巴巴和淘宝网项下的订单和其他交易信息，支付宝项下的资金流信息等底层数据完全打通，使得融资主体即时掌控贸易链下各类真实的信息流。此外，外贸电商敦煌网已经在上海、深圳、义乌建立了仓储物流基地，在国外也自建与合作建设了仓储中心，打算给卖家提供从端到端的物流服务。这样一来，物流信息也进入融资主体实时掌控的信息流范围之内。信息流完全被控制，必然导致融资主体和客体之间信息的绝对对称,不仅解决了单一/集合价值链下订单融资中对信息流进行控制难度较高的难题,而且大幅降低了交易成本,提高了交易效率,更为贷后甄别贸易融资预警信息提供了有效的工具。

二是实施融资的批量化。 电商订单融资的另一个特征是批量化,其原理是大数理论,即当融资客体的数量足够大时,融资主体可以根据以往发生的真实交易数据计算出融资损失发生的概率。这个概率比较稳定,与这种融资损失未来实际发生的概率非常接近。融资主体可以根据这个概率来计算可能发生的融资损失并确定批量化适用的融资利率。

运用大数理论来实施订单融资的批量化,需要满足以下两个前提条件:一是交易数据能支撑金融模型。这需要融资对象的数量和交易数量积累到一定层级(只有这样,实际融资损失的结果才会接近无限单位数量计算的预期融资损失的结果)以及交易数据具有真实性。二是金融模型的科学性,即金融模型应具有大数据处理的能力,能根据庞大而真实的交易数据,准确地计算出违约率。显然,电商将其客户积累到一定的数量级,便符合实施电商订单融资批量化的条件了。

综上,虽然订单融资被商业银行视为高风险的贸易融资业务,但是贸易融资总是沿着"金融服务实体经济"这条主线不断向前推进。订单融资从流贷风险控制下的操作模式,逐渐进化为单一价值链下以控货和控支付结算为主要风险缓释手段的订单融资模式,以上下游企业形成的强大价值链网络为依托的集合价值链下订单融资模式,以控制信息流为独特风险缓释措施的大数据支持下订单融资模式。而上述新模式的创设,均始终围绕着贸易融资的四个基本要素——"物流、资金流、信息流"以及它们背后的"价值流"展开。

41. 审视"期限错配"

作者：王栋涛

贸易融资业务因其风险低、流动性强、综合收益高以及资本占用低等优势，日益成为我国各家商业银行争相大力发展的核心业务之一。然而，随着近年国际贸易环境不断恶化，贸易摩擦不断，国内经济复苏前景摇摆不定，商业银行贸易融资业务正面临各种风险因素的严峻考验。

梳理近年各家商业银行发生的贸易融资风险案件，不难发现，一些企业利用信息不对称、虚假贸易背景、同一套货运单据重复融资等"技术手段"，套取银行信贷资金，给银行贸易融资业务带来一定的潜在风险。而"融资期限"正是这些"技术手段"中重要的一种。因此，银行贸易融资从业人员亟须对贸易融资中的"期限错配"给予全面审视和综合考量。

类型

贸易融资业务低风险特征来源于贸易融资的自偿性。实现自偿性的前提条件是通过封闭运作能准确识别、有效掌控贸易现金流，并用以清偿银行贸易融资。贸易融资中的"期限错配"是人为拉长贸易融资期限，破坏贸易融资的封闭性，导致贸易现金流挪作他用，无法用以清偿银行贸易融资，贸易融资自偿性无法实现，给银行贸易融资业务埋下风险隐患。

实务中，贸易融资中的"期限错配"有多种不同的表现形式，主要分为以下三类。

类型一：货物销售回款期限与融资期限错配。这是贸易融资中"期限错配"最为常见的类型，主要是指企业通过贸易融资期限超出货款回笼周期，达到挪用货款、套取银行信贷资金的目的。

下面以案例1说明该类型的运作模式。国内I公司因进口天然橡胶，向国内A银行申请开立付款期限为3个月的远期信用证，到了信用证项下的承兑到期日，I公司以货物尚未完全实现内销为由，向A银行申请办理期限为3个月的进口押汇。到了押汇到期日，I公司无法归还A银行进口押汇本息，经A银行调查发现，原来I公司早已在收到货运单据后1个月内即完成进口天然橡胶的境内转卖，且以银行承兑汇票的方式收到转卖货物的货款。

案例1说明，A银行的进口贸易融资产品组合为传统的"3+3"模式，即付款期限为3个月的远期信用证＋3个月的进口押汇或同业代付，贸易融资期限为6个月，而货款回笼期限仅为1个月,贸易融资期限远远超过货款回笼期限,货物销售回款期限与融资期限的错配成为I公司套取5个月银行信贷资金的"技术手段"。

类型二:关联交易项下的期限错配。 在该类型下,企业往往与其关联企业(在进出口贸易实务中,通常是该企业在境外设立的采购或销售平台公司)发生货物买卖关系,而由其关联企业与货物最终供应商或最终用户发生货物买卖关系。由于交易主体增多,交易链条拉长,极易出现银行发放贸易融资的期限无法与指向货物最终供应商或最终用户的货款收支期限相匹配的情况,为企业挪用银行贸易融资提供了可乘之机。

下面以案例2说明该类型的运作模式。国内E公司向境外D公司出口汽车配件,出口合同约定货款结算方式为货到美国某港口后180天后付款。E公司以加快资金周转为由,向国内A银行申请办理出口发票融资,A银行在受让E公司持有的账期为180天、债务人为D公司的应收账款后,向E公司提供出口发票融资。到了融资到期日,E公司无法归还A银行出口发票融资本息;经A银行调查发现,原来E公司和D公司为关联公司,货物由E公司向D公司销售后,再由D公司向美国汽配超市转售,而转售的结算方式为货到30天后付款,D公司收到美国进口商支付的货款后,立即向F公司支付,以归还E公司向F公司举借的民间借贷本息。

案例2说明,银行贸易融资期限为6个月,而货款实际从货物最终用户收回的期限仅为1个月,贸易融资期限远远超过货款收回期限,关联交易项下的期限错配成为E公司套取银行信贷资金的"技术手段"。

类型三:同一货物项下应收账款融资与应付账款融资的期限错配。 在该类型下,作为中间商的贸易商采购货物可能存在应付账款融资需求,而销售同一批货物又可能存在应收账款融资需求。理论上,贸易融资的封闭性要求,应以同一批货物的应收账款融资后取得的融资资金清偿该批货物对应的应付账款融资,而部分贸易商则通过挪用应收账款融资后取得的银行信贷资金,同时延长应付账款融资期限,以达到套取银行信贷资金的目的。

下面以案例3说明该类型的运作模式。国内G公司在国内采购一批起重机,用以向境外出口;境内采购以即期国内信用证结算,出口销售以远期信用证结算。G公司在A银行开立国内信用证,以采购起重机,并以外销货款尚未完全回笼为由,向A银行申请叙做期限为6个月的国内信用证同业代付,为其国内信用证项下的应付账款提供融资。同时,G公司在Z银行办理了"全程证融通"业务,即出口信用证通知+出口信用证交单+出口押汇+中介式福费廷套餐组合,以结算出口该批起重机的货款,并为其应收账款提供融资。到了国内信用证同业代付到期日,G公司无法归还A银行同业代付本息。经A银行调查发现,G公司在A银行为其办理国内信用证同业代付1个月后,即在Z银行办理了"全程证融通"出口押汇业务,并以出口押汇结汇后取得的人民币资金归还其在Z银行到期的流动资金贷款,而该批货物项下G公司所持有的出口远期信用证项下应收账款已通过Z银行的"全程证融通"业务,转让给了中介式福费廷项下的境外福费廷包买商;A银行已无法通过该批起重机的出口销售回款,清偿国内信用证同业代付本息。

案例 3 表明，A 银行应付账款融资期限为 6 个月，而 G 公司在应付账款融资 1 个月后即在 Z 银行取得了应收账款融资，G 公司利用同一批货物应收账款融资与应付账款融资主体不一致，通过挪用应收账款融资，延长应付账款融资期限，达到套取银行信贷资金的目的。

从以上案例可以看出，"期限错配"的本质就是通过破坏贸易融资的封闭性，使贸易融资自偿性无法实现。

一方面，在银根紧缩、银行贷款规模紧张的条件下，部分企业通过正常渠道无法从银行获取用于日常生产经营的流动资金贷款，此时，通过贸易融资项下的"期限错配"，借壳融资性贸易，获取银行信贷资金，便会成为其优先选用的重要手段。

另一方面，由于具有自偿性的特点，银行贸易融资利率通常较缺乏自偿性机制的流动资金贷款利率更低；尤其是在国际贸易融资项下，如融资币种为美元，则在时下美元量化宽松大背景下，企业需支付的美元融资成本，较人民币项下贸易融资更为低廉。因此，从节约财务成本的角度出发，部分企业通过贸易融资项下的"期限错配"获取银行低成本信贷资金，便成了其最优配置的银行融资方式。

对策

通过对以上三种"期限错配"模式和案例的分析，我们可以清楚地看到，"期限错配"给银行贸易融资业务埋下风险隐患，尤其是在当前国际国内经济复苏缓慢的严峻环境下，更应努力探索有针对性的措施，以有效规避风险，有力推动贸易融资业务的健康发展。

对策一：在贸易融资授信方案中嵌入基于物流的控货或控货权凭证机制。

开立即期进口信用证，对于开证行来说，是风险较低的业务，原因是即期信用证项下，开证行付款后就取得了信用证项下货权凭证的所有权，并可凭此处置货物，抵偿信用证项下的款项，因此控货权凭证和控货具有较强的风险缓释功能。

对于货物销售回款期限与融资期限的错配，可以通过控货的方式有效控制"期限错配"风险。例如，案例 1 中，如果开证行 A 银行在到单后将单据留存，待进口的天然橡胶到港后，将货物以 A 银行的名义委托物流公司保管，根据开证申请人 I 公司向 A 银行支付的销售回款，按比例释放相应的货物给 I 公司，就能有效规避由于货物销售回款期限与融资期限的错配带来的风险。

对策二：从考察"贸易背景真实性"转变为关注"贸易动机和目的"，杜绝基于融资性贸易的贸易融资。

我国商业银行贸易融资从业人员注重通过检查贸易单据，例如合同、发票、运输单据、报关单等，考察"贸易背景真实性"，防范企业利用虚假交易套取银行信用。上述案例清楚地表明，确认买卖交易，以及买卖交易对应的货物真实存在等单纯"考察贸易背景真实性"的方式，并不能完全消除风险隐患。例如，案例 2 中，E 公司与 D 公司签订的合同、E 公司出具的商业发票、E 公司出运货物后取得的提单和报关单等都真实有效，完全可据此确认"贸易背景真实性"；同理，案例 3 中 G 公司提供的采购合同、国内增值税发票,以及出口货物后所取得的提单和报关单都能印证"贸易背景真实性"。但在上述两个案例中,A银行都遭遇到了融资风险。究其原因,不是"贸易背景真实性"出了问题,而是"贸易动机和目的"出了重大偏差。上述涉案企业的贸易动机和目的均为通过"期限错配"套取银行信贷资金。因此,银行贸易融资从业人员为企业办理贸易融资业务,亟须从关注"贸易背景真实性"转变为关注"贸易动机和目的",杜绝基于融资性贸易的贸易融资,从而夯实贸易融资风险防控的基石。

需要说明的是,并非所有关联交易都是虚假交易或有套现的嫌疑。在经济全球化的大背景下,作为企业现金管理的重要组成部分——理财管理呈现与贸易融资协调发展和国际化的趋势,越来越多的"走出去"企业选择借助境外采购平台或销售平台,在全球范围内不断寻找更低成本的融资渠道,或在不同国家和地区、不同币种以及不同期限的汇率或利率之间不断寻找理财契机。例如,在境外美元融资较低廉的情况下,部分进口企业出于降低财务成本的考虑,选择向其境外采购平台开立远期信用证,其平台公司以该远期信用证项下从境外取得的融资成本较境内更低的美元融资,向境外最终供货商支付货款。在该案例的关联交易中,国内进口企业的贸易动机和目的是通过合法合规的途径,将融资从境内转移至境外,从而降低融资成本,而非通过融资性贸易套取银行信贷资金。银行贸易融资从业人员需要对关联交易项下的贸易动机和目的作区别对待和综合考量。

对策三:构建基于价值链的结构性贸易融资授信方案。

针对案例3,为避免两个不同的银行分别对同一批起重机国内采购和国外销售两个阶段提供单一融资方案,从而导致的"期限错配"风险,可以设计涵盖国内采购和国外销售两个阶段的结构性融资方案,即A银行提供起重机国内采购项下的国内信用证结算及同业代付融资,同时向G公司提供出口起重机项下的"出口信用证通知+出口信用证交单+出口押汇+中介式福费廷"套餐组合服务,并以出口押汇后所取得的押汇款项直接归还同业代付本息。如采用该封闭式的结构性融资方案,G公司则无法达到以"期限错配"来套取银行信贷资金的目的。

传统结构性贸易融资授信的设计理念从贸易周期出发,即从买卖双方签订合同开始,至买方最后销售货物为止,提供一站式融资、结算及避险服务,较仅仅包括单一产品的贸易融资授信方案,有了质的突破。但从企业价值链和价值流的角度来看,传统结构性贸易融资授信仍有一定的缺陷。

贸易融资项下企业价值链由"供货商—中间商/再加工商—销售商—最终使用者"组成,传统结构性贸易融资授信方案往往只包括其中的一两个环节,交易主体往往仅涉及买方和卖方,无法覆盖整个价值链条,尤其是无法覆盖货物的最终使用者。在某些特定的情况下,这样做可能造成销售商—最终使用者这一链节的"期限错配",进而造成融资银行对价值链中所产生的价值流失去控制。因此,有必要将传统结构性贸易融资授信改造成为封闭整条价值链,锁定完整价值流的新型结构性贸易融资授信。

下面以案例4具体说明如何构建基于价值链的结构性贸易融资授信方案。专业设备进出口公司(以下简称"T公司")有近20年机械设备进口的丰富经验,进口渠道优势明显。由于国外先进设备出口商比较强势，进口结算方式必须采用即期信用证，对T公司造成巨大的资金压力，因此T公司向其银行（以下简称"B银行"）提出"开立即期信用证＋进口押汇"贸易融资方案，以解决设备进口过程中资金周转需求。但由于该公司本身资信状况不符合B银行授予进口押汇的授信条件，同时又无法提供必要的担保，如何解决T公司的合理融资需求成为摆在B银行面前的一道难题。经B银行深入调查，发现T公司为进口代理人，受某专业租赁公司的委托进口设备，设备最终将转租给多个中小型承租用户。于是，B银行考虑将专业租赁公司和设备的最终承租用户纳入授信方案，锁定进口设备的国内租赁回款，从而降低进口押汇项下的信用风险。该基于价值链的结构性贸易融资授信方案如下：第一，由B银行受T公司的委托开立即期信用证进口设备；第二，到单后，B银行为T公司办理进口押汇，以押汇款项对外支付货款；第三，T公司取得货运单据后，将进口设备转卖给专业租赁公司，再由该专业租赁公司将设备出租给多个中小型的承租用户；第四，专业租赁公司、承租用户和B银行签订设备租金收益权转让协议，进口设备项下的租金收益权从专业租赁公司转让至B银行，承租用户按设备租赁协议约定，定期向B银行支付租金；第五，在T公司于B银行叙做的进口押汇项下，专业租赁公司和承租用户承担连带责任保证责任。

案例4中B银行将授信方案所涉及的交易主体从货物的买方和卖方，延展至货物的下游交易主体专业租赁公司和最终用户——中小型的承租用户，通过封闭整条价值链，不仅确保以价值链末端产生的现金流完全用以清偿银行借款，而且切断了价值链中任何环节产生"期限错配"的可能性，最终在风险可控的前提下，最大限度地满足T公司进口国外先进设备的融资需求，从而有效支持了中小企业技术改造以及产业转型和升级。

可以看出，从单一贸易融资业务授信品种，抑或仅仅覆盖贸易周期的传统结构性贸易融资授信，转变为涵盖货物整条价值链的系统化的结构性贸易融资授信方案，不仅是满足企业多样化金融需求的需要，更是银行实施综合化的贸易融资信用风险管控措施的切实需要。

42.逃离"无追索权"黑洞

作者：王栋涛

福费廷，根据信用风险承担的主体不同，可分为自行买入、转卖他行、风险参贷、代理型，以及包买他行等五种操作模式。其中，"代理型福费廷"(agential forfeiting)又称"中介式福费廷"，指中介银行为其客户寻找包买商，由包买商无追索权地购买由可信的机构提供信用支持的应收账款。由于其性质为代理业务，代理型福费廷为上述五种福费廷操作模式中风险系数最低的业务，通常被认为风险极低业务。

然而，2013年境内某银行却发生了代理型福费廷下被动垫款的风险案件。一石激起千层浪，业内对代理型福费廷的风险特征莫衷一是。因此，有必要通过对该风险案例的剖析，进一步辨识代理型福费廷的法律特征以及厘清参与其中的中介银行所面临的风险。

案情简介

境内A公司与台湾T公司签订纺织品出口合同，金额20万美元，以付款期为3个月的远期信用证结算。在收到台湾I银行开立的远期自由议付信用证后，A公司于2013年4月办理纺织品装运，并向境内G银行提交出口信用证下全套单据(含信用证要求的远期汇票)，G银行审核无误后，向I银行转寄单据，I银行审核无误后，向G银行发送信用证下承兑电文。

A公司收到开证行I银行发出的电文后，向G银行申请叙做福费廷业务。由于未对I银行核有代理行贸易融资授信额度，G银行为A公司叙做代理型福费廷，包买商为境外N银行；同时，G银行发电文至I银行，告知I银行，信用证下款项已让渡给N银行，并要求其于信用证付款到期日将款项直接支付给N银行。

然而，至2013年7月，信用证下付款日之前数日，G银行收到N银行发出的电文，称N银行已收到I银行发送至N银行的电文，信用证下款项因台湾当地法院下达止付令被中止支付，止付令裁定中止支付信用证下款项的理由是，受益人交付货物的质量存在重大瑕疵，严重违背基础合同关于货物质量的约定；根据G银行和N银行签订的福费廷业务协议中的追索权启动条款"You have the right to recourse for this transaction if a court injunction is issued or payment is refused due to any fraud or illegality issues"(由于任何欺诈或非法事项导致法院下达止付令或款项被拒绝支付，包买商享有追索权)，N银行要求G银行向其返还福费廷融资款项。G银行遂向A公司追索融资款项,A 公司称其在信用证下提交货物质量完全符合合同约定,拒绝向 G 银行和 N 银行返还融资款项。在未能于信用证下收到开证行付款的情况下,N 银行持续向 G 银行施压,主张其在福费廷协议下的追索权;至 2013 年 9 月,G 银行被迫垫款向 N 银行返还福费廷融资款项。

案情分析

本案例中存在以下三个值得深思的问题:一是无追索权为福费廷业务最大的法律特征,本案例却集中体现了 G 银行被追索时所面临的风险,福费廷下追索权是如何启动的?二是在传统的委托代理业务中,代理人通常不承担其在代理权限内做出的代理行为所产生的法律效果,而在该案代理型福费廷下,为何由代理人 G 银行,而非被代理人 A 公司,直接承担福费廷协议下向第三人即 N 银行返还福费廷款项的责任?三是在代理型福费廷下,作为中介银行如何应对被追索所带来的风险?以下分析将围绕无追索权、代理型福费廷和中介银行应对措施这三个方面来展开。

无追索权的相对性

为保护前手的利益,切断后手对前手的追索权,免除前手承担担保付款的责任,无追索权地转让应收账款即福费廷应运而生;当应收账款以票据作为表现形式时,福费廷的实质即为免除票据的担保责任。

既然无追索权是福费廷业务最大的法律特征,也是其最具有吸引力的优点,那么本案例的 G 银行怎么会在开证行到期不付款的情况下,被要求承担担保付款责任即被追索的呢?笔者认为,这与无追索权的相对性和先决条件有关。

从福费廷实践来看,无追索权并不是绝对的。为了保护包买商的权益,依据民法债权转让制度中转让人需对转让的债权负瑕疵担保责任,法律规定或协议约定在某些情形下包买商可以突破无追索权限制向其前手追回融资款,这就是福费廷无追索权"相对性"制度。例如,在英国票据法中,如果票据属伪造,或者背书人对票据存在权利瑕疵,或者背书人明知票据不会被付款却依然转让,则背书人仍然应当向被背书人承担付款担保责任。

这些使得应收账款卖方担保付款责任之免除并非绝对免除的情形,就是追索权的先决条件。信用证业务以独立抽象性为基石,但欺诈例外原则可突破这一信用证运作基础,这显然并非源于信用证业务下的国际惯例,而是源于"欺诈使一切归于无效"这一传统民法理论对欺诈的规定;因此,欺诈例外原则也应适用于福费廷,基础交易欺诈导致国家或国际强制力的阻碍,比如法院强制令、冻结令、止付令等将引发追索权启动,即基础交易正当合法无欺诈属于无追索权的先决条件。本案中信用证下货物质量出现重大瑕疵,开证申请人以合同欺诈为由向当地法院申请止付令,便是未能满足无追索权的先决条件,使得包买商得以启动追索权。

另外,2013 年 1 月正式生效的《ICC-IFA 福费廷统一规则》第 13 条规定当事人签约能力、债权合法、有效、有约束力且可执行性为适用于福费廷各方当事人的无追索权先决条件,同时还分别规定了一级市场和二级市场上的无追索权先决条件。

综上，正如独立抽象性是信用证运作的基石，基础交易欺诈是其例外；在福费廷业务中无追索权是基本原则，基础交易欺诈亦是例外，本案例集中体现了这一结论。

由于无追索权的先决条件并没有统一的标准，故在福费廷协议中约定无追索权范围显得十分必要且重要。但实务中，部分福费廷包买商在其协议中设置的先决条件较为宽泛，例如包买商 D 银行在其福费廷协议中约定如下："Notwithstanding the non-recourse basis of such purchase, we shall have the right of recourse to you if the Issuing Bank is not obliged to, fails to or refuses to pay us any amount(s) under the terms and conditions of the L/C as a result of: any alleged or actual illegality, invalidity or unenforceability or any dispute of or related to the L/C, any document and/or any obligation of the Issuing Bank (whether arising out of fraud, illegality, unauthorized act or otherwise);…"（无论是因为欺诈、非法、未被授权的行为，或是其他原因，只要出现任何被宣称的或是实际发生的非法或无效，或是与信用证、单据及或开证行责任有关的，或在信用证、单据及或开证行责任下的不可执行情形或任何纠纷，从而导致开证行没有义务，未能或是拒绝向包买商付款，则包买商有权行使追索权，尽管应收账款的购买以无追索权为基础……）。此段约定就出现了多处"相对性"扩大化适用的情形。例如仅仅是开证行宣称产生非法或无效情况，又例如，开证行借口信用证基础交易纠纷恶意不付款，这些都有可能导致包买商启动追索权，从而致使信用证下应收账款的出让人处于不利地位。

因此，作为福费廷应收账款的转让人应审慎审核福费廷业务协议中关于无追索权的先决条件，防范包买商假借无追索权"相对性"，转嫁福费廷业务风险，从而损害转让人的权益。

代理型福费廷的法律属性

就信用证下福费廷的法律性质来看，其应为信用证下应收账款无追索权转让，如果该信用证为要求提交汇票的远期议付信用证或远期承兑信用证，则信用证下福费廷的法律性质应为票据式应收账款无追索权转让。

再看代理的不同类别。按大陆法的法理，代理依代理人行事的名义不同和被代理人承担责任直接与否，而分为直接代理和间接代理两类。

直接代理下的代理型福费廷，即代理人以被代理人的名义行事，代理后果直接归被代理人承担。如果将代理型福费廷中的"代理"定性为直接代理，那么在被代理人 A 公司授权范围内，代理人 G 银行的代理行为直接创设被代理人 A 公司和第三人 N 银行之间的权利义务关系，其代理行为的效果直接归属被代理人 A 公司，即包买商 N 银行所享有的追索权应直接指向被代理人 A 公司。显然，在直接代理下的代理型福费廷业务中，代理人原则上可承接任何类型信用证下的业务，因其在福费廷协议下既不承担义务，亦不享有权利。英美法则将代理分为显名代理、被代理人身份公开但姓名不公开的代理（即隐名代理）以及被代理人身份不公开的代理。如果将代理型福费廷中的"代理"定性为英美法中的显名代理和隐名代理，结论同直接代理下的代理型福费廷。

间接代理下的代理型福费廷,即代理人以自己的名义行事,代理后果先由代理人承担,再由代理人转嫁被代理人。如果将代理型福费廷中的"代理"定性为间接代理,那么在被代理人A公司授权范围内,代理人G银行的代理行为后果由其直接承担,然后根据代理人G银行和被代理人A公司的委托代理合同,间接地转移于被代理人A公司,即包买商N银行所享有的追索权应直接指向代理人G银行。显然,在间接代理下的代理型福费廷业务中,代理人需考虑如遭遇包买商追索,如何确保能向被代理人追偿已向包买商返还的融资款项。如果将代理型福费廷中的"代理"定性为英美法中的被代理人身份不公开的代理,结论同间接代理下的代理型福费廷。

需要说明的,在英美法的被代理人身份不公开的代理制度下,如被告知存在被代理人,第三人即包买商在行使追索权时享有选择权,即包买商N银行既可以向代理人G银行行使追索权,也可以向被代理人A公司行使追索权,但一旦确定追索权的行使对象,就无法改弦更张。我国《合同法》第403条规定,"受托人以自己的名义与第三人订立合同时,第三人不知道受托人与委托人之间的代理关系的,受托人因第三人的原因对委托人不履行义务,受托人应当向委托人披露第三人,委托人因此可以行使受托人对第三人的权利,但第三人与受托人订立合同时如果知道该委托人就不会订立合同的除外",便是借鉴了英美法。

本案例中,G银行根据其内部福费廷业务操作规程中的仅为中介的代理型福费廷,办理该笔业务,既然是"仅为中介",理应认定为直接代理,然而,G银行在其与包买商N银行签订的福费廷协议以及后续的往来电文中并未指明存在被代理人A公司,使得N银行并没有意识到福费廷业务中存在被代理人,因此,G银行叙做的代理型福费廷,其性质应为间接代理下的代理型福费廷,故应由G银行先行承担向包买商N银行返还融资款项的责任。

间接代理下的代理型福费廷与转卖型福费廷。在转卖型福费廷方式下,中介银行将先行买入的信用证下应收账款,而后转卖给包买商。在追索路径上,间接代理下的代理型福费廷与转卖型福费廷有类似之处,即都向中介银行进行追索,但略有不同,笔者认为,在转卖型福费廷下,根据《票据法》设置的后手指向前手的追索机制,二级包买商可向任一前手行使追索权,而在间接代理下的代理型福费廷,只有当其后被代理人身份和姓名被公开,包买商才能享有选择追索对象的权利。

在涉及中介银行破产时,间接代理下的代理型福费廷和转卖型福费廷的区别更为明显。例如,二级包买商向一级包买商支付融资款项,而一级包买商尚未向受益人支付融资款项时即遭遇破产,由于在转卖型福费廷下,形成了两个独立的法律关系,根据合同的相对性原则,融资款项属于一级包买商的破产财产,被代理人受益人只能基于融资款未能得到支付而以普通债权人的身份参与。而在间接代理下的代理型福费廷下,当间接代理人破产时,由于间接代理人应视为被代理人受益人的融资款项受领辅助人,融资款项的所有权并不转移给间接代理人,而是归属被代理人受益人;而且如包买商尚未支付融资款项,则理应允许被代理人受益人"穿越"已破产的间接代理人直接向第三人——包买商主张融资款项,即产生"代理短路"的效果。

中介银行应对追索权启动的措施

中介银行如何防范被追索而带来的风险？笔者认为这个问题可以从两方面来回答。一是调查贸易背景和出口商履约的真实性，防范出口商欺诈风险的产生。二是从信用证技术的角度出发，关注中介银行在返还福费廷融资款项后所获取的权利。行使追索权的法律后果是包买商从被追索人处索回福费廷融资款项；对应地，被追索人代位包买商成为应收账款的持有人以及票据（如有）下的持票人。第一，中介银行向福费廷包买商返还福费廷融资款项后，取得信用证下应收账款，可以向当地法院主张自身在信用证下应收账款的善意受让人地位，要求其撤销止付令；本案中 G 银行向 N 银行返还福费廷融资款项后即代位 N 银行，取得自由议付信用证下议付行的地位，根据 UCP600 第 7 条 c 款之规定，开证行有责任向议付行进行偿付。第二，在信用证款项支付前，开证行替交单行保管汇票，G 银行向 N 银行返还福费廷融资款项后即代位 N 银行，通过购买汇票取得汇票项下善意持票人地位，受欺诈例外的例外原则的保护，法院理应撤销止付令。

通过对本案例的剖析，可以汲取以下三点经验教训：一是中介银行在叙做代理型福费廷业务时，应分清其业务性质为直接代理下代理型福费廷还是间接代理下代理型福费廷；二是福费廷以放弃追索权为基石，但基础交易欺诈为例外，间接代理下代理型福费廷下，被追索人为中介银行；三是作为间接代理下代理型福费廷和转卖型福费廷下的中介银行，如遭遇追索，可利用信用证下应收账款的善意受让人地位和信用证下善意持票人地位，积极寻求惯例和法律的双重保护。

43. 项目供应链融资创新

作者：王栋涛

银行保函是商业银行传统的表外业务。银行在日常办理保函业务中，最经常使用的保函品种为投标保函、履约保函、预付款保函、质量保函等；这些保函所涉及的基础背景往往是货物（包括大宗商品、大型机械设备，以及船舶等）购销或工程承包。通过服务于"货物购销或工程承包"项目这一核心，将会形成由原材料购销、施工设备购销等不同业务环节所组成的生产、供应和销售网络。如何以保函为突破口，通过对货物购销或工程承包项目下各个业务环节的控制，提高对保函基础交易履约情况的监控，降低保函业务风险，同时实现多项金融产品的交叉销售，是一项值得研究的课题。

成功案例

某货车制造销售商（以下简称A公司）是某国内银行（以下简称该银行）的授信客户，授信总额为1.5亿元人民币，授信使用品种为流动资金贷款。A公司成功中标向境外某货车进口商销售货车项目，合同标的8 000万美元。合同约定，出口商即该公司需通过其银行向进口商开立合同标的金额10%的履约保函和预付款保函；货款款项的支付采用10%预付款＋90%即期信用证的结算方式。A公司随即向该银行申请增加1 600万美元的保函专项授信额度，用以支持A公司履行上述出口合同。但该银行认为，A公司的资信状况和原授信的担保条件无法支撑在原有授信基础上新增1 600万美元保函授信额度的需求。

该银行深入研究了A公司在出口合同项下资金链和物流链后，发现以下五个授信突破口：一是，A公司在出口合同项下有材料采购和机械设备进口的融资需求，可以将泛泛的流动资金贷款调整为融资目的更为可控的贸易融资；二是，通过开立有条件生效预付款保函，可确保预付款汇入该银行指定的账户，并监控预付款专款专用；三是，进口商为进口国当地知名跨国公司，实力雄厚，违约风险和在保函项下恶意索赔的风险较小；四是，出口采用即期信用证结算，回款线路锁定，且开证行信誉良好，销售回款有较强保证；五是，可以委托第三方物流仓储公司严格监控A公司按照合同制造并付运货车至进口商指定的港口货运代理人。

该银行果断调整原授信方案，将A公司闲置的流动资金贷款授信额度1亿元，调整为贸易融资授信1亿元，具体授信品种为银行承兑汇票、国内信用证、同业偿付、进口信用证、进口押汇；同时新增1 600万美元的保函专项授信额度，用于合同项下开立履约保函及预付款保函。此授信方案完全是以履约保函和预付款保函为突破口,基于对A公司执行出口合同所产生的资金流和物流的全面掌控,同时配套一定的控货、控账和控流程等控制措施,促进A公司全面履约,从而控制A公司的资金流,进而确保银行融资融信的安全。本次授信方案流程图如下:

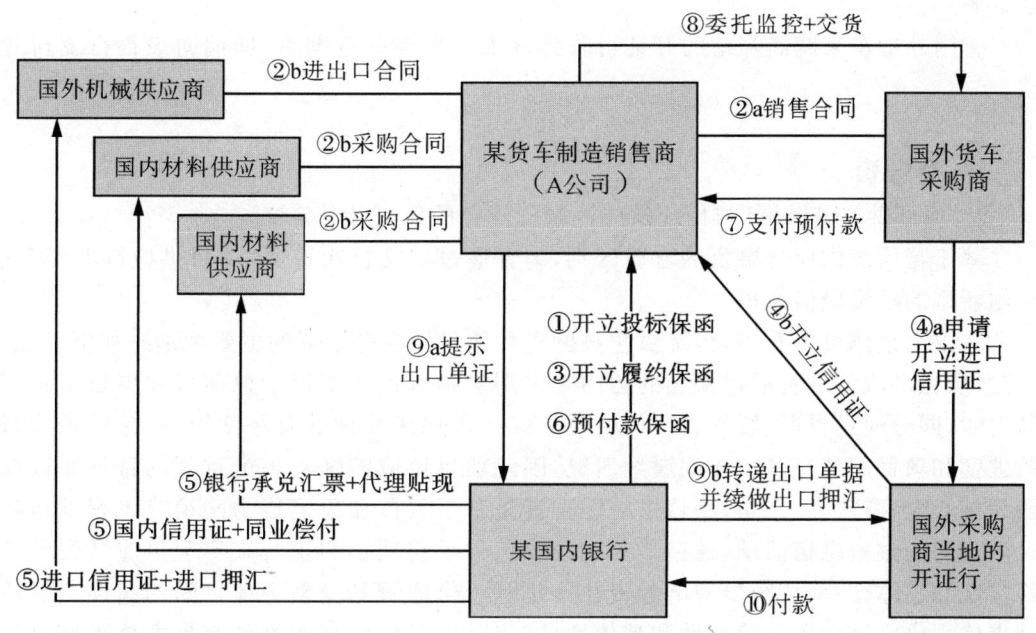

流程说明如下:

①A公司以全额保证金方式开立投标保函,保函期限为1个月。

②A公司中标后,与国外货车采购商签订货车进出口合同;同时,A公司为采购生产出口货车所需的原材料和机械设备,与国内材料供应商签订材料购销合同,与国外机械供应商签订设备进出口合同。

③该银行根据A公司申请,向国外货车采购商开立履约保函,金额800万美元。

④国外货车采购商收到履约保函后,向其银行申请开立信用证;开证行根据其申请,向A公司开立信用证。

⑤A公司收到国外开证行开来的信用证后,委托该银行办理原材料和机械设备采购结算事宜:向国内材料供应商1开立银行承兑汇票,并代理其贴现;由于国内材料供应商2不愿承担贴现利息,故A公司委托该银行开立国内信用证并嫁接同业偿付;向国外机械供应商开立进口信用证;同时根据国外开来信用证中的分期付款条款,A公司还与该银行达成远期结汇交易。

⑥该银行根据A公司申请,向国外货车采购商开立有条件生效的预付款保函,金额800万美元。

⑦国外货车采购商收到预付款保函后,将800万美元一次性汇入保函中载明的预付款入账指定账户;该银行将汇入800万美元的预付款划转至开证保证金账户。

⑧A公司生产用以出口的货车后，在第三方物流仓储公司监控下，安排装船、报关和出运，将货车出口至国外货车采购商。

⑨A公司将出口单据提交至该银行，该银行审核单据为相符交单后，办理低风险出口押汇，并将押汇款项优先划转至开证保证金账户、银行承兑汇票保证金账户和保函保证金账户。

⑩国外货车采购商当地的开证行收到该银行转递的单据后，即期向该银行支付货款。

新型融资

1."项目供应链融资"与传统供应链融资业务的区别及其定义

基于与传统供应链融资的显著区别，笔者通过本文首次提出"项目供应链融资"这一创新型的融资融信品种。

从以上案例可以看出，传统供应链融资和项目供应链融资的主要区别有如下三点：一是，项目供应链融资通过保函的运用来识别货物购销或工程承包项目和项目下各交易主体，同时通过投标、履约、预付款、质量保函等保函品种的有序使用，有效监控项目的进度和项目下各交易主体的履约情况，因此项目供应链融资一个重要的特征是以保函为核心金融产品。二是，项目供应链融资是基于具体和单笔货物购销或工程承包项目而开展的融资融信活动，通过货物购销或工程承包项目的执行来实现供应链融资的稳定性和整体性；而传统供应链融资往往是基于供应链各交易主体之间的长期交易活动来体现供应链融资的稳定性和整体性。三是，项目供应链融资各交易主体是通过具体的合同（例如船舶建造合同、建筑工程承包合同、原材料购销合同等）构建交易关系，因此，在项目供应链融资中，各交易主体之间的关系和紧密程度，以及具体融资融信安排与供应链交易的对应关系更为明确和清晰。

基于上述区别，笔者将项目供应链融资定义为"以保函为核心金融工具，基于货物购销或工程承包项目，为该项目各环节中的上下游企业提供包括融资、担保、结算以及资金避险等多种产品的综合金融服务模式"。

2.对"项目供应链融资"内在融资机制的剖析

我们知道，贸易融资就融资发起人不同，可分为买方融资和卖方融资，并且卖方和买方融资通过一定的机制可实现相互转化。有趣的是，项目供应链融资也具有类似的特征，即以货物购销或工程承包项目的买方或业主为核心企业构建项目供应链融资模式，也可以项目的承包方或卖方为核心企业构建项目供应链融资模式。

（1）以保函的申请人或被保证人即货物购销或工程承包项目的卖方或承包方为核心企业。上述案例就是这种模式的典型应用。该模式下，银行可为承包商或卖方提供各类保函、银行承兑汇票、国内信用证、进口信用证、法人设备按揭等一系列的产品，满足承包商或卖方在货物购销或工程承包项目下的施工或生产需求，以业主或买方的付款作为归还银行融资的主要来源。

（2）以保函的受益人即货物购销或工程承包项目的业主或买方为核心企业，构建项目供应链融资模式。例如，某高速公路建设开发公司将某高速公路建设项目的不同标段的施工发包给不同的工程承包商，银行可基于该高速公路建设项目，以银行保函为核心融资工具，为该高速公路建设项目的各个交易主体（工程承包商和业主）提供全过程的融资融信，例如，向业主提供项目贷款、银行承兑汇票、国内信用证、付款保函等产品，向工程承包商提供各类保函、工程设备按揭、进口信用证、银行承兑汇票和国内信用证等产品，通吃整个项目链。该供应链融资模式亦是以业主或买方的付款作为归还银行融资的主要来源。

3."项目供应链融资"的独特价值

一项金融产品只有具备其不可替代的价值，才具有生命力、可复制性和广阔的应用前景。笔者将项目供应链融资模式的独特价值归纳总结如下：

（1）大幅降低"货物购销或工程承包"项下保函及贸易融资的债项风险，突破传统授信瓶颈。

众所周知，商业银行对其债权的内部评级体系是债务人评级和债项评级相互独立的二维评级体系；在债务人的信用水平无法改变的条件下，只有有效降低债项风险才能提升信贷产品的整体评级。

对于保函业务，其风险主要来自保函的被保证人或申请人在基础交易下违约，担保行对外支付保函项下的索赔；同时，保函申请人又无法向担保行偿付的风险。对于贸易融资业务，其风险则主要来自贸易背景真实性缺失和自偿性无法实现。

通过项目供应链融资，银行基于对项目的资金链和物流链的全面把握，通过控交易对手、控货、控账、控流程的方式，全程监控保函的被保证人或申请人在合同项下履约情况，及时提供履约预警信息；同时，通过各类融资产品的嫁接，促进各交易主体履约，使贸易融资的自偿性功能充分体现，从而大幅降低保函业务和贸易融资业务的风险。

（2）以贸易担保为突破口，构建全方位的贸易服务平台。

从上述案例中，可以看到，通过项目供应链融资的有效运用，银行从最初向企业提供单一的流动资金贷款产品，转变为投标保函、履约保函、预付款保函、银行承兑汇票、代理贴现、国内信用证、同业偿付、进口信用证、进口押汇、出口信用证结算、出口押汇、远期结汇等超市型产品的组合运用，成功构建以贸易担保为突破口，涵盖贸易结算、贸易融资、贸易担保、资金避险等多重功能的综合化贸易服务平台，为客户提供全方位贸易服务的手段和能力大幅提高。

（3）解决中小企业融资难的又一有效途径。

中小企业融资难是系统性问题，需要从宏观和微观两个层面，外界因素和企业自身等多个角度来考虑。项目供应链融资将项目链中的各交易主体作为一个整体对象，可将资金有效注入项目链上处于相对弱势的中小企业，从而突破了银行传统的流动资金贷款的审贷模式，克服了传统融资方式中对中小企业融资的种种限制，增强了处于项目链上中小企业融资资金的可获得性，在一定程度上缓解了中小企业的资金压力。

44.信保融资创新探路

作者:王栋涛

在美国金融危机余威尚存,欧债危机继续发酵的大背景下,部分银行出口信用保险融资(以下简称信保融资)业务的风险案件不断涌现;商业银行对该项业务纷纷认识到"莫道池中水,浅处有风险",一些银行对该项业务的信用风险定位从原先的低风险业务调整为信用风险比照流动资金贷款的贸易融资业务,而一些银行则提高了针对该项业务原有的客户授信准入门槛。

在上述银行授信政策下,对于缺乏充足抵押物和强保证人作为授信担保条件的中小型出口商,即使投保了出口信用保险,仍有可能由于其本身资信状况较弱无法获得与自身出口规模相匹配的出口信用保险融资授信支持。如何助力中小型出口商"走出去",放手开拓海外销售市场,为其提供强有力的资金保障,同时又能有效防范银行融资风险,成为摆在商业银行面前的一道难题。本文试图从以下两个出口信用保险融资创新案例入手,探索发展出口信用保险融资业务的新途径。

案例1:突破赊销项下信保融资的授信瓶颈

A公司为以出口家电为主营业务的中小型加工企业,出口日用小家电已有6~7年从业经验,从A公司提供的出口收汇记录来看,其出口履约记录完整,绝大多数出口订单均能及时收回货款,且A公司交易对手均为欧洲数家大型超市,具有较强的商业信誉和资金实力。A公司通常以赊销的方式与进口商结算货款,放账期为90天。为解决资金周转难题,进一步扩大生产销售规模,A公司向B银行申请办理出口汇款押汇业务。

B银行审核A公司的财务报表后,发现A公司自身的资信状况和经营规模无法满足信用风险系数较高的出口汇款押汇授信条件,但由于进口商为欧洲数家大型超市,具有较强的商业信用,可投保出口信用保险,一方面可借助信保缓释进口商信用风险,另一方面信保融资的授信门槛也较出口汇款押汇更低。然而,在信保融资项下,融资行将承担出口商在基础贸易协议项下的履约风险,即对于因出口商发生出口贸易合同项下的履行瑕疵导致进口商拒收货物或拒付货款,出口信用保险公司将有可能引用保险合同的免责条款不予赔付。因此,融资行在授予出口商信保融资授信额度的同时,将根据出口商自身的资信状况,考虑是否需出口商提供额外的担保措施,以覆盖出口商在基础贸易协议项下可能出现的履约风险。A公司由于以赊销的方式结算出口货款,其基础贸易协议的履行情况、出口单据寄送的情况、汇入汇款的路径等信息,融资行均难以掌控；故 B 银行授信审批人员要求在投保出口信用险的同时，仍需 A 公司追加抵押或保证等担保措施。然而，作为中小型贸易加工企业，除了投保出口信用险之外，A 公司已无法提供额外的风险缓释手段。

面临上述授信瓶颈，B 银行深入了解贸易背景，从以下几个方面入手，通过掌控 A 公司在基础贸易协议项下的履约情况，缓释信保融资产品自身蕴含的风险：一是鉴于在 D/A（即承兑交单项下的跟单托收）项下，单据由融资行寄送，回款路径较赊销更为可控，同时较其他结算方式，D/A 与赊销最为接近，故融资行要求出口商将基础合同中的赊销结算方式修改为 D/A；融资行选择资信较为良好、合作关系较为紧密的代理行作为进口代收行，在收到代收行发来的进口商承兑电文后，方为 A 公司办理融资，如此的融资安排既锁定了回款路径，又取得了进口商承兑电文，即进口商在汇票项下到期承担清偿债务的证明，该票据将在出口信用保险公司理赔追偿工作中发挥重要的作用。二是在基础贸易协议中加入商品检验条款，以进口商设立于上海的代表处出具的检验报告作为商品质量证明文据，在信保融资放款环节，严格审核检验报告中商品质检结果。三是在基础贸易协议中加入定期对账的内容，即出口商每月向进口商发送当月销售货物所产生的应收账款数据，进口商核对无误后向出口商确认；在贷后跟踪环节要求出口商按月提交由进口商核实无误的应收账款数据。通过以上三项措施的有效配置，融资行在信保融资业务的贷中和贷后环节中不但通过单据的审核掌握了基础贸易协议的履行情况，通过单据的传递控制了销售款项的回笼路径，而且获取了经进口商承兑后的商业发票、经进口商确认的应收账款对账单、由进口商代理人签发的合格的质检报告等多种强有力的法律证据，确保了进口商和出口商的债权债务关系，最大限度排除了由于基础贸易纠纷导致的融资风险，为将来主张债权并实现保险权益做好基础工作。

案例 2：突破关联交易项下信保融资屏障

C 公司为一家出口食品药品的民营企业，科技实力雄厚，拥有多名具有博士头衔的药品研发和生产管理人员，其多种产品包括各类药品、保健食品、营养补充剂等获得美国 FDA（美国食品药品管理局）认证，远销欧美多国。2012 年 C 公司深耕巴西食品药品市场，并实施"走出去"战略，在巴西成立了销售子公司（以下简称C-B 公司），C 公司在巴西市场的销售模式为 C 公司根据出口订单在境内完成生产后将产品出售给 C-B 公司，再由 C-B 公司向巴西进口商销售，C 公司与 C-B 公司之间结算方式采用后 T/T，而 C-B 公司与巴西进口商之间则通过 D/A 见单后 60 天的方式结算货款。

由于 C-B 公司为 C 公司于 2012 年新成立的巴西子公司，没有太强的经济实力，很难在"走出去"的过程中以自己的实力获得巴西当地金融机构的支持；此时，C 公司为迅速抢占巴西市场，决定向其境内合作银行 B 银行以自身名义申请出口汇款押汇融资，以扩大对巴西的出口量。

鉴于 C 公司在该行已核定贸易融资信贷额度已足额用满，而新增信用风险级别较高的出口汇款押汇授信需提供额外担保条件，在 C 公司无法满足提供额外担保条件的情况下，B 银行建议以信保融资代替出口托收押汇从而满足 C 公司的融资需求。然而，

C公司在其基础贸易协议项下的交易对手方为其巴西子公司C-B公司,若投保一般的出口信用保险,由于C公司与C-B公司是关联企业,出口信用保险公司只承保C-B公司所在国的政治风险,不承担C-B公司的商业风险,也不承担最终买方巴西进口商的商业风险,这无疑减弱了出口信用保险的风险缓释功能。B银行与出口信用保险公司充分沟通后,建议C公司采用"境外受控企业联合投保模式",即C公司和C-B公司联合投保出口信用保险,由出口信用保险公司承担巴西进口商的商业风险和进口国的政治风险,并由B银行为C公司提供"境外受控企业联合投保模式"项下的信保融资。但在该模式下,如出现C-B公司将巴西进口商付款挪作他用,未根据C公司和C-B公司之间的货物买卖合同,将货款汇入C公司开立在B银行的回款账户,则B银行无法就该笔信保融资的损失向出口信用保险公司索赔。为规避上述风险,B银行主动与C公司沟通,要求C-B公司在B银行开立NRA账户(即境外机构境内账户),并以C-B公司托收行的身份为C-B公司办理D/A业务,目的是控制C-B公司从巴西进口商的收汇路径,一旦收到巴西进口商支付至NRA账户的货款,立即要求C-B公司根据C公司和C-B公司之间的货物买卖合同,将货款汇入C公司开立在B银行的回款账户,以归还B银行信保融资本息。改良后的"境外受控企业联合投保模式"项下的信保融资被授信评审接受,B银行成功地在未要求额外担保条件的基础上,不仅满足了C公司通过其在巴西设立的子公司C-B公司间接出口项下的融资需求,而且帮助C-B公司迅速扩大在巴西的产品销售网路,成为C公司"走出去"的"助推器"。

启示:"看得清、管得住、放得开"

1.看得清风险:正确识别风险特征是创新的先决前提。

任何产品运用的创新都是基于对产品风险特征有准确认识这一基础。信保融资中涉及进口方、出口方、出口信用保险公司、提供信保融资的融资银行等四方当事人,而将这四方当事人链接起来的是四份协议,即基础贸易协议、信保融资协议、出口信用保险协议、赔款转让协议,而这四份协议均相互独立,四份协议项下的法律行为亦相互独立,例如,出口商与出口信用保险公司的保险法律关系,以及融资行与出口商之间的融资法律关系相互独立,出口信用保险公司的承保行为与融资行的融资行为相互独立,赔款转让协议只是改变了保险赔款的支付对象,并没有改变出口信用保险公司在保单项下的权利和义务。因此,融资行欲利用赔款转让协议,获取保险赔款的前提是发生了承保人保险责任范围内的损失,而承保人承担保险责任是以基础贸易协议以及出口信用保险协议项下出口商的义务已完全、适当的履行为条件的,故融资行应关注出口商履约情况,特别是出口商在基础贸易协议项下的履约更应成为融资行关注的重点,因为出口商在基础货物贸易项下的履约还是实现融资行贸易融资"自偿性"的保障。

因此,融资行的融资和出口商的履约虽然是基于不同法律关系项下所产生的独立法律行为,但作为融资行,必须将出口商在基础贸易协议项下的履约情况和信保融资的发放密切联系在一起,在信保融资审批、发放和贷后监管的全过程中充分、深入、实时地了解出口商履约全貌;目前,信保融资中融资行遭遇出口信用保险公司拒赔从而导致融资损失的主要原因就是出口商在基础贸易协议项下的违约,例如货物质量瑕疵,或是贸易欺诈等。

2.管得住措施:根据出口商不同的交易结构,紧紧围绕"保障债权确立"和"锁定销售回款"设置创新型的信保融资业务风险管控措施。

案例一中融资行充分分析了A公司赊销的交易结构,从订立贸易合同到款项收回,为其拟订了一整套风险管理计划,包括结算方式的改变、质检条款和单据的设置、定期对账机制的应用等措施;这些措施的使用有利于融资行甄别出口商在基础贸易合同项下的债务是否确立,其间取得的单据和票据等法律文据是出口信用保险中索赔单证和损失证明文件等索赔资料的重要组成部分,而索赔资料的齐全、清楚无误将有助于出口信用保险公司迅速定损核赔。

2012年出口信用保险公司为小微企业推出了"小微企业信保易"的简易承保方案;在"小微企业信保易"基础上,B银行对在案例一中的风险管理创新型融资模式实施批量化和规模化,实现小微出口企业信保融资业务的全面落地开花。

案例二中融资行则是在创新"境外受控企业联合投保模式"项下的信保融资的基础上,叙做信保融资的同时,将风险控制措施延伸至C公司境外子公司C-B公司的D/A结算业务,从而锁定最终买方——巴西进口商汇路,有效防范"境外受控企业联合投保模式"项下信保融资带来的回款路径不锁定风险,确保贸易融资的"封闭性"。

3.放得开手脚:积极嫁接前端出运前贸易融资产品及后端外汇资金产品,为出口商提供一站式全流程金融服务。

进而言之,在实务操作过程中,信保融资的融资行借助对出口商执行基础贸易协议情况的全面掌握,可在信保融资前端嫁接打包贷款、订单融资等出运前贸易融资产品,为出口商解决组织出口货物生产和流动所遇到的资金短缺问题;在提供信保融资等出运后应收账款融资的同时,还应结合出口商汇率避险需求,嫁接远期结汇等资金业务产品,达到规避汇兑损失风险的目的。通过将前端出运前贸易融资产品、信保融资及后端外汇资金产品链接在一起,为出口商提供一站式全流程出口金融服务,通过"银保合作"最大限度支持我国企业"走出去",将履行"金融服务支持实体经济"政策方针落到实处。

45. 直击保函保证金扣划案

作者：王栋涛

保证金是商业银行在办理银行保函等业务时广泛采用的一种价值稳定、操作简便的担保方式。但在司法实践中，各地法院不认可保证金质押性质，对保证金质押成立要件和标准认识不一致，导致银行保函下保证金被冻结或直接扣划的案件时有发生。其中，2010年中国银行河北省分行三笔履约保函保证金扣划案，颇具代表性。

本文就如何准确理解担保法司法解释中保证金"特定化"这一困扰法律界及银行界已久的核心问题，分析了保证金"特定化"四个条件，即"保证金可识别性"、"保证金固化"、"主债权固化"和"保证金与主债权之间具有'关联性'"，并提出了替代保证金质押的其他信用支持安排，如存单质押、让与担保等。通过分析论证，我们认为：2010年河北中行履约保函保证金扣划案中法院审判意见值得商榷。

一、案情简述

2010年3月，中国银行河北省分行（以下简称河北中行）与河北省第二建筑工程公司（以下简称河北二建公司）签订了《授信业务总协议》，约定河北中行向河北二建公司提供开立保函、备用信用证等单笔授信业务。同日，双方签订《保证金质押总协议》，约定河北二建公司就上述业务向河北中行提供保证金质押担保；同时约定："本合同之主合同为授信业务总协议及依据该协议已经和将要签署的单项协议，及其修订或补充，其中约定其属于本合同项下之主合同。主合同项下发生的债权构成本协议之主债权，包括本金、利息、违约金、损害赔偿金、实现债权的费用、因出质人违约而给质权人造成的损失和其他所有应付费用。"

2010年3月至5月，河北中行根据河北二建公司申请，为其开立了三份履约保函，并依次收取相应数额的保证金，收款账户为河北二建公司开立于河北中行的保证金账户，保证金合计1 106 855元人民币。

2010年10月，北京市通州区法院因第三人与河北二建公司承揽合同纠纷案件，对河北二建公司在河北中行的保证金账户采取强制执行，直接扣划了51万余元。河北中行提出执行异议被驳回后，向北京市通州区法院提起诉讼，请求判令河北中行对质押担保的保证金账户内保证金享有质权和优先受偿权，并请求将扣划的保证金51万余元予以返还。

一审法院不予支持河北中行的诉讼请求，理由如下：根据《最高人民法院关于适用

《中华人民共和国担保法》若干问题的解释》第 85 条的规定,债务人或者第三人将其金钱以特户、封金、保证金等形式特定化后,移交债权人占有作为债权的担保,债务人不履行债务时,债权人可以以该金钱优先受偿。河北二建公司针对三份履约保函所缴纳的履约保证金均存入同一保证金账户,并非一份保函设立一个保证金账号,无法区分三笔保证金对应的履约保函,且该保证金账户除了上述三笔履约保证金业务外,还曾有河北二建公司的其他保证金业务,故判定该三笔保证金并未实现金钱的特定化,质押法律关系不成立,中行河北分行对该三笔保证金不享有质权和优先受偿权。

河北中行不服一审判决,提起上诉。二审法院认为,河北中行保证金账户除上述三笔履约保证金外,还有河北二建公司的其他保证金业务,且中行河北分行从该保证金账户中扣划了相关手续费,故二审法院以与一审法院同样的理由驳回上诉,维持原判。

从上述案情中可以看出,一审和二审法院认为河北中行三笔履约保函下保证金质押不成立,不享有质权和优先受偿权的理由是保证金没有特定化,而保证金没有特定化的理由有以下三条:第一,同一保证金账户项下存入多份履约保函的保证金,以及其他业务的保证金;第二,并非一份保函对应一个保证金账号,即没有建立保函保证金与保函之间一一对应关系;第三,保证金账户中还扣收了与保函相关的手续费。

二、特定化需具备的四个条件

直觉告诉我们,担保行保证金质押担保措施落空,似乎有点冤。冤在哪里呢?就在于对保证金特定化的理解。

根据《最高人民法院关于适用〈中华人民共和国担保法〉若干问题的解释》(以下简称担保法司法解释)第 85 条的规定:"债务人或者第三人将其金钱以特户、封金、保证金等形式特定化后,移交债权人占有作为债权的担保,债务人不履行债务时,债权人可以以该金钱优先受偿。"该条款虽然明确了保证金的法律地位,却未给出保证金特定化的明确定义。如何准确理解保证金特定化?我们认为,应首先考察保证金特定化的目的。

1995 年通过并实施的《担保法》第 1 条阐明设置担保的主要目的是确保债权实现,为基础交易项下的债权增信;设定在物上的担保,本质是在债务人的财产或他人的财产中划出特定的财产作为某一债权实现的担保,以排除其他债权的平等受偿,确保当该债权到期未受清偿时,质权人对质物享有优先受偿权。因此,设立担保物权,或者说保证金特定化的目的就是排除其他债权平等受偿,而要确保这一目的得以实现,则保证金特定化必须具备以下四个条件:

第一,作为保证金的金钱需具有"可识别性"。金钱作为高度替代性的流通物,在流通过程中,完全湮灭其个性,根本无法辨识,只有通过特定化这一措施,才能将金钱从出质人的其他财产(包括其他金钱财产)中完全划分和识别出来,不至于与出质人的其他财产相混同。第二,在需实现质权之时,保证金必须确定不变,即保证金"固化";第三,在需实现质权之时,作为保证金所担保主债权必须特定化,即"固化",这样才不至于与其他普通债权相混淆。第四,保证金和其所担保的主债权之间具有"关联性"。

三、保证金的"可识别性"

保证金"可识别性"指的是从债务人的财产或他人的财产中划出或独立出特定的金钱。那么,"可识别性"或者说"特定化"的主体是金钱,还是账户,这个问题很容易回答,根据担保法司法解释第 85 条的规定,既然特定化的主体是金钱,那么"可识别性"的主体理应为金钱;但这个问题的答案,又很容易与保证金账户"可识别性"相混淆。

先厘清账户的定义。账户指根据会计科目设置的,具有一定格式和结构,用于分类会计要素增减变化情况及其结果的载体。从其定义可以看出,账户仅仅只是会计核算的工具,本身没有任何价值和法律意义,真正具有实际价值并产生法律意义的是账户中的资金。

本案中,一审和二审法院认定河北中行履约保函保证金没有特定化的第一个理由是同一保证金账户项下存入多份履约保函的保证金,以及其他业务的保证金。这种理解的实质是将"可识别性"的主体理解为保证金账户,而非金钱,显然,这与担保法司法解释第 85 条的规定——特定化主体为金钱而非金钱的载体账户——不相符。

四、保证金的"固化"

实务中,有人认为,保证金"可识别性"应以保证金金额确定或不变即"固化"为条件,这种观点是否有道理?

我们先来看一个案例,某银行以 20% 保函保证金为其承包商开立 200 万美元涉外履约保函,按开立日银行人民币对美元卖出价 1∶6.4 计算,该承包商应缴纳的保函保证金为 256 万元人民币;3 个月后人民币对美元卖出价变更为 1∶6.3,承包商需缴纳的保函保证金仅为 252 万元人民币,因此承包商要求银行退回多收的 4 万元保证金。此时,银行若认为保证金金额必须保持确定并不变,否则保证金质权就有可能丧失,那么承包商在人民币对美元升值的背景下,将白白耗费大量的资金。银行这种做法显然是不恰当的。

2007 年通过并实施的《物权法》新设浮动抵押制度,其第 181 条规定,抵押人用作浮动抵押的担保物可以是不固定于特定的财产,浮动抵押人在正常经营过程中仍然可以对其自由处分。浮动抵押下担保物权将处于不固化状态,只有当《物权法》第 196 条规定的情形出现时,抵押财产方为固化。

类比浮动抵押制度,我们认为,在债权到期之前或未发生当事人约定的实现质权的情形下,保证金可以随着主债权金额的增减而相应增减;保证金"可识别性"不同于保证金"固化",保证金自质权设立之始即应具备"可识别性",而保证金"固化"的时点则应为需实现质权之时。

在本案中保证金金额确定不变,不存在保证金有无固化的问题。

五、主债权的"固化"

不妨将对主债权"固化"的深入理解,细化为对以下两个问题的回答:

(一)保证金支付手续费表明保证金所担保的主债权未固化吗?

本案中,法院认定河北中行履约保函保证金没有特定化的第三个理由是保证金账户中还扣收了与保函相关的手续费,换言之,应付手续费不应包含在保证金所担保的主债务中,保证金扣收手续费表明主债权未特定化或固化。我们认为,这一理由也是不成立的。

《保证金质押总协议》约定,主合同项下发生的债权构成本协议之主债权,包括本金、利息、违约金、损害赔偿金、实现债权的费用、因出质人违约而给质权人造成的损失和其他所有应付费用。显然,保证金账户中扣收的与保函相关的手续费,应属于主债权中的其他所有应付费用;当担保债权未受清偿时,理应可以通过处置保证金,偿还应付未付的相关手续费。

退一步说,即使履约保函保证金担保实现的主债权未囊括应支付的与保函相关手续费,也应视从保证金账户中扣收相关费用为超越账户收支范围的行为,从而判令扣收相关费用无效,担保行河北中行应返还保函申请人相关费用,而非判定因主债权未特定化,而致使保证金质押无效。

(二)自设置保证金质押始,主债权即应被固化吗?

2007年通过并实施的《物权法》新设最高额质权制度,其第222条参照最高额抵押制度对最高额质权做了规定,"为担保债务的履行,债务人或者第三人对一定期间内将要连续发生的债权提供质押担保的,债务人不履行到期债务或者发生当事人约定的实现质权的情形,质权人有权在最高质权额限度内就该担保财产优先受偿"。

最高额质权制度无疑认可了从质权设立始至需实现质权之时,保证金所担保的主债权可处于不固化的状态。而主债权处于不固化状态,不仅仅出现在最高额质权这种情况中,例如,100%人民币保证金质押开立美元进口信用证,并于开证当日锁定远期购汇价格,在此情况下,在开证时,保证金对应的主债务既可能是信用证下的付款责任,也可能是远期购汇下的履约责任;待信用证付款到期日,开证申请人若以美元自有资金对外付款时,保证金对应的主债务即为远期购汇下的履约责任;若当信用证付款到期日,开证申请人以人民币资金购汇付款时,保证金对应的主债务则为信用证下的付款责任。

与保证金"固化"的时点为需实现质权之时相类似,为确保排除其他债权平等受偿,保证金所担保的主债权"固化"的时点也应为需实现质权之时。

六、保证金与所担保的主债权之间的"关联性"

不妨将对保证金与所担保的主债权之间"关联性"的深入理解,细化为对以下两个问题的探究:

(一)"关联性"必须是一一对应的映射关系吗?

本案中,法院认定河北中行履约保函保证金没有特定化的第二个理由是并非一份保函对应一个保证金账号,即没有建立保函保证金与保函之间一一对应关系。根据本案法院的分析路径,似乎可以得出以下结论:保证金与其所担保的主债权之间必须具有一一对应关系。我们认为,这一观点值得商榷。

首先,在银行实务中,当需实现质权时,保证金与其所担保的主债权之间的对应关系大致可分为以下三类:一是,一一对应组合,例如100万人民币质押,开立100万投标保函;二是,"多对一"组合,例如,以三份金额为200万元,且付款日期各不相同的银行承兑汇票质押,开立600万人民币付款保函,在保函的存续期间内,银行承兑汇票将转化三笔单独的保证金;三是,"多对多"组合,即保证金池中的多笔保证金对应主债务包中的多笔债务,例如,按照约定的保证金缴存比例,对应贷款余额的"保证金池质押"模式。其中,"多对多"组合较为特殊,表现为:第一,不存在保证金池中单项或部分保证金与主债务包中单项或部分债务的对应关系,只存在作为整体的保证金池与主债务包之间的对应关系;第二,当主债务包中某一项债务到期未清偿时,处于流动状态的主债务包旋即被固化,同时,处于流动状态的保证金池也被固化。

我们认为,以上三类保证金与主债权之间的对应关系,都既没有破坏保证金"可识别性"和"固化"以及主债权"固化"的特征,也不影响保证金特定化目的——排除其他债权平等受偿——的实现,所以,应被接受。换言之,保证金与其所担保的主债权之间无须具备一一对应关系。因此,本案中法院认定河北保证金没有特定化的第二个理由不能成立。

2013年7月31日江苏省高级人民法院民二庭在《关于当前商事审判若干问题的解答》中针对担保公司保证金效力,做出如下答复:"在银行对担保公司保证金管理并不完全符合法律规范的情况下,应当结合担保公司与银行之间的约定及相应贷款情况,对保证金账户中的资金性质进行区分后认定。保证金账户内的资金与贷款金额虽没有一一对应,但保证金进入账户的时间与贷款时间相符,而账户余额在所担保债务的保证金额度之内的,应认定为保证金",这一答复无疑有力地支持了上述观点。

此外,根据担保法司法解释第85条,金钱质押特定化有三种形式,即特户、封金和保证金。其中封金应来源于成语"挂印封金",意指将货币封存起来,从而实现特定化;而特户,应为金融机构或性质相当的机构(如股票交易所)为出质金钱所开的专用账户,该账户区别于普通存款户而实现特定化,例如履约保函反担保专用账户。

就本案而言,一审法院认为,一份保函应该对应于一个保证金账户,即河北中行应为每份履约保函设置独立的履约保函反担保专用账户,显然,这是特户质押的形式。如此一来,似乎意味着法院认为:保证金账户和专户即为同一概念,此观点需要推敲。因为,担保法司法解释规定的金钱质押特定化形式有三种,即特户、封金和保证金,这三种形式理应属于不同的范畴。换言之,保证金可以与特户合二为一,也可以不采用特户的形式,否则,便没有与封金、特户两种形式并行单列的必要。在这个意义上,我们认为,法院认定河北保证金没有特定化的第二个理由也是值得商榷的。

(二)如何体现保证金与所担保的主债权之间具有"关联性"?

这是证据问题。在本案中,从河北中行所提供的保证金台账和资金往来信息记录,以及保函申请人提交的开立保函申请、保证金划款凭证、进账单,以及保证金到账凭证等书面证据来看,保证金与其所担保的主债权之间具有明确的"关联性"。

七、替代保函保证金质押的其他担保形式

无论如何,本案的法院判决结论给人一种印象,即保证金质押的法律规定目前尚有许多模糊地带,容易产生分歧。那么,有没有保证金质押类似效果而又能够有效规避保证金质押法律风险,从而可以替代保证金质押的其他担保形式呢?或许,我们可以从担保法框架之内,以及跳出担保法框架这两个方面,寻找答案。

(一)存单质押

《担保法》第 75 条以及《物权法》第 223 条均明确规定存单质押的法律效力,且操作较为简单;当发生可以行使质权的情况时,质权人可以按照质押合同支取存单项下的款项以清偿担保债权。

(二)让与担保

让与担保,简单地说,就是附有条件的所有权转移以支持对债权的担保,具体指债务人或第三人为担保债务人之债务,将担保标的物之所有权转移于担保权人,于债务清偿后,标的物返还于债务人或第三人,债务不履行时,担保权人有权就该标的物受偿的一种非典型担保。例如,银行开立付款保函时,可以要求客户预先将保函金额 20% 的款项作为保函申请人向担保行支付的专款,并约定该笔专款在支付之日转移所有权于银行,而如果事后银行未实际发生对外付款,则担保行应将该笔专款返还给保函申请人,并转移所有权。如此安排,由于相关款项的所有权已经转移,我们认为,应该能有效避免有权机构冻结和扣划保证金的问题。

46. 制裁免责条款的是与非

作者：交通银行国际部国际结算中心　江齐　周晋

一、从一则实务谈起

2014年3月，国内I银行开出信用证，47A附加条款第6条规定制裁免责条款如下："鉴于联合国、欧盟、美国及其他国家或机构发布实施的制裁条例，我行对于单据的任何延误或未退还、未付款或其他适用于我行的法律、制裁条例或法院命令规定的作为或不作为予以免责，适用情况视每一特定交易的币种、交易方和其他细节而定。"

通知行A银行为德国某银行，在收到该份信用证后，连发了两个报文请求开证行删除相关制裁免责条款，并引用了国际商会的相关文件："请参考国际商会银行技术委员会于2010年3月26日发布的470/1129rev文件，国际商会建议当事人应避免在适用国际商会规则的交易中加入会对银行确定承诺或交易的不可撤销性产生质疑的条款。在此，我们请求删除47A第6条。"

银行按照内部操作规定，将报文反馈申请人，询问其是否出具担保函删除该条款，但申请人没有同意。A银行由于没有等到所期待的相关信用证修改，其主管银行风险的高级地区经理又再次通过代理行关系向I银行的代理行部门发送邮件，希望I银行尽快回复通知行有关删除制裁免责条款的报文，并告知如果不能得到回复，他们将无法处理这份信用证。后经买卖双方直接沟通，最终申请人同意删除该制裁免责条款。

二、国际制裁背景

在本案中，I银行为什么要在信用证中加入制裁免责条款？其理由是否充分？我们先来了解一下本案中提及的国际制裁都有哪些：

1.联合国制裁：它是由安理会根据《联合国宪章》做出的，目的是为了"维护或者恢复国际和平与安全"。其制裁行为在20世纪90年代中期逐渐由以前的全面制裁转向定向制裁，即有选择性地针对那些对违反国际法规负有直接责任的个人或非国家实体实施制裁，如统治阶层、官方机构、经济实体或个人，不再把整个国家作为制裁对象，避免全面制裁所产生的严重负面效应，造成新的人道主义灾难。联合国制裁属于国际公约，在国家层面需通过立法的转化来认可和接受。

2.欧盟制裁：它是欧盟依照《欧洲联盟条约》第11款《共同外交与安全政策》设立的框架做出的。在适当情况下，欧盟可以针对其他国家政府、非政府机构和个体（包括恐怖主义团伙和恐怖主义者）采取限制性制裁措施，主要形式包括外交制裁、暂停国家间合作、限制文体活动、武器禁运、经济和金融制裁以及进入限制。欧盟主要针对个人、实体、政府实施定向制裁，不针对整个国家进行全面的贸易禁运和金融制裁。2014年以来，克里米亚公投入俄以及乌克兰的冲突局势，导致西方与俄罗斯的关系进一步恶化。由于欧盟和俄地缘经济关系，欧盟制裁再度引起国际社会广泛关注，尤其是马航MH17事件后，欧盟将制裁内容瞄准了俄经济行业，在冲击俄罗斯经济的同时也给欧盟国家经济带来不小压力。

3. 美国OFAC制裁：美国财政部海外资产控制办公室（OFAC）是美国一切经济和贸易制裁的管理者和执行者。其制裁范围广，不仅包括针对伊朗、古巴、叙利亚、苏丹的全面制裁，还包括二十几个非全面制裁程序。OFAC不定期公布受到制裁的实体和个人名单，这些名单涉及了国际贸易和结算的方方面面。"9·11"以后，美国颁布了《爱国者法案》，赋予了美国政府可将"手"伸及世界所有金融机构和企业的资产并将其在美国的功能进行"瘫痪"的能力，建立了全球金融反恐反洗钱的监管框架。该法律施行"长臂管辖原则"（Long Arm Jurisdiction），明确规定，如果某一外国人或者某一根据外国法律设立的金融机构参与了洗钱活动，只要对其依照《美国联邦民事诉讼规则》或者所在地的法律送达了诉讼文书，美国法院即可对其行使长臂司法管辖权，其范围不仅包括发生在美国的金融交易，也包括外国人转移或处置的资产涉及美国的利益，以及在美国金融机构开立银行账户的金融机构。由于法案的广泛性以及条款的严厉性，它影响了所有与美国有直接或间接业务接触的金融机构。

4. 其他国家的制裁情况：世界上很多国家都制定了反洗钱法，进入21世纪后，反恐融资成为反洗钱的一个重要领域，反洗钱合作也越来越国际化。我国也于2006年颁布了《中华人民共和国反洗钱法》，并陆续颁布《金融机构反洗钱规定》、《金融机构大额交易和可疑交易报告管理办法》、《金融机构报告涉嫌恐怖融资的可疑交易管理办法》等相关法规。

三、正方：决定权在银行

主张制裁免责有理的理由主要有以下三点：

第一，银行极力避免严厉的制裁处罚。上述国际上主要的反洗钱制裁中尤以美国制裁最为严厉，执行力度最大。在最近的一次处罚中，法国巴黎银行由于被美国指控为苏丹、伊朗和古巴三国转移资金被迫支付了89亿美元的天价罚金。对外国金融机构来讲，如果涉嫌制裁违规，除了面临OFAC巨额罚款，还很可能被冻结在美国金融系统的一切资产，切断与美国金融系统的一切合作关系，甚至是直接被放入OFAC黑名单和其他国际组织如欧盟的黑名单。

第二，银行应建立自身的合规要求和流程。在国际贸易和结算中，如果进出口交易相关方，包括买卖双方、往来银行、运输区间、船只、承运人及其代理、产地等，如果在黑名单上，则该笔业务可能面临单据扣押、退单甚至款项冻结、止付的风险。由于面临越来越严峻的合规风险，参与国际金融业务的银行大多数都参照国际标准建立了自身的合规管理要求，以避免因国际制裁产生的风险。

第三,银行不是处理制裁问题的专家。为切实保护银行利益,防范因客户的业务受制裁使银行卷入纠纷,银行在信用证中加入了制裁免责条款。知名信用证专家金·辛德伯格认为:"制裁问题不是银行造成的,但是银行必须保证合规。诀窍就在于我们需要在采取必要措施和不损害贸易融资工具之间寻找一个平衡点。"这既是法律法规和监管的要求,也是现实的需要。银行办理信用证业务,应对交易方进行尽职调查。但银行从业人员受自身行业限制,毕竟不是国际贸易、法律等方面的专家,而且表面相符的审单原则使银行无法知晓贸易的真实情况,开证行在开证时也无法知晓未来单据的情况,因此无法有效地提前识别涉嫌受制裁业务的风险。

综上所述,开证行有理由依据内部的政策规定在信用证中加入制裁免责条款,但是如何合理措辞值得认真考虑。

四、反方:破坏信用证根基

信用证实务中存在"欺诈例外"和"欺诈例外的例外"这一对概念。前者指在基础交易存在实质性欺诈的情况下,可以构成信用证关系与基础交易相独立的例外。后者指当存在善意第三方时,法院不应当止付。那么,对于制裁来说,是否存在"制裁例外"和"制裁例外的例外"的概念呢?如果开证行频繁地借助制裁免责条款进行拒付或退单,"制裁例外"同"欺诈例外"一样会动摇信用证的根基,而"欺诈例外"已经因为止付令的不当使用引来业内人士的诟病。

至于"制裁例外的例外",是否有善意第三方应得到保护呢?笔者认为,制裁情况下,不存在"制裁例外的例外"。与欺诈不同,此时不存在善意第三方,不论当事银行是否知情,只要违反了制裁法律,则必须承担法律后果。假设存在"制裁例外的例外",那么银行就很可能以不知情为借口逃避制裁法律的约束,这是和全球日益严格和规范的反洗钱趋势背道而驰的。以2012年美国对汇丰银行的罚款为例,美国货币管理局对汇丰银行的评价称:"该行的合规项目及其执行落实均告无效,违规活动颇为普遍,为'未经上报的洗钱活动或恐怖分子筹资活动'创造了'极大的空间'。"因此,不论当事银行是否知道或参与,都有可能以缺乏正确的合规审查程序和控制措施而受到制裁法律的惩罚。

然而,根据UCP600的规定,信用证是一项不可撤销的安排,是开证行对相符交单予以承付的确定承诺。银行与基础合同无关,且不受其约束。UCP600第34条更规定了银行的一系列免责事项,对单据的形式和法律效力,对单据中载明的条件,对单据所代表的货物、服务或其他履约行为的描述,对发货人、承运人、代理人、收货人、保险人或其他任何人的诚信和行为等等概不负责。如果开证行仅依据单据表面的疑似黑名单信息就立即凭制裁免责条款予以拒付或退单,未免显得有些武断。而随着国际反洗钱和制裁形势的日益严峻,法律施加于融资工具的影响可能越加严重。因此,在强调信用证独立性的同时,应促进完善与制裁相关的国际法和国内法,在信用证独立性受到影响的情况下,至少能有法可依。

五、商会观点：审慎对待

国际商会（以下简称 ICC）的 470/1129rev 文件对有关制裁免责条款的问题给出了具体的指导意见。今年 ICC 再次发布了有关此问题的最新意见 470/1238 文件，该意见与以往 ICC 所持的观点基本一脉相承，但更为简洁有力，突出了以下几个观点：

1.这是一个政治、法律问题

虽然 ICC 认为制裁可能会限制银行根据 ICC 规则履行其角色的能力，但同时指出由于国际银行面临多样的司法管辖区域带来的不同的制裁制度，这些银行可能会受到互相冲突的监管要求。因此通过制定内部政策，以减轻这方面的法律风险，一些银行已经选择使用制裁免责条款。这些制裁法律和法规通常被认为是强制性的，超出 ICC 规则对该文件的适用。所以制裁是一个超出 ICC 管辖范围的政治问题，制裁的实施是由法庭、国家监管机构或行政机构来决定的，它不是一个可以通过订立银行标准实务如 ICC 规则可以解决的议题。2012 年，ICC 的 TA752rev3 意见明确指出，强制性的地方法律优先于 UCP 的规定和开证行以及保兑行的承诺。

2.标准条款的缺失

ICC 并没有给出此类条款的标准，但给出了几个制裁免责条款的常见表述，从这些例子中我们看到 ICC 希望这样的条款只是用来提供信息。如果信用证的制裁免责条款允许开证行根据其内部政策和审慎水平来决定是否承付，并超出法律和监管对开证行的要求，这将动摇信用证的不可撤销性和独立性。所以，指定银行的风险就不仅包括开证行和国家风险，还将包括由于与制裁有关的银行内部政策而可能导致的无法得到偿付的风险，这会导致成本的增加、付款的延迟和争议的发生。

3.给从业者的建议

银行应避免在开出的信用证中加入超出法律或监管要求的制裁免责条款，并且建议银行从业者应认识到此类条款的风险。

在适用 ICC 规则的信用证中，从业者应避免加入动摇信用证不可撤销性和独立性，或影响银行确定付款承诺或承付责任的条款，否则将最终损害信用证的完整性和信誉，对国际贸易产生负面影响。

也有业内人士希望 ICC 制订关于贸易制裁的系统规则，此次修订 ICC 仍然维持自身立场，并没有实质性变化。有反洗钱专家学者提出，UCP 割裂了信用证与基础合同、单据买卖与实物交易之间的必然联系，规定了银行的若干免责事项，越来越成为国际上贸易洗钱的工具和媒介，呼吁修订 UCP，寻求维护信用证独立性与顺应全球反洗钱大趋势的统一。

六、业内最佳实践

1.审度条款措辞

UCP 的规定属于国际惯例的范畴，不能凌驾于法律之上，而有关制裁的法律法规则属于法律范畴，是必须强制遵守的。根据国际商会的意见，开证行要注意使这种条款是信息性的，不要超过法律和法规的规定，使指定银行陷入不可知中，影响信用证的独立性和不可撤销性,影响信用证的融资功能。

2. 落实合规检查

只有将合规检查落实到国际结算的具体环节中,才能防患于未然。结合本案,如果是新客户,银行在业务受理环节就要本着"了解你的客户"(KYC)的原则对客户进行身份识别和尽职调查。开证环节需对系统栏位信息及信用证全文进行检索,不仅如此,在信用证中未体现的其他当事方如转口贸易的下家、代理合同的被代理方等以及合同中出现但信用证中没有详尽的某些内容如货描的细节尤其是产地、品名以及运输路线等都要进行合规筛查;在来单环节,需对开证时未知的运输信息如承运人及代理人、船名、装卸货港等进行检查。如果开证行在此环节疏于检查,对外做出承兑并释放了单据,付款之前才发现黑名单信息,将会陷入非常尴尬的局面,付与不付都可能使银行面临法律风险和声誉风险。目前银行一般使用系统服务商提供的黑名单筛查系统进行检测。在系统命中时,还需要业务人员通过要素比对进一步判断命中质量,决定是否为黑名单,如果业务人员无法决定,则要与本行的反洗钱合规部门进行确认。所以系统检测和人工评估都很重要,系统服务商要确保黑名单信息的及时更新,银行业务人员要具有反洗钱方面的知识和技能,经过充分培训,并在银行内部建立一线业务部门、二线合规部门、三线审计部门三道反洗钱防线。

3. 考虑法律冲突

在实务中,欧盟国家通知行经常要求开证行将信用证中的制裁免责条款删除,他们开出的信用证中也往往不含制裁免责条款,比如本案中的这家德国银行。究其原因,德国联邦法律中的《外贸法规》第一章第7条对于"抵制声明"做出规定——"禁止在外贸和付款交易中发布居民参与对另一国抵制(boycott)的声明"。德国银行往往无法议付含有此类条款的信用证,否则将与当地法律发生冲突。由于制裁措施是以法律形式存在的,信用证文本是否明确载有制裁免责条款,都不会影响到制裁的法律效力。同时欧盟国家的银行也普遍遵循OFAC制裁规定,对受制裁对象进行严格控制。在尽责的合规检查基础上,出于对等考虑,本案中开证行可以考虑不经申请人担保单方面删去制裁免责条款。

47.贸易金融合规管理模式：转型进行时

作者：金·辛德伯格(Kim Sindberg)，辛德伯格咨询公司贸易融资顾问
翻译：北京银行杭州分行 陈滟

简介

在贸易金融领域，合规问题一直受到广泛关注。一份来自英国金融行为监管局（FCA）的报告却在很多方面改变了对贸易金融合规性的看法：

首先，它延展了原先所理解的贸易金融合规性的含义——以前谈到的贸易金融合规问题几乎一直局限于制裁问题。

其次，它以比原先更加结构化和全方位的方式提出合规问题。

最后，它设置了一些不完全符合实际情况的前提假设。

本文旨在研究该报告中的一些关键点，并为办理贸易金融的银行提供相关模型以处理合规问题。

关于FCA报告

FCA——金融行为监管局是英国的金融监管机构。在2012—2013年间，该机构组织了一次名为"贸易金融"的"专题审查"。之所以称之为"专题审查"，是因为它有一个特定的主题：对于发生于贸易金融领域的金融犯罪风险的控制。

就该报告而言，"贸易金融"是指跟单信用证和跟单托收，不包括备用信用证或保函。审查期间，FCA走访了英国的17家银行，获知这些银行如何控制"金融犯罪风险"。在本文中，"金融犯罪风险"包括：
- 洗钱
- 恐怖融资
- 制裁
- 军民两用物品

调查结果以题目为"*Thematic Review TR13/3 Banks' control of financial crime risks in trade finance.*"（"专题审查 TR13/3 银行对于发生于贸易金融领域的金融犯罪风险的控制"）的报告，于2013年7月发表，全文可以通过以下互联网地址查看：

http://www.fca.org.uk/news/tr13-03-banks-control-of-financial-crime-risksin-trade-finance

FCA 报告的前言

该报告提及了组织该次审查的一些原因：

首先，由于国际贸易金融的滥用，显然会使其成为犯罪组织和恐怖融资分子为掩盖其资金来源并使其合法化而转移资金的途径之一。

但这一说法并没有在该报告中得到支持。而沃尔夫斯堡贸易金融原理（2011年）（Wolfsberg Trade Finance Principles(2011)）亦有如下声明："目前并没有足够的证据来支持国际贸易金融成为反洗钱/制裁高风险领域的说法。"

有人甚至会认为利用贸易金融工具进行违规操作可能并不是最有效的方式，因为开证行会仔细审查开证申请人——每一笔交易都会留下很长的文件记录。

其次，复杂的交易和巨大的贸易流量可以隐藏单个交易，帮助犯罪组织跨境转移资金。

诚然，从"外部"看贸易金融可能比较复杂，但对贸易金融人员来说却不尽然。95%的贸易属于货物装运后通过银行支付货款的简单交易。贸易流量大吗？也许吧——但请记住，贸易金融中没有"直通式处理"。每笔交易都是单独处理，接受审核，但在支付领域，情况却不尽相同。

最后，金融机构已陆续出台越来越有效的控制措施打击较为传统的洗钱和恐怖融资活动，而随着世界贸易的不断增长，利用贸易金融产品对犯罪分子变得更具吸引力。

这种观点很难被理解，因为更多的控制措施逻辑上理应减弱犯罪分子对使用贸易金融产品的吸引力才是。

综上所述，合理地说，FCA组织的专题审查基于的是具有争议的观点。但毫无疑问，在商业犯罪风险领域，银行可以也应该做得更多。

FCA 报告的主要调查结果

FCA 报告的调查结果显示，大部分银行：

• 没有采取足够的措施，以降低贸易金融业务中洗钱及恐怖融资的风险。（一些规模较大的美国银行除外。）

• 需要开展有重大意义的工作，以确保在处理业务时所有的金融犯罪风险按常规都能被考虑到。

• 需要做更多的工作以确保对高风险客户和交易的识别，并由高级管理层采取适当的行动。

• 需要完善管理信息，使高层管理人员意识到在贸易金融类交易中金融犯罪风险是如何发展变化的。

• 具有变化无常的风险评估方法。

• 尚未实施特定的贸易金融洗钱风险评估。

• 与管控洗钱风险的方法相比，管控制裁违规的方法更为精密、成熟，规定更为明确。

- 没有明确的政策或规程处理基于贸易的洗钱风险。

另外,打击洗钱风险的政策、规程和控制措施普遍显得薄弱,且大多数银行对基于军民两用物品的贸易金融交易没有完善的管理体系和控制措施。

简而言之,银行通常具有良好的系统,以识别受制裁当事人或国家是否为交易的一部分,但却缺乏系统来应对洗钱、恐怖融资及军民两用物品的风险。

结论:对银行来说,毫无疑问还有改进的余地。

合规模型

一个有意义的问题是,银行应如何与商业犯罪风险问题建立联系?答案是,银行需要形成良好、稳定、恰当的合规模型。以下即为类似这样一种推荐使用的模型:

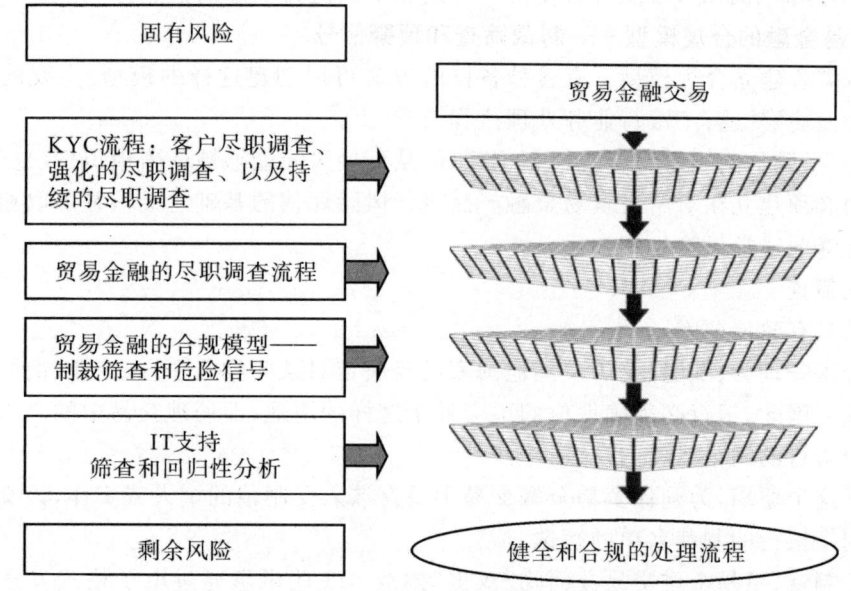

以上是用来"打击"贸易金融中合规犯罪风险的一个模型。其目的在于说明每一笔贸易金融交易都需通过不同的"过滤器",正是这些"过滤器"的汇总以及各自的优势,一个健全和合规的处理流程才得以建立。下面将对这些"过滤器"逐一进行说明:

1.KYC 流程

了解你的客户(KYC)的流程也被称为客户尽职调查(CDD),是打击商业犯罪风险的关键。大部分银行对于如何完成 KYC 有硬性规定。这一流程不是由银行贸易金融部门来执行的,而是由客户的负责单位完成。在这种情况下客户既可以是企业也可以是银行。

从这个方面来说,必须要提到两个术语:EDD 和 ODD。EDD 是"强化的尽职调查",即采取特别措施,例如对于在高风险市场中运营的客户。ODD 则是"持续的尽职调查",即客户尽职调查不是"一次性"的,而是必须经常"更新"。

2. 贸易金融的尽职调查流程

尽管 KYC 流程不是由银行贸易金融部门执行的，但他们仍需与之关联。在这方面，贸易金融交易包含了一个特殊的问题：谁是客户？或者说，哪些交易当事人需要执行 KYC？举个例子：

银行将跟单信用证通知给受益人，而在逻辑上来说开证行是"指示方"——但它也是客户吗？受益人是客户吗？

如今，银行的做法各不相同。其中一条建议是，银行在办理贸易金融业务时应该始终对贸易中至少一方（买方或卖方）进行 KYC。其原因如下述第 3 点所示：只有当银行充分了解商业客户时才可能做出有效的"预警信号检查"。

同时，重要的一点是，上述建议将也应该依赖于一些具体情况。在某些情况下，例如，在背对背信用证中，可能有必要对更多的当事人进行额外的检查。

3. 贸易金融的合规模型——制裁筛查和预警信号

银行需要建立合规模型。有各种各样的方法可以创建这样的模型，主要的挑战是使这种模型能够"适合"银行业务处理流程。

然而，主要的问题是将合规模型构建好，从而使风险能够被清晰地识别（也就是说，合规模型必须建立在对所有贸易金融产品进行风险评估的基础之上），并采取相应的措施适当地降低这类风险。例如：

制裁筛查

制裁具有政治原因。

联合国安理会、欧盟、美国及其他国家已经决定对某些具名个人、企业、商品和国家实施制裁。因此，银行必须确保他们不会处于这样的境地，即处理交易中的当事人被列入适用于银行的制裁名单内。

基于这个原因，为确保贸易金融交易中没有涉入受制裁的个人或实体，该交易必须经过适用于银行的制裁名单的筛选。

对于制裁，贸易金融交易会面临"双重"挑战。一些讯息通过电子格式发送和接收（例如通过 SWIFT），而有些则通过纸质形式。前者的制裁筛查可自动完成，而后者则往往需要手工操作。

关于制裁筛查，有必要提及的是，监管部门不允许"基于风险的筛查方法"，即只筛选某些特定的交易或当事人，而是必须对所有交易中的各方当事人都进行筛查。

洗钱及恐怖融资

简单来说，洗钱及恐怖融资就是如何通过交易来使用资金。

AML：反洗钱

必须建立适当的流程以防止通过贸易金融交易为洗钱提供便利。

CTF：反恐怖融资

必须建立适当的流程以防止通过贸易金融交易为恐怖主义活动提供融资。

这样做比根据制裁名单筛查交易更具挑战性。由于反洗钱和反恐怖融资没有关于从事犯罪活动的个人和实体的"名单"，取而代之的主要"工具"则是预警信号列表。"预警信号"指表明交易必须经过洗钱和恐怖融资侦查的警告标志。更多关于预警信号的内容将于下文介绍。

军民两用物品

必须建立适当的流程以防止通过贸易金融交易来运送非法物品——如大规模杀伤性武器,这最有可能是银行贸易金融部门最难以有效解决的一个问题。例如,欧盟企业必须了解欧盟军民两用物品清单(EC Reg'n 428/2009 附录一)。所谓的两用物品清单共有 240 页,例如,通常用于民用目的,但可能也有军事用途或有助于大规模杀伤性武器扩散的货物、软件和技术。

有很多途径涉及处理这个问题。一种是通过 IT 技术支持,对贸易金融交易的特定关键词(商品名称)进行筛查。然而大部分贸易金融交易属于非电子形式,例如,信用证及托收项下的单据都是以纸质形式提交的。对于贸易金融人员来说完全不可能手动检查单据中每一项货物描述。因此,这里还有一个主要"工具"——预警信号清单。

预警信号

"预警信号"指表明交易必须经过彻底侦查的警告标志。预警信号清单可以通过不同的方式建立。其中一种建构体系如下所示:

• 交易

有可能从交易结构中产生"预警信号"。这既可能从商业交易(即买卖双方通过何种方式建立交易)中产生,也可能从贸易金融交易(即贸易金融产品如何被运用以支持商业交易)中产生。

例如:

非常规的使用贸易金融产品:跟单信用证不被用作货物销售的结算工具(提交的运输单据为好几个月前签发的副本运输单据)。

• 商品和货运规模

例如:

商品和货运规模超出了客户日常业务规模:运输的商品种类与出口商或进口商的日常业务活动不一致。

• 运输

例如:

运输路线不同寻常:实际运输路线与运输单据中提到的运输路线之间不匹配。

• 支付

支付方式似乎与交易的风险特性不一致。

例如:

付款指令不合逻辑:交易项下的款项从一个国家收到或付至一个国家,而此国家与该交易并没有关系。

• 国家

涉及高风险的国家。

例如:交易涉及的国家为有高洗钱风险的国家。

- 当事人

例如：

交易当事人的公司结构为：买方和卖方属同一集团/公司的成员。

- 不符点

例如：

货物描述：提单与发票上的商品描述存在显著不一致。

- 单据

例如：

要求提交异常单据："不可撤销的公司订单"(ICPO)或"银行安慰函"。

重点需要强调指出的是，在交易中有"预警信号"并不等同于交易存在问题。预警信号是用来标识须对交易做进一步侦查的一个工具。因此，预警信号是一种基于风险的分析方法。

合规模型中的其他问题

合规模型中还包括其他问题。具体内容如下：

必须具有强有力的指令和指引，从而使贸易金融人员知道到底该检查什么以及如何实施检查。一旦发现问题，应该做什么，即如何、何时以及向谁逐步地深入侦查。

这些指令和指引包括日志和报告。重要的是实施的检查和行为被以适当的方式通过书面文件记录下来。

培训是任何合规模型的一个有机组成部分，当然也是贸易金融合规模型的重要组成部分。培训的目的是增强贸易金融人员对商业犯罪风险的警觉性。必须为贸易金融资人员提供关于合规模型以及对模型所做的任何更新的最新信息，但同样重要的是能够分享实际案例的信息。培训课程应该是经常性的、有重点的、注重实际的，并能切合贸易金融人员实际情况的。

质量保证和控制同样是重要的。实施周期性的质量保证和控制显得尤为重要——一旦行为被实施，即以适当的方式通过书面文件记录下来。质量保证和控制的目的是证明贸易金融合规模型正在有效地运作。这种控制必须确保贸易金融人员正确地运用指令，并做出合理的判断，例如对正确的预警信号逐步深入侦查。

4.IT 支持——筛查和回顾性分析

最后一个过滤器是 IT 支持。虽然存在不同程度的复杂性，但还有有可能做回顾性分析，也可以应用于客户的付款模式。

需要提及的是这 4 个过滤器应同时工作，且只有一起运作才能达到理想的结果。因此，这也是单个过滤器的优势所在——它们能决定整个合规模型的稳健程度。例如，只有当客户进入 KYC 流程中，且银行了解市场以及客户的交易模式，"预警信号"分析能力才会变强。这是银行识别交易模式变化的唯一途径。同样，贸易金融尽职调查流程对"预警信号"来说也是至关重要的。例如，如果受益人不是通知行的客户，那么通知行则无法识别涉及客户行为变化的预警信号。

结论

贸易金融合规管理是复杂的,而且实际上还没有与贸易金融圈联系在一起。它增加了贸易金融部门的常规工作。不过,对于银行来说,为了保护自身利益,它必须处理好这些事情。

因此,给办理贸易金融业务的银行的一条建议是对合规问题承担责任。如果银行已经扮演了一个更积极的角色,英国FCA报告很可能就不会基于那些错误的前提假设(见上文"FCA报告的前言")。

在任何情况下,贸易金融合规管理是一个不断发展的领域,并且无法回避。唯一的办法就是参与进来。

图书在版编目(CIP)数据

天九湾政策及汇市问答 2014 年度汇编/天九湾贸易金融圈研究团队著.—厦门：
厦门大学出版社,2015.3
(天九湾贸易金融丛书)
ISBN 978-7-5615-5346-6

Ⅰ.①天… Ⅱ.①王… Ⅲ.①外汇管理-金融政策-研究-莆田市 Ⅳ.①F832.6

中国版本图书馆 CIP 数据核字(2014)第 292887 号

官方合作网络销售商：

厦门大学出版社出版发行

(地址:厦门市软件园二期望海路 39 号　邮编:361008)
总编办电话:0592-2182177　传真:0592-2181253
营销中心电话:0592-2184458　传真:0592-2181365
网址:http://www.xmupress.com
邮箱:xmup @ xmupress.com

厦门集大印刷厂印刷

2015 年 3 月第 1 版　2015 年 3 月第 1 次印刷
开本:787×1092　1/16　印张:32
字数:680 千字　印数:1~3 000 册
定价:68.00 元

本书如有印装质量问题请直接寄承印厂调换